U0093004

周慧梅——著

民眾教育館與
中國社會變遷

中國國家社會科學基金「十一五」規劃（教育學科）2006年度國家重點課題
「中國優秀教育傳統的傳承和創新研究」（課題批准號：AAA06003）主要成果

序

　　中國歷來有重視社會教育（習慣上稱之為社會教化）的傳統，然而長期以來，社會教育卻沒有或很少進入中國教育史研究者的視野，更少有成果面世。儘管教育理論體系越來越龐大和複雜，而值得關注的社會教育的研究卻是備受冷落、冷冷清清，研究的成果少得可憐，研究的人員不多，到目前為止國內尚沒有一本較權威的社會教育學，沒有一本較系統的中國社會教育史，大學的教育研究機構和相關科系也甚少有開設社會教育史課。這種狀況，無論是從學科建設的角度還是從現實需要的角度來看，都不能不說是一種缺憾。研究社會教育史，對於教育史學科來說，可以豐富和深化中國近代教育史研究，補充教育史學科的內容，拓寬教育史專業的研究領域。

　　對社會教育史的系統研究，九〇年代中期我和國鈞同志組織力量做《中國教育制度通史》時曾有過一些嘗試，編寫組對中國教育制度史研究內容進行了熱烈的討論，把社會教育和教育政令、學校教育制度等一起列為主要研究內容，各分卷主編做了一些可貴探索，但明顯還不夠。2004年，集北師大中國教育史研究團隊之力，我「聊發少年狂」，主持了211重點課題「中國社會教育通史」，希望能對社會教育做進一步系統、詳細的工作。我有幾個學生也參與了這項研

究工作，周慧梅的博士論文《南京國民政府時期的民眾教育研究》便是社會教育通史（民國卷）的組成部分。她畢業後進入歷史學院博士後流動站工作，在合作導師何茲全先生的支持下，選擇了民眾教育運動的綜合機關──民眾教育館進行了專題研究，我參與了她出站報告的全程指導。這本專著便是她在博士後出站報告基礎上修改而成的。

實際上，我時常在想，社會教育史之所以跼躇趑趄，資料的蕪雜枝蔓、學科劃分轄限、意識形態禁錮等固然是原因所在，更為重要的是，該研究哪些內容，用什麼標準取捨，從什麼角度介入，用什麼方式研究等問題長期含混不清。特別是近代以來的社會教育，不僅歷經傳統社會教化向近代西方意義上「社會教育」的轉化，還承擔著「教育改造和社會改造」的雙重任務，通俗教育、平民教育、民眾教育……從辛亥革命到抗戰全面爆發不足三十年的時段內，社會教育的主體表現形式不斷變化，或一枝獨秀，或交織纏繞；而施教內容從文字教育、政治教育、生計教育到健康教育、休閒教育、科學教育，無所不包，不一而足，讓人眼花繚亂。

辛亥革命以來，隨著西方影響範圍逐漸滲入中國廣大的內陸城鄉，與其他後起國家的近代化歷史一樣，中國社會精英更加明顯地分化為近代化的倡導者和傳統文明的守護者兩大陣營，在社會文化和社會政治領域，雙方展開了一次又一次激烈的衝突和較量，由於中國傳統社會結構基礎尚未基本改變的現實，雙方衝突和較量的結果，有勢不兩立，也有彼此妥協和融合。新與舊，革新與傳統，進步與落後，舶來品與本土化……往往複雜糾葛在一起，難以釐清此疆彼界。它

們對教育領域的影響，在社會教育領域（社會教育始終徘徊在學制體系之外，加上社會教育司職掌範圍的寬泛性等）更為淋漓盡致。凡此種種，都增加了研究社會教育的難度。

大體來講，近代社會教育史研究，我認為應有兩大領域：一是社會教育理論，二是社會教育實踐，包括社會教育的行政、社會教育的機構以及社會教育實驗等等。周慧梅博士的新作《民眾教育館專題研究》就是從機構設施這一角度入手，對近代以民眾教育為主要形式的社會教育進行深入研究的一項成果。

近代社會教育設施之中，民眾教育館的地位極為重要。它前接北洋政府時期的通俗教育館，後啟中華人民共和國的文化館、圖書館，繁盛時期曾推廣至全國各地。1932年，國民政府教育部制定公布了《民眾教育館暫行規程》，將它作為實施民眾教育的綜合性的中心機關，用「行政力」鋪設了民眾教育運動發展的路徑，同時賦予了民眾教育館權威性資源地位。國民政府專門彰顯了民眾教育館的設置目的：「從民眾生活之迫切需要出發，積極充實其生活力，從而培養其組織力，並發揚整個民族的自信力，以達到民族獨立、民權普遍、民生發展之教育宗旨」，可見民眾教育館的設置是與當時「三民主義」的教育宗旨相適應的。而從實踐層面來說，作為社會教育的中心機關，民眾教育館所開展的活動幾乎囊括了社會教育的各個方面，如為失學民眾提供補習教育、指導家事改善與民眾健康教育、協助保甲制度與地方自治的推進、乃至壯丁訓練、通俗講演；進行各種職業指導與介紹、農作物土質試驗、優良品種的推薦、病蟲害的預防、各種工藝的講習、商業補習教育、合作社的組織與改良等。

從民眾教育館這個「點」來深入挖潛民眾教育運動，具有代表性。

　　民眾教育館值得研究的問題很多，本書的重點並不在於對民眾教育館的各項事業上，而是在掌握大量原始資料的基礎上，著重分析了近代民眾教育館的發展歷程、內部管理、社會功能與文化性格等問題，指出民眾教育館是近代中國社會政治、經濟，文化變遷的特定產物，且隨著時代社會的變遷而不斷改變自己的形態，在國民政府時期，民眾教育館成為政府對鄉村生活進行干預的一個主要載體，是社會精英們以教育改造社會的一個典範，其活動既體現出國家、政府與鄉村社會的關係，又反映出新的鄉村社會力量與舊鄉紳權貴在基層社會中權力爭奪，在一定程度上增強了民眾對國家的認同度。從更高的層面上將民眾教育館的設置動機、內部管理與實際效果聯繫在一起，形成了一個相互聯繫的邏輯體系。周慧梅前期的博士論文對整個民眾教育運動已做了全景考察，以此為鋪墊來深入研究民眾教育館，基礎還是比較紮實。在資料運用上，她充分利用了搜集的大量民國檔案、民眾教育館自辦刊物，相關著作，還有數百幅老照片，更難能可貴的是，作者還花了大力氣查閱了大量文史資料，利用當事人的「口述」與文本資料相互印證，增加了說服力，老照片的印證也獨具匠心。總之，該書在史料挖掘上是有突破的，在觀點分析上也有諸多創新。

　　周慧梅是跟隨我多年的學生，博士後期間算是我協助何先生指導的，長期擔任我的助教。她這些年來的勤奮和努力我是十分清楚的，而對於她每一點的進步我都感到十分欣慰，本書的出版也算是對她多年來努力的一種鼓勵吧。作

為導師，我更有責任寫一點文字進行勉勵，一方面是肯定成績，另一方面更是希望，希望她能以此作為學術研究的起點，成為中國教育史研究隊伍中的新生力量。

是為序。

北京師範大學　王炳照
2009年5月于英東樓417

目次

序／王炳照 003

緒論 017
　　一、問題的提出 017
　　二、學術史回顧 022
　　三、本書框架和思路 035
　　四、資料分析 038

第一章　民眾教育館的興盛背景 043
　　一、「北伐戰爭」時期民眾動員方式的轉向 043
　　二、以教育變革社會的理念開始盛行 048
　　三、鄉村建設運動興起與政府選擇 055
　　四、民眾教育館權威性資源的獲得 063

第二章　民眾教育館的歷史演進 077
　　一、民眾教育館的界定 077
　　二、民眾教育館發展的階段性 082
　　三、非國統區的民眾教育館發展 114
　　四、民眾教育館的地域差異性 129

第三章　民眾教育館的內部管理 149
　　一、經費來源與分配支出 149
　　二、組織設立與人員編制 172

三、人員資格與薪俸待遇　　　　　　　　　　193

四、人員遴選與年功考核　　　　　　　　　　229

第四章　民眾教育館的社會功能與文化性格　　　259

一、社會變遷中的鄉村社會　　　　　　　　　259

二、民眾教育館的社會功能　　　　　　　　　268

三、民眾教育館的文化性格　　　　　　　　　318

四、民眾教育館的價值取向　　　　　　　　　343

第五章　民眾教育館與中國社會變遷　　　　　　363

一、民眾教育館與鄉村社會組織的互動　　　　364

二、民眾教育館與傳統社會文化的傳承　　　　372

三、民眾教育館與現代化知識體系引介　　　　382

四、民眾教育館與新農村建設組織構建　　　　396

結語　　　　　　　　　　　　　　　　　　　　401

主要參考文獻　　　　　　　　　　　　　　　　405

附錄　**重要法令**　　　　　　　　　　　　　　　415

　　附錄一　民眾教育館暫行規程（節選）　　　416

　　附錄二　民眾教育館規程　　　　　　　　418

　　附錄三　江蘇省各縣民眾教育館普及民眾教育標準工作
　　　　　　實施方案　　　　　　　　　　　423

　　附錄四　陝甘寧邊區民眾教育館組織規程（選錄）　429

　　附錄五　山西省立民眾教育館閱覽書報規約　　430

　　附錄六　成都市立民眾教育館職員服務規程　　431

　　附錄七　師範學院、教育學院、師範學校及民眾教育館
　　　　　　輔導中等以下學校兼辦社會教育辦法　　433

　　附錄八　民眾教育館工作大綱　　　　　　　435

　　附錄九　民眾教育館輔導各地社會教育辦法大綱　440

後記　　　　　　　　　　　　　　　　　443

表次

表1-1	國民政府民眾教育思潮的主要理論影響來源	053
表1-2	1934年前的江蘇省六大民眾教育區輔導一覽表	070
表2-1	1928-1936年全國民眾教育館數目、職員、經費一覽表	096
表2-2	1938-1946年全國社會教育機關數（民眾教育館）	106
表2-3	全國各省市民眾教育館設置情況一覽表	130
表2-4	浙江省各縣市民眾教育館分布一覽表	132
表2-5	各省市民眾教育館概況簡表（1932-1934）	135
表2-6	抗戰時期四川民眾教育館設立情況（1938-1945）	140
表3-1	地方歲入教育經費的來源一覽表	151
表3-2	江蘇、浙江兩省縣市教育經費來源一覽表	152
表3-3	社會教育事業數量、經費比較表（1928-1933）	155
表3-4	全國民眾教育館經費平均數一覽表（1929-1936）	157
表3-5	中央社會教育事業經費數統計表（1937-1947）	158
表3-6	江蘇省各縣民眾教育館薪工與事業費所占份額統計表	168
表3-7	各省立民眾教育館組織情形一覽表	178
表3-8	江蘇省各縣民眾教育館組織統計表	179
表3-9	全國民眾教育館職員平均數變化一覽表	189
表3-10	湖南省各縣民教館人員編制及薪俸支給標準	192
表3-11	江蘇省各縣立教育館館長、館員學歷統計表	201
表3-12	江蘇省各縣立教育館館長、館員經歷統計表	201
表3-13	湖南省立民眾教育館人員情況一覽表	202
表3-14	湖南省民眾教育館館長履歷一覽表	206
表3-15	江蘇省縣立民眾教育館館長月薪一覽表	216
表3-16	江蘇省縣立民眾教育館職員月薪一覽表	216
表3-17	山東省縣立民眾教育館人員薪俸一覽表（1932）	216

表3-18　江蘇省立民眾教育館館員待遇標準　　　　　　　217

表3-19　抗戰時期成都市立民眾教育館薪金情況一覽表　　220

表3-20　四省省立民眾教育館職員薪俸一覽表（1948年）　221

表3-21　上海特別市市立實驗民眾教育館職員籍貫一覽表　242

表3-22　民眾教育館實施各項教育通過標準統計表　　　　251

表4-1　普通家庭生活費支出分配一覽表　　　　　　　　263

表4-2　農民認為讀書有何利益統計一覽表　　　　　　　265

表4-3　安徽省立第二民眾教育館附設的閱報所一覽表　　278

表4-4　江蘇省各縣民眾教育館語言文字教育事業相關實施
　　　　一覽表（1931）　　　　　　　　　　　　　　282

表4-5　吳縣農民教育館設施計畫大綱簡表（生計指導部）288

表4-6　江蘇第五民教區三十九個縣立機關合作社社員人數
　　　　統計表（1935）　　　　　　　　　　　　　　293

表4-7　江蘇省縣立民眾教育館推行新農具統計表　　　　296

表4-8　江蘇省立鎮江民眾教育館民眾教育服務人員訓練班
　　　　課程表　　　　　　　　　　　　　　　　　　300

表4-9　南門蓬戶區保甲長職業統計表　　　　　　　　　306

表4-10　浙江省民眾教育館館址一覽表（部分）　　　　　321

表4-11　三年來高長岸鄉村改進會成績一覽（1930-1933）358

表5-1　山東省立民眾教育館戲劇班公演劇目一覽表
　　　　（1934-1935）　　　　　　　　　　　　　　375

表5-2　江蘇省立鎮江民眾教育館出版刊物一覽　　　　　383

表5-3　青島市立民眾教育館廣播電臺節目時間表　　　　391

表5-4　山東省民眾教育聯合會提案、決案一覽　　　　　394

圖次

圖3-1　江蘇省立鎮江民眾教育館組織系統圖　176

圖3-2　山東省立民眾教育館組織系統圖　177

圖3-3　北平市立第一民眾教育館組織系統圖　183

圖3-4　湖南省立長沙民眾教育館館長委任狀　232

圖3-5　國民黨政要劉斐函薦信　233

圖4-1　江蘇省立勞農學院附設農民教育館放映電影情形　272

圖4-2　江蘇省立鎮江民眾教育館舉行電播教育的情形　272

圖4-3　山東省立民眾教育館附設民眾學校畢業生留影
　　　（一組）　273

圖4-4　山東省立民眾教育館祝甸鄉民眾學校校友會成立大會
　　　合影（1933年）　275

圖4-5　山西省立民眾教育館民眾學校校友會成立合影
　　　（1935年）　275

圖4-6　江蘇省立勞農學院農民教育館俱樂部成立會攝影　276

圖4-7　江蘇省立勞農學院附設農民教育館陳列室攝影　277

圖4-8　民眾教育館閱覽室情形　278

圖4-9　南通省立民眾教育館流動書車　281

圖4-10　江蘇南京省立民眾教育館流動書車情形　281

圖4-11　松江縣第一民眾教育館巡迴教育隊開展活動情形
　　　（一組）　283

圖4-12　山東民眾教育館附設家庭工藝班第一屆畢業留影
　　　（1933年）　286

圖4-13　山東省立民眾教育館為難民子女舉辦災民教育
　　　（1934年）　290

圖4-14　山東省立民眾教育館祝甸鄉無限信用合作社社員合影
　　　（1933年）　291

圖4-15　曆城縣立民眾教育館第一屆合作講習會結業紀念
　　　　（1935年）　　　　　　　　　　　　　　　　291
圖4-16　山東省立民眾教育館祝甸鄉農業產品展覽會外景　294
圖4-17　山東省立民眾教育館附設書詞訓練班第四屆畢業
　　　　留影　　　　　　　　　　　　　　　　　　　298
圖4-18　昌樂縣民眾教育館附設盲人書詞訓練班師生合影
　　　　（1933年）　　　　　　　　　　　　　　　　299
圖4-19　山西省立民眾教育館舉行慶祝中國童軍總會
　　　　成立一週年紀念合影　　　　　　　　　　　　305
圖4-20　江蘇吳縣北橋農民教育館醫療室攝影　　　　　308
圖4-21　民眾教育館舉行化裝講演的攝影　　　　　　　310
圖4-22　牟平縣立民眾教育館紀念兒童節大會情形　　　312
圖4-23　山東省立民眾教育館第二屆嬰兒健康比賽大會情形　313
圖4-24　民眾教育館舉行民眾運動會合影　　　　　　　314
圖4-25　漢口民眾教育館舉行集團結婚（1941.10.10）　316
圖4-26　山東省立民眾教育館實驗區兒童種痘留念　　　317
圖4-27　理想中的民眾教育館模型圖　　　　　　　　　319
圖4-28　山東民眾教育館大門及革命紀念館外景　　　　331
圖4-29　江蘇省立南京民眾教育館大門及館內風景　　　331
圖4-30　山東省立民眾教育館農民運動會比賽現場　　　332
圖4-31　南京省立民眾教育館國恥陳列室張貼畫　　　　336
圖4-32　各界知名人士為江蘇省立鎮江民眾教育館的題詞　350
圖4-33　黃縣縣立民眾教育館舉行識字運動大會情形　　352
圖4-34　江蘇省立鎮江民眾教育館實驗區聯村自衛隊
　　　　檢閱攝影　　　　　　　　　　　　　　　　　356
圖5-1　山東省立民眾教育館北城施教區民校董事會成立紀念
　　　　（1934年）　　　　　　　　　　　　　　　　365

圖5-2　山西省立民眾教育館舉辦六三禁煙紀念大會
　　　　職員暨拒毒講演員合影　　　　　　　　　　369

圖5-3　山東民眾教育館年俗展覽會內景之一　　　　374

圖5-4　江蘇省立教育學院附設農民教育館的中心茶園　377

圖5-5　山西民眾教育館成立說書社合影（1936年）　378

圖5-6　山西省立民眾教育館舉行孔子誕辰大會情形
　　　　（1935年）　　　　　　　　　　　　　　381

圖5-7　山西省立民眾教育館農建區小學教員暑假講學會
　　　　開幕紀念　　　　　　　　　　　　　　　387

圖5-8　山東省民眾教育館聯合會第一屆年會代表合影　388

緒論

一、問題的提出

晚清以降，作為整個中國現代化工程中的一個有機組成部分，以制度為核心的近代教育體系從來就不是一個簡單的教育問題，而是基於解決近代中國社會問題的需要建立和發展的。伴隨屢戰屢敗的軍事失利，「西強中弱」的態勢從器具、技術層面慢慢向文化層面滲透，「泱泱中華」國民心態日漸變化，特別是甲午之役，天朝大國竟被「彈丸小國」日本擊敗，國人所受的精神創傷遠遠大於軍事上的慘痛，「有甲午一役……，國人對於本國武力之信念乃完全打破。」[1] 痛定思痛，國人的「自我檢討」最終焦點集中到國家和國民素質層面，教育改革已經上升到國家存亡的政治高度。

「學堂最為新政大端」[2]，鑒於文盲眾多而學堂難以普及，清政府「于立憲九年預備單內，奏設簡易識字學塾，欲以輔小學教育之不及」。[3]清末新政時期，造人才（廢科

---

[1] 余家菊：〈民族主義的教育〉，余家菊、李璜主編：《國家主義的教育》，第4頁，上海，中華書局1934年版。

[2] 〈袁世凱等奏請廢科舉摺〉，《光緒政要》第27冊，卷31，第57頁，江蘇廣陵古籍刻印社1991年版。

[3] 〈學部奏遵擬簡易識字學塾章程折〉，《大清教育新法令》第3冊，第29頁，商務印書館1910年鉛印本。

舉、興學堂）、造國家和造社會（以預備立憲、地方自治和社會教育為主體）同時起步。「以癸卯學制為代表的現代學校體系，主要是一種作為科舉制度替代物的現代精英（或人才）培養制度；而以簡易識字學塾和通俗講演等形式出現的社會教育，則代表了造就與立憲政體、發展近代工商業相適應的現代國民之努力。」[4] 可以說，近代社會教育從誕生之日起，自然承擔起社會改造的任務。

　　民國成立後，蔡元培力排眾議，在教育部官制中增設社會教育司，與普通教育、專門教育三司並立，在國家教育行政組織上確立了社會教育的獨立地位，職掌宗教禮俗、科學美術和通俗教育，1914年7月，通俗教育和講演會、感化、通俗禮儀、文藝、美術館和展覽會、動植物園、博物館、圖書館以及公共體育場等事業被劃歸到社會教育司的管轄範圍，意欲藉此改良社會、提升全體國民的「現代意識」。1922年學制改革，平民化、社會化色彩增加，社會教育與學校教育之間的「此疆彼界」開始模糊，平民學校所授「千字課」立竿見影的功效，的確讓世人感覺到社會教育的「魅力」所在。隨著對「新教育」制度的反思加深，人們認為，經過近三十年的教育改革，教育依然為少數人的專利品，文盲充斥、文化落後，大多數民眾被摒棄在教育之外，難以承擔起近代中國政治、經濟發展對教育提出的新要求。「我們所需要的教育制度，是不知有貧富貴賤之分；我們所需要的教育內容，是不知有勞心勞力階級之分」。[5] 梁漱溟

---

[4]　於述勝：〈民國時期社會教育問題論綱——以制度變遷為中心的多維分析〉，《北京大學教育評論》，2005(3)。

[5]　新生：〈教育革命聲中的兩原則〉，《生活週刊》第5卷第43期。

從分析清末新式辦學入手，認為造成民國時期「不嫌人才少，反苦人才多。不但軍界人才多，法政人才多，即農業工業人才亦擺起來，沒有用。始恍然幾個專門人才決救不得國，必待一般民眾覺悟而且進步，整個社會才得好。於是民眾教育之呼聲大起」[6]；「今之學校教育，一傳統教育也；今之社會教育，一新興教育運動也。正唯傳統學校教育有所不足，或且日益形見其缺短，乃有今之所謂社會教育（或民眾教育或成人教育）補救」。[7]在這種情況下，社會教育被作為改造「現代學校制度」的利器，承擔起教育改造的重任。

國民政府奠都南京後，以民眾教育為主要形式的社會教育獲得大的發展空間，民眾教育承擔了教育改造和社會改造的雙重使命。「原來民眾教育，倘若依我們所懷抱的見解和願力推闡，應於較早或較遲造成一種強大的教育運動；隨之，更進一步，以與其他政治的經濟的社會的力量會合，同起作用，而造成一種進步的社會運動。……綜括言之，努力謀現代教育的改造，及相助建設未來新社會秩序，就是民眾教育所負的使命」。[8]自此以來，在中國現代教育變遷的背景下，社會教育的發展、衍變以及與其他政治、經濟改革（如合作社運動、新生活運動、保甲制度、新縣制改革以及抗戰動員等）的分立、互動和融合，構成了理解中國社會（囊括城市和鄉村）近代化的重要維度。可以說，不理解中國現代社會發展的內在需要，不能在社會教育和其他政治、

---

[6] 梁漱溟：〈鄉村建設和社會教育〉，馬秋帆編：《梁漱溟教育論著選》，人民教育出版社1994年版，第78-79頁。

[7] 梁漱溟：〈社會本位的教育系統草案〉，《教育與民眾》第5卷3期。

[8] 雷賓南：〈民眾教育的自覺運動〉，《教育與民眾》第3卷第1期。

經濟改革聯繫中分析中國教育現代化問題，便無從全面把握中國社會現代化的歷史特質。

然而，社會教育涉及面甚廣，囊括了文化教育、經濟、政治、民俗、休閒、科學等有關內容，雷沛鴻曾將其內容歸納為十類，紛繁複雜，實施途徑眾多，既有學校式的集中授課（如民眾學校），又有傳統社會教化和西方社會教育的方法的綜合運用（如戲劇、說書、講演、電影等）。所以選定一個特定且富有代表性，同時又能揭示現代教育改革發展特質的「點」作為突破口，進行細化、量化分析是必要的，在這種理路下，民眾教育館進入筆者的研究視野。

民眾教育館作為社會教育的中心機關，所開展的活動幾乎囊括了社會教育的各個方面。從實踐層面上講，民眾教育館作為國民政府對鄉村生活進行干預的一個主要載體，它所開展的活動、價值取向及圍繞這些活動所展開的討論、社會評價等，既體現出國家、政府與鄉村社會的關係，又反映出新的鄉村社會力量與舊鄉紳權貴在基層社會中的權力爭奪，更能外化出「弱勢群體」──民眾在國家政權向下層滲透過程中的獲益情況以及種種心態。圍繞民眾教育館開展的主要事業、活動、人員以及內部運行進行深入研究，可以比較集中地反映出國民政府所尋求的「現代性制度」在近代社會中所作的探索和產生的績效，便於認識當時社會中各階層利益關係的變化，以及其對農家生產經營模式、耕作方式、借貸方式，特別是基層民眾的價值觀念、民風民俗、生活方式等所產生的影響，並在此基礎上分析影響此種制度在基層鄉土的社會效果。這正是本書選擇民眾教育館作為專題研究的最大歷史依據。

著名歷史學家錢穆曾在〈如何研究社會史〉一文中指出：「要研究社會史，應該從當前親身所處的現實社會著手。歷史傳統本是以往社會的記錄，當前社會則是此下歷史的張本。」近些年來，隨著工業化、城市化及現代化的進程不斷加快，中國的農村社會、經濟制度發生了很大變化，較解放前農村有了很大改觀，但多年來「多元異質發展」的歷史慣性拉大了城鄉差距，暴露出許多不容忽視的問題，如農民負擔過重、輟學率上升、人才單向流動、文化生活貧乏、農業生產後勁乏力、農民甚至整個社會對土地投入缺少興趣，農村的發展在很大程度上已成為整個社會現代化的「瓶頸」，制約著中國的現代化進程。針對這種情況，國家啟動了社會主義新農村建設，以「生產發展、生活寬裕、鄉風文明、村容整潔和管理民主」為目標，發動了一場政治、經濟、文化教育、衛生、社會保障、生態環境以及民風民俗等多方面改革的新農村運動。[9]但就採取何種組織機關作為社會主義新農村建設的依託機構，產生了很多分歧，主要集中在兩個方面：一是以溫鐵軍、曹錦清等人為代表，他們認為新農村建設的主體力量應該是農民自身，政府的行政力量和其他組織力量只能起到促進和輔導作用，主張以農民合作、「農協」「農會」作為新農村建設的組織依託；一是以賀雪峰、郁建興為代表，主張新農村建設必須以強勁的鄉鎮基層政府為組織依託。[10]實際上，新農村建設的關鍵是民眾認同並逐漸掌握新的現代化經濟、政治和文化技能，而諸技能的

9　林毅夫：〈呼喚一場新農村運動〉，《領導決策資訊》1999(33)。

10　郭傑忠、黎康：〈關於社會主義新農村的理論研究綜述〉，《江西社會科學》2006 (06)。

全面導入、擴散對於各種單設機關而言是力所不及的，僅靠農民自身組織或政府力量都存在這樣那樣的弊端，新農村建設需要政府與農民相互聯繫、設置綜合性組織機構來承擔，民眾教育館這個極為相似的「歷史存在」散發著時代的光芒。對當下社會主義新農村建設依託組織問題的思考，是本書選擇民眾教育館作為專題研究的現實基礎。

二、學術史回顧

　　從學術史發展軌跡來看，關於民眾教育的研究有明顯的階段性，呈現出「正弦曲線」的分布態勢。從時段上講，1950年為分水嶺，之前為第一個「正弦曲線」，1930年代為峰點；1950年後至1990年代，處於沉寂或谷底階段，近些年，逐漸開始向上攀升。

　　1949年前，國內為數不少的學者已對民眾教育館作了大量研究，成果包括著作、論文、各種報告等多種形式。

　　著作包括專題研究和相關研究兩種。專題研究著作中較有影響的有：宗秉新的《江蘇的民眾教育館》（1933年，江蘇省立鎮江民眾教育館出版）、林宗禮著《民眾教育館實施法》（1936年，上海商務印書館版）、彭大銓著《民眾教育館》（1941年，重慶正中書局初版；1947年，上海正中書局版）。宗秉新[11]的著作是區域專題研究，江蘇省是民眾教育館發展最為發達的省份，宗氏作為江蘇省立鎮江民眾教育館主任幹事，曾對本省各縣六十一館各種事業、組織建

---

[11] 宗秉新，生卒年不詳，江蘇人，曾先後擔任江蘇省立鎮江民眾教育館主任幹事、館長。

設、人員任職情況等問題作過詳細調查，為該書的形成作了很好的基礎。該書因成書早、資料翔實、可信，成為瞭解當時江蘇省民眾教育館發展的權威資料。林宗禮[12]的著作屬於師範叢書，是師範生研習民眾教育館的專業基礎用書，成書於民眾教育館發展的黃金時期1936年，林氏多年從事民眾教育實踐和理論工作，對於民眾教育館的主要研究狀況耳熟能詳，全書厚達348頁，分17章，對民眾教育館的區制、館舍、設備、組織、人員、經費、活動、開放和休假時間、效率測量等等作了詳細論述，並提出將民眾教育館打造成「地方教育的中心、民眾精神生活的中心、社會建設的中心」。國民黨元老紐永建題寫書名，教育界知名人士李蒸、莊澤宣分別為之作序，對此書稱讚有加：「林君宗禮本其多年對於民眾教育之研究與經驗，著有《民眾教育館實施法》一書，內容切於實際，誠為主持民眾教育館諸同志之優良參考資料。」[13]或許林氏年少得志，「激情大於考證」，文中流露出急於構建自己理論的情緒，導致書中一些結論比較隨意、缺乏嚴密性，難免給人一種盛氣凌人、深度不足的感覺。彭大銓[14]的著作屬於社會教育輔導叢書系列，確切地說是一本供一般社會教育工作者使用的實用手冊，成書於1941年。

---

[12] 林宗禮，江蘇人，曾先後在江蘇丹陽擔任農民教育館館長、江蘇省立教育學院研究試驗部幹事、河北省立民眾教育試驗學校實驗部主任，擔任河北省教育廳第三科科長，主管該省社會教育行政，河北省現任社會教育人員訓練班訓練委員，並主講民眾教育館實施課程；江蘇省立教育學院教師、民眾教育著名刊物《教育與民眾》編輯等、教育部社會教育巡講團成員等。主要代表作《民眾教育館實施法》。

[13] 林宗禮著：《民眾教育館實施法》，上海商務印書館1936年版，序言，第1頁。

[14] 彭大銓：生卒年不詳，教育部社會教育司第三科、第二科科長，代表作《民眾教育館》等。

他作為教育部社會教育司科員，此書是配合教育部先後頒布的《各級學校兼辦社會教育辦法》及《發動全國知識份子辦理民眾教育暫行辦法》需要，對沒有社會教育知識儲備的人施以提綱性的民眾教育館知識普及教育。儘管此書僅有155頁，又因戰事關係，不少省份資料暫付闕如，但因成書於戰火紛飛中，難能可貴，「本書印行後，社教工作人員均得人手一冊，對其自身所負之責任及所辦之事項應採之方法與步驟，不難獲有明確之認識」。該書成為戰時及戰後社會教育司培訓社會教育人員的必備書籍。

除此之外，幾乎涉及民眾教育、社會教育的著作都或多或少地涉及到民眾教育館研究。除去古楳、顧嶽中少數幾人之外，其他著作都集中在1937抗日戰爭全面爆發之前，集中反映的是民眾教育館從創設到繁榮的變遷過程、組織建設、事業開展及出現的問題、既有應對舉措等內容。這些以「民眾教育」為宏觀研究的著作，大多屬於不同叢書系列，由於使用對象、成書時間不同和作者著眼點的差異，對民眾教育館的論述也詳略不一。

甘豫源[15]的《新中華民眾教育》是高級中學師範科用書，該書第七章「實施民眾教育的機關」中把民眾教育館放在圖書館、體育館、民眾學校、民眾教育實驗區前面，做了簡要的介紹，該書於1931年出版，屬於較早在著作中介紹

---

[15] 甘豫源：字導伯，江蘇人。曾先後擔任江蘇省立教育學院研究實驗部副主任及教授、黃巷民眾教育實驗區主任幹事，主張民眾教育的中心工作應該是政治教育，負責整個黃巷實驗區民眾教育工作，他為黃巷實驗區制定了「以政治教育為中心，以實際生活為根據，以經濟簡便為原則，以普及全民為政策」發展綱要，三年實驗期滿成績顯著，基本達到實驗目標，引起國內外注目。主要代表作有：《新中華民眾教育》、《民眾教育新設施》、《黃巷民眾教育實驗區一覽》等。

民眾教育館的書籍，對人們對民眾教育館的定位有著不少影響。孟憲承[16]的《民眾教育》屬於世界新教育叢書，書中第七章為「民眾教育館」，分為組織、調查與設計、實施要點三節。俞慶棠[17]的《民眾教育》屬於師範學校試用教材，其第八章為「民眾教育館」，分組織、事業、其他實施民眾教育之中心機關和民眾教育館之問題四節。孟憲承與俞慶棠同畢業於哥倫比亞大學師範學院，對西方成人教育有頗深的研究，回國後致力於民眾教育事業的發展，對江蘇省立教育學院的創建、發展建樹頗多（兩人均為該院教授，孟任該院研究部主任，俞曾任該院試驗部主任），兩人觀點也很相似，一致認為民眾教育館這種制度來自國外，在民國初年傳入中國，通俗教育館便是其前身，民眾教育館的名稱，雖「始於民國十七年以後，……然究其淵源，實已有二十餘年之歷

---

[16] 孟憲承（1894-1967）：中國近現代著名教育家，1916年畢業於聖約翰大學，1920年獲得美國華盛頓大學教育學碩士學位，1921年回國。先後擔任東南大學教授、聖約翰大學國文部主任、教授、中山大學、浙江大學教授、江蘇省立教育學院研究部主任，浙江杭州實驗民眾教育學校首任校長等。解放後，擔任華東師範大學第一任校長多年。主要代表作《教育概論》、《教育通論》、《新中華教育史》、《西洋古代教育史》、《民眾教育》、《中國古代教育史資料》、《中國古代教育文選》等，譯著有杜威的《思維與教學》、克伯屈的《教育方法導論》、波特的《教育哲學大意》、《現代教育學說》等。

[17] 俞慶棠（1897-1949）：字鳳岐，江蘇太倉人，近代著名民眾教育家，一生致力於民眾教育事業，被稱為「民眾教育的保姆」。1922年畢業於美國哥倫比亞大學教育系，同年回國。先後擔任江蘇省立第二師範學校教員、大夏大學教授，1927年擔任第四中山大學教授兼擴充教育處處長，1928年創辦江蘇大學區民眾教育學校（江蘇省立教育學院前身），1930年任江蘇省立教育學院教授兼實驗部主任，《教育與民眾》主編，1932年擔任中國社會教育社總幹事。1939年後先後在滬江、東吳大學任教，1945年擔任上海市教育局社會教育處處長，創辦上海市實驗民眾學校，新中國成立後，被任用為教育部社會教育司司長，1949年12月病逝北京。主要代表作有《民眾教育》、《農村婦女讀本》、《民眾教育叢書》等。

史」。[18]他們的學術和實踐背景，加上他們的社會聲望，使得他們對民眾教育館的研究和看法，在當時對國內學術界以及社會影響很大。

陳禮江[19]的《民眾教育》屬於江蘇省立教育學院叢書系列，是他擔任該院教導部主任時所作。該書中「民眾教育館」獨立成章，對「民眾教育館的演進略史，性質、組織、工作與事業、實施步驟、實施區域及實踐」簡要論述。從內容上講，該書與其他書籍差別不大，但其「工具論」獨具特色。陳禮江認為民眾教育館是推行民眾教育的綜合機關，是一個憑藉物，即工具，工具只有利和鈍的區分，沒有好壞，關鍵在使用的人。陳氏深厚的理論功底和豐富的實踐經驗，再加上其先後出任過社會教育司司長、國立社會教育學院院長等職，使該書影響深廣，1947年由上海正中書局再次出版。莊澤宣、徐錫齡[20]的《民眾教育通論》，該書第四章為

---

[18] 俞慶棠著：《民眾教育》，1935年中正書局印行，第130頁。

[19] 陳禮江（1895-1984），字逸民，江西九江人，早年就讀於教會大學，1922年留學美國芝加哥大學，獲教育學碩士學位，1925年回國。歷任武昌師大教務長、江西省教育廳廳長、中山大學教育系主任、無錫江蘇省立教育學院教務主任，教育部社會教育司司長兼參事，國立社會教育學院首任院長等，解放後，長期未得到公正待遇，在家鄉一所中學從事英語教學，1984年病逝，享年88歲。在1932-1935年在江蘇省立教育學院期間，創辦了國內第一所成人學習心理研究所，創辦惠北民眾教育實驗區供學生實習，主持了「小學二年制實驗」，引起國內外學者關注，在教育部任職期間，大力倡導電化教育工作，對電化教育的發展貢獻很大。主要代表作有《成人學習興趣》、《民眾教育》、《普通心理學》、《教育心理學》，譯著有斯特爾的《普通教授法》等。

[20] 莊澤宣（1894-1976），近代著名教育家，「新教育中國化」的主要代表。1916入清華學堂學習教育，次年以優異成績考取「庚款」公費留學，先後入美國俄亥俄州立大學、哥倫比亞大學學習，1922年獲得哥倫比亞大學教育系博士學位，同年歸國。先後擔任清華學校職業指導部主任、中山大學教育系主任、1928年籌設中山大學教育科學研究所，擔任所長，這個國內第一所專門研究教育科學的研究所，創辦《教育研究》雜誌，從此開設「新教育中國化」的理論和實踐。1934年擔任浙江大學教育系主任、教授，抗戰期間，他

「民眾教育館」，選取了歷史最為悠久的南京省立民眾教育館作為個案，對民眾教育館的歷史、數量變化、政府法令規定、經費、人員以及功能等方面作了考察，並對「培養民眾教育館館長的搖籃」——江蘇省立教育學院的主要實驗事業作了概要介紹。由於此書屬於學生教材，使得書中相關內容理論深度遠不及作者在雜誌、報紙上所發表的文章。實際上，這個缺憾普遍存在於同類《民眾教育》書籍中。

值得提出的還有趙冕[21]的《社會教育行政》和古楳[22]的《民眾教育新動向》。《社會教育行政》一書中援引了大量有關民眾教育館的統計資料、圖表，提供了從社會教育行政角度、量化地考察、認識和研究民眾教育館的一個契機。而古楳《民眾教育新動向》成書於1945年，篇幅中有不少戰時民眾教育館發展內容，是一部比較簡明扼要的民眾教育館發展史著作。古氏對當下人們對民眾教育館命運多舛進行進行了理性分析，指出辦理民眾教育館，最重要的是「充實內

先後在廣州和香港嶺南大學任教，抗戰勝利後，莊澤宣被國民政府任用擔任聯合國教科文組織的常駐代表。1953年受聘新加坡的南洋大學，1976年病逝美國。著作頗豐，主要代表作有《如何使新教育中國化》、《各國學制概要》、《民眾教育通論》、《我的教育思想》、《鄉村建設與鄉村教育》、《改造中國教育之路》、《抗戰十年來中國學校教育總檢討》等。

徐錫齡：曾先後在中山大學、江蘇省立教育學院等工作，講授社會教育、民眾教育等課程，《教育與民眾》編輯等，代表作有《民眾教育通論》、《民眾教育論存》等。

[21] 趙冕，字步霞，江蘇人。曾先後擔任江蘇省立教育學院講師、研究試驗部幹事，江蘇省立教育學院第一個民眾教育試驗區——黃巷民眾教育試驗區的總幹事以及北夏民眾教育試驗區的幹事；1931年中國社會教育社成立後，長期擔任該社的常務理事。主要代表作有《民眾教育綱要》、《社會教育行政》等。

[22] 古楳（1899-1977）：先後擔任中山大學教授、江蘇省立教育學院教授等，抗戰爆發後，古氏隨江蘇省立教育學院輾轉避難，後到上海，先後在大夏、復旦、滬江各大學擔任講授社會教育或民眾教育的課程，對近代鄉村經濟頗有研究。主要代表作有《民眾教育新動向》、《鄉村經濟概論》等。

容」，對當時社會上流行的「政教合一」的做法表示擔憂，「並非一紙通令就能保證它的前途的」。[23]

除去著作外，時人在各種報刊、雜誌上發表了汗牛充棟的論文，對民眾教育館作了多層次、多角度研究。報刊如《大公報》、《申報》、《世界日報》、《中央日報》等開闢了鄉村建設和鄉村教育的專欄；此外，還有江蘇省立教育學院辦理的《民眾週報》、湖南省立民眾教育館辦理的《湖南通俗日報》等；期刊更多，可分為三類：一類是綜合刊物如《教育雜誌》、《中華教育界》、《教與學》、《師大月刊》等；一類是民眾教育專業刊物，如《教育與民眾》、《社會與教育》、《民眾教育月刊》、《民眾教育季刊》、《民眾教育通訊》、《社教通訊》等；三類是地方教育刊物，如《江蘇教育》、《浙江教育》、《浙江教育行政週刊》等，都登載了大量與民眾教育館有關的文章。[24]

這些數量龐大的文章的發表，極大豐富了民眾教育館的研究成果。縱觀這些文章關注的內容，大體可以分為三類：一類是強調民眾教育館的重要性，從理論和實踐上論證民眾教育館的「合理合法性」地位，並為之鳴鑼開道，以推進民眾教育事業儘快進行的。這類文章的大量發表為民眾教育館贏得了不少學術界和社會人士「認同感」，促進了民眾教育館事業的發展。第二類是針對當時民眾教育館事業出現的弊病，進行了猛烈的批判、責難的文章，這類文章的作者大多也是從事民眾教育館理論和實踐工作者以及社會教育行政工

---

[23] 古楳著：《民眾教育新動向》，中華書局1946年版，第62頁。

[24] 因涉及論文數量過多，有代表性的論文的名稱、作者以及所刊發期刊名稱、時間等詳況，文中援引到時會注明，此處不再一一列舉。

作人員，對民眾教育館存在的問題大多能一針見血地指出，反映了時人對民眾教育館的部分真實評價，雖然有極端者動議取消民眾教育館組織建制，但絕大部分文章則是出於「愛之深，責之切」的心境，從實際效果來講，起到了從另一角度來吸引社會人士關注其事業的目的。第三類文章大多是附會、跟風之作，主要刊登在各地縣立民眾教育館創辦的民教刊物上，數量眾多，意義不大。從作者群體來看，基本集中在民眾教育館理論研究和實踐工作者範圍內，他們的「親歷親為」給人們提供了瞭解民眾教育館的鮮活資料、素材，他們的觀點有很強的針對性，但因「只緣身在此山中」，難免給人一種「自說自話」的感覺。

由各地民眾教育館自行出版的、連篇累牘的實驗報告、工作報告也是民國時期民眾教育館研究成果的一個方面。[25]這些民眾教育館大多屬於省立，經費和人才相對充裕，其編輯出版的實驗報告、工作報告不僅僅是記述該館工作的一筆流水賬或功勞簿，報告撰寫者大多對民眾教育館有相當研究，在報告工作的同時能結合實際做一定程度的反思。「我們要申說我們所感到的困難，希望大家供給解決困難的辦法與資料；我們要報告我們收穫的心得，希望大家有所認識，

---

[25] 比較有代表性的報告有，《江蘇省立教育學院五個月的實驗民眾教育館》（江蘇省立教育學院南門實驗民眾教育館出版，1931）、《湖北省立襄陽民眾教育館工作報告》（襄陽民眾教育館編，1933）、《江蘇省立南京民眾教育館二十二年度計畫綱要》（江蘇省立南京民眾教育館編，1933）、《四年來之江蘇省立鎮江民眾教育館》（江蘇省立鎮江民眾教育館編，1934）、《福建省立民眾教育館計畫綱要》（福建省立民眾教育館編，1934）、《山西省立民眾教育館概況》（山西省立民眾教育館編，1935）、《河北省立實驗鄉村民眾教育館兩年來實驗報告》（河北省實驗鄉村民眾教育館編，1936）、《天津特別市第四區民教館概況》（天津特別市第四區民教館編，1939）、《一年來之南京市立民眾教育館》（南京市立民眾教育館編，1940）等。

作辦理民眾教育時的參考」。[26]這些資料的共同之處在於所論內容範圍多集中於該館所轄縣市或更小的地區，有大量地方社會教育統計資料、照片、插圖等，具有明顯的地域性；內容上多以民眾教育館的主要事業，如語言文字教育、政治教育、生計教育、健康教育、科學教育、休閒教育等為敘述對象，帶有很強的綜合性；報告撰寫方式上有語體文、詩歌、民謠，形式多樣。這些實驗報告、工作報告是再現多姿多彩民眾教育館「歷史圖景」的資料來源。必須注意的是，這些實驗報告主要用於報送上級和各單位交流使用，雖有撰寫人時時注意，但難逃實驗報告、工作報告的文體限制，難免對自己工作成績有所粉飾，所以，在作為資料使用時，必須尋找其他相關文獻相互參照，才有可能儘量榨除水分，去偽取精。

　　總之，從既有的研究成果來看，1927-1949年形成了一個研究民眾教育、民眾教育館的高潮。大體來看，這些研究成果內容主要集中在兩個方面：一是對「民眾教育館是什麼、如何做」進行了大量的、或專業或通俗的介紹和研究，民眾教育館作為新生事物，國人對其瞭解不多，加上實踐中有這樣那樣的弊端，很多學者或從學理上、或從政策上解讀，積極進行「拓荒」工作；第二是對民眾教育館事業開展中存在的問題的關注，一些學者對民眾教育館工作中存在的政策不能落實、經費不足、薪金分配不合理、工作人員任職資格低下、工作方法單一、工作成效不明顯等問題提出了尖銳的批評，並提出相應地解決方案和應對措施，但由於民眾

[26] 朱秉國：《江蘇省立教育學院民眾教育的實驗》（上），《中華教育界》第21卷6期。

教育初興，時代條件的限制，這些問題在實踐中並沒有得到有效的解決。

　　從當時民眾教育館研究的主要論者群體看，無論是李蒸、俞慶棠、孟憲承、陳禮江、甘豫源、馬宗榮、董渭川、林宗禮、宗秉新、趙冕、古楳、顧嶽中等一大批「青年才俊」，還是紐永建、吳稚暉、陳果夫、周佛海、鍾靈秀、彭大銓等「政府中人」，他們要麼是教育學者，要麼是民眾教育運動的「熱心人」、力行者或行政負責人，[27]身份特性使他們對民眾教育館的論析多是站在教育角度、很難超出教育樊籬來看待民眾教育館（如為數不少的著作就是作為各級學校教材出現的），因此也就缺乏一個多元分析框架和深入研究可能；同時更因為中央和地方政府之間常出現的「相異性」，政府與社會團體、教育學者對民眾教育賦予的功能有明顯地出入，再加上近代中國知識份子職業的多變性、複雜性，「在學言學，在官言官」，這種心態或明顯或隱諱在研究成果上得到表現，即便同一個人不同時期也會出現對民眾教育館的相異定位，給後人一種「難識廬山真面目」的迷惑。

　　新中國成立後的相當一段時間，由於意識形態的影響，曾一度將南京國民政府推動的民眾教育運動簡單地視為國民黨的反動措施而全盤否定，民眾教育研究也就成為學術禁區，無人敢於問津，而對作為民眾教育綜合機關的民眾教育館的研究，更是一片空白。改革開放後，隨著人們思想的

27　就當時學人而論，他們的身份經常會發生變化，行走在學術與行政之間，如李蒸、陳禮江、劉季洪等先後擔任過教育部社會教育司司長，俞慶棠擔任過中央大學區擴充處處長、上海特別市教育局社會教育處處長，林宗禮擔任過河北省教育廳社會教育科科長等。在此處不作細緻的劃分。

解放，民國史研究的升溫，民眾教育研究也逐漸回到人們的
學術視野。以王炳照、閻國華教授主編的《中國教育思想通
史》（第7卷）第四章「民眾教育思潮」為標誌，開啟了民
眾教育研究的先聲。其後，關於民眾教育的研究成果有所增
多。但關於民眾教育館的研究，仍然處於薄弱環節。

　　到目前為止，筆者尚沒有發現以民眾教育館為專題研
究的專著，但涉及這一問題的著作和論文卻有相當數量。熊
明安、周洪宇主編的《中國近現代教育實驗史》（山東教育
出版社，2000年），該書將民眾教育館和民眾茶園、民眾
圖書館、民眾合作社及民眾體育場並列，作為民眾教育的
社會實驗機關，作了簡明介紹。王雷的《中國近代社會教育
史》（人民教育出版社，2003年）第5章「中國近代社會教
育事業」中第二節以「民眾教育館——社會教育的『中心機
關』」為題，分「歷史沿革、民眾教育館的設施、工作和發
展概況」作了可貴的探索。張蓉的《中國近代民眾教育思潮
研究》（中國文史出版社，2005）對民眾教育館有一個概
要的介紹。近年來，區域性的民眾教育館研究逐漸進入青年
學子的學位論文選題，[28]他們從城市史、近代史、教育史、
社會史、歷史地理學等角度，對區域民眾教育館進行了探
討。關於民眾教育館研究的文章也逐漸增多，有代表的有徐
南平《鎮江民眾教育館對我國早期電化教育的促進作用》，
毛文君的《二十世紀20——30年代的成都市民眾教育館》

---

[28] 從筆者收集到資料來看，一些資料豐富、成績較多的民眾教育館，如江蘇
　　徐州省立民眾教育館（谷小水，2000）、成都市立民眾教育館（毛文君，
　　2002；李麗華，2005；張研，2007）、廣東省立民眾教育館（楊麗芳，
　　2005）、北平民眾教育館（趙倩，2006）、山東省立民眾教育館（張鵬，
　　2008）、青島市立民眾教育館（王業廷，2009）、湖北省立實驗民眾教育館
　　（于文哲，2010）等，得到了較多的關注。

等。這些論文主要從「點」上對1937年前的民眾教育館事業進行的原因、發展過程、主要事業內容和活動方式、績效以及原因分析等做了初步探討，這些研究成果都有助於筆者對民眾教育館進行整體的思考。

就港臺地區研究成果講，有雄光義的文章《我國社會教育的演進》、孫邦正的《六十年來的中國教育》（臺北，正中書局，1974）、鄭世興的《中國現代教育史》（臺北，三民書局，1981）和李建興的《中國社會教育發展史》（臺北，「國立教育資料館」，1986）等，或多或少涉及到民眾教育館，尤其是李建興編著的《中國社會教育發展史》，是目前大陸以外學者編寫的第一本較系統的中國社會教育史，共11章。它從夏、商、西周時期的社會教育到民國的社會教育，從社會教育文化背景、社會教育概況、社會教育思想和社會教育影響四個方面來闡述中國民眾教育發生、發展的軌跡。該書突出了歷史的完整性，將古代的社會教化作為民眾教育的自然前身，彙入到整個社會教育研究中來。但由於缺乏詳實的資料挖掘與整理，對近代民眾教育的研究略顯單薄。

綜上所述，目前學界對於民國時期民眾教育館的研究仍很薄弱。從鄉村教育史研究來看，學界對於二十世紀的鄉村教育史研究，多集中在定縣、鄒平、徐公橋等由著名人物、社會團體所主導的事業、活動，平民教育、鄉村建設、職業教育、生活教育等領域研究成果較多，而對於處於國民黨統治核心區域開始發起的民眾教育關注明顯不夠，這樣勢必影響對民眾教育館的深入研究。

從近現代史研究來看，學界對商會、會館、合作社、廟會、街頭、公園、茶館等都有專題研究，而對於國家和社會精英共同打造的、以吸引鄉村民眾作為主體參與而達到鄉村社會改造的「公共空間」——民眾教育館卻沒有涉及。不論在教育史還是社會史領域，民眾教育館研究都處於邊緣化狀況，一方面，它的社會活動及其意義超越了單純的學校教育範圍，成為社會史的一部分；另一方面，它的社會活動又是以掃盲為主的識字教育為主體展開，以民眾學校為中心，在社會史研究中很容易被忽視。同時，它的性質和歷史地位又很難在傳統與近代化的二元理論架構下來說明，因為它既是對傳統學校教育功能的繼承和改造，又是對近代教育實用精神的本土化應用。對於民眾教育館的研究，僅從教育史或社會史單個領域來研究都不容易做到全面。南京國民政府時期的民眾教育運動，不單純是一場「教育改造運動」，更多的是「由教育改造達到社會改造」為目的，而且就實施主體來講，其對民眾教育運動的政治目標的預期，遠遠大於教育的意義，是一場「社會改造運動」。[29]顯然，對於民眾教育館的研究若僅從教育學或社會學領域來立論都難免偏頗。因此，本書將突破教育學、歷史學和社會學的單一框架、方法，大量汲取經濟學、政治學、統計學、社會心理學、民眾動員學等諸多學科的理論和方法，採用「多學科交叉法」，希冀能對民眾教育館這個「歷史存在「進行較全面、較深入的探索。

---

[29] 陳禮江：〈社會教育的意義及其事業〉，《教與學》第3卷1期。

三、本書框架和思路

國民政府奠都南京後，就整體上而言，是處於由傳統國家向現代國家轉型的時期，政府權力向鄉村基層社會延伸，試圖實現對鄉村社會的控制和主導。在這個現代國家的形成、民主制度的建立，以及地方自治與民主政治的實施過程中，廣大鄉村民眾的受教育程度至關重要。中國從1904年開始建立近代教育體系，但是由於傳統農業經濟依然佔據主導地位，以「移植」西方為主的近代教育體系出現了明顯地「水土不服」，絕大多數鄉村民眾並未因近代教育制度的建立而受惠，直至二十年代，農村教育狀況基本依舊，眾多的農村文盲就成為近代民主政治的一大障礙。政府必須解決這個表現為「鄉村教育落後」的問題，選擇「強制性制度安排」的民眾教育運動成為必然。

對於一部分有強烈使命感的知識份子來說，近代國家的轉型使得他們再難以承擔傳統「士」的職責，但傳統「士」的強烈使命感使得他們對政治和國家的走向難以釋懷，懷著對上層政治的眷戀、不滿和失望的複雜心情，使得他們把目光轉向了鄉村廣大民眾，希望以普及教育的方法建立基層民主自治的基石，通過基層民主政治達到上層民主，並藉以保持和政府千絲萬縷的聯繫。於是，他們積極呼籲、倡導鄉村教育，紛紛組建團體，大量介紹、引進西方成人教育、社會教育理念和做法，並身體力行，加入對傳統鄉村社會的改造大潮中來，大力發展以掃盲為主、兼重生計和政治知能培養的社會教育。在這種背景下，幾種主體開始介入鄉村教育的

改革，鄉村社會相應地呈現出前有未有的「多元異質並存」的狀態，各種力量也開始重新分化、組合。在這個過程中，現代性的因素逐漸向更深、更廣的領域蔓延，鄉村社會在此浸染下，傳統的民眾政治理念、生產經營方式、生活方式等開始出現斷裂。

二十世紀二三十年代的民眾教育運動帶有強烈的政治色彩，它的發展必然延伸到基層社會的地方事務、組織機構，乃至民眾的日常生活，民眾教育館成為政府和一部分試圖改造鄉村的近代知識份子進入基層社會的入口，成為他們參與、引導、規範鄉村社會生活的立足點。[30]在重建鄉村社會的過程中，他們又必須面對鄉村社會、民眾的現況，使民眾教育館成為廣大村民可以接受的鄉村機構，以期能成為民眾認可的鄉村社會改造的中心。按照黃宗智在《長江三角洲小農家庭與鄉村發展》一書中的研究成果，他提出存在於國家與地方之間的「第三領域」理念，黃氏認為由於中國社會及政權的近代化並沒有產生像西歐社會那樣的民主進程，由國家和社會共同參與的第三領域便顯得格外重要，認為第三領域的存在推動了中國的社會整合與近代國家政權建設。[31]王迪在〈街頭文化：成都公共空間、下層民眾與地方政治，1870-1930〉一文中，對「公共空間」（public space）和「公共生活」（public life）深入探索。[32]從這個意義上看，民眾教育館扮演了「第三領域」或「公共空間」的作

[30] 周慧梅著：《南京國民政府時期的民眾教育研究》，第32頁，北京師範大學2006屆博士學位論文，列印稿。

[31] 黃宗智著：《長江三角洲小農家庭與鄉村發展》，中華書局1992年版，443頁。

[32] 王迪著，李德英等譯：《街頭文化：成都公共空間、下層民眾與地方政治，1870-1930》，中國人民大學出版社2006年版，第5-6（中文版自序）。

用。在民眾教育運動中，國家政權、社會團體等致力於鄉村教育、經濟、政治等整個社會的改造，民眾教育館的設置傾注了各自的努力。民眾教育館作為一個國家和地方、社會團體、民眾都參與的「公共空間」或「第三領域」，其事業開展、衝突備受關注。由此，本書試圖將民眾教育館的研究放在國家、地方和民眾的理論分析框架中來考察。

本書以國民政府所推行的民眾教育的綜合機關——民眾教育館為切入點，對這一自上而下的由政府主導的「強制性制度變遷」[33]社會組織的事業、活動方式、目標、績效、存在問題等進行深入考察，來透視當時政府、社會團體試圖通過「教育改造達到社會改造」來化解農村危機與社會失序（農家經濟瀕臨崩潰、農民離村、兵匪煙賭等社會問題、鄉村基層政權的異化、近代教育對鄉村精英的掠奪及鄉村文化的荒漠化等等）、重新構建新的鄉村社會（識字教育、生計教育、政治教育、科學教育、健康教育及休閒教育等）種種努力，探尋民眾在此過程中所做出的種種回應，分析影響民眾教育館承擔政府與民眾之間的「公共空間」職能的原因等，以期能對民眾教育館作一嘗試性的全景研究。

---

[33] 按照林毅夫等新制度經濟學派的解釋，制度變遷的方式有兩種類型，即誘致性制度變遷和強制性制度變遷。誘致性制度變遷指的是現行制度安排的變更或替代，是由一群（個）人在回應由制度不均衡引致的獲利機會時所進行的自發性變遷；強制性制度變遷指的是由政府法令引起的變遷。林毅夫：《關於制度變遷的經濟學理論：誘致性變遷與強制性變遷》，〔美〕R.科斯、A.阿爾欽等著：《財產權利與制度變遷——產權學派與新制度學派文集》，上海人民出版社1994年版，374頁。

四、資料分析

作為史學研究，對研究成果尚顯薄弱的民眾教育館專題研究，資料和方法論意義更為明顯，檔案資料和地方誌、文史資料、圖片資料以及現今其他學科的相關研究成果，構成了本書的主要資料和方法論來源。

（一）民國時期遺留下的大量研究成果

第一，時人一批很有影響、頗有見地的專著、論文是本書倚重的主要資料來源。由於這些作者大部分是活躍在民眾教育領域的先鋒人物，他們「述而又作」的親身體驗和深淺不一的思考，為生動地「重現歷史」提供了難得的第一手資料。

第二，實驗報告和農村調查資料。這一時期，教育實驗已經深入到教育的各個領域，民眾教育亦不例外。衰落的農村社會以及相應的鄉村問題備受社會各界關注，在此種情勢下，實地調查成為進行教育實驗的基礎和起點。與李景漢、費孝通、吳文藻、張之毅等人的農村調查有所區別的是，民眾教育界所進行的實地調查更緊密地和民眾教育館的主要事業聯繫在一起，如李蒸、陳禮江、黃裳等人對全國民眾教育館、民眾學校、農民讀書興趣等進行的實證性的社會調查，沙居易、朱若溪等人的《一個新的鄉村系統實驗》、《高長岸實驗民眾教育館工作概況》[34]等等。這些資料都成為我們

---

[34] 在調查中，他們大都採用了現代社會學的理論、方法和手段，因而所積累匯總的資料，具有較強的科學性和可靠性，利用價值極高。如陳禮江、陳友瑞為了調查「農民對於文化反映心理」問題，先後四次發放調查問卷，範圍涉

追溯當時民眾教育館與鄉村社會之間「真實圖景」的彌足珍貴的史料。

第三，三十年代中國學術界的相關研究成果。鄉村建設派與左翼學者之間的論戰成為「中國社會史論戰」開端，這股「爭鳴、討論」之風，發展到1935年，這一論戰的焦點集中到對中國農村社會的論戰。[35]論戰的最大成果是促使一批卓有見地的論文、專著相繼問世，如中國農村經濟研究會編的《中國農村社會性質論戰》、千家駒主編的《中國農村經濟論文集》、《中國鄉村建設批判》、《鄉村建設實驗》（1-3輯）等，通過這些非教育界的「當時當事人」的研究成果，和民眾教育界的有關成果相互佐證，這些成果為我們進一步拂去「當事人」自覺不自覺地「偏離史實」的塵埃，更接近昔日的「歷史存在」。

（二）當時民眾教育館出版的連續刊物、畫報、通俗讀物

在當時，出版是大多數民眾教育館的常規工作。據不完全統計，全國各地各級民眾教育館出版的各種連續民教刊物約有150種左右。儘管由於經費、人員的差異，這些出版物呈現參差不齊的狀況，但這些或成熟或稚嫩、或精美或粗劣的出版物，特別是一些偏遠地區，如雲南昆華省立民眾教育館出版的《雲南民眾教育》月刊、《民眾畫報》旬刊和《民

及18個省市，收回有效問卷916份。

[35] 在論戰中，以錢俊瑞、薛暮橋等人為代表的「中國農村派」和以王宜昌、王毓銓等為代表的「中國經濟派」分別以《中國農村》和《中國經濟》為陣地，分別對中國農村社會經濟的研究方法、研究對象、農村破產的原因、農村早期工業化的途徑、農村教育的實施等展開論戰，各抒己見，難分上下。

眾生活》週刊，為我們提供了當時民眾教育館工作的概況、
存在問題等珍貴史料。

（三）檔案資料、地方誌和文史資料

　　由中國第二歷史檔案館編輯、江蘇古籍出版社出版的
《中華民國檔案資料彙編》第5輯第1-5編，囊括了1927-
1949年間國民政府在經濟、財政、社會、政治、教育等各
方面的大量檔案資料，為本書提供了諸多方便。此外，第二
歷史檔案館還有一些尚未編入彙編中的南京政府教育部、
內政部檔案中有關民眾教育館的資料，也為本書所徵引。此
外，筆者先後在長沙、上海、河南、重慶、青島等省市檔案
館查閱了有關民眾教育館的館藏檔案，北京師範大學圖書館
和北圖館藏的地方誌的相關資料；還有現存的大量文史資料
中有關民眾教育館的資料，這大多是作者親身經歷或親眼所
見的回憶，儘管這些文字不可避免地夾雜了作者的情感、個
性、偏見，甚至記憶的錯誤或有意識的內容取捨，但依然可
以作為研究民眾教育館的原始資料來相互印證使用。

（四）老圖片和文學作品

　　視覺資料為我們研究民眾教育館，特別是對鄉村社會的變
化提供了強有力的證據，「回到歷史現場」，可以與文字分析
相互印證。當時各地民眾教育館發行的大量刊物、民眾讀物、
畫報等為了宣傳自己、吸引民眾，刊登了不少照片、漫畫以及
宣傳招貼畫，這些視覺資料揭示了人們對民眾教育館的使用、
理解以及民眾參與的人間百態，為我們提供了重現「歷史圖
景」的重要資料。因此本書選取一些有代表性的老照片、漫畫

以及招貼宣傳畫等,「讓資料自己說話」。以外,文學作品包括戲劇、小說等,如老舍的《龍鬚溝》中二春和娘子等對民眾教育館的評價,也成為本書的資料分析的依據。

當然,每一種史料在體現它的豐富性的同時,也同樣有著自身的局限性。不論是民國時期既有研究成果,還是民眾教育館自行出版的月刊、畫報或專輯,不論是各地檔案館館藏檔案、地方誌還是文史資料,或是那些發黃的老照片,一般都屬於官方或創辦方立言,因此,大都體現的是官方立場,內容上傾向於正統史料,關注對象更多的「已規範」、「已圈定」的民眾。且在意識形態影響下,不同時期的對民眾教育館的評價互有參差,特別是各地的地方誌、文史資料在編寫上呈現趨同風格。但這些多元資料,還是為本書分析民眾教育館這個「歷史圖景」提供了必要的、不可取代的依據。

以上是本書分析所依賴資料的大致來源,由於目前社會教育研究相對薄弱,資料的系統性、完整性無從談起,且二十世紀三、四十年代社會教育資料浩如煙海,多是分散於這一時段出版的零散刊物以及現今各省市的地方檔案中,儘管筆者盡可能多渠道的去搜集、查找,但由於精力、時間及經費的關係,仍然是掛一漏萬,這一直是筆者下筆作論時的一大憾事。

無論就資料的豐富多樣性來說,還是研究本身的理論和實踐意義,民眾教育館研究都是一個值得深入下去的課題。筆者之所以在本書緒論中專門列出資料來源,既是交代在研究中資料的搜尋範圍,希望方家能批評指正,亦希望能為有志於此的研究者提供一個資料譜系,共同推進民眾教育館的研究。

第一章
民眾教育館的興盛背景

　　民眾教育館作為民眾教育運動的綜合機關，其興衰成敗與民國時期民眾教育運動息息相關、命運共繫，民眾教育運動的興盛背景必然是民眾教育館發展演進的「承載母機」。作為國民政府與民眾關係演變的主要階段，即「北伐戰爭」時期民眾動員方式的轉向問題，自然應被納入民眾教育運動的發展興盛的背景分析之中。

一、「北伐戰爭」時期民眾動員方式的轉向

　　正如哥倫比亞大學韋慕庭教授所指出，「北伐戰爭」迅速取得軍事勝利的另一個重要原因是有效的政治工作，通過隨軍的專職軍官以及在敵後的國民黨和共產黨的黨員，去爭取地方民眾和試圖策反敵軍來支持戰事。[1]也就是說，有效的民眾動員保證了「北伐戰爭」順利推進。「北伐戰爭」期間，國民黨中央屢次發表對農民宣言，動員農民組織起來完成打倒土豪劣紳和扶助革命軍的兩大使命，取得不錯績效。「在北伐過程中，中國各地掀起了民眾運動的浪潮，有所謂的農民運動、工人運動、青年運動、婦女運動等等。這些民

---

[1] 〔美〕費正清編：《劍橋中華民國史》（上卷），楊品泉等譯，中國社會科學出版社1994年版，第607頁。

眾運動的浪潮，助長了國民革命軍北伐的聲威，對於國民革命軍北伐的告成，是有很大的幫助的。」[2]隨著革命形勢的變化，國共兩黨對如火如荼的民眾動員認識上的分歧，迅速演變為實際決策上的分道揚鑣。按照當時流行的說法，「革命破壞時期」即將結束，穩定、恢復社會秩序成為國民黨當局首要目標，民眾教育成為國民政府「和平建設」時期新的民眾動員新方式。

　　國民黨「一大」後的幾年時間中，國共兩黨對工農動員問題曾達成令人稱道的共識。廣東革命政府制定了各種工農政策，成立農會、工會，通過「打土豪，分田地」、組織大規模罷工等方式，極大地調動了工農群眾的革命激情。王海光認為，在既定的狀況下，運動動員的方法論意義在於最大限度地激發群眾的情感力量，形成集體行動的意志。[3]從這個意義上講，廣東革命政府採取的民眾動員方式，除去以孫中山「扶助農工」為理論的信仰指導外，動員民眾、運動民眾的現實考量肯定是占了很大比重，這些政策所引致的直接後果就是很好的印證。自1925年到1927上半年期間，以廣東為首，廣西、湖南、江西等地的農民，在革命勢力的領導下，分了土地的農民被革命激情所鼓舞，先後組織了數以萬計的農會，開展轟轟烈烈的農民運動，對各地的土豪劣紳勢力進行了嚴厲地打擊。《中華民國史料擋案彙編》第三編《北伐時期的民眾運動》中有不少報導，記載了被動員起來的民眾如何給北伐軍充當嚮

---

[2]　陳禮江：〈社會教育的意義及其事業〉，《教與學》第3卷1期，1937(1)。
[3]　王海光著：《旋轉的歷史──社會運動論》，上海人民出版社1995年版，第197頁。

導、提供食品、搬運軍用物資以及為傷員抬擔架等，在他們的支持下，北伐軍勢如破竹等種種事蹟。毛澤東在《湖南農民運動考察報告》中也指出，到1927年1月以來，「在湖南農民全數中，差不多組織了一半。如湘潭、湘鄉、瀏陽、長沙、澧陵、寧鄉、平江、湘陰、衡山、耒陽、郴縣、安化等縣，差不多全體農民都集合在農會的組織中，都立在農會領導之下。」對於這些農會指導下的農民，「打倒土豪劣紳，一切權力歸農會」，「其結果，把幾千年封建地主的特權，打得個落花流水。地主權力既倒，農會便成了唯一的權力機關，……連兩公婆吵架的小事，也要到農民協會去解決。一切事情，農會的人不到場，便不能解決。農會在鄉村簡直獨裁一切，……土豪劣紳，不法地主，則完全被剝奪了發言權，沒有人敢半個不字。在農會的威力之下，土豪劣紳們頭等的跑到了上海，二等的跑到了漢口，三等的跑到了長沙，四等的跑到縣城，五等以下的土豪劣紳崽子則在鄉里向農會投降。」[4]在城市中，有組織、大規模的罷工、歸還租界、「工人暴動」等極大打擊了帝國主義的在華利益，摧毀了北洋軍閥的城市控制根基，協助了北伐軍勢力的推進。如北伐開始時，針對香港的罷工和對英國的貿易抵制，廣東省進行了整整一年，沉重打擊了和損害了英國的貿易收入，顯示了覺醒後的工農的力量，而成功收回漢口英租界的民族主義勝利，更是大大提高了國民黨的威信，贏得了廣大民眾的支持。

---

[4] 毛澤東著：〈湖南農民運動考察報告〉，《毛澤東選集》（第一卷），人民出版社1991年版，第13-14頁。

誠如毛澤東所指出的那樣，農民掌控下的農會，給傳統的農村帶來了前所未有的衝擊。但隨著局勢的逐步穩定，土地運動的暴力行為和工人運動的狂熱情緒已超出國民黨黨部的容忍限度，國民黨內部開始出現反對的聲音，並迅速彙成一股有力的浪潮。他們認為：「勞工必須受到約束。因為連續的罷工正在破壞商業，減少政府收入，給失業救濟製造問題。在農村，被發動起來的農民正在處決地方上的敵人，大地主和商人正在逃向城市，在那裏散佈農村恐怖的消息。他們的出逃破壞了農村的商業，特別是米、茶和其他農產品的交易。……」並進一步強調，正是因為這個原因，導致了國民黨轄區內的長沙、武漢和其他城市商業的蕭條。[5]在湖南等省份的農村，「打倒土豪劣紳」的行動被稱為「痞子運動」，為數不少的國民黨高層人員認為，反對土豪的鬥爭意味著逮捕和殺人，農民爭取土地的後果導致地主逃亡和稅收的大幅銳減。共產黨中央委員會表現出對一些地區過激群眾運動的擔憂：「在北伐軍所佔領的湘鄂贛等省的民眾，的確是已走上革命道路上，革命已深入到鄉中去……群眾自動槍殺劣紳土豪的事屢見不鮮……致使現時的軍事失敗。」[6]農會對土豪劣紳執行槍決等極端行為，已經在農村社會引起更大的混亂。

　　隨著北伐軍的節節勝利，國內局勢發生了迅猛變化，國共兩黨在民眾動員的理論與方法上的矛盾日漸表面化。到

---

[5]　〔美〕費正清編：《劍橋中華民國史》（上卷），楊品泉等譯，中國社會科學出版社1994年版，第683頁。

[6]　〈中國共產黨中央委員會會議報告〉，1927-1-8。轉引自〔美〕費正清編：《劍橋中華民國史》（上卷），楊品泉等譯，中國社會科學出版社1994年版，685頁

了1927年，「四・一二」清黨反共事件爆發，雙方發生了激烈的對抗，以蔣介石為代表的右翼勢力逐漸掌握了國民政府民眾動員方式轉變的主導權。從政黨性質上來講，國民黨是一個面向精英而非民眾的政黨，[7]它必須為本階級謀求利益，才能取得更大的支持。以蔣介石為代表的國民黨右翼的權勢實體必然拋棄原先的民眾動員方式，尋找一種溫和的、改良的動員方式作為替代品。為了維護農村的社會秩序不受大的震盪，國民黨對農民行為進行規約，它宣佈：「過去軍事時期中所施行之民眾運動方法與組織，（在現今）根本亦已不適用」，今後的農村民眾運動，「必須以扶植農村教育，農村組織，合作運動，及灌輸農業新生產方法為主要之任務。」[8]國民政府成立後，如何將「革命破壞時期的民眾運動」轉化為「建設時期的民眾運動」，保持社會秩序穩定是政府追求的首要目標。

不難看出，國民黨當局倡導的農村民眾運動的內容，基本是「化民成俗」、「勸課農桑」的傳統社會教化的延續。自清末新政以來，以通俗教育為主體的社會教育已經取代了傳統的社會教化，成為「造國家、造國民」的途徑之一。「北伐戰爭」中，儘管國共就民眾運動發生了分歧，但陳禮江認為，國民黨獲取了「民眾可以由教育而喚起」的寶貴經驗，「北伐完成，訓政開始，社會改造運動已經踏上社會建設的途徑。如何喚起民眾，組織民眾，訓練民眾，以實行自

---

[7] 齊錫生通過對1927後國民黨全體黨員的量化分析，認為國民黨政黨性質是屬於精英而非民眾的。詳見齊錫生〈國民黨的性質〉（上），《國外中國近代史研究》第26期。

[8] 榮孟源主編：《中國國民黨歷次代表大會及中央全會資料》（上），光明日報出版社1985年版，947頁。

治，完成訓政，便成當時一個重要的課題，而民眾教育便是這個課題的唯一答案。」[9]由此，「以教育改革達到社會改革」的民眾教育作為「北伐戰爭」後民眾動員新的方式，進入了國民黨政權的視野。

二、以教育變革社會的理念開始盛行

鴉片戰爭以降，在西方列強「船堅炮利」的武力脅迫下，近代中國不得不打開國門，不僅西方的船炮器械、聲光化電之類的科技知識，還包括西方的政治、法律、民主、人權，乃至思維方式、價值標準等的西方文化，都源源不斷湧入並逐漸滲透到中國社會，特別是西方民主思想影響了近代中國整個的思想文化領域。此時的中國社會正經歷了由傳統走向現代的轉型，巨大的社會變遷為各種救國的社會改革的思潮、理念的萌生滋生了肥沃土壤。救亡圖存、振興民族成為社會主題，以教育「造就新國民」，更是被近代知識精英賦予了深沉凝重的時代意義，各種「教育救國」的思潮風起雲湧。從這個意義上講，近代中國所萌生的民眾教育思潮立足中國本土實際，是西方資產階級民主和成人教育思想東漸、傳播，與中國傳統社會教化的現代「轉型」以及中國知識精英反思、改造「新教育」的綜合產物。

客觀地講，中國近代意義上的民主思想是西方資產階級民主理念東漸並結合中國實際問題，逐步「本土化」的產物，從維新派的「興民權、開民智、育新民」思想到孫中山的「三民主義」學說，以及「五四」「新文化運動」中所高

9　陳禮江：〈社會教育的意義及其事業〉，《教與學》第3卷1期，1937(1)。

揚的「民主」、「科學」旗幟，無一不受西方民主影響。特別是「五四」以來，在時代先鋒的大力呼籲下，「德謨克拉西」思想被極力張揚，倡導民主一時間成為時髦、時尚。時人曾有精彩描述：「它（民主）在現在的世界中，是時代的精神，是唯一的權威者，無論何人，無論何種勢力，順之者昌，逆之者亡！大多數人認定德謨克拉西是社會的思想，所以都在分道努力。許多人並且認為教育是德謨克拉西的重要基礎，有的竟然以為是唯一的基礎。……德謨克拉西與教育差不多結了不解緣。」[10]教育的大眾化、平民化成為了眾多教育家執著的民主追求。

與西方國家相較，教育在近代中國所承載的使命遠遠超過了其職能本身。隨著鴉片戰爭、甲午海戰和庚子之役的屢戰屢敗，國人不得不以「西強中弱」的心態來重新審視中國的一切，庚子一役之後，國人「自我檢討」的直接矛頭對準了傳統教育，官學、書院，以及對教育起指揮棒作用的科舉制度，痛心椎骨，一副「興亦斯，敗亦斯」的架勢。在這種情勢下，從癸卯學制開始，以制度為核心的中國現代教育體系從來就不是一個單純的教育問題，它承載了救亡圖存、復興民族的時代使命。因此，近代以來，眾多的教育改革思潮都或多或少地夾帶著「必然的社會改造訴求」，呈現出深淺不一的「泛教育化」色彩，民眾教育更是如此。

著名民眾教育家高陽[11]在《教育與民眾》發刊詞中明確指出民眾教育的社會變革理想：「民眾教育為民治主義之基

10　趙步霞著：《民眾教育綱要》，中華書局1935年出版，第15頁。
11　高陽（1892-1943）：字踐四，江蘇無錫人，美國康乃爾大學碩士。1928年

礎，推行民眾教育可使民治基礎鞏固，提高民眾教育程度
克使民治基礎愈鞏固。民眾教育與民治主義之關係，其密
切如氣候寒暖之與寒暑表之降升，寒則降，暖則升，毫釐
不爽。」[12]這種論斷得到極高的社會認同，「民眾教育承受
了社會改造運動和教育改造運動的兩大使命。……要改造社
會，就非以全民為教育對象不可，就非以整個人生活動為教
育內容不可，更非有各式各樣的實施教育的方式不可」。[13]
由此可見，民眾教育從一開始，就是「以教育變革社會」作
為理想訴求的。

　　二十世紀初期西方新教育理念的引進和植入，特別是
「五四」以來，美國進步教育學家杜威實用主義教育思想
在中國傳播和推廣，教育大眾化、平民化深入人心，使得西
方成人教育思想大量被留歐、留美、留日的知識份子譯介進
來，並結合中國實際問題，進行「本土化」的闡述、深化。
他們注意到，西方國家不僅大力發展學校教育，還特別注重
成人教育、社會教育，有力地擴充和提高民眾的文化程度。
相比來講，中國的教育理念明顯落後、狹隘，成年民眾占了
失學人數的很大比例。陳禮江指出：「北伐成功以後，國內
少數教育學者因鑒歐美各國成人教育事業對於社會改進之影
響，對於民族復興之貢獻，紛紛著文倡導介紹，這在中國教
育思潮上也給予了一種新的刺激，其結果便自己創造了民眾

　高陽被任用為民眾教育學院院長，同時負責籌建勞農學院。1930年兩院合
　併，成立江蘇省立教育學院，同年8月，高陽「毀家辦學」，變賣資產在無
　錫社橋購買田地，作為江蘇省立教育學院永久院址。高陽長期擔任院長一
　職，該院作為中國第一所培養民眾教育及鄉村教育專業人才，在中國教育發
　展歷史上具有特殊地位，1943年病逝重慶。主要代表作《民眾教育》。
[12]　高陽：〈發刊詞〉，《教育與民眾》第1卷創刊號，1929-5。
[13]　陳禮江：〈社會教育的意義及其事業〉，《教與學》第3卷1期，1937(1)。

教育。」[14]借鑒域外成人教育、社會教育理念，對中國教育加以改造，民眾教育就是在這種背景下和西方成人教育實現了「對接」。徐錫齡指出：「單就這個單詞的自身來看，英文中的相當名詞是『Adult Education』，意本為成人教育，但本質上則外國成人教育所有的活動，恰等於中國民眾教育所有的活動。」[15]這種觀點受眾極廣，國際上也予以認可，1932年國際教育考察團來華考察教育情況，在參觀和詳細瞭解江蘇省立教育學院開展的民眾教育事業之後，做出了「成人教育是中國教育上最令人滿意的一點」[16]的論斷，由此可見一斑。

這一時期，奮力宣傳、倡導成人教育的「領袖人物」大多是在歐美成人教育較為發達國家的「留學生」，其中影響較大的有傅葆琛、馬宗榮、雷沛鴻、俞慶棠、孟憲承、陳禮江、高踐四、莊澤宣、童潤之等人。一方面，他們撰寫大量文章，分不同國度不同角度對西方成人教育進行了較為全面的宣傳，當時知名刊物，如《教育與民眾》先後四次出版「成人教育專號」，大量刊登介紹域外成人教育的文章[17]，江蘇省立教育學院約請國內知名教育專家，彙編出版了《各國成人教育概況》（第1、2輯）；另一方面，他們編譯專著，主要代表作有《最近各國的補習教育》（任白濤編譯，1929）、《各國成人教育概況》（江蘇省立教育

<hr>

[14] 陳禮江：〈近百年來中國之民眾教育及今後應取之途徑〉，《陳禮江論文選集》，中正書局1946年版，第37頁。

[15] 徐錫齡：〈各國民眾教育發展的經過〉，《教育與民眾》第4卷1期。

[16] 趙鏡心：〈國際教育考察團心目中之中國成人教育〉，《教育與民眾》第4卷4期。

[17] 詳見周慧梅：〈《教育與民眾》對西方成人教育的引進和轉化〉，《河北師範大學學報》（教育科學版），2007(1)。

學院研究實驗部編譯，1931）、《成人教育叢論》（雷沛鴻編，1931）、《丹麥的民眾學校與農村》（孟憲承譯，1931）等。

不難看出，儘管角度、關注點，甚至國別都存在著很大差異，但這些文章和譯著的內容卻大體上遵循相同的程式。開篇簡要介紹各國成人教育的發展歷史，列舉各國成人教育的各具特色的主要舉措，著重闡述西方成人教育的社會功用，最後落腳到中國成人教育，把成人教育的推廣、普及視為「再造國民」和革新社會的主要因素。如《教育與民眾》創刊號上發表的一組成人教育文章，童潤之認為，成人教育的目標是要救目前的國家，從事實上和學理上兩個方面，說明現在中國開展成人教育的必要，呼籲要和兒童教育並重。雷沛鴻、鄭曉滄則從不同角度闡述了在中國發展成人教育的必要性和緊迫性。[18]總之，所有這些都以不同的方式向國人傳遞相同的域外成人教育理念。

當然，由於作者受其留學國家成人教育事業發展態勢的影響，以及從事實踐中的實際需要，他們向國內引介的成人教育模式五花八門，各有側重，與此相應，國內民眾教育思潮的理論來源呈現出紛繁複雜的態勢，為日後中國成人教育、民眾教育理論體系縈蕪埋下了伏筆。

---

[18] 童潤之：〈為什麼要提倡成人教育〉；雷沛鴻：《成人教育的世界大會》；鄭曉滄：《成人教育在將來的地位》；《教育與民眾》第1卷創刊號。《教育與民眾》第1卷創刊號。

表1-1　國民政府民眾教育思潮的主要理論影響來源

國別	主要代表人物	主要譯著或文章	主要觀點	影響方式
日本	馬宗榮、吳子信	馬：《社會教育的實施與理論》（M）《日本的社會教育》（J）；吳：《日本成人教育的幾種設施》（J）等。	重點介紹日本「公民館」等設施，注重社會教育力量。	介紹為主，沒有具體親身實踐。
英美	俞慶棠、高踐四、劉季洪	俞：《民眾教育》（M）、《普及教育與民眾教育》（J）；高《民眾教育》（M）、《從民眾教育的起源及任務説到民眾教育的真義》（J）；劉《英國成人教育的原原本本》（J）、《美國成人教育的原原本本》（J）等。	注重英美成人教育的方式的引介，如大學擴充教育、博物館、圖書館等，認為這是中國民眾教育發展的方向。	理論介紹和實踐並重，領導並構建了中國本土化的成人教育體系。
丹麥	孟憲承、雷沛鴻	孟：《民眾教育》（M）、《丹麥的民眾學校與農村》（M）、《成人教育之精神的價值》（J）；雷：《北歐的成人教育》（J）等。	指出丹麥等北歐國家注重本國歷史和本族語言的成人教育特色，強調藉戲劇等傳統方式喚起民族意識，復興民族。	理論介紹和實踐並重，領導和構建了中國本土化的成人教育體系。
蘇聯	陳禮江、鄭一華	陳著《民眾教育》（M）、《建設中的中國社會教育系統及現階段的民眾教育事業》（J）；鄭《新俄成年教育的鳥瞰》（J）等。	蘇聯能在短期取得掃盲工作的巨大成就，主要原因是是國家在學制中確定了成人教育的地位。	陳以蘇聯學制為藍本，設計了社會教育與學校教育「並列式」學制體系。
德國	鍾魯齊、羅廷光	鍾：《德國成人教育的設施及其趨勢》（J）；羅：《法西黨治下的義大利成人教育》（J）等。	強調教育為復興民族的工具，主張中國民眾教育由國家主導，加強民族化、軍事化和政治化等。	促進「壯丁訓練」列入民眾學校、民眾教育館的主要工作。

資料來源：表中所引文章均來自《教育與民眾》相應各卷。詳見拙文：〈《教育與民眾》對西方成人教育的引進和轉化〉，《河北師範大學學報》（教育科學版），2007(1)。

必須指出的是，上表中所列的代表人物等與其留學國家以及流派並非嚴格的一一對應關係，之間互有交叉，如俞慶棠與孟憲承、陳禮江等均留學美國，他們對於英美、丹麥的成人教育都有了詳略不一的介紹和認可，但從實踐上來看，俞慶棠更偏重英美，她曾擔任中央大學擴充教育處處長等職。而孟憲承更側重於丹麥，他除去大量介紹丹麥的民眾學校等成人教育方式，還在擔任浙江省立實驗民眾教育學校第一任校長期間，大力實驗丹麥成人教育的模式；陳禮江擔任教育部社會教育司司長期間，在進行社會教育學制化制度設計中，更青睞蘇聯的學制體系。由此，按照實踐的側重點不同，他們被劃分為不同理論流派代表。

　　南京國民政府成立後，隨著國內局勢日趨穩定，域外成人教育理念隨著「教育民主化、教育大眾化」浪潮從世界各地湧向中國，教育刊物也開始大量刊登此類引介文章。僅以《教育與民眾》刊物為例，刊登的文章中，既有成人教育發達的英、美、丹麥、瑞士、德國、日本、蘇俄等國家，又有非洲的南非等成人教育落後國家，還有歐戰後興起的捷克斯洛伐克的成人教育發展，甚至還涉及到英國殖民地印度的成人教育興起的情況。[19]儘管這些國度中的成人教育制度和成人教育發展各有側重，許多方面有著顯著差別，但是它們的廣泛湧入無疑豐富了中國教育界理論和實踐，對成人教育的

---

[19] 此外，所涉及的成人教育形式，包括了家庭教育（父母教育園、婦女社等）、學校教育（以小學為中心和大學擴充教育等）、社會教育（博物館、圖書館、民眾劇院、民眾業餘休閒會等）；所包括的教育內容，既有文字教育、政治教育、職業教育、休閒教育、健康教育等，還有畢業生的繼續教育、終身教育等；所涉及的成人教育管理制度，涵蓋了經費來源、教育行政管理、學生來源及管理、師資來源、待遇及考核、校舍建設與管理、教學方法、課程設計等等。

中國表現形式——民眾教育的發展，營造了一種積極的社會氛圍，彙聚成一股推進民眾教育思潮的合力。

　　值得指出的是，他們在介紹和傳播域外成人教育理念過程中，一定程度上結合中國現實問題，有意識地進行本土化篩選。如錢俊瑞〈讀林德曼氏論成人教育後〉一文中，特別強調：每個國家成人教育都「有她的特殊的民族性和地理上歷史上的種種特質為背景，她所適應和所滿足的方法材料，也與他國異致」，指出「中國的成人教育概括地講就是一般覺醒的志士提倡的民眾教育」，認為抱著「整套搬過來就得了」迷夢的人們要迅速清醒過來，認清中國目前的成人教育是個人社會性的成長，還未能擺脫生產技能方面的訓練，是一種基本補習教育。[20]這些帶有理性思考的建議和引介，為當時處於起步階段的民眾教育提供了很好的參照系。這些域外成人教育思想的引入，對「我國創辦新教育以來……人民渾噩、毫無生氣」、「文盲充斥、民智未開」的「可畏局面」，必將「會有所改變，為之注入一服強興奮劑」。[21]由此看來，西方民主和成人教育思想的引進和傳播，為中國民眾教育興起作了理論鋪墊，為近代中國知識精英尋求再造國民、改造社會探尋了一種可資參考的思路和途徑。

三、鄉村建設運動興起與政府選擇

　　毋庸置疑，民眾教育思潮發展初期，主要是在社會教育等知識份子之間傳播，所進行的民眾教育實踐也多以城

20　錢俊瑞：〈讀林德曼氏論成人教育後〉，《教育與民眾》1卷3期。
21　雷沛鴻：〈北歐的成人教育〉，《教育與民眾》第1卷10號。

市中的民眾為對象，活動內容大多集中在為失學民眾補習文化、常識等方面。[22]廣袤的農村以及文盲占多數的農民尚未進入他們的視野，鄉村社會改造並沒有得到他們的重視。三十年代初，中國農村經濟的危機日益深化，鄉村的各種社會問題愈發尖銳，越來越多的知識份子開始把目光轉向鄉村，「主張用教育的力量推進鄉村、組織民眾，為政治經濟文化等多方面的建設」，[23]鄉村建設運動興起，民眾教育思潮也開始轉向鄉村，成為鄉村建設運動一支重要力量。著名民眾教育領袖俞慶棠在中國社會教育社第一屆年會上指出，面對新的形勢，「民眾教育應普及到廣大鄉村中去，作深入的民間工作，把鄉村改進、鄉村建設作為民眾教育當前的中心目標。」[24]

鄉村建設運動興起之初，更大意義上是近代知識精英內部在面對鄉村困境中所自發形成的、必要的一種應急反映，還沒有得到政府的「行政力量」推動。有大量資料顯示，由於缺乏政府支援，許多鄉村建設工作無法開展，如調查戶口、丈量土地、清理財政、整頓稅收等；而許多地方當局經常製造事端，刁難、干擾、破壞鄉村建設事業。因此，隨著鄉村建設事業的進一步發展，一些鄉村建設工作者特別是領袖們日益認識到「由學術立場去建設農村」的有限性，梁漱

---

[22] 時人對此有深刻的認識，代表作有傅葆琛：〈我們為什麼要在訓政時期努力民眾文字教育〉，《教育與民眾》第2卷5期；高踐四：〈過去五年民眾教育對於國家的貢獻及今後應行努力的方向〉，《教育與民眾》第5卷8期；陳禮江：〈民眾教育的展望〉，《中華教育界》第21卷7期等。

[23] 高陽、俞慶棠、陳禮江、趙晃：〈我們認識中之鄉村建設問題〉，《教育與民眾》第5卷1期。

[24] 俞慶棠：〈民眾教育者對於發展社會生產應有的知識〉，《申報月刊》第1卷4號，1932。

溟在《鄉村建設理論》一文中，強調鄉村建設事業一定要爭取政府助力，贏得國民黨政權的支持。「很想用教育的力量提倡一種風氣，從事實上去組織鄉村，眼前不與政府的法令相抵觸，末後冀得政府的承認。」[25]基於事業發展，鄉村建設工作者開始積極尋求政府的支援。

作為民主革命先驅者的孫中山先生，在他所提出的「三民主義」特別是民權主義綱領中，革命性地將民眾由傳統社會的臣民提升為構建民主國家的主體，非常重視對民眾的教育。他通過考察中國兩千年傳統社會的民眾地位，認為中國人民久處專制之下，奴性已深，「不曉得自己去占那主人的地位」，強調訓政的必要性，「訓練前清之遺民，而成為民國之主人翁，以行此直接民權」[26]，留下了「喚起民眾」的遺訓。南京國民政府成立後，國民黨中央訓練部擬定的《三民主義民眾教育具備的目標》中，將訓政和民眾教育等同起來，在政府看來，民眾教育是訓政時期的必要工作，而在辦理民眾教育時，就不能僅限於教會民眾讀書寫字，更應注重國計民生的需要，對民眾進行切實訓練，培養民眾能力，實現國富民強，「吾人將藉全民訓政之民眾教育，期造成現代之新中國」。[27]孫中山訓政構想中的民眾角色，對國民政府成立後選擇強制性制度安排民眾教育運動有直接影響。

國民政府奠都南京伊始，便聲稱謹遵總理「喚起民眾」遺囑，宣佈「訓政」時期開始，並確定了地方自治為訓政時期的「要政」。由於國民黨中央忙於國內戰事，特別是中國

---

[25] 梁漱溟著：〈鄉村建設理論〉，《梁漱溟全集》（第2卷），山東出版社1993年出版，第393頁。

[26] 孫中山著：《孫中山全集》（第5卷），中華書局1985年版，第189頁。

[27] 紐永建：〈建立民眾教育系統之芻議〉，《教育與民眾》第3卷6期，1931-10。

共產黨開闢的江西革命根據地的存在，既要在軍事圍剿，又要「與匪爭民」，自然急於尋找一種社會助力來配合「訓政」。而此時體制內的知識份子亦在尋求與政府合作的契機和空間，旨在「促進訓政、完成自治」的民眾教育為雙方聯手提供了可能。1928年5月，第一次全國教育會議決議通過了《實施民眾教育及社會教育案》，民眾教育被列為配合「訓政」的重要措施，南京國民政府肯定了民眾教育的地位。

與其他從事鄉村建設運動的流派相比，民眾教育思潮從一開始，就具有更「政治化」的色彩。1929年李蒸[28]在〈民眾教育的途徑〉一文中，指出民眾教育方向「就是完成訓政，之後，就是人民自治。所以我們民眾教育應當以『實現自治』為鵠的，應當以培養人民的自治能力為實施標準。」[29]趙冕作了進一步的闡述：「訓政與訓政時期的民眾教育根本就是一回事情。我們為了民眾的智識能力不足為國家的主人翁，所以要訓政；我們為了民眾教育基本教育太差，不足為新時代的公民，所以要辦理訓政時期的民眾教育。所以就訓政說，應當以民眾教育為主要工作；就民眾教育說，應以完成訓政為目的。」[30]這種觀點得到俞慶棠、雷沛鴻等人的支持，江蘇省立教育學院1929年設立的第一個民眾教育實驗區——黃巷民眾教育實驗區，便以「政治教

---

[28] 李蒸：曾先後擔任江蘇省立教育學院（當時名為江蘇省立民眾教育院）實驗部第一任主任、教育部社會教育司司長、北平師範大學校長等，對民眾教育、鄉村教育研究頗深，在擔任北京師範大學校長期間，聘請傅葆琛為主任，以北平西郊和宛平縣、昌平縣的16個村莊為基地，在1933年9月設立了北平師範大學鄉村教育實驗區，在國內影響較大。主要代表作有《民眾教育講演輯要》、《民眾教育》等。

[29] 李蒸：〈民眾教育的途徑〉，《教育與民眾》第1卷3號。

[30] 趙冕：〈訓政時期民眾教育方針之商榷〉，《教育與民眾》第1卷2號。

育」為中心開展實驗工作的。[31]在江蘇省立教育學院的指引和示範下，江蘇省各縣市在推進民眾教育事業過程中，大多將推進「訓政」工作列為民眾教育的主要事業。如鎮江縣《十九年度社會教育進行方案》規定中，把「推進社會教育事業，以力謀民眾生活之改進，使能促進地方自治，推行訓政工作」列為最高原則。[32]

民眾教育以教育為主要方法，特別是從失學成年民眾的補習教育入手，來實現其「再造國民」、「復興民族」的「訓政」目標。從開展事業看，它秉承了平民教育運動中「識字教育」傳統，語言文字教育一直是民眾教育事業的重心。這種事業定位與國民政府開展「識字運動」[33]來掃除文盲的主張是相契合的。1928年10月25日，國民黨中央第179次常會通過的《下級黨部工作綱領》中明確規定，識字運動為下級黨部的日常工作之一。隨後，國民黨中央宣傳部頒布了《七項運動宣傳綱要》，將「識字運動」列為「七項運動」之首，要求各級黨部切實加以推行。1929年，教育部據此制定並頒布了《識字運動宣傳計畫大綱》，凸現了識字運動中的政治意義，「一般人民，匪特無參與政治之心，

---

[31] 甘豫源：〈實驗區實施綱要〉，《教育與民眾》第1卷3號。

[32] 紹震樓：〈鎮江縣十九年度社會教育進行方案〉，《教育與民眾》第2卷4期。

[33] 在當時中國，在知識精英的呼籲下，社會上逐漸形成了這樣一個「想當然」觀念，文盲問題是造成「國家無由反弱為強，民族無由復興」的重要原因。如國民政府1928年頒佈的《識字運動大綱》有這樣的文字：「……此種不識字之人，缺乏其事業上應具之知識，辦事能力與生產效率俱甚低微；又以不識字故，共同之思想無從輸進，政治之興趣無由養成，團結力量與國家觀念，俱極薄弱。建國於此等不健全份子之上，政治何由而不紊亂，民生何由而不凋敝，國家何由而不衰弱，民族地位何由不低下？……現值訓政開始，建設進行，胥有賴於國民之自覺與努力。顧國民何由而自覺，建設何由而完成？欲使國民深感建設之需要，與獲得建設之，其根本要圖，又在國民皆能識字。」

並不知政治為何物，更無問民權之運用矣。……民智低下，亦其一因。今欲授以政治之知識與訓練，引起其政治之欲望與興趣，以實現民權主義，則普遍之識字運動為基本之工作。」同年，《民眾學校辦法大綱》頒布，教育部要求各地以民眾學校為中心來推行識字運動。

1930年6月頒布的《訓政時期約法》中規定：「未受義務教育之人民，應一律入民眾學校受成年補習教育」。這是南京國民政府成立後，就民眾學校這一民眾教育實施所立的專門法嘗試。以此為標誌，表明國家開始用「行政力」來調整、提高失學民眾的教育狀況，政府開始確定民眾教育運動「法律合法性」地位。

綜之，民眾教育得以真正開展，是在國民政府的中央權威正式確立之後，國民政府為實現建設「現代化國家」的理想，進行教育改造，必須有一個統一安定的國內環境及和平的國際秩序。國民政府成立時，所面對的是一個軍閥割據及戰火四起的中國，因此，結束軍閥混戰的軍事局面是國民政府的首要任務。「北伐戰爭」的結束，僅是形式上統一了中國，部分是武力，部分則為彼此妥協的結果，國民政府實際上仍無法擺脫軍閥割據局面，國家仍舊四分五裂。國民政府希望收縮軍權將「軍人勢力」儘量淘汰[34]，遂引發更大規模內戰，陸續進行了蔣馮戰爭、蔣張戰爭、蔣唐戰爭、蔣馮閻戰爭等軍閥大戰，其中以1930年3月爆發的「中原大戰」最具全局性，歷時半年，始告結束。之後，國民政府的中央權威地位在全國範圍內逐步確立，在政府「行政力」的推動下，民眾教育運動也得以在全國範圍內快速發展。

---

[34] 張玉法著：《中國現代史》（上），臺北東華書局1984年版，第229頁。

當然，民眾教育運動也以不俗成績，贏得了社會關注。如江蘇省立教育學院附設的高長岸民眾教育館，它爭取到基層政治權力的支持，採取「政教合一」形式，設立鄉村改進會，農閒時節抽調會員進行集中培訓，「予以各種政治、經濟、文化和常識的灌輸，使其明瞭世界國家大事，同時養成他們團體生活中守紀律的習慣」，在民眾教育館的組織下，由這些受訓成員組成的鄉村改進會於1930年秋開始舉行戶口調查、土地調查，並劃分鄰閭組織、協助鄉長確定鄰閭人選，進而促成了1932年鄉長及閭長實行民選，一改原來由劣紳土豪把持鄉村的局面。[35]這種「政教合一」的嘗試，不僅為從事鄉村建設事業的其他學術機關、教育團體提供了一個可資借鑒的參考，也堅定了國民政府與鄉村建設合作的態度。

　　1932年第二次全國內政會議，形式上實現了政府和鄉村建設合作的願望。國民政府邀請了鄉村建設的領袖人物，如梁漱溟、晏陽初，民眾教育的代表人物高踐四、俞慶棠等人應邀出席會議，政府廣泛聽取、採納專家的意見，通過了一系列決議。此後，從事鄉村建設的各教育和學術團體以及大中專院校，都與當地政府實現了形式不一的合作。「或將下級行政機關合併於社會教育機關，或就下級地方組織而設教育機關，或以教育機關兼任下級行政任務。」[36]民眾教育作為較早提出並實踐「政教合一」的鄉村建設流派之一[37]，自然贏得政府的大力支持。

---

[35] 朱若溪：〈三年來的高長岸〉，《教育與民眾》第4卷9、10期合刊。

[36] 梁漱溟：《梁漱溟全集》（第3卷），山東人民出版社1994年出版，第470頁。

[37] 曹天忠認為：無錫教育學院（即江蘇省立教育學院）為主的民眾教育派，其理論中心是「主張用教育力量推進鄉村，改進民眾，促成政治經濟文化多方

國民政府先後頒布了一系列有關社會教育的法令、法規，勾勒出民眾教育「行政化」運行軌道，有力推動了民眾教育運動的發展。據統計，在1927-1935年期間，僅教育部先後頒布社會教育法規計81種之多，內容涉及到民眾教育的行政管理、經費、人材培養、主要事業、績效評價、督導等方方面面。[38]民眾教育在政府「行政力」的強力推動下，迅速成為席捲全國的教育浪潮。僅以民眾學校為例，據統計，1928年度，全國總數量為6,708校，經費466,562元，教員8,827人，學生數目為206,021人；《民眾學校辦法大綱》頒布後一年，校數增至28,383校，經費為1,538,262元，教員增至49,045人，學生數目則達到887,642人。[39]趙演曾簡要描繪了1934年從事鄉村建設工作的各教育派別之間的局勢：「以民眾教育從事鄉村建設事業，年來風起雲湧，盛極一時。舉其著名者如定縣之平民教育促進會，北平師大創設的民眾教育實驗區，鄒平鄉村建設研究院所屬之二縣改進實驗區，無錫教育學院所從事的種種實驗，中華職業教育社主辦之徐公橋改進事業，……皆其較著者也」。[40]趙演作為江蘇省立教育學院畢業生，難免會帶有感情色彩，但此篇文章發表在著名教育刊物《教育雜誌》上，應該具有很大程度上的公允性。「民眾教育是一種徹上徹下的教育，小

面的建設；而其理由的依據是「以具有充分教育意義的機關為實施中心，並主張政教合一」。從理論中心和理論依據等方面，將民眾教育歸為鄉村建設流派「十一派」之一。詳見〈鄉村建設派分概念形成史考溯〉，《廣東社會科學》2006(03)。

38　《第二次中國教育年鑑》第九編·社會教育，國民政府教育年鑑編纂委員會，1947年出版，第1089頁。

39　鍾靈秀：〈全國社會教育最近概況〉，《教育與民眾》第4卷1期。

40　趙演：〈現階段中國教育的鳥瞰及其改進趨勢〉，《教育雜誌》（續完）第25卷3號。

至可以解決各個人的社會問題，大之可以正人心，易風俗，減少內亂，協和萬邦」[41]，如此的定位，使得民眾教育在鄉村建設運動中脫穎而出，成為政府意願的首要選擇。

隨著政府強制力量的介入，國民黨中央、教育部紛紛出臺通令、規程、法則，賦予了民眾教育「行政力」的保障，民眾教育運動開始落到實處，真正成為國民黨一項「所重視的運動」。民眾教育館作為民眾教育的綜合機關，自然得到政府的充分重視。

四、民眾教育館權威性資源的獲得

從民眾教育館變遷的制度分析角度看，政府用「行政力」鋪設了民眾教育運動發展的路徑，同時賦予了民眾教育館權威性資源地位。根據伊士頓（David Easton）政治系統理論：「政府主要是透過教育政策來贏取教育界之支持。」政府的這種舉措是和民間教育學術團體、個人的呼籲是相一致的。

就中央來講，政府在1932年、1935年和1939年，在全國範圍內就民眾教育館就先後三次頒布專門化的規程，修正、調整民眾教育館事業主要內容及發展方向，使之與風雲變幻的時勢相趨合，一個民眾教育的中心機關，不足八年的時間三次更改規程，國民政府對民眾教育館的重視由此可見一斑。除此之外，對民眾教育館的中心工作、輔導工作以及協助推進社會教育事業等等，教育部先後以通令、大綱、法令等形式作了明確規定。以中央法令為依據，各地方政府紛紛

---

[41] 高踐四：〈三十五年來中國民眾教育〉，《教育與民眾》第5卷2期。

出臺了相應措施，如江蘇省頒布了《各縣民眾教育館普及民眾教育標準工作實施方案》，浙江省的《各縣市分區設立民眾教育館辦法》，廣東省《廣東省各縣市民眾教育館實施標準》，湖北省《湖北省各級民眾教育館中心工作標準及其細目》等，遠如雲南等邊疆地區，也先後公布了《雲南省政府教育行政方針》、《實施全省各縣民眾教育計畫》等，以行政力量要求在全省範圍內增設民眾教育館。[42]與中央法令相比，這些地方法令法規多立足於本省實際，對民眾教育館某一特定領域，某一部門事宜做出更為微觀、具體化規定。它們與中央法令一起，保障了民眾教育館權威性資源的獲得。必須指出的是，在1932年《民眾教育館暫行規程》頒布之前，就中央層面來講，更多是是空泛計畫，而少有對民眾教育館的實質性建設和規定。相反，一些省份地方政府為了力行本地民眾教育運動，相繼頒發了一系列有關民眾教育館的通令、大綱。換句話說，在1932年以前，在推進民眾教育館權威性資源生成過程中，地方政府明顯走在中央政府前面。正是有了地方政府的制度實踐基礎的鋪墊，中央政府1932年頒布的《民眾教育館暫行規程》才得到社會廣泛認可。

1928年，在江蘇省通俗教育聯合會的主持下，江蘇省統一用「民眾教育館」取代了原先的「通俗教育館」、「講演會」等名稱，各省市紛紛效仿。山東教育廳特通令各縣市局，將原有社會教育機關，一律合併成立民眾教育館，以資劃一。[43]浙江省教育廳專門頒發《各縣市十八年度

---

[42] 楊汝熊：〈五年來中國民眾教育之回顧與展望〉，《教育與民眾》第5卷8期，1934-4。

[43] 〈魯教廳整頓社教機關〉，《教育與民眾》第2卷第6期（國內民教消息）。

社會教育設施注意要項》，涉及民眾教育館的規定有三：
「（1）各縣市應籌設民眾教育館，其舊有之通俗教育館應
一律改稱民眾教育館；（2）各縣市公眾運動場及圖書館
有經費過少或人才太少不能單獨設立時，得合併於民眾教
育館辦理之；（3）各縣市通俗演講所應歸併於民眾教育
館」。[44]1929年，北平教育局頒布了《本大學區民眾教育
館暫行規程》，明確規定「民眾教育館為實施民眾教育之
中心」，規定民眾教育館設圖書、講演、展覽、遊藝、衛
生等部，全面推進民眾教育事業進展。[45]1930年，江蘇省
頒布了《各縣社會教育設施注意要項》，責令各縣：「依
據適宜的客觀標準，劃分為若干民眾教育區，並確定民眾
教育館或農民教育館為區內實施城鎮或鄉村民眾教育的中
心機關」。浙江、山東亦有相類規定。上海縣在相關法令
規約下，民眾教育館推向鄉村。1928年10月，縣立閔行民
眾教育館成立，設公共圖書館（次年3月遷址馬橋，改稱馬
橋農民教育館）；1929年8月設順橋農民教育館，1930年8
月設三林農民教育館，1931年8月設塘灣民眾教育館。各民
教館有館舍、實驗農田，閔行民教館有圖書館、陳列室、
合作體育場、民眾診所、中心茶園、娛樂室等。1930年6月
到1932年2月，全縣被劃分為6個民眾教育區，以民眾（農
民）教育館為各區中心機關，負責辦理本區民眾教育事
業。[46]

---

[44] 〈浙教廳頒發各縣市社會教育設施注意要項〉，《教育與民眾》第2卷第6期
（國內民教消息）。

[45] 〈本大學區民眾教育館暫行規程〉，《北平大學區教育旬刊》，1929年。

[46] 王孝儉：《上海市‧上海縣誌》，上海人民出版社1993年版，880頁。

邊遠省份也紛紛出臺法令、法規，推動本省區內民眾教育館建設。1929年，雲南省教育廳責成各縣在縣文廟內設立民眾教育館。1931年3月，省教育廳擬定《全省各縣民眾教育館實施綱要》，要求各地速設民眾教育館，推進了雲南各地民眾教育館的設立，僅大理境內，1931年6月，劍川縣首創民眾教育館，8月，永平縣民教館成立，不到兩年時間，先後建立13所民眾教育館。館內分設閱覽、講演、陳列、教學、遊藝、健康、生計、出版、推廣等部，經費由縣自籌，省教育廳補助。13館中最多的創設6部，少的設4部，分社會式和學校式兩種方式進行民眾教育。[47]

　　各省的民眾教育館「法理性」定位構建，帶有明顯的地域色彩，由於沒有統一的規定，各地辦理民眾教育館事業差別很大，辦理者大多「憑著個人理想作孟浪的嘗試」[48]。隨著形勢發展和人們對民眾教育館的期望，中央政府必須打破「各自為政」、「自行其事」的混亂局面，制定一個「統一狀態」的法令，來規範、引導全國各地民眾教育館的發展。

　　1932年2月，「民眾教育亟須有中心工作機關，以收協同工作效能之效，多方設法推進民眾教育館之設立」，[49]教育部為統一及促進各省市民眾教育館設施起見，特頒布《民眾教育館暫行規程》，規程明確規定民眾教育館是「集中各種教育設施，運用各種社會教育方法以達到民眾所需要各

[47] 大理白族自治州地方誌編纂委員會：《大理州志·卷八·教育志》，雲南人民出版社1992年版，235頁。
[48] 楊汝洤：〈淮安民眾教育館實施計畫大綱〉，《教育與民眾》第2卷8期。
[49] 《第一次中國教育年鑒》·丙編·教育概況，國民政府教育年鑒編纂委員會1936年出版，697頁。

種教育的綜合社會教育事業」，規定民眾教育館是社會教育綜合機關，並對民眾教育館的組織設置、事業種類、辦理辦法，以及實施教育區域劃分等做出了相應地規定。[50]當然，由於制定規程時主要參照的是江浙、山東等社會教育發達、經濟富饒地區，且存在「畢其功於一役」的急切心理，組織規定「繁雜與簡略」並存，如規程規定省市立及縣市立民眾教育館，需設閱覽、講演、健康等8部；但對館長、館員的任職資格要求相當寬泛，僅有「遴選合格人材」的籠統規定。時人認為，民眾教育館之所以會出現「組織叢蕪，人浮於事，效率低下」的「病象」，原因之一就是中央法令「流弊所至」。[51]

實際上，中央政府如此設計制度的意圖，顯然是為了追求民眾教育館在鄉村設立普遍化、功能綜合化，「用最少的錢辦最多的事」。鑒於民眾教育館是新興事業，專業人員匱乏，降低從業人員的門檻可以延攬各類人才，利於民眾教育館的普遍設立；而設置部門多樣，涉及到政治、經濟、文化教育等，甚至健康、休閒、科學理念也在其中，是為了能囊括民眾的整個社會生活。但對於大多數民眾教育館，特別是設在縣市、鄉村的民眾教育館，僅有工作人員數人，經費數百元，要求整齊劃一的8個部別的內部設置，有很大難度。再則分部時「並未單以某一種標準來劃分」，難免出現「重疊疏漏」缺點，如化裝講演和戲劇演出分屬講演部和遊藝部，兩者設施方法和活動內容大體相同，民眾教育館的「條

---

[50] 〈制定民眾教育館暫行規程〉，《教育部公報》第4卷5期。

[51] 徐朗秋：〈民眾教育館目前的病象及將來的路線〉，《教育與民眾》第5卷2期。

分縷析」分部設置，反倒給工作開展設置了障礙。儘管存在種種問題，但《民眾教育館暫行規程》的頒布意義深遠，它明確規定了民眾教育館是民眾教育運動的綜合機關，實際上給予了民眾教育館優先發展的「權威性資源」，也是國民政府統一和整合全國民眾教育館事業的第一步。各省市地方行政當局以此為依據，重新修正、釐定地方性民眾教育館法規。如江蘇省、浙江省都先後頒布縣立民眾教育機關工作標準，作為考成民眾教育館工作的基本準則。由此，民眾教育館制度化建設一改「五花八門」、「各自為政」的混亂局面，漸趨統一、規範。

各省市為了促進民眾教育館效能起見，以中央政府律令為依據，紛紛制定民眾教育館設施事項及標準工作規定。江蘇省教育廳1932年先後頒布《各縣社會教育設施標準》、《各縣劃區推行民眾教育辦法大綱》，前者分年分區選定中心工作，集中成年補習教育及民眾生計教育，注意改進民眾生活，促成地方自治，側重鄉村教育之普遍推進，力謀組織緊湊、內容充實；後者則側重實驗推廣區建設，致力於增進生產力、組織力的實驗。之後，該省還頒布《各縣縣立社教機關最低標準工作》、《各縣民眾教育區中心機關普及民眾教育辦法》及《各縣民眾教育區中心機關標準工作》等，有力推進了江蘇省民眾教育館在「質和量」方面的發展。據統計，1933年該省境內61縣均設立了民眾教育館，每縣平均2所，武進縣一縣竟然有14館之多，全省民眾教育館總數達到280所；浙江省有121所，杭州有4個市立民眾教育館存在。在政府「行政力」的推動下，全國範圍內的民眾教育館都有了長足發展。據教育部統

計，1933年全國民眾教育館數量達到1,249所，經費投入為2,905,144元。[52]

　　民眾教育館作為民眾教育運動的綜合機關，政府還賦予了其輔導社會教育其他機關的責任。浙江省是實施輔導制最早的省份。1931年浙江省政府劃全省為十一學區，每區指定一個輔導機關，義務輔導區內各縣民眾教育事業，教育廳另撥輔導經費，這種以「以優帶差」、「以優幫差」的輔導制獲得廣大的社會聲譽。江蘇省教育廳1933年制定了《江蘇省立社會教育機關輔導各縣社會教育辦法》，次年《江蘇省立民眾教育館及教育學院輔導各縣社會教育辦法》頒發，按此規定，將全省劃分為八個民眾教育區，以省立鎮江、南京、徐州、清江、俞塘、東海、南通及省立教育學院為輔導機關，輔導工作分調查統計、通訊討論、編印刊物，酌辦巡迴事業，辦理本區服務人員實習及訓練、縣社教行政機關改進問題及方法諮詢、召開分區研究會，督促縣館完成部頒標準工作等內容。其他如福建、湖北、山東、陝西、河北等省省立民眾教育館，亦均有輔導之實施。[53]人們對省立民眾教育館的輔導功能給予充分肯定，邵曉堡認為：「原來一省民眾教育的空氣的濃厚與否，推行的迅速與否，實施的有無辦法，和省立民眾教育館，有極大的關係」。[54]省立民眾教育館擔負著指導全省民眾教育發展的重任。

[52] 馬宗榮：《社會教育綱要》，上海商務印書館1937年版，第154-161頁。
[53] 〈江蘇省立社會教育機關輔導各縣社會教育辦法〉，《教育與民眾》第5卷1期；鄭一華：〈擺開在我們眼前的省立民眾教育館〉，《教育與民眾》第5卷2期。
[54] 邵曉堡：〈省立民眾教育館組織與實施的商榷〉，《教育與民眾》第5卷2期。

表1-2　1934年前的江蘇省六大民眾教育區輔導一覽表

民眾教育區	省立社會教育輔導機關	輔導縣份
第一民眾教育區	鎮江民眾教育館	鎮江、丹陽、揚中、江都、泰興、崇明、海門、啟東、如皋、南通等11縣
第二民眾教育區	南京民眾教育館 湯山農民教育館	江甯、江浦、六合、儀征、句容、金壇、溧水、高淳等8縣
第三民眾教育區	徐州民眾教育館	銅山、蕭縣、豐縣、宿遷、東海等11縣
第四民眾教育區	清江民眾教育館	淮陰、淮安、泗陽、興化、東台、高郵等11縣
第五民眾教育區	江蘇省立教育學院	無錫、武進、吳縣、昆山、溧陽、江陰、靖江、常熟、吳江、宜興等11縣
第六民眾教育區	俞塘民眾教育館	上海、松江、南匯、金山、嘉定、太倉等10縣

資料來源：〈江蘇省立社會教育機關輔導各縣社會教育辦法〉，《教育與民眾》第5卷1期。

　　由於缺乏全國統一的省立民眾教育館輔導辦法規定，其他省立民眾教育館對其輔導事業有不同的計畫和實施，各省立民眾教育館所負責輔導事情不一，差別很大，與其他縣市的民教機關聯繫或疏或密，呈現出多樣性的狀態。江蘇第一民眾教育區的輔導事業由省立鎮江民眾教育館負責，他們設立了組織輔導委員會，並確立了生計教育等中心目標，「為了能更集中輔導力量，實施輔導工作，將館內各部會同區主管人員組織輔導委員會，「以生計教育、語文教育、公民教育、健康教育為輔導中心目標」，[55]輔導、指揮轄區內的縣立民眾教育館的工作。江蘇省立徐州民眾教育館則認為「輔導的意義並非僅僅是對各縣館工作的材料與工具之供給、人

---

[55] 《四年來之江蘇省立鎮江民眾教育館》，江蘇省立鎮江民眾教育館1934年8月自刊，第62頁。

才之接濟之謂，而尤要者在乎增大各縣館工作的技能，使之能獨立的並自動地發揮其精神與力量」，[56]僅給轄區內縣立民眾教育館「精神指導」。山東省立民眾教育館和江蘇省立南京民眾教育館則「事無巨細」，轄區內的縣立民眾教育館成為其「分設各地的機構」，為所輔導區代擬計畫，代辦實驗，介紹人才等。夏承楓對這種狀況甚為擔憂，認為這種輔導制度造成各縣立民教館「普遍毛病」：「一，『例行』，例行的紀念日活動，例行的出版物，例行的其他一切……無精神，無生氣，缺乏自動性。二，『模仿』，以互相抄襲為辦法。……一言以蔽之，官僚化愈甚，詐偽之術愈工，其結果使教育的價值動搖以致於本質毀滅」。[57]

　　總體來說，民眾教育館的中心機關輔導功能，還是得到政府的大力肯定。教育部於1939年5月專門頒布《民眾教育館輔導各地社會教育辦法大綱》（18條），第二條規定民眾教育館應以輔導各地社會教育為主要任務之一，第三條規定了輔導範圍：

　　一、省立民眾教育館，應負有輔導各該民眾教育施教區內民眾教育館及其他社會教育機關之責；

　　二、縣立民眾教育館，應負輔導各該民眾教育施教區內民眾學校及其他社會教育機關之責；

　　三、市（行政院直轄市及普通市）立民眾教育館應負輔導各該市區內民眾學校及其他社會教育機關之責。

---

[56] 鄭一華：〈擺開在我們眼前的省立民眾教育館〉，《教育與民眾》第5卷第2期。

[57] 夏承楓：〈殷鑒不遠〉，《民眾教育月刊》第4卷第1期。

中央政府還借助民眾教育館來試行「政教合一制」，來實現中央權力向基層社會的滲透。1934年1月，教育部舉行民眾教育專家會議，決議案中有《請教育部咨商內務部指定各省之一縣或若干縣，以縣立民眾教育館館長或農民民眾教育館館長兼任區長試行政教合一》一案，提出教育部、內政部當指定省份試辦，遴選有聲望的民眾教育館館長擔任區長，負責主持推進區內事業。會後，教育部會同內政部，選擇江蘇崑山、宜興和南通三縣中數區試行，由於種種力量牽制，試行結果並不理想，時任崑山試驗區的領導者抱怨：「不徹底政教合一，難以充分發揮權能，事業進行容易發生障礙」。因此，他主張政教合一應是真正的化和，而非混合，必須提高區長職權，如公安方面應隸屬於館長兼區長辦公處，鄉鎮小學應由鄉鎮長兼任校長。[58]這種以「館長兼任區長」的試驗改革，頗與大學院制改革有相似之處，命運也大體相同。不過，這種試驗，給縣以下基層組織改善提供了有益參考，也許，它的現實意義也正在於此。

全面抗戰爆發後，國民政府制定了《戰時各級教育實施方案綱要》，將民眾教育納入戰時教育領域，教育部根據「戰時需要」，在《修正民眾教育館暫行規程》基礎上，於1939年4月17日公布《民眾教育館規程》（計30條），對民眾教育館的設立主旨、行政組織、職員資格以及工作重點等做了調整和補充。與其相匹配，教育部於5月13日頒布了《民眾教育館工作大綱》、《民眾教育館輔導各地社會教育辦法大綱》各18條，作為對《民眾教育館規程》的解讀和

---

[58] 彭大銓：《民眾教育》，第8頁。

補充。[59]工作大綱明確規定「民眾教育館應輔導或協助各該區社會教育機關及公私立中小學兼辦社會教育，並謀事業之聯合」，還就館員待遇、休假、撫恤等作了具體規定。17日教育部頒發《師範學院教育學院師範學校及民眾教育輔導中學以上學校兼辦社會教育辦法》，6月1日，教育部再次以第12346號部令的形式，頒發《社會教育機關協助各級學校兼辦社會教育辦法》，將民眾教育館的工作範圍擴展到學校教育領域。同年8月，廣東、湖北等省教育廳頒布《廣東省各縣市民眾教育館設施標準》、《湖北省各級民眾教育館中心工作標準及其細目》，將實施抗戰宣傳、普及失學民眾教育及推行生計、健康教育作為工作要項，對戰時地方民眾教育館發展作了新的部署。

《民眾教育館規程》與《修正民眾教育館暫行規程》相比，有明顯的改進，時人總結了6個方面的內容：

(1) 主旨：前者明確規定「實施各種社會教育事業，並輔導各該地社會教育機關之發展」，後者則無；

(2) 設立：前者規定省市縣應設立的民眾教育館數量、附屬機關，後者僅規定由省市縣設立之；

(3) 管理：前者對工作人員的休假及工作時間，有具體規定，後者則無；

(4) 組織：前者對於省市與縣市分別作具體規定，後者僅有省市立者可增設他組的籠統規定；

---

59 《民眾教育館工作大綱》中第一條規定：本大綱依據民眾教育館規程第五條、第六條之規定訂定之；《民眾教育館輔導各地社會教育辦法大綱》的第一條：本大綱依據民眾教育館規程第二十一條之規定訂定之。

(5) 人員資格：前者對館長、館員任職資格，分省
　　市、縣市兩級分別作了詳細規定；後者則無；

(6) 工作方針：前者對於省市和縣市各館，均有另定
　　工作大綱及輔導辦法的規定，後者則無。[60]

　　從以上分析來看，隨著《民眾教育館規程》的頒布，政
府對於民眾教育館的「法律規定」日趨完備、合理，以國家
「行政力」為支撐動力，民眾教育館獲取了社會教育「綜合
機關」的權威性地位。

　　為了推動後方民眾教育館的發展，國民政府採取了種種
「因時而設」的措施。1940年「新縣制」推行後，教育部
鑒於「各縣中心學校、國民學校辦理民教部及社會工作，有
賴於民眾教育館輔導之處甚多」，特通令各省市轉飭各縣立
民眾教育館辦理輔導工作時，須著重本縣中心學校、國民學
校的輔導，「俾以協助新縣制推行」。1941年，教育部訂
定《民眾教育館舉行社會輔導會議辦法要點》，飭令各地民
眾教育館於每年1至7月間，各舉行輔導會議一次，並研究
解決本區內各項社會教育問題並舉行社會教育展覽會、競賽
會，「以資互相觀摩」，積極推進輔導區內社會教育事業。
為了提高後方民眾教育館館長的工作能力和水平，教育部
特設成都青木關民眾教育館，辦理各省民眾教育館館長訓練
班，抽調西北、西南各省民眾教育館館長前來受訓，並加強
對各地民眾教育館工作人員的考成、工作督導的力度。這一
時期，教育部為了穩定民眾教育館工作人員隊伍，特制定了
《民眾教育館工作待遇標準》，對工作人員的待遇、休假、

---

[60] 彭大銓編著：《民眾教育》，第6頁。

養老、撫恤等作了明確規定，結束了各省有關部門自行訂定的混亂局面，挽留、穩定了一批優秀人才從事民眾教育館工作。總之，相對於其他社會教育機關的發展狀況，抗戰期間「各省市民眾教育館無論是在量的方面，或質的方面，均在突飛猛進之中。」[61]

抗戰勝利後，國民政府仍然把民眾教育館作為其強化統治的重要工具。1946年國民政府曾明令各綏靖公署迅速恢復民眾教育館，強調「精神訓練要注意堅定三民主義之信仰」，以配合軍事上對解放區的進攻。顯然，此時期民眾教育運動完全是為國民黨軍事和政治目的服務，政府主導的民眾教育館組織被最大程度政治化。

大體看來，國民政府頒布諸多與民眾教育館有關的法令、規程，可以分為宏觀和微觀兩大類。宏觀類是強調民眾教育館的重要性，並為之保駕護航，尋找社會助力，以推進民眾教育事業儘快進行的行政性法令、通則，如先後3次頒布的民眾教育館規程等。這類法令為民眾教育運動的勃興提供了來自政府和法律上的保證，並藉此樹立了民眾教育運動的「社會合法性」地位。微觀類是對民眾教育事業開展技術性規定的規程或法令，如《民眾教育館工作大綱》、《民眾教育館輔導各地社會教育辦法大綱》、《社會教育機關協助各級學校兼辦社會教育辦法》等，此類法令主要用來處理民眾教育館內部運行及其與外部環境之間的關係調適等，為民眾教育館事業正常運行提供了可供遵循的法律依據，同時賦予了民眾教育館事業「法律合法性」地位。概言之，這兩類法令、規程相繼制定、出臺，實際上反映了國家政權對民眾

---

[61] 姜和：〈全國民眾教育館的改進〉，《教育通訊》第4卷10期，1933-6。

教育館的安排和控制，逐漸將民眾教育運動納入了權力統治體系。這樣，由政府賦予其「合法性」所產生的強制性約束力和法律性保障，在一定程度上為民眾教育館發展營造了政治和社會氛圍。國民政府頒布了一系列有關民眾教育館的法令、規則，以「行政力」積聚和整合各種力量，為民眾教育館組織發展提供了持久有效地支持。

第二章
民眾教育館的歷史演進

　　民眾教育館的發展與近代中國社會秩序的演進相一致，是在民族矛盾、中西文化猛烈碰撞的背景下，對近代以來「救亡圖存」、「復興民族」社會主題思想的繼承和發展。初始如一股細細涓流，終至彙納百川，蔚為大觀。民眾教育館在提高民眾文化水平，改進鄉村基層政治和經濟狀況，推進中國社會現代化方面起到積極作用。

一、民眾教育館的界定

　　如緒論中所述，民眾教育館研究是一個既老又新的題目。早在民國時期已有不少研究成果，眾多研究者對民眾教育館的認識各有參差，總體上有兩種觀點：一種認為民眾教育館是我國特有的教育制度；一種認為民眾教育館是在中西思想交互影響下而形成的一種組織、一種社會教育的綜合機關，是地方文化教育中心。穿越歷史塵埃，雖「昔人已乘黃鶴去」，但他們不同的聲音，以及民眾教育館本身的多樣化（如創辦主體、功能、對象以及衍變物等），都為今人認識、把握民眾教育館的內涵增加了難度。現今學術界對其研究剛剛起步，研究者從教育史、社會史及近代城市變遷等角度切入，對民眾教育館的界定也

是莫衷一是。有必要對民眾教育館作一個比較全面、準確的界定。

　　林宗禮是第一種觀點的主要代表，他認為民眾教育館導源於江蘇省，「是實施民眾教育的中心機關，為我國特有的一種教育制度」。[1]這種觀點，是針對民眾教育館主管機關的性質而言（隸屬於教育部社會教育司職掌範圍），在認可民眾教育館是民眾教育的一種機關基礎上，進一步將其昇華為一種制度。曾擔任教育部社會教育司司長的陳禮江「同聲相合」：「民眾教育館是中國特有的一個制度，它是綜合的民眾教育實施的中心機關，又是社會教育事業中最合理想的一種設施。」[2]這種「中國特有的教育制度論」是對民族矛盾凸現、「教育本土化」呼聲日高一日的國內局勢的判斷基礎上，針對主持者手中可以利用的資源匱乏，不得不求助於「制度」本身以及背後的國家力量的必然回應。換句話講，林宗禮等之所以把民眾教育館提升到教育制度的層面，是希望借助「教育制度」的力量來推進民眾教育館，有著強烈的現實訴求。

　　對於第二種定義，得到民國時期不少學者服膺，也為現今研究者所繼承。這個定義是由民國時期幾種有代表性的表述共同構成的：我國成人教育家、曾擔任過社會教育司司長的陳禮江認為：民眾教育館是在吸收西方社會教育經驗的基礎上，「集中各種教育設置，運用各種教育方法，實現和達到民眾所需要的各種教育的機關。換句話講，就是實施民

1　林宗禮編著：《民眾教育館實施法》，上海：商務印書館1936年版，第1頁。
2　陳禮江：〈建設中的中國社會教育系統及現階段的民眾教育事業〉，《教育與民眾》第8卷2期。

眾教育的中心機關，就是社會式民眾教育機關中最重要的一種。」[3]徐錫齡也是代表之一，他將民眾教育館定義為「地方上民眾教育活動的中心，是推行民眾教育的總機關，它的性質是綜合的，與圖書館或體育館等之專以某方面為活動對象的有所不同。她含有英國教育公社的意味。……是以受教人為本位來組織的。」[4]中國傳統教化的功能也被延展到民眾教育館定義中，國民黨元老紐永建創辦了俞塘私立民眾教育館（後改為公立），他認為民眾教育館應該是地方文化教育中心，起著「化民成俗」的作用，應擔負起中國傳統教育中教育機構承擔的責任。現今研究者，大多認為民眾教育館是在中西教育的相互影響下產生的一種社會教育的綜合機關。[5]

綜合眾人的研究成果，筆者嘗試給民眾教育館一個描述式的定義。

首先，民眾教育館是近代中國社會政治、經濟，文化變遷的特定產物。在二十世紀二三十年代的中國，政府急於穩定社會秩序，訓導民眾掌握包括文化、政治、經濟在內的國民常識，而面對民眾文化程度低下、教育經費拮据的實際情形，一方面沒有大宗款項來舉辦各種單獨設施的教育機關，另一方面又急需滿足民眾多方面需求，這樣，民眾教育館作

---

[3] 陳禮江著：《民眾教育》，上海 商務印書館1936年出版，第282頁。

[4] 徐錫齡：〈中國民眾教育發展之經過〉，《教育與民眾》第3卷6期。

[5] 關於民眾教育館的現今論述，代表性的文章有：湯擎民：〈三十年代的廣東民眾教育館〉，《嶺南文史》1994。(1)；毛文君：〈民國時期民眾教育館發展及活動述論〉，《西南交通大學學報（社會科學版）》2006。(4)；〈民國時期社會教育實施效果有限的原因探析——以民眾教育館為例〉，《廣西社會科學》2006。(1)；周慧梅：〈民國時期民眾教育館變遷的制度分析〉，《教育學報》2008(2)。

為積聚各種功能的綜合機關，成為政府採取國家政權「強力推進」的必然選擇，是近代中國社會變遷的特定產物。

其次，就社會功能上講，民眾教育館承載了近代「救亡圖存」、「復興民族」的社會主題，在中西文化衝突的大背景下，是國家與民眾、傳統與現代、中國與西方道德、文化交織的「緩衝帶」，是國民政府中央政權向基層延伸的一個平臺。「應該把它看作一種社會事業和文化事業，把它看作政府與民眾之間的橋樑，把它看作從社會事業和文化事業來組訓民眾、動員民眾的機構，政府和黨部對它居於指導的地位，並從物質上和精神上給它充分的幫助。」[6]在政府「行政力」推動下，民眾教育館被塗抹上濃烈的政治色彩，它的事業發展必然會從教育延伸到鄉村社會的地方事務、組織機構，乃至民眾的日常生活。在這種情況下，民眾教育館成為政府和一部分試圖改造鄉村的近代知識份子進入鄉村社會的入口，成為他們參與、引導、規範鄉村社會生活的立足點。在重建鄉村社會的過程中，他們又必須關照鄉村社會、民眾的現狀，使民眾教育館可以成為廣大村民可以接受的鄉村機構，成為村民認可的鄉村社會改造中心。民眾教育館承擔了「教育改造」和「社會改造」的雙重使命。

第三，就組織來源來看，民眾教育館是在西學東漸大背景下，從國外借鑒學習的一個「舶來品」。董渭川認為，「英美之『教育公社』（educational settlement）、意之『法西斯文化教育館』（I instituto fasista di cultura）、日之『鄰保館』，波之俱樂部（club），捷之『馬薩里克成人

---

[6] 楊東蓴：〈利用文化機構來動員民眾〉，《中國農村》第五卷5期，1939年1月。

教育館』（the Masaryk Institute for adult education），都和我國之民教館在設施上大同小異」。[7]這種觀點得到時人的廣泛認可。

第四，民眾教育館的表現形式多種多樣。就其設立宗旨上，有實驗和普通之分，實驗者如湖北省立實驗民眾教育館等，普通者如山東省立民眾教育館、江蘇省立南京民眾教育館等；就設立範圍看，有省立、市立、縣立、區立之分，到了抗戰期間，國民政府還在重慶設立了國立民眾教育館，而且範圍除去以行政區劃分為單位外，如山東省立民眾教育館、山西省立民眾教育館，還有以學區劃分而設置的民眾教育館，如江蘇省就將全省劃分為八大學區，分別設立了8個省立民眾教育館；就其辦理主體看，有公立私立之分，私立者如俞塘私立民眾教育館，公立又可分為國家、地方政府、學術機關作為辦理主體，如江蘇省立教育學院就設立了高長岸試驗民眾教育館；就其設置地點來看，有城市和鄉村之分，除去以館舍位置來劃分外，還有館舍設在城市，但工作重點在鄉村的「鄉村民眾教育館」，如河北省省立試驗鄉村民眾教育館；就其施教對象看，有市民、農民、工人、商戶、漁民、婦女等專業民眾教育館之分，如江蘇丹陽等八縣所設立的縣立試驗農民教育館、無錫縣立工人教育館、湖北省立實驗民眾教育館附設的商民教育館、江蘇省立教育學院南門實驗民眾教育附設的蓬戶實驗區、金山私立漁民教育館、上海私立婦女教育館等；就其館舍建築來講，有的民眾教育館規模宏大，擁有大小房間數百間，館內花木繁盛，綠

7　董渭川：〈論我國民教館之特性與問題〉，《教育通訊》第2卷40、41期合刊。

樹成蔭，還附設有戲院、大眾影院、茶館、農場、工廠等，有的民眾教育館卻僅是租賃幾間民房，極為簡陋；此外，就名稱來看，有教育館、社會教育館等各異稱呼，如設在洛陽的中原社會教育館等，甚至有人把江蘇省立教育學院附設的黃巷民眾教育實驗區，因「其各種設施，與一般民眾教育亦無若何顯著特異之處」，將其歸入民眾教育館名下。[8]

綜上所述，民眾教育館是南京國民政府時期，主要由政府所設立的，集中了各種教育設施、運用各種教育方法，實現和達到民眾所需要的各種教育的一種民眾教育綜合機關。它適應社會變遷而產生，不斷改變自己的形態，在對內實現有效整合的同時，又不斷謀求與外部世界的聯絡。在民眾教育館演進過程中，不僅存在著時代發展的階段性，又包含了地域發展的差異性。

二、民眾教育館發展的階段性

民眾教育館作為社會教育的一種機關，歷史可以追溯到清末「新政」時期。隨著社會的發展演變，民眾教育館的發展演進呈現出明顯的階段性，這也是民眾教育動態發展的集中表現。

（一）萌芽時期

從清末「新政」時期到民國成立，大體可以作為民眾教育館的萌芽時期。[9]

8　彭大銓編著：《民眾教育》，第9頁。
9　蔡元培先生在參議院政見講演中，特將民元的社會教育劃分為普通教育和專

光緒三十一年（1905），面臨內憂外患的清政府宣佈實施「新政」，以簡易識字學塾和閱報社、通俗講演等形式出現的社會教育，成為「造社會」、「造國家」的重要內容，承擔著造就與立憲政體、發展近代工商業相適應的現代國民的任務。次年，清政府定制學部官吏時，將學部下分設總務、專門、普通、實業和會計五司，普通司下又分師範、中學和小學三科。社會教育附屬於師範教育科內，儘管還沒有被單獨列入教育行政系列，但清政府已經意識到社會教育在國家「新政」中的重要性。清政府迭發章程，設立宣講所、圖書館以及廣設簡易識字學塾，積極推行社會教育。新式知識份子秉著「治國平天下」的傳統使命，在一些大中城市開始創辦白話報，閱報社、講演會、宣講所等民間機構也隨之蔓延，為培養具有愛國心、公共心、獨立性和自治力的「新國民」努力。從這個時期社會教育的內容、方式和實施形式來講，為其後的民眾教育館興起準備了組織和實踐的條件。

在政府「廣宣教化、以開民智」的合法框架下，先進知識精英殫精竭慮，扮演著「社會啟蒙者」的角色。「二十世紀初的啟蒙者，多方設法，務期以用盡所有可能用得上的方式，把高遠的理想落實在滿目瘡痍的廣闊土地上。人民看不懂艱難晦玄的符號，他們可以換一套表現方式，用下里巴人的村言俚語寫出他們的救世良言，再不懂，他們可以把書寫的文字換成口說的語言。如果口說的也不能引人入勝，

門教育，將清末的宣講所、簡易識字學塾等社會教育歸為普通教育範疇，直接把清末的社會教育銜接到民元以來的通俗教育中。高踐四、徐錫齡等人對民眾教育歷史沿革也將清末「新政」作為起點。這些資料為筆者劃分民眾教育館分期提供了理論和實踐上的佐證。

無法喚起民眾的回應、共鳴，他們乾脆就把人生、世事都幻化成舞臺，粉墨裝點地訴說出心中無限的衷曲。」在他們的積極努力下，「每次演說，每個講報、宣講處所，都吸引了幾十乃至千百個聽眾。這些散佈在各個角落裏的不知名的群眾，往往隨著講者的說辭而激動、喝彩、落淚。啟蒙的聲浪在城市、街頭、寺院、戲園、茶館、山野乃至村落，此起彼落。」[10]不難看出，這個時期政府和新式知識份子所推行的社會教育，無論從施教方式、教育內容還是組織形式上，都為其後興起的民眾教育館所繼承、發展。如施教方式，講演、辦白話報、甚至化裝演出等，均為民眾教育館開展工作的慣用方法；如教育內容，圍繞著識字教育的實施，公民、生計、健康、科學常識以及娛樂等內容都有所涉及，此外對封建迷信的抨擊、鼓勵參與選舉、提倡男女平等等內容也為其後民眾教育館所吸納；還有社會教育的實施機構，如宣講所、講演所、圖書館、閱報社等，雖然規模較小，設置分散，但較為活躍，為民眾教育館的組織設置作了嘗試性的摸索。

（二）成長時期

從民國肇基到南京國民政府成立，「開民智」一直是新式知識份子的「口頭禪」，在政府和民間知識精英的連袂努力下，社會教育逐漸步入正規，以「開通民智，改良風俗」為宗旨的通俗教育館得到一定程度發展。[11]1928年，遵循孫

---

10 李孝悌：《清末的下層社會啟蒙運動：1901-1911》，河北教育出版社2001年出版，63-64頁。

11 關於民眾教育館的起源主要有兩種不同的主張，一種認為民眾教育館是南京國民政府成立後的新創事物，是基於國家新建設及國民新訓練需要產生的，

中山「喚起民眾」遺訓，在江蘇省通俗教育館聯合會的積極提倡下，率先在江蘇省內統一「民眾教育館」名稱。1929年，教育部通令全國，將通俗教育館改為民眾教育館，在各級政府的監督引導下，作為教育民眾、實施社會教育的中心機構。以此為標誌，民眾教育館從盈盈幼苗逐漸枝繁葉茂，成長起來。

民國成立，孫中山在《臨時大總統宣言》中，明確規定了國民的參政權和選舉權，但面對「今日國民教育尚未普及，多數國民類皆缺乏常識」、民眾難以正確行使自己的權力的現狀，要儘快掃除封建專制思想的殘餘，革除種種專制惡習，儘快訓練「先清遺民」，使之具備建設民主共和國能力，人們對普及教育呼聲很高。蔡元培作為首任教育總長，他遊學歐洲時目睹了各國社會教育的發達，他膺服教育之責任不僅在於教育青年，更須兼顧多數年長失學之成人，強調「必有極廣大之社會教育，而後無人無時不可以受教育，乃可謂教育普及」。[12]如此，「非謀社會教育，不足以增進人民之智德，非速從事社會教育之實行，不足以輔助學校教育之所不逮也」[13]成為普及教育的替代性實現，而中國歷來重視「名正言順」、「師出有名」的傳統，在教育行政體制中設置社會教育的管理機關，便是理所當然的先行步驟。

以林宗禮等為代表；一種認為民元的通俗教育館是其前身，以高踐四、俞慶棠、李蒸、孟憲承等人為代表，得到當時社會教育界的普遍認可。1929年8月，江蘇省立通俗教育館率先改稱為江蘇省立民眾教育館，遂後，江蘇省內通俗教育館一律改成民眾教育館。浙江、山東等省也紛紛仿效。而據第一次教育年鑑資料顯示，1931年浙江省共有民眾教育館94所，其中有60所由有通俗教育館改組合併而成。故本書採用第二種主張。

[12] 〈蔡元培口述傳略（上）〉，見《蔡孑民先生言行錄》，廣西師範大學出版社2005年版，24頁。

[13] 張志澄著：《社會教育通論》，啟智書局1929年版，2頁。

1912年4月，在蔡元培等人的努力下，教育部官制中添設了社會教育司，與普通教育司、專門教育司並立，把社會教育提到與普通國民教育同等重要的地位。這是社會教育在中央教育行政體制內確立地位之肇端。自此，中央政府文件開始正式使用「社會教育」概念。剛成立的社會教育司初分為三科，第一科掌理宗教、禮俗，第二科掌管科學、美術，第三科掌管通俗教育；1912年8月，教育官制稍有修改，禮俗、宗教等相關業務劃歸內政部管理，社會教育司只剩兩科，分掌社會教育中的專門教育和通俗教育事業。此時魯迅先生在教育部任僉事，服務於社會教育司，組織並擔任主講「夏期美術講習會」等[14]。從《魯迅日記》記載來看，社會教育司轄管的事物極為繁多，對通俗教育的推動還是比較積極的。

1913年，教育部規定各省社會教育事宜由省長公署政務廳教育科總理。1916年，教育部鑒於各省廢止省長公署政務廳內教育科改設教育廳的變動，下令各省教育廳設第三科，主管普通教育及社會教育的事項。1918年，教育部頒布《省視學規程》中專門規定「社會教育及設施，為各省視學應視察之一」，加強對各地社會教育事業的監督。南京國民政府成立後，經歷了短暫大學院組織改革後[15]，1928年年

---

[14] 任職期間，魯迅到天津出差考察戲劇，參與京師圖書館、通俗圖書館的建設，籌建歷史博物館，參加讀音統一會，促成注音字母的通過，舉辦兒童藝術展覽會，協辦專門以上學校成績展覽會等，工作很是繁忙，《魯迅日記》曾有記載。如1913年10月29日，魯迅受命編造明年社會教育司的年度預算，同日還要擬寫改組京師圖書館、使其如何更通俗化的建議，他在辦公室裏整整忙碌了一天，不禁「頭腦涔涔然」。

[15] 1927年，大學院下設大學委員會、教育行政部等五部，教育行政部下設法令統計處、學校教育處，社會教育處、圖書館組等6部分，社會教育職權分屬於社會教育處和圖書館組掌管；1928年6月，重新修訂的大學院組織法中，

底恢復了教育部建制，社會教育事業統歸社會教育司掌管。各省在教育廳下分設四科，社會教育歸第三科管理。1931年，教育部訓令各省市教育廳，應一律設置掌管社會教育的專科，各縣教育局應斟酌經費情形，於該局內設置專科，或指定專員，掌管社會教育事務。不難看出，經過歷次的改革，社會教育行政系統逐漸完備，形成了由中央到省、縣一級的社會教育組織管理機構，為社會教育的發展提供了較為通暢的組織體制保障。

社會名流通過成立民間學術團體開展活動等，積極推進社會教育。1912年5月，章太炎、于右任、張謇等在上海首先發起了中國通俗教育研究會，該會的主旨是通過研究通俗教育實施方法，向普通人民灌輸常識，培養公德，同時促進有關社會教育各類事務的開展。在他們的大力呼籲下，通俗教育事業逐漸在全國範圍內展開，1913年4月「教育部通咨各省民政長填報通俗教育調查表5種，對通俗教育的對象、實施過程以及存在的問題等方面進行調查，以備參考」[16]，便是各地通俗教育蓬勃事業發展的一個有力佐證。「通俗教育初無定制，各地開展的五花八門」，1914年，北京通俗教育調查會成立，督促各省著手通俗教育之調查，以便推進社會教育的有效開展。

社會教育處與秘書處、總務處、高等教育處、普通教育處及文化教育處並列，是六部門之一，社會教育處和文化教育處分掌全國社會教育事業，以社會教育處為主責。省一級的社會教育行政機構，在大學院時期，是把全國劃分為若干大學區，先將教育行政院設於大學區內，由大學校長一人綜理大學區內的一切學術與教育行政事宜。1928年修正的《大學區組織條例》中規定「大學區得設高等教育處、普通教育處、擴充教育處」，社會教育的事宜歸擴充教育處辦理。

[16] 丁致聘：《中國近七十年來教育記事》，國立編譯館1935年5月版，第46頁。

民初社會教育以「淺顯易懂」的教育為主要內容。鑒於民眾中能識字的人數不足總人口的10%，為了開發民智、改良社會，對民眾進行教育時，必須做到「淺顯易懂」、「明白如話」。1915年6月教育部頒行的《教育綱要》中，便將社會教育區分為高尚與通俗二類，「一、高尚學藝：如圖書館，博物館，美術館，文藝，音樂，演劇等項；二、通俗教育：如通俗講演，通俗書報，通俗圖書館，通俗教育研究會等……」。7月，教育部為設立通俗教育研究會呈總統文中，作了如下的表述：

> 考究教育普及之方法，學校之外，尤藉社會教育以補其不逮。……吾國學校既遠不逮各國，而一般人民之未嘗學問毫無訓育者，實居多數，其所需於通俗教育者，自視他國為尤急；又值國基甫定，民習未純之時，使非於此項教育，積極提倡，不徒人民之德慧不開，社會將日趨於下，而蚩蚩者氓，乏適宜之訓化，尤懼無以志氣而正趨向，其與國家前途，關係甚巨。故通俗教育，實為現今刻不容緩之圖。[17]

　　不難看出，儘管通俗教育僅是社會教育內容的一部分，但限於民初社會實際，通俗教育成為社會教育實踐中的重心，成為社會教育一個階段性的主導事業，人們也常常用通俗教育來代稱社會教育。[18]隨後，教育部正式設立通俗教

17　戴子欽：〈通俗教育與通俗講演〉，《民眾教育季刊》，第2卷第2號。

18　這種代稱大多出現在學術團體、學者或社會人士的說法，在正式官方檔中依然用「社會教育」。一直到1927年，教育部頒佈的各項通俗教育機關的規程（四項規程）一直是各省辦理社會教育的標準。實際上，五四運動後，平民

育研究會，分小說、戲曲和講演三股，以「研究通俗教育事項，改良社會，普及教育」為宗旨，以期能推進社會教育。1915年，為了幫助袁世凱復辟製造社會輿論，教育總長湯化龍受命改組通俗教育研究會，魯迅被任命為小說股主任。為加緊復辟帝制的宣傳造勢活動，湯總長明確指示小說要「寓忠孝節義之意」，袁世凱死後，一切恢復正常。

在教育部通俗教育會的謀劃下，多種有關通俗教育的規章、法令相繼出臺，政府先後頒布了《通俗教育講演所規程》、《通俗講演規則》、《通俗圖書館規程》，為社會教育的推行提供了統一的規則。借助國家「制度性力量」，教育部飭令各省儘快發展各種通俗教育機構「救學校教育之不逮」。各地紛紛成立通俗教育會，設立講演所、閱報所、通俗圖書館等設施，推動地方社會教育的進展。據該年全國統計結果顯示：「通俗教育會有200處，會員12289人；通俗圖書館236所；閱報所2808處；圖書館22所；通俗演講所1464所；巡迴講演團723團；半日學校1186所；簡易識字學塾3407校。」[19]

1915年8月，以「開通民智，改良風俗」為宗旨，江蘇省政府在南京創辦第一個通俗教育館，「省立一館于江寧之韜園」，任用濮祁為館長，「設有博物部、講演部、體育部、音樂部、圖書部」，該館在南京和蘇州兩地分設省立圖書館，就江蘇省而言，該年縣立之通俗教育館「已成立十三縣，均就各縣文廟內附設。其陳列分三種：聖公遺像遺跡其

教育興起，已在實踐上取代通俗教育，成為社會教育的一個階段性發展重點，一些地方如河北省相應成立了平民教育館。

[19] 馬宗榮：《現代社會教育泛論》，世界書局1934年版，第281頁。

一也；普通圖報書籍其二也；理科及公共衛生之標本模型或
器械其三也」。[20]這種集通俗教育多種設施、形式於一體的
機構設置，取得了很好的效果，「設置甫數月，遊覽者已售
出券計十五萬餘人」，他省亦紛紛仿效，通俗教育館遂成為
實施通俗教育的主要場所。

　　1924年成立的成都市通俗教育館被美國一家雜誌評價
為「沒有任何一個通俗教育館在名副其實地完成自己的宗旨
方面，比它做的更好。」[21]該館是在四川軍閥楊森「建設新
四川」的背景下開辦的。楊森慷然捐款2700元作為辦館的
經費，盧作孚被任命為館長。以原成都少城公園的商品陳列
館為館址，並就公園所有菜圃擴充27丈餘之地面，改建房
屋，內分博物、圖書、體育、音樂、講演、出版等8部，並
於館外開闢運動場、籃球場、網球場、兒童運動場及器械
場，1924年8月8日正式開館。該館以「社會教育為目標，
實施各種教育事業，輔導本市社會教育之發展」為主要宗
旨，舉辦了不少活動，吸引了大量民眾前來參觀。如該館數
年間開辦多場音樂會，「計西樂演奏會、年約二十三次、昆
曲樂演奏會、年約七次、京劇樂演奏會、年約十七次、川劇
演奏會、年約十四次」；來館內博物部參觀的民眾，「以全
月統計而論，最多在八萬人以上，全年之中游全館者達七十
餘萬人，以大多數入博物館計，則每年中市民曾入博物館
者，至少亦達四十萬人，其影響不可謂之不巨也。」來館閱
覽成人圖書的民眾，就1924年8月至1925年7月一年間的統

[20]　〈蘇省社會教育之概況〉，上海《時報》1917年1月15日。轉引自劉志琴主編
　　《中國近代社會文化變遷錄》第三卷，浙江人民出版社1988年版，第313頁。
[21]　轉引自駱永壽：〈盧作孚與成都通俗教育館〉，《四川教育學院學報》，
　　1995(4)。

計看，一日最多閱覽者可達2749人，最少也有35人。[22]該通俗教育館成為成都市民休閒、聚會的一個新興文化中心。

京兆通俗教育館也負有盛名，是1925年薛篤弼任京兆尹之時興辦的。薛氏曾是北平通俗教育會成員，對「京兆號稱文化之城卻文盲眾多的窘狀」感觸較深，上任伊始，他一面呈請內務部撥北平鐘樓鼓樓為籌備場，一面積極運作，派該署總務科科長馬鶴天為籌備主任，組織籌備委員會。為了尋求經費，薛篤弼親自發起募捐會，募得款項及向各職能部門請款約15000元大洋，用以館舍的修葺、擴建，建成後「每於節假日，這裏座無虛席，百頭攢動，誠是『人海微瀾』」。

> 館址既經籌備妥善，當即開始鳩工，從事修葺改建。安裝門窗，並利用樓下東西中三穹形甬筒，分設各部，計東甬筒為圖書部，中甬筒為講演及遊藝部，西甬筒為博物部。樓上則改齊政樓而為明恥樓，樓之四周，空地則闢為京兆公園，世界公園，其中除分別種植花草外，並為教育環境之佈置，如各種常識牌、世界交通情況比較圖，生物之蛻化及演進說明等。東北一角，增建了房屋，以作辦公之用，樓外面空地，建設成人及兒童運動場，備有各種運動器具，至是教育館之設施，已告完備矣。[23]

---

[22] 《成都市政年鑒 — 教育》，1928年出版。
[23] 北平市立第一民眾教育館編：《北平市立第一民眾教育館概況》，第3-4頁，1948年自刊。

遺憾的是，各地正式成立的通俗教育館的資料東鱗西爪，無法得窺當時全國通俗教育館的具體規模。一些民眾教育館的館史回顧中或地方誌中會偶爾提及，如江蘇江陰1918年設通俗教育館，館址在城隍廟西廳；[24]武進縣1916年成立通俗教育館，地址在縣文廟內，館內除陳列儀器、衛生標本、工農業生產掛圖外，還舉行提燈會、通俗歌曲教唱、演唱灘簧（錫劇）、組織學習公民信條等，[25]北平政府假地安門外鼓樓二層設立北平通俗教育館[26]，綿竹縣1928年6月成立通俗教育館，年經費大洋3990元，1930年奉命改稱民眾教育館[27]。據第一次中國教育年鑑統計，1931年浙江省共有民眾教育館94所，其中有60所是由通俗教育館改組合併而成，由此推知當時浙江省通俗教育館有不少數量。

　　從通俗教育館開展的事業來看，大多集中在陳列、閱覽、通俗講演方面，特別是通俗講演，其題材除道德教化外，現代國民意識、生計、衛生、時事等內容也占了一定比例，注意開通社會，革除陋習，致力於提倡公益，打破狹隘道德，以達「激發一般人民愛國保種之心，共同負責地方上之義務責任」的目的。[28]

---

[24] 瞿耀華：《江陰民眾教育館》，中國人民政治協商委員會江蘇省江陰縣委員會文史資料研究委員會編寫：《江陰文史資料 第4輯》，編者1989年自刊，第101頁。（以後凡是此類資料，前面的「中國人民政治協商委員會」省略，直接稱某省縣委員會或某縣委員會）

[25] 徐駿：《武進縣民眾教育館史》，江蘇省武進縣委員會文史資料研究委員會編：《武進文史資料 第3輯》，1984年編者自刊。

[26] 該館1932年按照國民政府統一指令改稱為北平市民眾教育館。戚彬如：〈本館沿革志略〉，《民眾教育季刊》第1卷1期。

[27] 黃宗厚：〈記綿竹縣民眾教育館概況〉，四川省綿竹縣政協文史資料委員會編寫：《綿竹文史資料選輯 第9輯》，編者1990年自刊，第142頁。

[28] 戴子欽：〈通俗教育與通俗講演〉，《民眾教育季刊》第2卷2號。

總體來看，通俗教育館設立背景、動機不一，發展狀況參差不齊，事業活動範圍也沒有固定標準，開展的效果也有很大區別，「人走政息」的現象嚴重。劉紹楨認為：「省縣各地方的通俗教育館，一般以『開通民智，改良風俗』為宗旨，但是因為意義的含混，對象的狹隘和著辦法的呆板，究竟開通了民智多少？改良了風俗多少？誰也不敢恭維」。[29]李蒸調查了北方數省通俗教育館，發現它們普遍存在「全部精力只注重陳列方面，永遠是那幾套玩意，活動事業太少」的問題。[30]到了20年代初期，辦得較好的江蘇省的通俗教育館也出現不景氣，「當時的命令是拿各縣文廟為館址，經費每縣一律，經常費大約每月五十元，一概在內，也沒有增加，所以有興趣的，辦到沒興趣，沒興趣的，就拿他當養老堂」。[31]各地紛紛成立的通俗圖書館、通俗教育館等開展狀況，大多由剛開辦時的「人頭攢動，熙熙攘攘」逐漸變為「雨打梨花深閉門」，通俗教育的效果不能保證。儘管如此，通俗教育館各項事業的嘗試開展，為其後民眾教育館繁盛發展打下了基礎。

　　南京國民政府成立後，蔡元培積極推行「大學區制」改革，擴充教育處職管社會教育事項，遵循總理「喚起民眾」遺訓，民眾教育成為社會教育的主體。[32]在中央政府的

29　劉紹楨：〈民眾教育館的意義和使命〉，《民眾教育月刊》第3卷2期，江蘇省立南京民眾教育館編印。

30　李雲亭：〈民眾教育館概論〉，《教育與民眾》第2卷8期。

31　楊錫類：〈民眾教育館改進問題的商榷〉，《教育與民眾》第2卷8期。

32　「民眾教育這個名詞，是民國十七年一月國立中央大學區擴充處俞慶棠先生約茂如到寧協助創辦民眾教育學院時正式產生的。並且民眾這兩個字很合乎孫總理遺囑上的重要教訓：『求中國自由平等……欲達到此目的，必須喚起民眾』，民眾教育就是喚起民眾的教育。俞先生和茂如贊同程先生的意思，就正式採用這個名詞。後來到了大學院召集全國教育會議時，中央才正式決

要求下，國內一些省份或以「民眾教育館」、或以「通俗教育館」為名，設置社會教育實施的中心機關。據統計，1928年全國各省市共有民眾教育館185所，包括改組的、新設的，還有沿用通俗教育館舊稱者，職員總數為496人。此時，民眾教育館的狀況是「名稱與組織既形龐雜，而事業設施更茫茫不知所云」。[33]

　　面對國內社會教育設施混亂的局面，一些有識之士提出，政府應該對社會教育設施機構進行必要的統一、規範。江蘇省通俗教育館聯合會以「各縣辦理民眾教育之事業，有稱通俗者，有稱民眾者，有稱擴充者，性質相同，而名稱不一，殊失教育統一之精神；且教育館之設施，原希與民眾接近，方能收得相當之效，惟以名稱龐雜，通俗擴充字樣，易起民眾懷疑，不如直接命名之民眾，使民眾一目了然，知用意之所在，較為妥當」[34]為由，率先請求大學區統一教育館名稱。在中央大學區的支持下，江蘇省立南京通俗教育館改稱江蘇省立民眾教育館，江蘇省通俗教育館聯合會隨之改為「江蘇省民眾教育館聯合會」。在該會的統一佈局下，江蘇省內通俗教育館一律改稱民眾教育館。

　　1929年，教育部通令各省市增設社會教育經費，整理改組舊有社教機關，擴充民眾教育館，以行各級政府監督引導社會教育教化民眾之責。各省紛紛響應。如山東教育廳特通令各縣市局，將原有社會教育機關，一律合併成立民眾教育

議政府所辦的平民教育一律改用民眾教育」。詳見湯茂如：〈民眾教育的使命和前途〉，《民眾教育月刊》第1卷3期。

[33] 黃覺白：〈五年來的民眾教育館〉，《教育與民眾》第5卷8期。

[34] 黃楚青：〈當前的民教範疇〉，《民眾導報》第2期。

館，以資劃一。[35]浙江省教育廳專門頒發《各縣市十八年度社會教育設施注意要項》[36]，規定各縣市舊有之通俗教育館應一律改稱民眾教育館，各縣市通俗演講所應歸併於民眾教育館。1930年前後，各地舊有社教機關基本整理、改組完畢，民眾教育館容納了舊有的通俗教育館[37]、通俗教育所、部分通俗圖書館和通俗體育場，日益壯大、充實起來。董渭川對這次改組給予了高度評價：「不論省館縣館，多半是以舊有的圖書館、體育場、講演所等作基礎，是一種化零為整，使之有組織有系統的改革」[38]，為其後繁榮發展奠定了堅實基礎。

（三）繁榮時期

從1930年前後到抗戰全面爆發，這個時期國內政治局勢相對穩定，國民黨中央政權實際掌控力逐漸由長江下游的江浙一帶推向全國，從中央到地方各級政府都給予民眾教育館高度重視，創設了學制體系和短期培訓等專業人才培養體系，社會教育工作人員「質和量」均比前期有大幅度提升，社會教育經費投入逐年增加，民眾教育館處於繁榮發展時期。特別是1933年教育部明確指出了民眾教育館為社會教育的中心機關，是實施社會教育事業的綜合機關後，民眾教育館成為各地方最低限度的社會教育事業機構之一，民眾教育館得

---

[35] 〈魯教廳整頓社教機關〉，《教育與民眾》第2卷第6期（國內民教消息）。

[36] 〈浙教廳頒發各縣市社會教育設施注意要項〉，《教育與民眾》第2卷6期（國內民教消息）。

[37] 筆者在翻檢資料時發現，曾出現將民眾教育館改回通俗教育館的情況：1936年成立的名山縣立民眾教育館在1938年重新改名為名山通俗教育館，1940年複名（詳見：聶德林：〈民國時期的民眾教育館〉，中國人民政協四川省名山縣委員會文史資料徵集委員會編寫：《名山縣文史資料第4輯》，編者1988年自刊，第75頁）。此類「時光倒流」事件筆者目前僅發現一例，尚未弄清原因。

[38] 董渭川：〈論我國民教館之特性與問題〉，《教育通訊》第2卷40、41期合刊。

到政策性傾斜，獲得突飛猛進的發展。僅以該年經費投入為例，政府對民眾教育館的經費投入達到2,905,144元，居各種社會教育事業經費之首。[39]時人認為：「在中國之蓬勃民眾教育運動中，吾人不能不以民眾教育館之推廣為最有力！」[40]

隨著南京國民政府權力範圍的擴大，不僅東部地區的省市大辦城市民眾教育館，中西部的各省市也開始積極響應中央的號召，擴辦、籌辦民眾教育館，民眾教育館總數呈逐年上升趨勢。抗戰爆發前民眾教育館發展達到了巔峰，館數由1928年的185所增加到1612所，遍及26個省市地區，工作人員也由1928年的494人增加到7054人。[41]民眾教育館的影響逐漸擴大。

表2-1 1928-1936年全國民眾教育館數目、職員、經費一覽表

數量 年份 名稱	機關數	職員	經費數（單位：元）
1928	185	494	－
1929	386	1,857	753,793
1930	645	2,294	1,583,166
1931	900	3,820	1,925,227
1932	1,003	4,185	2,338,645
1933	1,249	5,467	2,905,144
1934	1,249	5,265	3,146,282
1935	1,397	6,263	3,310,618
1936	1,509	6,627	3,394,248

資料來源：(1)馬宗榮著：《社會教育綱要》，上海商務印書館1937年版，154-161頁。
　　　　　(2)趙晃著：《社會教育行政》，上海商務印書館1938年出版，226頁。
　　　　　(3)教育年鑒編撰委員會編：《第二次教育年鑒》（教育統計），1474頁。

39 馬宗榮著：《社會教育綱要》，上海：商務印書館1937出版，第156。
40 彭大銓著：《民眾教育館》，上海：正中書局1947年出版，第4頁。
41 趙晃著：《社會教育行政》，上海：商務印書館1938年出版，第143-144頁。

如表中資料所顯示，在此期間民眾教育館機關數目、職員數目以及經費總量基本呈直線上升趨勢。到了1936年，全國民眾教育館總數達到1509所，比1929年增加了1123所，職員數由1929年的1857人增至6627人，增加了4470人；經費數由753,793元增至3,394,248元，增幅分別為291%、257%、350%。以這組資料來看，民眾教育館發展用「飆升」兩字形容，絕不為過。一些社教先進的省份基本上達到了每縣一館、甚至一縣數館，如山東全省有108縣，截止到1936年，山東計有民眾教育館115所，在全國僅是排名第六。一些地區也在積極籌建，如貴州省在1934年投入經費1,995元，建立了2所民眾教育館。民眾教育館處於黃金發展時期。

短短6年時間內，民眾教育館取得了驕人的成就。一些民眾教育館在國內頗有影響，社教機關領袖以及一些主管社會教育的行政官員，對民眾教育館的綜合機關寄予厚望，如北平師範大學校長、前任社會教育司司長李蒸認為：「民眾教育館是訓練民眾的大本營，是改造社會的出發點。不僅在形式上是各種民教事業的中心，在精神上也應使之成為民眾生活的中心，社會文化的中心。」[42]陳禮江更以省立、縣立兩級民眾教育館和民眾學校三級為縱的組織，來構建與學校教育並立的社會教育學制體系。[43]江蘇省立南京民眾教育

---

[42] 李雲亭：〈民眾教育館概論〉，《教育與民眾》第2卷8期。

[43] 陳禮江借鑒蘇俄學制系統，主張在現行教育系統外，另設一個社會教育系統。這個制度設計由縱組織和橫事業構成，縱組織分為民眾學校、縣立和省立民眾教育館三級，形成了由狹到廣，由低到高，層層遞進的社會教育行政體系；橫事業由圖書館、體育場、戲劇音樂院（團）和博物館構成，借助上下聯繫的縱組織來加以實施。詳見：陳禮江：〈建設中的中國社會教育系統及現階段的民眾教育事業〉，《教育與民眾》第8卷2期。

館、山東省立民眾教育館，不僅服務轄區民眾，輔導縣立民眾教育館，還積極培養、訓練學員、實習生，為民眾教育館事業的推進培養了一批人才。這個時期，民眾教育館不僅重視館內工作，重視閱覽、陳列國內外工農業產品，成立各種委員會等，還積極設立示範農田、農場，指導、組織鄉村改進會、合作社等，特別是大量的縣立民眾教育館，對鄉村民眾文化的提升、基層政治的改良以及農村經濟改善等方面，都起到了促進作用。

民眾教育館作為一個教育綜合機關，其自身發展同樣要遵循一定的規律，欲速則不達，民眾教育館數目的快速增長的背後，隱藏了「非理性」的成分，「高歌猛進」中的民眾教育館也暴露出不少問題，招致社會上對民眾教育館「是遊樂場、養老院及假場面」的批評。[44]這種現象在縣立民眾教育館方面尤為突出。1936年8月，江蘇省政府以「百廢俱舉，一事無成」為由，下令停辦了縣立民眾教育館，其經費挪用辦理中心民眾學校和鄉鎮民眾學校。[45]這種裁撤縣立民眾教育館的做法，引發了「多米諾骨牌」效應，河北、山東、福建紛紛效仿。如福建省設立的25所縣立民眾教育館「先後停辦，業務由各中心學校兼辦」。[46]四川及浙江兩省曾先後以「是否按江蘇等省裁撤民眾教育館事由」正式請示教育部解釋。針對這種現象，陳禮江痛心疾首指出，這是對

---

[44] 許公鑒：《民眾教育論存》（第一輯），大夏大學1936年1月再版，128-130頁。

[45] 趙晃：〈民族戰爭的發動與民眾教育努力的方向〉，《教育與民眾》第8卷4期。

[46] 〈抗戰期間的福建民眾教育館概況〉，中國第二歷史檔案館編：《中華民國史檔案資料彙編》第5輯 第2編 教育（二），江蘇省古籍出版社1994年版，73頁。

「社會教育事業的任意摧殘，是中國民眾教育發展中的悲哀」。[47]

　　在社教專家的強烈抗議下，教育部先後對四川、浙江兩省的呈文作了批示，重申縣立民眾教育館的重要地位，在四川省的批文中，教育部特作如下訓令：「縣民教館為實施社教之中心機關，各省市在施行各級組織綱要時，縣民眾教育館應負有輔導該縣社教事業之責，自應繼續辦理，並充實其內容。」並通咨浙江省，「當經本部轉呈行政院擬請援照四川省成例，各縣民眾教育館仍應照常設立。」[48]四川、浙江兩省的縣立民眾教育館得以保持，江蘇省一些政要也開始對「驟然停辦之事」進行反思。

　　實際上，無論是時人對民眾教育館的諸多批判，還是一些省份停辦縣立民眾教育館的舉措，都可以看作人們開始理性思考民眾教育館的表現。民眾教育館作為教育事業的一部分，需要遵循一定的教育規律，其自身的發展決不僅僅靠政府「行政力」來主導的。假設沒有抗戰爆發，也許在反思「陣痛」之後，民眾教育館可能會得到一種更為實事求是、更為理性的發展。

（四）戰時民眾教育館

　　從1937年7月抗戰全面爆發到1945年結束，通常被稱為抗戰時期、非常時期，是「一個國家和他國家，在宣戰前、戰時或戰後而謀生聚教養，忍痛犧牲，或力圖復興的時

---

[47] 陳禮江：〈建設中的中國社會教育系統及現階段的民眾教育事業〉，《教育與民眾》第8卷2期。

[48] 林敬之：〈民眾教育館在新縣制上的地位問題——今後民眾教育館的新途徑〉，《教育與民眾》第10卷5期。

期」。隨著政府將社會教育納入戰時教育體系，社會教育目標發生變化，「訓練全國失學民眾以國家觀念、民眾觀念、民族精神、強健體格及公民知能而達到國際地位的平等」[49]。「戰時本著平日看」，中央政府對社會教育政策作了及時調整，將民眾教育館納入了戰時教育的體系，中心職能轉向為抗戰服務。

隨著戰火的蔓延，大片地區相繼淪陷，淪陷區民眾教育館難以為繼，或閉館或隨遷後方，其館址、設備大多「毀於戰火」，附設的農場、示範田大多淪為荒蕪之地。因時局變化，倖存下來的民眾教育館大多也是勉強維持、苟延殘喘。加上1936年江蘇省裁撤縣立民眾教育館的連鎖效應，到1937年年底，全國民眾教育館數目銳減，由1936年的1509到急降到828所，[50]數量減了82%之多。

全面抗戰爆發以來，隨著軍事失利和淪陷區的增多，民眾動員更為重要，「十七個月來抗戰底血的教訓是：政治進步趕不上軍事發展，民眾動員趕不上軍隊動員，致使抗戰不能順利進行。……力求政治進步與加緊動員民眾教育，真正做到全民族全面抗戰的地步，……是最基本的條件。」[51]教育部第三次全國教育會議通過決議，規定「戰時社會教育之目的，在覺醒人民整個民族意識，並促進適齡者之服兵役，培養人民之軍事力量，以作持久戰及消耗戰之人力補充，與普及社會教育，提高文化水平，鼓勵技術人才，以謀抗戰建國之數量增加及效能的提高」。國民黨五屆八中全會通過

---

[49] 杜元載：《非常時期之社會教育》，中華書局1937年版，1、22頁。

[50] 姜和：〈全國民眾教育館的改進〉，《教育通訊》第4卷10期。

[51] 楊東尊：〈利用文化機構來動員民眾〉，《中國農村》第五卷5期，1939年1月。

《戰時五年建設計畫大綱》，規定「社會教育應特別注重人民生活之改進，民智民德之培養，抗戰意識之增強。故除應將原有事業繼續辦理外，並應注重教材之編訂，師資之培養，施教範圍之擴大，以收普及教育之功」。[52]政府選擇了以戰時社會教育等形式進行民眾動員，在這種思路指導下，教育部頒發了一系列法令，將登記在冊的戰區社會教育人員分配、充實到民眾教育館工作人員隊伍中，還就其薪金、生活費補助進行了制度化規定，民眾教育館的中心工作也隨之轉向。

1938年2月，教育部頒布《教育部處理戰區退出之各級學校教職員及社會教育機關工作人員辦法大綱》，要求「戰區各公立社教機關工作人員」到省市教育廳登記，予以救濟，安排生活，以便能盡快投入戰時社會教育工作中來。與此同時，鑒於「戰時非比尋常」，加強各省市社會教育督導力度，特於漢口開辦社會教育督導員訓練班，江西、湖南、湖北、河南、陝西、廣東、廣西、四川、貴州、雲南十省學員到班受訓，為期三周，結業後由教育部分配各省任用。隨後，在重慶辦理第四屆電化教育人員訓練班，仍分播音、電影教育兩組，令四川、雲南、貴州、西康、甘肅、湖北、湖南、陝西、河南、重慶等省市保送學員來班受訓，兩月結業後，派回各省市服務。

1938年，為了保障戰區社會教育工作人員的生活，教育部以1581號訓令形式頒布了《教育部分發各省任用之戰區社會教育工作人員薪金支給標準》，其中第二條規定，戰區社教人員薪給應比照各該員資歷、原來職務及薪金暨現在

---

52 鍾靈秀：《社會教育行政》，國立編譯館1947年版，第72頁。

所派職務分別訂定，其標準分級別1-5級，月薪從60-70元至20-30元不等，戰區民眾教育館職員的薪俸得到一定程度的保障。

1939年4月17日，鑒於戰時現況，1935年《修正民眾教育館暫行規程》成為「一具空文」，教育部在原規程的基礎上，依據實際情況重新頒發了《民眾教育館規程》。該規程明確了民眾教育館的設立主旨，對設置佈局、行政組織、人員配置、工作重點以及經費核算、分配等作了規定，並首次對不同級別的民眾教育館（如省市、縣市立）作了有差別性要求。對民眾教育館的設置作了專門規定：

> 第二條：各省應依照現有行政督察專員區，或地形交通狀況劃分若干民眾教育館輔導區，每區設省立民眾教育館一所；每縣應設縣立民眾教育館一所；各市（行政院直轄市或普通市）應設市立民眾教育館一所；地方自治機關或私人，亦得設立民眾教育館。
>
> 第三條：由省設立者，應由省市政府咨請教育部核准備案；由縣市設立者，應由縣市政府呈報教育廳核准，並轉呈教育部備案；由地方自治機關設立者，應有地方自治機關呈報縣政府核准並轉呈教育廳備案；由私人設立者，應由私人呈報主管教育行政機關核准備案。

同年5月，教育部相繼頒布《民眾教育館工作大綱》和《民眾教育館輔導各地教育辦法大綱》。7月，《教育部登記合格戰區社教人員自二十八年十月份起支最低級生活費者

得酌加生活費令》頒發，訓令第一、二社教工作團遵照分20-30元、10-20元、5-10元三級，由團長敘明原因，呈請教育部酌加其生活費。9月，教育部鑒於一些省市雖淪陷為戰區，但省市政府依舊在運轉，為了「戰時需要」，特飭令在戰區或接近戰區的省市盡可能恢復民眾教育館建制，後方省份尤其要增加設立。10月，教育部特令四川省教育廳會同第三區專員公署在璧山縣開辦民眾教育館工作人員訓練班，由部派定社會教育司司長、科長前往宣講，訓練時間為一個月，「到班受訓者，計有館長、館員、主任等五十余人，訓練期滿，仍回各原館照常工作」。12月，為了提高各省民眾教育館館長對新時期民眾教育館工作的認識，教育部特在重慶青木關設民眾教育館，設立各省民眾教育館館長訓練班，分期抽調川、黔、滇、陝、甘等省市立民眾教育館館長入班受訓，以兩個月為期，每期培訓一百人左右，預定辦理五期，並要求後方各省市開辦縣民眾教育館館長、工作人員訓練班。如福建省設立縣立民眾教育館館長，培訓後分派到全省64所縣立民眾教育館擔任館長。[53]此類訓練班時間集中，目的明確，一般以2-3個月為限，雖時間不長，但效果明顯，參加人員「都認為較諸未經受訓前，學識進步，工作努力，」其中「有一部分受訓館長主持的民眾教育館，經數月來之銳意革新，已有斐然可觀的成績表現。」[54]

　　1940年，教育部以西北西南各省為抗戰後方根據地，認為「民眾教育館長深入鄉村，接近民眾，責任異常重大，

<hr>

[53] 〈抗戰期間的福建民眾教育館概況〉，中國第二歷史檔案館編：《中華民國史檔案資料彙編》第5輯 第2編 教育（二），江蘇省古籍出版社1994年版，第73頁。

[54] 姜和：〈全國民眾教育館的改進〉，《教育通訊》第4卷10期，1941-5。

應予以戰時常識灌輸與精神訓練」，特開辦民眾教育館館長訓練班，分期抽調各省市立民眾教育館主任及各縣立民教育館長前來受訓，中央圖書館人員一併調訓。每期受訓兩個月，共辦四期，並詳細規定了各省市受訓館長的名額[55]，後因交通困難，加上全國各縣民教館工作人員，除館長以外，尚有主任、幹事等，數量甚多，調訓困難，即飭令「各省自行開辦民眾教育館工作人員訓練班，分期抽調受訓，以普遍受到訓練為止」。但「戰火紛飛」的現實，使得該飭令最終變成「一紙空文」。

此外，教育部還制定了《各省市縣補助民眾教育館辦法》，對民眾教育館按照級別予以補助。就補助形式看，除去給予少額的資金補助外，最主要的補助形式是給民眾教育館提供電影機、幻燈機、收音機以及相應的電影片、幻燈片、汽油發電機等電化教育設備等。據《教育部電化教育五年計劃書》規劃，設備「電影幻燈施教器材」一項中，僅電影放映機，「國立社會教育機關100部，省市縣立社教機關為1500部」。教育部配給的這些設備，一定程度上緩解了民眾教育館設備短缺情況，為戰時民眾教育館的工作開展創造了些許條件。

為了「研究實驗，並輔導各省市立民眾教育館及供應各種社會教育教材與方法」，教育館特於1942年設立國立中央民眾教育館，館址設立在重慶中一路，附設青木關民眾教育館「以示示範」。教育部還要求各省，每行政督察專員區

---

[55] 名額多寡和區域由國民政府「行政力」所轄來確定，具體數位如右所示：四川78名、雲南47名、貴州57名、西康3名、湖北17名、廣東7名、甘肅6名，戰區中小學教師服務團5名，社會教育工作團14名。

應設一所省立民眾教育館，每縣市至少設一所縣市立民眾教育館，必需時並得設立鄉村民眾教育館。戰時各省市民眾教育館，雖沒有達到規定數量，但自1939年以來，即逐年增加，特別是後方幾個省市，「湖南省原僅有30所，現已增至62所，西康省由22所增至30所，陝西省原26所，現已增至40所，而甘肅省原僅有12所，已增至58所，貴州則由21所增至85所。[56]西康省僅1940年就先後成立14所民眾教育館，到了1943年，全省有省立民眾教育館4所，縣立及局立民眾教育館27所，各館職員116人。[57]

在政府政策的調整下，對後方省市民眾教育館建設提供了經費、人才、設備等一系列保障，為民眾教育館在戰時發展提供了一定的發展空間，四川、重慶、廣西等後方省市，民眾教育館有了新的發展，一些邊遠省份如青海、新疆等地實現了零的突破，而由中國共產黨實際掌控的邊區政府，如陝甘寧邊區也開始設立民眾教育館。到抗戰結束，全國民眾教育館總數已達到1425餘所。

即便戰火荼毒蔓延，一些歷史悠久的民眾教育館也想方設法，儘量開展工作。如長沙省立民眾教育館，在抗戰期間就「三易其址」，從長沙遷入沅陵，再遷永順，1946年才得以回遷長沙舊址，雖顛沛流離，但對於民教工作「加緊推行，未可稍涉因苟」。[58]福州省立民眾教育館因福州淪陷，

---

[56] 四川省教育廳：《四川省社會教育法令輯要》，四川省政府教育廳第四科1941年自刊，第16-17頁。

[57] 〈程其保報告西康省社會教育實施概況〉，中國第二歷史檔案館編：《中華民國史檔案資料彙編》第5輯 第2編 教育（二），江蘇省古籍出版社1994年版，第72頁。

[58] 湖南省檔案館藏：《長沙民教館人事任免材料》，59-3-24（全宗號－目錄號－案卷號），1938-1949。

表2-2　1938-1946年全國社會教育機關數（民眾教育館）

名稱 數量 年份	機關數	職員	經費數（單位：元）
1938	774	2,916	1,035,364
1939	836	3,632	1,580,031
1940	909	3,989	2,727,156
1941	995	4,854	4,822,724
1942	1,059	5,515	10,156,435
1943	1,148	5,404	17,103,453
1944	1,093	6,382	50,174,129
1945	1,269	7,000	672,245,815
1946	1,425	—	5,015,815,295

說明：表中統計資料為教育部統計處根據1931-1946學年度各省市社會教育
　　　統計報告表編制，其中1938學年度為浙江省等18個省，1939年學年
　　　度為浙江省等22個省市，1940-1944學年度為江蘇等24省市，1945學
　　　年度為江蘇等30個省市，1946學年度為江蘇等36個省市地區。

資料來源：教育年鑒編撰委員會編：《第二次教育年鑒》（教育統計），
　　　　　第1472-1479頁。

遂將該館遷至南平，「協助辦理員生退出救濟事宜」，1945
年抗戰勝利後，遷往廈門，改稱廈門民眾教育館，繼續致力
於社會教育事業。

　　相對於一些民眾教育館的「弦歌不絕」的維繫事業，也
有民眾教育館「緣於以往所辦事業過於繁雜，缺乏重心，限
人力財力，難期皆舉，遂致勞而少功，此種情形，尤以縣館
為甚。」加上戰亂期間，各色人等聚集後方，民眾教育館由
於政府予以保障的穩定薪工收入，更成了權勢人物安排私人
關係的主要場所。「近有憂國之士，目睹各級民教館流於名
存實亡，為了縮減經費開支，主張全部裁撤合併。」[59]對抗
戰期間的民眾教育館提出了尖銳批判。

---

[59]　徐足之：〈社會教育與民教館〉，《四川教育通訊》第8卷5期，1948-5。

總之，抗戰期間，民眾教育館在政策方針指引下，由戰前的「培養人民認識國際情況，瞭解民族意識，並具備近代農村生活之常識，家庭經濟改善之技能，公民自治必備之資格，保護公共事業及森林園地之習慣，養老恤貧、防災互助之美德」轉向「為抗戰服務」，其工作集中在「擴大抗戰宣傳、發動後方服務、提高民眾文化水準」方面，對於電影、戲劇等教育形式更為重視。就具體工作來看，民眾教育館從識字教育、生計教育、健康教育、文化娛樂教育等轉向以宣傳抗戰教育為中心。揆之史實，通過這些社會活動，動員和鼓舞了民眾抗戰救國的信心，增強了愛國意識，增加了民族凝聚力。但由於戰時社會局勢動盪，經濟崩潰、人才缺乏等原因，民眾教育館的發展受到不少的阻礙。但是總體上，在抗戰期間民眾教育館的積極作用還是不容忽視的。

（五）蛻變分化

　　抗戰勝利後，國民黨政府教育部明令各地迅速恢復民眾教育館，各省市開始著手回遷、恢復和重建民眾教育館，全國民眾教育館數目得以回升。但因國內戰爭的迅速爆發，民眾教育館的發展再次受阻。隨著解放戰爭的勝利，國民黨政府潰敗退守臺灣，共產黨成立中華人民共和國政府，民眾教育館逐漸蛻變分化，走上兩種不同的發展道路。

　　1945年日本政府宣佈無條件投降，國民政府發布了《戰區各省市教育復員緊急辦法事項》，接受日偽文化機構，恢復各級教育行政機關，組織成立「甄審委員會」，對教育行政人員、學校教職員和社教人員進行「甄審」。在政府的飭令下，各省市教育廳紛紛發布社會教育戰後重建計

畫，對民眾教育館恢復、充實發展給予了重視。如山東省接收日偽時期社會教育同時，制定了復員、整理社會教育計畫，「截至年底全省共恢復民眾教育館三十二館」。安徽省規定，在屯溪、安慶、蕪湖、蚌埠四處各設一處省立民眾教育館，其中屯溪在原設基礎上加以充實，其他三處一律於三年內增設齊備。每縣設立民教館一所，已設立者，加以調整充實，未設立者，限一年內籌設成立，各鄉鎮設立分館，以辦理書報閱覽室、運動場及補習學校為中心工作。[60]浙江省教育廳亦有相似規定，在抗戰勝利後還要求有條件的民眾教育館，輔助開辦鄉鎮民眾教育館，如紹興縣民眾教育館在柯橋、平水、斗門、臨浦和東關等鄉鎮設立了5所區民眾教育館。[61]在各級政府、社會人士積極籌畫下，不少「流亡」民眾教育館紛紛回遷、復建，民眾教育館數量開始回升，截止1946年底，全國民眾教育館總數已有1,425所。[62]

當然，歷經戰火荼毒，不少戰前很有基礎的民眾教育館館址被占、被毀，圖書標本、儀器、場地損失慘重，且經費困難，各種活動的開展收到很大限制。如北平市第一民眾教育館雖接受了日偽第二、三民眾教育館，但由於所有圖書、陳列儀器，「悉數毀壞無餘」，而館址「鼓樓為敵偽青年團駐用，鐘樓則為敵偽建築總署堆存三合土之所」，因此「外

---

[60] 〈安徽省戰後社會教育計畫大綱草案〉，中國第二歷史檔案館編：《中華民國史檔案資料彙編》第5輯 第3編 教育（一），江蘇省古籍出版社2000年版，第433頁。

[61] 倪煥臣：〈紹興民眾教育館〉，浙江省紹興縣委員會文史資料委員會編寫：《紹興文史資料選輯 第7輯》，編者1988年自刊，第291頁。

[62] 〈歷年度全國重要社會教育機關數（1936-1946）〉，中國第二歷史檔案館編：《中華民國史檔案資料彙編》第五輯 第三編 教育（一），江蘇古籍出版社2000年版，第649-650頁。

則圍牆被折，內則門窗均無，而各房屋牆壁，非毀即汙，是以修葺工程，至為艱巨」。雖經5個月的努力修復，「任何方面設施，均不足恢復舊觀於萬一。」[63]據統計，僅各省市縣立社會教育機關（公私立）包括圖書、儀器、醫藥、建築等，損失約3774億元。[64]通縣縣立民眾教育館在1945年9月移交書中一份清單上記載，「本館全部房屋經日軍數度佔領，圖書損失殆盡，傢俱、器皿等物均多損壞。」[65]武義縣立民眾教育館、開遠民眾教育館也是損失慘重。

> 武義民眾教育館1931年開辦時，由本縣各界人士捐贈藏書，如《資治通鑒》、《二十四史》等木版古籍和現代印刷書籍萬餘冊。後來，又由省撥給商務印書館出版的《萬有文庫》全部。……抗戰期間，民教館遷到西寺辦公。日軍侵佔縣城時，民教館的全部圖書及運動娛樂器具，均蕩然無存，縣立民教館因此無形消跡。[66]

> 開遠民眾教育館圖書之多，緊次於昆明省立圖書館，如「四部叢刊」、「四部備要」、「萬有文庫」等圖書都很齊全。……抗日戰爭期間，開遠進駐國民黨榮譽二師部隊，這批圖書儀器被盜遺失，當時街上的小

---

[63] 北平市第一民眾教育館編：《北平市第一民眾教育館概況》，第6頁，1948年自刊。

[64] 〈教育部統計處編全國教育文化機關戰時財產損失統計表〉，中國第二歷史檔案館編：《中華民國史檔案資料彙編》第五輯 第二編 教育（一），江蘇古籍出版社1994年出版，403頁。

[65] 鄭建山：〈日偽時期通縣的民眾教育館〉，《文史春秋》2005(2)。

[66] 畢華榮：〈我所知道的縣立民眾教育館〉，浙江省武義縣委員會文史資料研究委員會編寫：《武義文史資料 第2輯》，編者1989年自刊，第70-71頁。

攤販等多處發現蓋有「民眾教育館」印章的書頁作為
包裝用紙。[67]

　　1946年底內戰爆發，戰火重燃，阻礙了民眾教育館的
「復原」步伐。從法令建設來看，國民黨中央並沒有放鬆
對民眾教育館的力度，要求各綏靖公署要加快推動民眾教育
館的建設，加強「肅共建國宣傳」力度，時代賦予民眾教育
館的先進性迅速蛻變，成為了國民黨政府的「與匪爭民」、
維護統治的政治堡壘。各省教育行政機關加強了對民眾教育
館館長、工作人員的政治甄別和考成。如湖南漵浦縣龍潭鄉
公民代表李某與金芙龍鄉聯立民眾教育館館長諶某「互相控
訴」資料中，「收容奸黨，圖謀不軌」的密報引起了湖南軍
政界的極大重視。儘管後來「查無實據」，但教育廳依舊將
諶某調任他用。[68]不難看出，政治上的考慮成為政府的首選。

　　在國民黨中央統治的「非核心地區」，民眾教育館恢復
較慢，數目不多，大多以閱覽、指導民眾生活為主體工作。
如北平市立第一民眾教育館內設圖書室，有中文圖書1.1萬
冊，每日平均接待讀者400人次；有閱報室，每日平均接待
讀者50人次，設兒童讀書會、民眾識字班、婦女補習班、
民眾學校；有運動場，每日平均百餘人在場內活動；設民眾
遊藝室，室內掛圖畫多幅，配以文字；設民眾診療所，每日
就醫病人30-40人；設縫紉和針織科，幫助民眾掌握從業技

[67] 吳桐良：〈開遠民眾教育館始末〉，開遠市委員會文史資料研究委員會編
　　寫：《開遠市文史資料選輯 第1輯》，出版時間不詳，第31-32頁。
[68] 湖南省檔案館藏：《漵浦縣金芙龍鄉聯立民眾教育館職員調派、館長被控
　　及工作月報、人員動態等材料》，59-3-125（全宗號－目錄號－案卷號），
　　1942.2-1948.3。

術；設電影晚會、巡迴幻燈；設國劇研究會、話劇團，豐富民眾業餘文藝生活，此外，還有茶社和民眾商場。[69]其工作範圍與戰前沒有太大區別。

　　1948年後，一些地區相繼解放，民眾教育館建制陸續恢復，1948年5月洛陽全境解放，6月在城內西大街城隍廟恢復洛陽市民眾教育館，任命王飛庭（社會知名人士，原洛陽縣立民眾教育館館長）為館長，分總務、宣傳、藝術、教育和衛生五股，「按照市委佈置的中心工作進行宣傳，輔導成立群眾自我解放組織」。10月，為了加強民教館工作開展，洛陽市臨時人民政府特召集館務擴大會議，確定市民眾教育館的性質是「新民主主義的人民大眾的文化宣傳教育機構」，方針是「團結改造廣泛聯繫知識份子，建立文化界統一戰線，開展對全市人民的文化宣傳活動，提高群眾的政治覺悟」。[70]中華人民共和國成立後，原來的民眾教育館作為教育文化機構的一部分，被接管後大多改設、合併為圖書館、文化館等機關。[71]如1949年2月，北平市軍管會接管了位於前門箭樓的「北平市第二民眾教育館」，改名為「北平市第二人民教育館」，1950年改為「北京市第二人民文化館」，後又改為「北京市第二文化館」，即後來崇文區文化館的前身。著名作家老舍的《龍鬚溝》中民間藝人程保慶由「瘋子」變成「藝人」的主要表現，便是「民教館同志找了我來，教我給大家唱一段」。

---

[69] 北平市第一民眾教育館編：《北平第一民眾教育館概況》，該館1948年自刊。

[70] 李振山：《解放初期的洛陽市民眾教育館》，洛陽市委員會文史資料委員會編寫，洛陽文史資料 第14輯》，編者1993年自刊，第196頁。

[71] 從理論上講，民眾教育館有再次勃興的機會，俞慶棠被任用為第一任社會教育司司長，她在積極籌畫包括民眾教育館在內的社會教育機關的各項工作，但因疲勞過度1949年12月猝然去世。民眾教育館在隨後改革中，遂被作為「舊有名稱」，改為人民教育館。

瘋子：說就說，別瞪眼！我就怕吵架！我呀，有了
　　　任務！

二春：瘋哥，給你道喜！告訴我們，什麼任務？

瘋子：民教館的同志找了我來，教我給大家唱一段去！

二春：那太棒了！多少年你受屈含冤的，現在民教館
　　　都請你去，你不是彷彿死了半截又活了嗎？

娘子：對啦，瘋子，你去！去！叫大傢伙看看你！王大
　　　媽，二姑娘，有錢沒有？借給我點！我得打扮打
　　　扮他，把他打扮得跟他當年一模一樣的漂亮！
　　　……

瘋子：還有，唱什麼好呢？《翠屏山》？不象話，
　　　《拴娃娃》？不文雅！

二春：咱們現編！等晚上，咱們開個小組會議，大家
　　　出主意，大家編！數來寶就行！

瘋子：數來寶？

二春：誰都愛聽！你又唱得好！
　　　……

瘋子：（獨自徘徊）天下是變了，變了！你的人欺負
　　　我，打我，現在你也掉下去了！窮人、老實
　　　人、受委屈的人，都抬起頭來；你們惡霸可頭
　　　朝下！哼，你下獄，我上民教館開會！變了，
　　　天下變了！必得去，必得去唱！一個人唱，叫
　　　大家喜歡，多麼好呢！[72]

[72] 老舍：《龍鬚溝》第二幕（劇本），1950年完稿，1951年2月由人藝公演，
　　取得轟動效果。

從劇中人物對話中，可以看出民教館在其中扮演著一個新文化機構的權威地位，藝人和周圍民眾都以「民教館請瘋子唱一段」為自豪，將其作為新社會、新政權對「瘋子」的肯定，儘管這是《龍鬚溝》劇本虛構人物之間的「感情流露」，但從一個側面可以看出解放初民眾教育館這個機構是廣泛存在的，且是得到普通民眾認可的文化教育機構。

1951年前後，中央政府開始著手對舊有的文化教育機關進行改造，民眾教育館也包括在內。鑒於邊區政府和國統區民眾教育館的主要工作內容，除一些「工作久陷停頓」的民眾教育館自行關閉外，大多數改設為公立圖書館、文化館。如山西省圖書館的前身便是1933年改組的省立民眾教育館，其時擁有圖書總計8,116種，計四萬餘冊。經過幾年積累，到抗戰爆發前夕，山西省立民眾教育館已達十五、六萬冊之多[73]，並採用劉國鈞的《中國圖書分類法》和卡片式目錄。儘管歷經戰火兵燹，所藏圖書有所散失，但依然為解放後的山西省圖書館奠定了良好的基礎。[74]再如慈溪縣文化館，便是「解放初期接管由國民黨留下來的『慈溪縣民眾教育館』演變而來」。[75]總體來說，1952年前後，隨著舊教育改造的完成，民眾教育館已經成為了一個歷史名詞，在中國大陸退出了歷史舞臺。

隨著國民政府退守臺灣，民眾教育館在臺灣得到發展，臺灣各地成立了一些民眾教育館，內容除延續文字補習教

---

[73] 計有善本書1,265冊，中文書58,854冊，日文書1,201冊，西文書820冊，中西文雜誌22,052冊，報紙合定本6,327本，現備雜誌724種，現備日報30種。圖書複本多至67,996本。

[74] 袁長江：〈省館藏書聚散錄〉，《晉圖學刊》，2001(4)。

[75] 羅孟傑：《慈溪縣文化館藝術檔案調查》。

育、生產技能培訓以及「仁義禮智信」的道德培養等外，還承擔了「光復大陸」的政治職能。近些年來，隨著時勢的變化，民眾教育館逐漸褪去政治色彩，成為一個綜合性的、面對全體民眾的社會文化機關。

從民眾教育館演變過程來看，在風雲變幻的時代大背景下，始終與近代中國社會大變遷保持一致，先後經歷了萌芽、形成、繁榮、曲折發展及蛻變分化五個時期，政府的政策意圖和導向、知識份子理想和努力以及時局變化等，程度不一地左右民眾教育館不同時期的工作中心，是影響民眾教育館興衰成敗的重要因素。縱觀民眾教育館的整個發展歷程，不難看出，政府的「強制性制度安排」為民眾教育館的發展提供了必要的、基本的途徑。當然，以上階段性的劃分僅是一個全國範圍內的總體分析，不可能完全涵蓋各省市民眾教育館的每個個體，由於近代中國各省發展存在了很大的差異性，就某一個具體的民眾教育館，其創建、發展與衰亡過程必然存在「互有參差」之處。從共時性角度來討論同一時段民眾教育館發展的地域差異性，可能對全面瞭解民眾教育館有所幫助。

三、非國統區的民眾教育館發展

（一）邊區民眾教育館的發展

隨著民族矛盾上升為國內主要矛盾，國共兩黨關係的改善，抗戰期間中國共產黨領導的邊區政府開始設立民眾教育館。從現有資料看，延安市民眾教育館是陝甘寧邊區第一所

民眾教育館，前身是1934年開設的膚施縣（延安舊稱）民眾教育館。[76]1938年年底，陝甘寧邊區教育廳指定的《一九三九年邊區教育的工作方針與計畫》，其中「消滅文盲的原則辦法」規定如下：

第七條：成立二十處民眾教育館或閱讀報處，每縣分配情況和數目根據實際情況以後規定。

(1) 每一民教館或閱報處必須附設夜校一處或領導兩個識字組；

(2) 保證民教館每週能夠進行所有識字教育與抗戰動員的活動。[77]

1939年5月6日，根據《民眾教育館規程》，邊區政府公布了《民眾教育館簡則》（以下簡稱《簡則》），從國防教育的角度提出了民眾教育館的四項任務：（1）經常對民眾實施抗戰文化教育工作，培養民眾抗戰知識；（2）宣傳政府法令之號召，推進各樣抗戰動員工作；（3）協助民眾辦理改造地方一切公共事業；（4）為民眾代辦一切文字工作；9月27日，邊區政府對《簡則》進行了修訂，要求「須在人口眾多之城市或集鎮中心地帶」建立民眾教育館。在此基礎上，1940年底，《陝甘寧邊區民眾教育館組織規程》正式頒布，

---

[76] 1931年2月，陝西省立第一民眾教育館成立，以「移風易俗」為宗旨，各縣可以陸續設立民眾教育館。1934年，膚施縣民眾教育館成立。1939年《邊區的文化教育狀況》統計「現有社教組織的數量」，其中附注欄中注明：「延安市有民眾教育館一處，設有閱報室、圖書室並出版壁報、領導識字組、夜校，1938年11月20日本飛機第一次轟炸延安，該館造炸毀後另覓新址開館。詳見陝西省檔案館藏：2-15-1335（全宗號－目錄號－案卷號）。

[77] 《新中華報》，1939-3-13。

要求邊區各縣市遵循本規程辦理民眾教育館，其中第三條對民眾教育館的性質、任務、工作內容、方法等作了規定：

第三條　民教館為進行社教之機關，其任務為消滅文盲，宣傳政治常識、科學常識，發展經濟建設，提倡衛生，破除迷信，組織與提高群眾文化娛樂工作。方法如下：

(1) 開放閱覽室，出借圖書。

(2) 出版通俗小報、畫報或壁報。

(3) 開辦夜校、半日校，領導識字組。

(4) 組織與領導民眾娛樂，如歌詠隊、群眾俱樂部、群眾晚會、劇團等。

(5) 配合當地政府進行經濟建設的宣傳和動員工作。

(6) 辦理公共體育衛生事宜，如開闢管理體育運動場，組織各種球隊、國術團及其他體育團體，動員群眾舉行清潔衛生運動等。

(7) 進行各種節令集會的標語宣傳、街頭演講、時事報告等。

(8) 設立「代筆問字處」，代民眾寫信寫春聯等，並供民眾來質疑問字。

(9) 其他社會教育活動。[78]

根據邊區政府政策規定，民眾教育館是民眾教育的機構，主旨「在實施民眾抗戰教育，協助抗戰動員以及改進

---

[78] 《抗日根據地政策條例彙集陝甘寧之部(下)》，教育科學出版社1981年版。

地方之事業」，承擔著「消滅文盲，宣傳政治常識、科學常識，發展經濟，提倡衛生，破除迷信，組織和提高群眾文化娛樂工作」。[79]一般館內設有閱覽室，供人閱覽並出借圖書，編輯、出版通俗小報，畫報及壁報，利用民眾教育館的設施進行其他形式的學習和娛樂活動，配合邊區政府進行宣傳工作，如街頭講演、時事報告、各種節日集會的標語宣傳等，還設有「民眾問字代筆處」，免費代民眾寫信、寫春聯等。民眾教育館還開展新書宣傳、文摘、剪報等工作，並對讀者進行閱讀輔導，和國統區的一樣，它具有圖書館的部分特點，在圖書館未能遍設的邊區，民眾教育館的這個功能更為凸現，所以當時人們常把民眾教育館稱為民眾圖書館。民眾教育館還附有組織和領導民眾娛樂的責任，如組織歌詠隊、群眾俱樂部、群眾劇團，舉辦群眾晚會等，豐富附近民眾的業餘生活。

對於民眾教育館建設，除去發布規章制度，邊區政府還派出若干特派員（即社教工作人員）分赴各縣督促、指導，種種努力有了立竿見影的效果，民眾教育館數量有了很大提升，1938年僅有延安市民眾教育館一處，1939年子長、新正、慶陽、曲子、甘谷驛（延安縣）等處民眾教育館相繼成立，1940年又增加了甘泉、照縣等9館，到了1941年，全邊區政府已經有25個民眾教育館、4處閱覽室、5處圖書館（不包括機關圖書館）。由於邊區社會教育專業人才的極度匱乏，各民眾教育館館長大多為邊區政府委任抗戰幹部擔任，辦館經費難以保障，難以保證民眾教育館工作的順利、

---

[79] 〈抗日根據地政策條例彙編〉（下），《陝甘寧邊區政府檔選編》第2輯，第483頁。

有效開展，「民眾教育館還未能真正深入民間，發揮其啟迪人民的作用」，[80]辦館水平亟待提高。

有鑒於此，邊區教育廳1941年發布《陝甘寧邊區教育訓令》（邊第45號），要求各地要著重加強開展民眾教育館工作：

(一) 沒有成立民教館的縣份，今年度要普遍設立民教館。待年終達到每縣一處。

(二) 民教館館長要以有能力有經驗有威望的人充任，津貼待遇與完小校長同，委任與調動全須經廳方批准，對現在不稱職者，應設法調換。

(三) 民教館圖書辦公費，每月起碼數目為十五元。

(四) 民教館工作，除開放閱覽室進行一般的識字教育外，應與群眾組織、各工作團、保健藥社、生產組織取得密切聯繫，以求工作之開展。

(五) 開完小校長會議時，兼開民教館館長會議，總結過去工作，商討今後工作，各民教館應加緊準備這一工作。

與國統區相比，邊區的民眾教育館設備簡陋，類似於後來的公共圖書館、文化館。更由於意識形態的對立，如「政治常識」指的是「馬克思列寧主義」，而不是三民主義，國民黨中央沒有也決不可能給予邊區民眾教育館「實質意義上」的支援、資助。因此，邊區民眾教育館僅分布在如延

---

80 《陝甘寧邊區第二屆參議會教育廳工作概況報告及提案，提請大會審核及公決》，1941年邊區政府單行本（油印），北京師範大學圖書館庫本藏。

安、綏德等一些相對繁榮的中心城鎮，且規模不大。如延安民眾教育館，「在延安城內，為原日膚施縣之民教館改設，歸邊區教育廳管轄，內有左傾書籍三、四百種，左傾刊物二十餘種，報紙有新華日報、新中華報、西安文化報等三、四種，……餘無其他種設備。」[81]

邊區政府推行的社會教育，是抗戰時期中共在敵後抗日根據地設施的一項重要社會政策。在實現掃盲的同時，對民眾灌輸民族意識，「宣傳政治常識」指的是中共所主張的意識形態和道德觀念，鼓勵民眾參與政治的熱情，其終極目的是要民眾對中共政權以及各項政策最大限度的認可。因此，抗日根據地的社會教育既是群眾性的掃盲運動，又是中共在根據地進行的一場全面的政治動員，而後者顯得更突出、更重要。民眾在接受社會教育的過程中，逐步接受了中共政權為他們設計的政治行為模式、生產組織模式、社會組織和生活模式等，民眾也逐漸脫離了舊權威的勢力範圍。通過社會教育，根據地的民眾受到了一次前所未有的政治洗禮，從而成為中共各項政策的擁護者和踐行者。從這個意義上講，社會教育提高了民眾和中共政權之間的親和力，使中共逐步實現了對根據地鄉村社會資源的全面控制。[82]

自近代社會以來，鄉村社會逐漸被舊士紳、「鄉村強人」和一些秘密會社的頭目組成的「鄉村精英」所把持。隨著1935年紅軍的到來，陝甘寧邊區控制區域逐漸擴大，

---

[81] 《國民黨關於邊區文化教育事業狀況的調查報告》，中國第二歷史檔案館編：《中華民國史檔案資料彙編》第5輯 第2編 教育（二），江蘇省古籍出版社1994年版，第519頁。

[82] 黃正林：〈社會教育與抗日根據地的政治動員──以陝甘寧邊區為中心〉，《中共黨史研究》，2006(2)。

縣、區、鄉、村都建立了政治組織，一些在土地革命中的積極分子加入了中國共產黨，成為鄉村新政治組織的主要成員。這些新政權的支持者在分配地主土地和浮財方面表現積極，但由於「許多鄉長是不識字的農民積極分子，其世界觀、經驗和個人關係都建立在當地的社區之上，其革命眼光所及既限於較早時期的土地革命」。[83]且中共新建立的權力網路中，特別是縣級以上的政權機構中「操外地口音」的縣委書記、縣長很難在短時間內獲取當地民眾心理上的認可，即便那些已經加入中國共產黨組織的鄉村積極分子心裏也不踏實，不少黨員仍舊與哥老會、佛教等有關聯，懷疑政府和外來組織形式的權威。[84]此外，中共在邊區面臨的另一大問題便是農民對政治的冷漠，由於世代生活在黃土高原的深山大溝裏，長期與外界缺乏溝通，經濟文化十分落後，民族意識和國家觀念非常淡薄，特別是邊區沒有受到日軍的直接蹂躪，在這樣情況下，要動員農民投入抗日運動以及參加中共政權組織下的一切抗日活動都是比較困難。

不僅如此，對能夠給農民帶來直接利益的政策或舉措如減租減息、識字、生產運動等，農民態度並不積極。比如識字，農民害怕識字後變成「公家人」，有些農民自己不願識字，也不情願孩子讀書識字，有的送孩子上學時，認為自家孩子從此成為「公家人」而「痛哭流涕」。[85]農民對外界事務的戒備心理，形成了一堵堅硬、無形的牆，阻礙了中國共

83　〔美〕馬克。賽爾登著：《革命中的中國延安之路》，社會科學文獻出版社2002年版，第156頁。

84　白向銀：〈在轉變中的安塞工作〉，《團結》第一卷9期，1938年9月。

85　《陝甘寧邊區教育資料　社會教育部分》（下），教育科學出版社1981年版，第280頁。

產黨一切政策在邊區鄉村社會的貫徹和執行。換句話講，如何打破農民「漠然相對」局面，爭取農民積極參與，是中共政權在鄉村社會取得權威性的關鍵性問題。

識字運動是邊區政府推行社會教育的首要舉措，在掃除文盲、教人識字的過程中，著重向民眾灌輸民族意識和國家觀念，宣傳中共政策，激發農民參與邊區政府建設的激情。民眾教育館隸屬於縣政府教育第三科，通過設立閱覽室、辦夜校、半日校、識字組，或設立代寫、問字處等多種形式，積極推動掃盲運動的進行。延安市民眾教育館在1941年一年間，除領導識字組、讀報組工作外，還成立一個工人補習班，招生26人。他們一面向社會募捐圖書，同時購進新書236冊，創辦了大眾圖書館，讀者「全年達8000餘人次」，獲得附近民眾的好評。1942年，子長縣立民眾教育館專門成立了一個社教委員會，主要任務是動員民眾上夜校、半日校，並領導處理其中事務。

1941年，邊區教育廳副廳長丁浩川在第四次各縣第三科科長聯席會議上作了總結報告，指出「要加強民教館的整頓，登記圖書、增設設備，適應當地情況，使活動方式更多樣些（可增加黑板報、醫藥箱、書報代售、集市講演等）」，「民教館工作不應該局限於識字教育的圈子。」[86]之後，民眾教育館工作範圍逐漸擴大，形式多樣活潑，重在加強對群眾的時事教育，通過讀報、講演、舉辦黑板報等形式組織群眾、動員群眾，如子長縣立民眾教育館的黑板報最為聞名，1941年7月在壁報《老百姓報》基礎上創辦了《大

---

[86] 丁浩川：《陝甘寧邊區的教育工作：過去的成績和今後的方針》。

家看》黑板報[87]，因文字通俗，內容反映老百姓生活，很受民眾歡迎。1945年4月至6月底，《大家看》共出版了34期，其中群眾投稿占四分之一，《解放日報》還專門介紹了該館的黑板報[88]。

　　隨著邊區政府經濟條件的改善好轉，民眾教育館也開始發生一些變化，各館普遍經過整頓、充實，逐步形成了一定的規模，書籍報刊、遊藝設備有所增加，館舍有所擴充，人員得到補充，教育內容和形式多樣化，職能也有所擴大。邊區的民眾教育館作為社會教育的主要實施機關，在教育內容、形式上有所擴充，除去識字、閱覽外，職業補習教育也納入其中，如定邊縣立民眾教育館先後辦理七所婦女職業學校，學員一面識字，一面學習編織術，受到當地婦女的歡迎，另一方面，由於民眾教育館屬於「官方社教機關」，在民眾眼中具有一定的權威性，調解民間訴訟、鄰里糾紛也成為民眾教育館工作內容之一，甘泉縣立民眾教育館1945年調解民事糾紛7起。當地群眾把民眾教育館館長權青容當做「萬事通」，若有疑難即去民教館詢問，甚至民眾教育館的黑板報都有著很強的「社會輿論」力量，成為邊區社會教育的最重要形式之一。

　　　民眾教育館的黑板報重要報導內容為抗戰前線和邊區
　　政府的最新消息，尤其是關係群眾切身利益的消息，
　　如減租、救國公糧，揭發破壞分子，表揚抗戰救國，

---

[87] 該館於1940年8月創辦了《老百姓報》，1941年改名為《大眾報》，是用粉蓮紙出版的壁報，每旬出一期，1941年因物價上漲，發的經費還不夠買紙張，從7月份起改為黑板報《大家看》。

[88] 〈大家來辦自己的報〉，《解放日報》1945-10-21。

批評封建迷信等，一個二流子聽說自己要上黑板報，就跑到編輯委員會發誓改邪歸正，請求予以免登。由於這種形式貼近民眾，後來黑板報這種形式擴大到各個鄉鎮，不再限於民眾教育館，據統計，到1944年，邊區已有600多塊黑板報，工農通訊員1100人，成為邊區政府教育群眾、推動工作的有力武器。[89]

　　相對於國統區，邊區民眾教育館有不同的工作特點，黑板報、讀書（報）、講故事、趕廟會等，採取群眾喜聞樂見的形式，把民眾教育館工作開展建立在民眾自覺自願的基礎上。如趕廟會，一些民眾教育館乘機宣講時事、進行抗戰宣傳，同時介紹新的生產方式、良種及現代衛生知識等。「甘泉城每月六次集，趕集的群眾川流不息地趕到民教館來聽時事」，民教館成為附近民眾的聚會中心。子長縣立民眾教育館組織學生、機關幹部，利用廟會之機，向民眾宣傳時事政策、破除迷信、講究衛生等內容，僅1945年上半年，在中央醫療隊幫助下，子長民眾教育館在廟會上舉行大規模「衛生展覽會」，並以拉洋片等形式宣傳備荒等，受教民眾達3萬人次。甘谷驛民眾教育館發動通訊小組在集市街道上為群眾讀報，一些農村群眾聽得吃力，他們就改讀報為講報；赤水鐵王民眾教育館每逢集市都會給民眾講報，十里八村的民眾趕集之餘，大多會到民眾教育館聽一陣子時事。慶陽縣立民眾教育館在廟會還建立了「文化大棚」：

[89] 《陝甘寧邊區政府檔選編》第8輯，461頁。

慶陽縣每年大小廟會有七八十次。……歷年來趕廟會成了民眾教育館的中心工作之一。民教館在這些廟會上，進行了棉花打卡、發展紡織，衛生（著重婦嬰衛生）、時事等宣傳工作。採取文化棚、散分宣傳畫報形式，帶著各種表情講解國家大事、生產、衛生常識，並實地教給群眾棉花打卡、紡織技術，群眾很感興趣。[90]

為適應分散的鄉村環境，邊區民眾教育館還採用「文化包」、「文化擔」、代辦書店、過年擺書攤、出版並分發通俗畫報等活動形式，促進邊區文化教育的發展。慶陽民眾教育館的「文化貨郎擔子」，採取趕廟會、「走鄉」等形式，邊演唱、邊賣書，效果不錯，「他們唱『劉志丹』，老百姓就要買《劉志丹》的書，五天賣書900多冊，售款30,427元。」[91]除去普通民眾，一些民眾教育館還關注學校教育，子洲縣立民眾教育館設立的「文化包」，將小學的文具課本置於其中，該館幹事下鄉攜帶，解決了鄉村小學買課本難的問題。

總體來講，邊區民眾教育館數量較少，規模不大，工作重心主要集中在閱覽、組織領導民眾娛樂方面。就識字教育來看，其績效遠不如邊區的冬學等形式。但這種民眾教育館建制，在掃除文盲、對民眾進行文化教育、政治教育以及提倡正當的文化娛樂、削弱封建迷信觀念、改變農村落後愚昧的社會風氣、促進邊區經濟建設、支援抗戰等方面，其

---

[90] 《陝甘寧邊區教育資料　社會教育部分》（上），教育科學出版社1981年版，第193頁。

[91] 賴伯年主編：《陝甘寧邊區的圖書館事業》，西安出版社1998年版，218頁。

指導思想和工作方法，很大程度上影響了新中國的圖書館事業和社會文化事業，為國統區民眾教育館的改造提供了方向。

（二）日偽地區的民眾教育館

「九・一八」事變後，日本佔領東北，日偽統治者為維持他們的統治，積極推進社會教育，恢復各種民眾教育機構。據偽《滿洲國文教年鑒》記載：「本省官辦社會教育，依照本省民眾教育實施方法之規定，以民眾教育館為推行機關，兼辦各項識字運動宣傳，故自前項法令運行以來，舊有的通俗教育館，則改換名稱，其他各館，或由圖書館改組，或由通俗講演所改組，或另行籌設。」1934年，「文教部」進一步指示：「民眾教育館之恢復，於普及建國精神、完成宣撫工作上占重要地位。各地應根據大同二年十月十二日之第一八五號訓令，設法恢復或設立，使其活躍。」

實際上，早在1932年，東北一些地區就有「親日傾向」的民眾教育館存在，琿春縣公署設立民眾教育館，向民眾灌輸「獨立」思想，館內除設有書報、講演等常見部組織外，還設有日語講習班、日語夜校等，免費入學，大力宣揚「王道樂土」，搞日滿協和，對中國民眾思想誘導、進行奴化教育。

抗戰期間，日偽政權所掌控地區的民眾教育館，奴化教育成為了它的基本職能。一些省市淪陷後，原有的民眾教育館或隨政府內遷，或中斷館務，停止所有活動。日偽政府在原址或另尋館址，重設民眾教育館，並對所藏書報、陳列品予以審查，對有「妨礙中日親和」物品予以銷毀，開展奴

化教育。如歷史悠久的北平市立民眾教育館（前身為創辦於1925年的京兆通俗教育館）1938年被勒令改為「北平市新民教育館」，4000餘冊書報、300餘件陳列品被銷毀，因有人舉報館長和國民黨有瓜葛，1942年被迫停辦；1938年5月偽丹徒縣公署在范公橋原省民教館內設縣立民眾教育館，除以城區為基本施教區外，又以高資、大港、上黨分別為一、二、三推廣區；[92]句容民眾教育館1940年7月開館，館長由日偽警察局長兼任；[93]日偽開設的民眾教育館活動大多包括開辦少年日語班、成人日語班，而且在所有短期小學及各類職業班內部開設大量日語課，宣傳中日親善，對人民進行精神奴役，並要求由民眾教育館館長掛帥，組織檢查委員會，各部主任分工檢查各類圖書和小學課本，凡「妨礙中日親善，宣傳共產主義」，「有傷風化……妨礙少年意志，為國民政府或國民黨蔣介石宣傳者，一律焚毀或呈交」。在偽「冀東防共自治政府」的支持下，通縣縣立民眾教育館還專門成立了公共場所檢查委員會，訂定了冀東通縣公共娛樂場所檢查委員會檢查規則，規則規定：「凡本縣各公共娛樂場所，所有一切演映之戲劇、詞曲、電影片等，未經檢查委員會檢查核准發給許可證後不得映演。」[94]日偽政府主導下的民眾教育館採取了一系列措施，推進奴化教育。

由於種種原因，日偽民眾教育館的現存記載相對零落，偶見於一些當時館刊、地方誌、文史資料中。「縣城淪陷時

---

[92] 丹徒縣縣誌編纂委員會：《丹徒縣誌》，江蘇科技出版社，1993年。

[93] 熊紀虎：〈句容民眾教育館的演變與主要活動〉，江蘇省句容縣委員會文史資料研究委員會編寫：《句容文史資料 第7輯》，編者1989年自刊，第18頁。

[94] 鄭建山：〈日偽時期通縣的民眾教育館〉，《北京文史》2005(2)。

期，汪偽縣政府在城內設立嘉善特區中心民教館」[95]，「偽海門縣政府重辦民眾教育館，設於偽縣政府西隔壁，內設圖書室、乒乓室，定報刊數份，抗日戰爭勝利後停辦」[96]，中山縣1940年淪陷，原民眾教育館停止所有活動，1943年7月，日偽「為了緩和日華民族矛盾」，繼辦民眾教育館，館址設在林家祠，江文出任館長，後由偽縣政府第二科科長兼理館務。「每天公告牌和民眾壁報，宣揚『中日親善』、『大日本皇軍聖戰』、『大東亞共榮圈』之類美化侵略的殖民主義論調」。[97]

日本軍隊佔領遼北地區後，以「娛樂、教化」的名義，在各地相繼重辦、開辦了民眾教育館，1939年，法庫縣民眾教育館「奉命改設」，康平、昌圖、鐵嶺、開原、西豐等地民眾教育館也相繼「改換門庭」，這些民眾教育館遵循「養成協和民族之精神、瞭解親仁善鄰之真諦，除去自私自利之觀念，達到共存共榮之目的」。鐵嶺民眾教育館規模較大，除設在大凡河的主館外，還在新臺子和遼海屯設有分館，「積極向人民群眾灌輸種種『亡國有理』的反動文化」，其開展的主要活動如下：

(1) 新聞圖片展覽：主要展覽大東亞戰爭中日本戰利品、日本農民為「聖戰」而增產、儲蓄的圖片；

---

[95] 嘉善縣誌編纂委員會編寫：《嘉善縣誌》，三聯書店1995年版，871頁。

[96] 海門市地方誌編纂委員會編寫：《海門縣誌》，江蘇科學技術出版社1996年版，759頁。

[97] 李國瑞：〈漫說中山民眾教育館〉，廣東省中山委員會中山文史編輯部編：《中山文史 第43輯》，1998年自刊，第112頁。

(2) 時局講演會：由縣公署的偽官長和學校校長擔任
　　講演員，每天一小時，向民眾講演時局關係；

(3) 組建建國文庫：收藏「建國後在滿洲國內出版的
　　各類圖書」，全縣攤派，每戶一冊；

(4) 圖書雜誌閱覽：館內有各種新聞雜誌、小冊子、
　　畫報：如《滿洲新聞》、《滿洲報》、《滿洲日
　　日新聞》、《開原新聞》、《鐵嶺時報》、《新
　　滿洲》、《麒麟》、《華文大阪每日》等。[98]

　　當然，鐵嶺民眾教育館等也開展一些其他文化活動，如
掃除文盲、進行識字活動，開展棋類遊藝、禁煙宣傳，普
及衛生知識，這些活動和其他區域民眾教育館活動沒有太
大區別，也正因為有了這些「常態活動」，才使得日偽地區
的民眾教育館更具隱蔽性、欺騙性。奴化教育是日偽政府開
辦民眾教育館的主要意圖，一旦發現有「異樣」，不惜「錯
殺」甚至撤館。遷安縣1938年淪陷，1940年春，偽縣政府
恢復民眾教育館，「3月，因有人懷私怨，告發館長王自育
（國民黨員）與抗日政府縣長姜長民來往過密，王被日軍
關押，8月殺掉，民教館隨之消失」。[99]總之，民眾教育館
作為奴化教育的主要機構之一，是日偽整個教化宣傳的一部
分，在日偽統治地區起到了「用槍炮刺刀起不了的作用」。
抗戰勝利後，這類民眾教育館或自行消散，或被國民黨政府
所接收。

[98] 徐天欣：〈奴化遼北人民的文化機構：民眾教育館〉，遼寧省鐵嶺市文史資
　　料委員會編寫：《鐵嶺文史資料 第4輯》，編者1988年自刊，第81-85頁。
[99] 劉燁：〈遷安縣民眾教育館〉，河北省遷安縣委員會文史資料研究委員會
　　編：《遷安文史資料 第3輯》，1987年自刊，第24頁。

四、民眾教育館的地域差異性

從民眾教育館發展歷程來看，經歷了萌芽、發展、繁榮、衰落蛻變的發展階段，應該說不同階段的發展特徵便是民眾教育館的特徵，但實際上遠不止此。一方面，國民政府從奠都南京到1937年抗戰爆發之前，儘管中央政府一直在努力拓展實際控制範圍，但實際上難以擺脫長江下游部分省份為統治核心的政治格局，借助中央政府權力網路的民眾教育館難以在全國範圍內擴展，存在著「先天性的地域差異」；[100]另一方面，對於整個廣袤的中國領土來講，省市及特別區的行政劃分，以及省份內部的省市縣等建置形成了不同亞區，亦影響著民眾教育館的佈局。從共時性角度來分析民眾教育館的地域差異性，可能對全面瞭解民眾教育館有所幫助。

（一）民眾教育館的時空佈局

1、城鎮麇集，鄉村寥落

民眾教育館作為民眾教育運動的綜合機關，就教育對象來講，民眾教育館的設立初衷是面對全體民眾，包括了城市和鄉村。浙江、江蘇等民教發達省份，早在1930年前後就要求各縣市要注重設立鄉村民眾教育館，如浙江省1930年頒發的《各縣市實施民眾教育注意事項》，明確規定「各

---

[100] 古小水：《1927-1937年中國民眾教育研究——以江蘇為中心》，序言，南京大學2000屆博士學位論文，列印稿。

縣市至少應籌設民眾教育館一所，並量力增設鄉村民眾教育館」，次年，再次重申注意鄉村民眾教育館。教育部1932年頒發的《民眾教育館暫行規程》中，對民眾教育館處所位置，專門有「逐漸推至鄉村」的法規規定，一些省份也作出了種種努力，但就總體佈局來講，「無論量如何擴充，質如何進展，民眾教育館多趨向城市，輕視農村。」[101]1934年中華圖書館協會專門就全國範圍內民眾教育館的佈局作了調查，各省市的民眾教育館的分布大多集中在城鎮地區，具體到社會教育比較發達的江浙數省，這種亞區內的地域差異分布同樣明顯。

表2-3　全國各省市民眾教育館設置情況一覽表

地區	省市	名稱	地點
華北之部	北平市	北平市第一社會教育區民眾教育館	北平市地安門外鼓樓
	河北省	河北省省立保定民眾教育館	河北省保定蓮花書院
		河北省省立城市民眾教育館	河北省通縣
	河南省	河南省省立民眾教育館	河南開封中山市場
	山東省	山東省省立民眾教育館	山東省濟南市貢院
	青島市	青島市立民眾教育館	青市市朝城路7號
		青島市薛家島簡易民眾教育館	青島市薛家島
		青島市陰島簡易民眾教育館	青島市陰島
	山西省	山西省省立民眾教育館	山西省太原市上官巷東口
	陝西省	陝西省省立第一民眾教育館	西安市馬坊門
		長安縣立第一民眾教育館	西安市書院門
	甘肅省	甘肅省省立民眾教育館	甘肅省蘭州西大街
華中之部	江蘇省	南京市市立第一、二民眾教育	南京市
		江蘇省省立南京民眾教育館	南京市大眾橋公園路
		江蘇省省立鎮江民眾教育館	鎮江（縣文廟舊址）
		江蘇省鎮江第一民眾教育館區磨刀巷民眾教育館	鎮江磨刀巷
		江蘇省省立徐州民眾教育館	徐州
		江蘇省省立俞塘民眾教育館	上海俞塘

---

101 劉伯英，《民眾教育之過去與將來》，《新農村》第22期，1935-3。

	上海市	上海縣立民眾教育館	上海閔行路
		上海市立民眾教育館	上海文廟路
	浙江省	浙江省省立寧波民眾教育館	寧波
		浙江省立嘉興民眾教育館	嘉興
		浙江省立杭州民眾教育館	杭州市湖濱
		杭州市立第一民眾教育館	杭州市湖濱
		杭州市內第三民眾教育館	杭州市彭家埠
		杭州市立第四民眾教育館	杭州湖墅夾城巷
		杭州市立第五民眾教育館	杭州清泰門外華家橋
	安徽省	安徽省省立第一民眾教育館	安徽省安慶市
		安徽省省立第二民眾教育館	安徽省蕪湖市
		安徽省省立第三民眾教育館	安徽省蚌埠市
	江西省	江西省省立民眾教育館	江西省南昌市
	湖北省	湖北省省立實驗民眾教育館	湖北省武昌藍陵街
		湖北省漢口市立實驗民眾教育館	湖北省漢口觀音街
		湖北省立宜昌實驗民眾教育館	湖北省宜昌城內
	湖南省	湖南省立通俗教育館	湖南省長沙市理問街
		湖南長沙省立第一民眾教育館	湖南省長沙市先鋒廳標準鐘樓
	四川省	四川省成都市立通俗教育館	四川省成都市少城公園
		四川省重慶市立民眾教育館	四川省重慶天符廟
華南之部	福建省	福建省省立民眾教育館	福建省福州西湖公園
	廣東省	廣東省省立民眾教育館	廣東省廣州市中華北路
	廣西省	廣西省桂林市立民眾教育館	廣西省桂林市內
	雲南省	雲南省省立昆華民眾教育館	雲南省昆明市孔子廟
		雲南省昆明縣立民眾教育館	雲南省昆明市象眼街
	貴州省	—	—
	察哈爾省	察哈爾省省立民眾教育館	甘肅蘭州西大街
	綏遠省	綏遠省立民眾教育館	綏遠歸化大馬路
	寧夏省	—	—
	青海省	—	—

注：東北、西北部邊、吉、黑、熱等省均無民眾教育館。

資料來源：中華圖書館協會編：《全國圖書館及民眾教育館調查表》，中華圖書館協會1935年出版。

表2-4　浙江省各縣市民眾教育館分布一覽表

名稱	地址	名稱	地址
浙江省立民眾教育館	杭州西湖濱	武康縣立民眾教育館	城區館驛壇
省立民眾教育實驗學校附設實驗民眾教育館	杭州新民路	嵊縣區立裘莊民眾教育館	舊白鶴區上路西首
杭州市立第一民眾教育館	杭州眾安橋	海寧縣第三區區立民眾教育館	袁花東市
杭州市立第二民眾教育館	杭州彭家橋	海寧縣第四區區立民眾教育館	長安鎮
杭州市立第三民眾教育館	杭州江千	海寧縣第五區區立民眾教育館	斜橋鎮
杭州市立第四民眾教育館	杭州湖墅	余杭縣立民眾教育館	城內縣東街
杭縣縣立塘棲民眾教育館	第一區塘棲鎮	富陽縣立民眾教育館	舊文廟
杭縣縣立良渚民眾教育館	第二區良渚鎮	金華縣立民眾教育館	城內
海寧縣立民眾教育館	城東文廟	蘭溪縣立民眾教育館	東門外
海寧縣第二區區立民眾教育館	硤石鎮	東陽縣立民眾教育館	學宮東首
臨安縣立民眾教育館	臨安縣東門	義烏縣立民眾教育館	城內
於潛縣立民眾教育館	義會屋	永康縣立民眾教育館	城內
新登縣立民眾教育館	新登縣南門	武義縣立民眾教育館	城內
昌化縣立民眾教育館	昌化城內	浦江縣立民眾教育館	城內
嘉興縣立民眾教育館	嘉興城內	湯溪縣立民眾教育館	城內中山公園
孝豐縣立民眾教育館	孝豐城內	衢縣縣立民眾教育館	公園內
鄞縣縣立韓嶺民眾教育館	韓嶺鎮	龍遊縣立民眾教育館	城內
慈溪縣立民眾教育館	柳山廟	江山縣立民眾教育館	公園內
奉化縣立民眾教育館	奉化城內	常山縣立民眾教育館	城東
鎮海縣立民眾教育館	鎮海城內	開化縣立民眾教育館	教育局內
定海縣立民眾教育館	成仁祠	遂昌縣立民眾教育館	城內東鎮
象山縣立民眾教育館	文廟	遂昌縣第三區區立民眾教育館	第三區大拓鎮
南田縣立民眾教育館	樊嶴鎮	建德縣立民眾教育館	城內三元坊
余姚縣立民眾教育館	中山廳	淳安縣立民眾教育館	孔廟

上盧縣立中山民眾教育館	孔廟	桐盧縣立民眾教育館	城內公園
嘉善縣立民眾教育館	嘉善城內	遂安縣立民眾教育館	孔廟
海鹽縣立民眾教育館	海鹽城內	泰昌縣立民眾教育館	東門
崇德縣立民眾教育館	西寺前	分水縣立民眾教育館	縣城廢邑廟
平湖縣立民眾教育館	東門外	永嘉縣立民眾教育館	城內
桐鄉縣立民眾教育館	城內公園	里安縣立民眾教育館	城內學前
吳興縣立民眾教育館	縣城愛山路	樂清縣立民眾教育館	城內
吳興縣立南潯民眾教育館	南潯	平陽縣立民眾教育館	城內
長興縣立民眾教育館	邑廟	平陽縣北港區立民眾教育館	北港區
德清縣立民眾教育館	城內東街	泰順縣立民眾教育館	城內
紹興縣立民眾教育館	紹興城內	玉環縣立民眾教育館	文廟
蕭山縣立民眾教育館	河北鎮東倉弄	青田縣立民眾教育館	上店街
諸暨縣立民眾教育館	城內學前	麗水縣立民眾教育館	舊府前
嵊縣縣立民眾教育館	城內城隍廟	縉陽縣立民眾教育館	關帝廟
安吉縣立民眾教育館	文廟	松陽縣立民眾教育館	城關塘門
新昌縣立民眾教育館	縣政府內	溫嶺縣立民眾教育	城內
臨海縣立海門民眾教育館	海門天後宮	溫嶺區立澤國民眾教育館	澤國文昌閣
黃巖縣立民眾教育館	寺後巷	慶元縣立民眾教育館	—
天臺縣立民眾教育館	孔廟	雲鶴縣立民眾教育館	—
仙居縣立民眾教育館	城內	宣平縣立民眾教育館	城內
寧海縣立民眾教育館	城南	景寧縣立民眾教育館	城內
龍泉縣立民眾教育館	城東		

資料來源：《第一次中國教育年鑑》丙編 教育概況 第二 社會教育概況，
國民政府教育年鑑編纂委員會1936年出版，720-725頁。

從上表可知，民眾教育館在華中地區設立較多，其設立地點，大多在省會或水陸交通樞紐之地，而與鄉村直接銜接的鄉鎮，卻少有民眾教育館設置。如安徽省的三個省立民眾教育館分別在安慶、蕪湖和蚌埠；江蘇省五個省立民眾教育館分位於南京、鎮江、徐州，上海等地。縣市立民眾教育館分布情況也大體如此，如浙江省，僅杭州市就坐落著4個市

立民眾教育館，而處於城市等級體系底部的鄉鎮，民眾教育館數目寥寥。而具體到浙江省民眾教育館館址佈局，除去兩館不詳外，只有七所標注的是「某某鎮」，絕對多數坐落在城內。江蘇省同樣是這種狀況，1932年該省共有民眾教育館、農民教育館274所，地址設在鄉鎮的約有29個。[102]這種麇聚城鎮的分布狀態具有全國普遍性。

2、以政治為中心的傾斜性繁盛

正如前文所指出的，民眾教育作為借助國家「行政力」推動的改造運動，其中心機關——民眾教育館的佈局必然受「行政力」實質掌控的範圍所影響，出現了以政治為中心導向的傾斜性繁盛。在抗日戰爭爆發前，民眾教育館的繁盛僅限於國民政府統治的核心地區如江蘇、浙江、山東、河北、河南、安徽、江西等省份；隨著全面抗戰的爆發，國民政府西遷，政治中心也隨之轉移，不少原本偏遠地區呈現出「戰時繁榮」，民眾教育館亦隨之創設、發展。就全國各省市民眾教育館數目總體考察看，就分布地區來講，各地民眾教育館的發展極不平衡。江蘇、浙江、山東、河北、河南等省民眾教育館數量較多，經費相對充裕，與民眾教育館總的發展趨勢相一致。以1934年為例，江蘇省有民眾教育館279所，經費達865,524元，職員1316人，中部地區相對較少，如由閻錫山實際掌控的山西省僅有6所，職員25人；福建、遼寧

---

[102] 筆者以《第一次中國教育年鑒》丙編・教育概況中的統計為樣本，並結合當時江蘇行政劃分，以民眾教育館開設地址的標注為准，除去能確認以「某某鎮」作為命名，實則為城市的地域外（如上海縣民眾教育館設在閔行鎮，但閔行鎮卻不屬於鄉鎮），其他館址標為「某某鎮」便自然視為設在鄉鎮。由於資料所限，勢必會造成數目的不確切，但這種約數表述還是很大程度上反映了當時民眾教育館的大體佈局。

表2-5 各省市民眾教育館概況簡表（1932-1934）

地區	館數 1932	館數 1933	館數 1934	經費 1932	經費 1933	經費 1934	職員數 1932	職員數 1933	職員數 1934
江蘇	239	280	279	761,842	879,609	865,524	1,031	1,283	1,316
浙江	107	121	129	200,717	237,588	234,214	453	497	505
山東	108	100	104	364,395	400,202	351,867	571	550	490
河北	87	105	113	190,748	183,124	210,579	422	496	496
河南	87	91	95	113,694	136,655	137,929	248	290	281
安徽	57	63	60	162,542	169,207	155,470	256	284	263
湖南	26	27	23	63,644	66,569	86,831	70	74	84
江西	23	32	31	45,956	46,788	52,119	96	99	104
湖北	52	56	83	72,093	84,944	138,393	137	165	241
雲南	51	69	72	20,024	14,715	355,104	231	302	338
廣東	30	56	67	45,111	95,079	192,525	90	267	305
福建	20	24	27	69,752	81,754	50,682	126	140	148
四川	17	66	57	14,230	85,242	70,620	66	292	249
甘肅	12	15	14	6,451	13,184	21,313	36	41	39
陝西	5	13	19	4,836	89,100	39,524	15	79	78
山西	5	8	6	1,803	19,001	19,004	14	31	25
遼寧	1	1	1	3,004	3,004	3,004	4	4	4
吉林	10	10	10	27,938	27,938	27,938	44	44	44
黑龍江	1	3	3	7,886	7,886	7,886	12	12	12
熱河	5	5	5	2,905	2,905	2,905	12	12	12
察哈爾	23	23	25	28,394	21,265	25,042	63	63	64
南京	1	2	2	6,780	9,106	13,919	6	12	15
上海	1	1	2	24,540	24,540	27,815	22	22	47
北平	1	1	1	8,340	12,155	9,955	17	15	24
青島	1	3	4	9,644	16,839	18,804	13	24	22
廣西	31	57	—	81,396	208,114	—	121	309	—
綏遠	—	8	15	—	18,711	27,699	—	60	53
貴州	—	—	2	—	—	1,995	—	—	6
青海	—	—	—	—	—	—	—	—	—
新疆	—	—	—	—	—	—	—	—	—
西康	—	—	—	—	—	—	—	—	—
威海衛	—	—	—	—	—	—	—	—	—

資料來源：(1)教育部社會教育司編：《各年度全國社會教育概況》，商務
印書館1936年版；

(2)彭大銓編著：《民眾教育館》，《二十二年度各省市教育館
概況》，第19頁。

(3)教育部綜合統計室編：《中華民國二十三年度全國社會教育
統計》，上海商務印書館1939年版。

等地發展緩慢，吉林、黑龍江、熱河等省數年來民眾教育館的數目、經費、職員數一直處於「停滯不前」的狀態，而西北邊遠地區如青海、新疆等地則沒有民眾教育館設置。不難看出，民眾教育館「再造國民」、「復興民族」的努力實際上只能局限在一定區域，國民政府的政治權力格局先天性的決定了民眾教育館發展中存在著實際的「邊界」。

如表2-4所示，即便在社教發達的省份，不同亞區也存在地域差異，特別是省立民眾教育館，大多是設立在交通便利、人口麇聚的大城市，惟有政治需要可以打破這種佈局。1936年2月，浙江省為了在沿海辦「國防教育」，特設省立嘉興民眾教育館，館址設在平湖。該館成立了國防教育委員會，成員由蘇浙邊區主任公署、嘉興專員公署、嘉興縣政府、省立嘉興中學、秀州中學和省立民眾教育館共同組成，張發奎（駐軍首長）任主席，高乃同（館長）任總幹事。[103]

隨著國民政府中央政權掌控的範圍增大，民眾教育館這種傾斜性繁盛也隨之延伸。如1935年前後隨著四川、雲南等省政權真正統一於中央，兩地的民眾教育館數目大為增多。1934年，四川省政府教育廳制定了《四川省民眾教育館實施要點》，指示各市、縣根據本地城市人口、面積、經濟情況設立民眾教育館，但落到實處的不多。「1935年，國民黨中央政權正式延伸到四川地方，營山民眾教育館迅速設立，屬縣立二等館。」[104]據雲南省文化廳《地方誌》辦公室統計資料，至1935年，雲南有昆華、昭

[103] 殷白：〈憶嘉興民眾教育館〉，嘉興市政協文史資料委員會編寫：《嘉興市文史資料通訊 第18輯》，編者1997年自刊，第19頁。
[104] 〈四川省民眾教育事業的進展〉，《社教通訊》第6卷7期。

通、麗江、開化、楚雄和開遠6個省立民眾教育館，83個縣立民眾教育館，18個縣立自治區民眾教育館，大多為新近所增。

1937年抗日戰爭的全面爆發，中國大片領土淪陷，南京、上海、武漢相繼失守，國民政府被迫遷都重慶，大批工業和教育機構也隨之內遷，各省政府機關等遷移，不少省立民眾教育館也隨政府遷徙到城鎮，成為「流亡」民眾教育館。

> 省立處州民眾教育館原設麗水，1942年隨浙江省政府遷來雲和，館址設在城隍廟內，原縣館舊址（雲和縣立民眾教育館成立於1928年，此時已併入簡師）。……1945年抗戰勝利後，省政府遷回杭州，該館仍回麗水。[105]

> 1938年，省立襄陽民眾教育館遷到均縣縣城，均縣縣立民眾教育館隨即奉命遷到離縣城五十華里的草店鎮。1942年春，因抗戰局勢的變化，省立襄陽民眾教育館奉令撤銷，一切物品交由縣民眾教育館接管，縣民眾教育館接受後，由草店鎮遷回縣城。[106]

> 1938年武漢淪陷後，湖北省政府被迫撤遷鄂西，省立第一民眾教育館遷到建始城內，同時省社會教育工作

---

[105] 蘭榮清：〈憶省立處州民眾教育館〉，浙江省雲和縣委員會文史資料研究委員會編寫：《雲和文史資料 第2輯》，編者1986年自刊，38－39頁。

[106] 丁榮先：〈從抗日戰爭到解放的均縣民眾教育館〉，湖北省丹江口市委員會文史資料委員會編寫：《丹江口文史資料 第1輯》，出版時間不詳，170頁。

團第二隊也分駐建始，加上原有的建始縣立民眾教育館，一個小縣城內共有3個社會教育機構。[107]

　　隨著政治中心的變化，民眾教育館的時空分布有所變化。政府機關、人員的大量湧入，一些原本邊遠的地區變得繁華起來，開始設立民眾教育館，開展戰時民眾教育。如墨江縣立民眾教育館建館於1937年秋，館址設在縣城東的文廟裏，有館長一人（月薪12元），館員一人（8元），雜役一人（6元），經費由教育局撥給。[108]不少省市教育廳也迭發命令，要求每個專員公署所在地設立民眾教育館，經費由專員公署撥給，開展戰時教育。如貴州省立鎮遠民眾教育館、省立獨山民眾教育館、光澤縣立民眾教育館等，便是在此背景下設立的。

　　　　鎮遠歷來是黔東政治、經濟、文化的中心，是貴州省第一行政督察區委員公署駐地，1938年11月創建省立鎮遠民眾教育館，館址初借鎮遠縣黨部為臨時辦公處，後遷到秦晉會館，經費由省財政廳撥給。……1940年共有職員22人，生計部主任為李澤厚。1945年因財政拮据被裁撤。從建館到裁撤，正處於抗日戰爭時期，除開展文化、教育、體育活動外，積極進行抗日宣傳，起到了發動民眾的作用。[109]

[107] 鄒侍清：〈抗日戰爭建始民眾教育館的活動概況〉，鄂西自治州建始縣委員會文史資料研究委員會編寫：《建始文史資料 第1輯》，編者1987年自刊，83頁。
[108] 李連藻口述，王愚記錄：〈墨江民眾教育館雜記〉，墨江哈尼族自治區委員會編寫：《墨江文史資料選輯 第1輯》，編者1997年自刊，36頁。
[109] 肖魯黔、郭萍：〈民國時期的省立鎮遠民眾教育館〉，黔南苗族侗族自治

1937年秋成立的貴州省立獨山民眾教育館，便是因當時軍四分校特二團、團管區、高四分院等單位都遷到獨山，人口激增，迫切需要開展文教活動，便假文廟作為館址，在原有基礎上由省教育廳捐撥專款加以改建、擴充，成為獨山文化教育中心。該館1946年夏撤銷。[110]

抗戰期間，日寇傾動大軍南侵，南昌、福州相繼淪陷，兩地豪紳顯貴，工商業資本家、城市居民等紛紛遷避本縣，頓時間，光澤山城人口備增，機關、工廠、學校、商店林立，儼然繁華的戰時城鎮。為了搞好社會文化事業，廣泛開展抗日救亡的宣傳教育，向民眾灌輸「救國圖存」和「國家興亡，匹夫有責」的意義，揭露日本帝國主義的侵略罪行，激發民眾同仇敵愾的決心，特成立民眾教育館。開辦的事業有兩項，一是出版《光澤日報》，民眾教育館負責撰稿、審核、編排、印刷及出版；一是開設了平民招待所，「為適應戰時小山城來往人口激增的需要，本館在城內萬家祠堂設立平民招待所，內分商店、旅舍、食堂、澡堂4部，配備管理員、廚師各一人，工人二名，營業收入自負盈虧。」[111]

州委員會文史資料委員會編寫：《黔東南文史資料　第9輯》，編者1991年自刊，96頁。

[110] 周昌歧：〈貴州省立獨山民眾教育館〉，獨山縣政協文史資料研究委員會編寫：《獨山文史資料選輯　第5輯》，編者1986年自刊，117－118頁。

[111] 黃溥松：《抗戰時期的民眾教育館》，福建省光澤縣委員會文史資料編輯部編寫：《光澤文史資料　第4輯》，編者1985年自刊，33頁。

國民政府遷都重慶後，為了動員民眾，宣傳抗日，政府
整合多方面資源，推進該省社會教育事業的發展，如1940
年度教育部補助各省市民眾教育館設備費用共37,000元，
四川省各民眾教育館受資助總額為34,500元，占總經費的
93%。[112]該省教育廳積極回應中央號召，再次確立社會教育
的獨立地位。1941年，四川省社會教育行政從第三科中分
化出來，由省教育廳成立第四科專門掌管，下分設兩股，民
眾教育館事項歸第一股掌管。四川省內的民眾教育館獲得了
大的發展契機，實現了質的飛躍，達到了頂峰。

表2-6　抗戰時期四川民眾教育館設立情況（1938-1945）

年份＼級別	省立	縣立	私立	總計
1938	1	100	－	101
1939	1	122	－	123
1940	1	－	－	－
1941	1	129	1	131
1942	1	139	1	141
1943	1	143	1	145
1945	3	157	2	162

附注：表中資料涵蓋了四川省和重慶市兩個地區的統計，1940年除去省立
　　　的，其他沒有資料統計，1941-1943年資料不包括重慶市。
資料來源：中國第二歷史檔案館藏：《四川省社會教育視察報告及其他文
　　　　　件》，《抗戰時期四川民眾教育館設立情況》，5-11319-1（全
　　　　　宗號－案卷號－目錄號）。

　　四川省原有150縣2市，自甯、雅安兩地屬西康省，
重慶直轄中央後，尚轄134個縣1市，從表中顯示的資料來
看，整體上每年館的數量都是有所增加的，到了1942年幾
乎達到每縣都設立了一所民眾教育館，1945年抗戰勝利時
該省已有162所民眾教育館，說明這一時期民眾教育館的發

---

[112] 《行政院檔案》，中國第二歷史檔案館編：《中華民國史檔案資料彙編》第
　　5輯 第2編 教育（二），江蘇省古籍出版社1994年版，69-71頁。

展是相當的迅速。當然，這個時期依然存在著民眾教育館虆聚的情形，更多的是政治因素所致。如四川巴縣，在1940-1945年間，一縣內有五館並立：

　　全縣境內除去巴縣民眾教育館外，還有省立青木關實
　　驗民眾教育館（其間包括國民政府中央教育部直屬青
　　木關民眾教育館）、縣立木洞民眾教育館、縣立一品
　　民眾教育館和縣立石崗民眾教育館。五館並立，分為
　　三個等級，經費、人力、設備不一，但其任務是一致
　　的，當時五館實行劃片包乾，分域施教，共同擔負全
　　縣的社教工作。[113]

　　隨著抗戰勝利，各個機關回遷原址，正如貴州省立獨山民眾教育館的興衰所展示的那樣，「省立獨山民眾教育館之起迄，亦即抗日戰爭之起迄，故其活動多與抗日有關，它隨著人口驟增而興起，又隨日寇侵蝕一火而焚而衰頹，更隨著抗日戰爭結束後人口逐漸恢復原狀而結束。」[114]這種「戰時繁盛」的空間佈局又一次發生變化，但教育的影響是長久的，如省立贛縣民眾教育館雖於1945年裁撤，但該館主辦的贛州第一屆集團結婚（專員蔣經國作總證婚人，館長蔡智傳作為總介紹人）在當地一直傳為佳話，1945-1949年又先後舉行過8次之多，對當地婚俗影響不小，沒有因為館址的裁撤而銷聲匿跡。

[113] 陶海緒：〈巴縣民眾教育館芻考〉，四川省巴縣政協委員會文史資料委員會
　　編寫：《巴縣文史資料 第7輯》，編者1990年自刊，第41頁。
[114] 周昌岐：〈貴州省立獨山民眾教育館〉，獨山縣政協文史資料研究委員會編
　　寫：《獨山文史資料選輯 第5輯》，編者1986年自刊，第117－118頁。

（二）民眾教育館地域差異的原因分析

1、民眾教育館地域分布的政策性因素

　　1932年，教育部頒布《民眾教育館暫行規程》對民眾教育館的空間佈局作了明確規定：「省立民眾教育館隸屬於省教育廳，以在省會地方設置一所為原則；縣立民眾教育館先在縣城或在縣屬繁盛市鎮設立，逐漸推至鄉村，每縣得就本縣原有自治區域劃分民眾教育區，分設民眾教育館」。1939年頒布的《民眾教育館規程》中，對民眾教育館的空間佈局並沒有作太多改動，規定：「各省應依照現有行政督察專員區，或地形交通狀況，割分若干民眾教育輔導區，每區設省立民眾教育館一所，各縣應設縣立民眾教育館一所，以全縣為施教區域，人口眾多經費充裕地域遼闊之縣份，得依照現有自治區，或地形交通狀況，劃分若干民教育施教區，每區設縣立民眾教育館一所。」不難看出，從政府頒布的規程、法令來看，先天限定了民眾教育館「麇聚城鎮，鄉村寥落」地域差異。

　　為了使鄉村民眾受到普遍民眾教育，政府也規定了省市立民眾教育館、縣市民眾教育館的工作區域，要求其能兼顧轄區內的鄉村民眾需要。因為民眾教育館人手、經費有限等原因，他們大多局限於館舍附近的民眾，更多針對的是城鎮的民眾，不大容易能兼顧鄉村民眾。而且，對於政策規定的工作區域，也存在著許多實際上的困難，趙啟鳳通過江都縣民眾教育館的實際工作情形，對這種劃分工作效果提出質疑：「江蘇省現有600個自治區，每區平均面積約有575方

里，人口約有50000人，如用一館的力量來施教，無論如何總
會感覺範圍太大，不易活動，人數太多，不易普及的。」[115]
朱堅白進一步指出：「我們深感以前的民眾教育太狂妄，因
此太空虛，太浪費，月費一二百元，想把幾萬人口百方裏的
地方，造成烏托邦，結果年費數千元，改進不了一個民眾的
生活，得不到一個民眾的信仰。」[116]有鑒於此，江蘇省制定
了《江蘇各縣劃區推行民眾教育辦法大綱》，將基本施教區
的人口規定為200-500戶之間，並頒行民眾教育館及農民教
育館最低工作標準，但實效不大，「這個擔子未免太重，於
此，遂使我們不能不疑心這種劃一的方法，仍是一種『整齊
好玩』的理想主張，仍然是得不到什麼好的效果。」[117]

2、國民黨黨部與地方當權者尚存融合空間

　　從客觀上講，由於國民黨黨部與地方當權者之間存在著
一定的融合空間，政權尚未完全深入到鄉村之中，將民眾教
育館直接設置在鄉鎮，在操作上也存在一定的困難。如長安
縣民眾教育館遷往農村過程中，和鎮公所之間發生衝突就是
一個明顯地例證。

> 在我接任館長半個月內（長安民眾教育館1933年成立，
> 館址在縣城的公祠裏），每天平均僅有9位民眾來館閱
> 書看報，其中沒有一個婦女。鑒於全體職工終日消閒，
> 無事可做，我立即召開了館務擴大會議，邀請省民眾教

---

[115] 趙啟鳳：〈江蘇省各縣民眾教育館困難問題的商榷〉，《教育與民眾》第5卷
6期。

[116] 朱堅白：〈本館二十二年度計畫綱要〉，《民眾教育季刊》第2卷1號。

[117] 宗秉新：《江蘇民眾教育館》，江蘇省立鎮江民眾教育館1933年版，第28頁。

育委員會、縣教育局、縣政府代表參加。大家一致認為，「我縣民教館的實況是小花盆裏栽大樹，活不成，應該把館址立即從城市遷往農村，把教育送到農民家門口。」……縣黨部提出教育館職員一律入黨，民教館方能從城市遷往農村。在全體職員宣誓加入國民黨後，我率館遷到韋曲龍王廟。誰料韋曲鎮公所設在廟內，鎮長為人十分奸猾，他一方面唆使地方一夥巫婆滋生事端，把我們從龍王廟逼走，圍困在尼姑庵中，接著還上訴到長安地方法院，第二天就要開審；另一方面他又佯裝正人君子，邀請大家到長安某飯店設宴招待，提出不動爺廟神像為條件，謀求和解。我們認為暫時採取遷就的方式，不能和群眾鬧對立，便滿口答應。鎮長這才撤回官司，一場風波總算平息。[118]

館長楊興榮的回憶中，沒有直接提及民教館遷到農村後的工作開展情況，但他回憶遷到鄉村後館內後院大廳和外面明柱上，經常懸掛著一副對聯：

吾人現在即下決心，管他宣傳贊助，根除虛、空、假，填海底，削山頭，把大地打扁捶圓，播革命，種科學，請自我始；
我輩已經立定腳跟，任誰恥笑打罵，恢復真、正、實，寵鄉村，愛農民，送文化教育上門，掃愚笨，換窮骨，不讓人先。

[118] 楊興榮：〈長安民眾教育館工作三年記〉，長安縣委員會文史資料委員會編寫：《長安縣文史資料選輯 第4輯》，出版時間不詳，第54頁。

從該館長期懸掛的此副對聯，不難看出館務開展的窘狀，身處鄉村自然沒有什麼宣傳贊助，可能還會聽到他人的冷嘲熱諷，「恥笑打罵」，這些實際困難無形中阻礙了民眾教育館在鄉村設館。

3、地方當權者辦理民眾教育館態度

地方當權者是政府的政策意圖和政策結果之間的仲介，這一龐大的仲介群體執行政策的力度和態度是直接影響政策意圖和政策結果之間一致程度的關鍵因素。在國民政府中央政權「行政力」難以完全延伸到基層的民國時期，這一點表現的尤為明顯。從某種意義上講，儘管國民政府教育行政機關和各省教育廳一再頒布興辦民眾教育館各種規程、政策，有的縣市積極籌畫，竭力操辦；有的卻消極怠工，延宕推諉，（後文民眾教育館經費來源中將會涉及，不再贅述）地方當權者對社會教育的態度成了影響民眾教育館地域差異的重要因素之一。

地方當權者對民眾教育館態度背後隱藏著不同的辦館動機，人情和政治考量因素居多。如江蘇省武進縣，該縣除在城區建有民教館外，其他9個區也建立了民教館，並在第二、四、五、七、八區都增設一館，該縣共有民教館15個，其增設民眾教育館動機各異，鄉誼、人情以及裙帶關係等悄然隱身背後。

二區，1930年在卜戈橋舉辦民教館外，又於1932年增設夏溪民眾教育館，其原因是先當縣參議後任縣長的李渺世是夏溪鎮人。

四區，1930年先在小新橋建民教館，同年又在新閘鎮建館，而且全部新建公房由政府撥款，原因是當時武進縣教育局局長吳佩昆是新閘鎮人。

五區：先在橫山鎮建立了民教館，又於1932年在三河口增設一館，是當時國民黨武進縣黨部元老高柏楨的關係。

八區：先在潘家橋建立民教館，又因吳稚暉關係在雪撚橋增設民教館一所。[119]

除此之外，地區經濟發展程度的高低也是影響民眾教育館地域發展差異的重要因素。在那些經濟發達的地區像江蘇、浙江等省份，經費募集較易，經費充裕，易於聘請較多的合格職員，開展豐富的民眾教育事業。反之則處處掣肘，步步維艱，影響到人們設立民眾教育館的積極性。

總之，民眾教育館這種失衡的地域分布，和國民政府「行政力」控制範圍相吻合，是近代中國政治、經濟發展的不平衡以及時事局勢變化在民眾教育中的直接反映。南京國民政府用「強制性制度安排」了民眾教育館組織發展，但其政治權力格局先天性地決定了民眾教育館設立存在著實際「邊界」，也就是說，政府「強制性制度變遷」是造成民眾教育館地域差異分布最基本的原因。

按照韋伯的定義，國家是一種在某個給定地區內對合法實用強制性手段具有壟斷權的制度安排。國家的基本職能是提供法律和秩序，雖然它不能決定一個制度如何工作，但

---

[119] 徐駿：〈武進縣民眾教育館史〉，江蘇省武進縣委員會文史資料研究委員會編寫：《武進文史資料 第3輯》，編者1984年自刊。

它卻有權力「決定什麼樣的制度將存在」。基於推進民眾文化知識、政治能力和提升現代經濟生產力以及民風、民俗等新社會道德的養成，更是為了「與匪爭民」，南京國民政府選擇了用國家「行政力」來「強制性安排」民眾教育館的發展。強制性制度變遷方式的特點在於作為制度變遷行為主體的國家政權，可以按照自己的意願和政治目的選擇制度安排的形式、速度和規模，可以用權威資源動員更多力量參與，保障在資源匱乏的情況下優先發展。在二十世紀二三十年代的中國，政府選擇民眾教育館作為民眾教育運動的綜合機關，用國家政權來強力推進是「有限理性」的必然選擇。近代民眾教育運動的確憑藉這種力量，突破了同時期其他教育思潮屈居一隅的宿命，得以在全國推行，連邊遠地區新疆、雲貴等地也有民眾教育館等機構的創立，取得了一定的成績。

問題在於「強制性制度安排」自身的缺陷和弊端變成民眾教育館組織發展的「雙刃劍」，這種差別性制度安排以統治者的偏好和政府意願為基點，將民眾教育館發展成「管、教、養、衛」的綜合組織，實現國家對鄉村社會的統合和鄉村經濟秩序的控制，也正是政府的過度強制和有限理性，導致了民眾教育館一步步淪為獨裁政治和黨化教育的工具，社會上弱勢民眾的利益難以保證，普通民眾難以分享其帶來的各種收益，喪失了參與的熱情和動力。這樣，民眾教育館缺少了被教育對象的「制度認同」，缺失了民眾的自覺自動，最終導致「喚起民眾」的民眾教育運動流於形式和口號。這實際上是國民政府所強制實施民眾教育館制度安排的最大制度缺陷。

第三章
民眾教育館的內部管理

　　在政府「強制性制度安排」下的各級民眾教育館，實際上已成為了地方事業單位。法令明確了民眾教育館的經費來源、館內機構設置以及館長、館員的任職資格、遴選等，民眾教育館的管理納入了政府行政管理體系。同時，民眾教育館作為民眾教育的綜合機關，屬於教育機構，其內部管理和學制內的學校管理有不少相同之處。當然，由於民眾教育館存在著巨大的地域差異性，即便同一省市，也會因行政部門的推行力度而有所差異。如此，儘管有《民眾教育館規程》等相關法令的統一要求，但各地民眾教育館的內部管理仍不盡相同，多有參差。

一、經費來源與分配支出

（一）經費來源

　　兵法有云：「兵馬未動，糧草先行。」物質保障在事業開辦中的地位不言而喻，對於社會教育尤為如此。《世界日報》專門發表社評，來講明社會教育經費的重要性：「社教不比學校教育有一定的範圍，應根本求其普遍化，只有普遍的推行，才能收教育的效果。普遍化的先決條件，端在人力

與財力，而財力又為人力問題的先決條件，因為沒有充分的社教經費，就不能設立多數社教機關；機關不多，社教師資難多，亦無充分容納的餘地。故我們認為推行社教，應首先解決經費問題。」[1]

1929年8月，教育部第848號訓令中明確指出：「自十八年度起，社會教育經費，應切實執行，占全教育經費百分之十至二十。」從法令上規定了社會教育經費來源於教育總經費，換句話講，教育經費的總投入直接影響到社會教育經費的多寡。民眾教育館作為社會教育的中心機關，其經費來源自然由社會教育經費中開支。社會教育經費作為教育經費的一種，分中央、省、市三個級別，在教育總經費中佔據不同比例。就全國範圍來講，據1934年統計，社會教育經費占全部教育經費的比例，中央、省市、縣市分別為3.44%、6.38%，8.33%。[2]因此要瞭解民眾教育館經費來源和分配，必須先瞭解社會教育經費的來源和分配，整個教育經費來源便成為討論這個問題的前提。

1、教育經費來源

1929年《地方教育經費保障辦法》頒布之後，教育經費的半獨立制和形式獨立制[3]相結合的方式被很多省市所採用。以江蘇省最具代表性，省市一級教育經費制度採用半獨

---

[1] 〈充實社教經費〉，《世界日報》，1936-12-26
[2] 教育部統計室：《二十二、二十三年度全國教育教育經費統計》，表五一八、三十三、三十四，商務印書館1937年出版。
[3] 教育經費半獨立制：是由政府規定稅率，教育部門自行編定預算並自行組織機關、自行徵收，自行發放教育經費的制度辦法。教育經費形式獨立制度：是教育經費徵收和發放權力分開，由政府制定稅源、稅率，教育部門在收入範圍內自編預算；發放權力歸教育部門，而徵收權力仍歸政府，教育部門在收入期或需要時間向徵收處結算索額。

立制，而縣市教育經費採取形式獨立制，因這一舉措既有利於教育發展又不妨礙政府行政的完整性，其他省份相繼效仿。從全國範圍來看，儘管省市和縣的教育經費核算有所差異，來源不盡相同，但近代中國作為一個農業經濟國家，不管省市縣庫款，還是縣市一級的田賦及附加稅，農業稅收都是教育經費的主要來源。

從表3-1中可以看出，省市教育經費來源以庫款為大宗，「統收統支」的財政政策，一定程度上保障了各省立民眾教育館的經費來源。表3-2表明江浙社會教育先進省的縣市一級的教育經費來源同樣以田賦附稅和畝捐為大宗，但由於縣教育經費採用的是「形式獨立制」，難以避免教育經費被挪作他用的弊端，而開辦、維持縣立民眾教育館所需要的

表3-1 地方歲入教育經費的來源一覽表

（單位：國幣元）

來源＼年份／級別／數量	二十二年度		二十三年度	
	省市	縣市	省市	縣市
省市縣庫款	23,457546	3,598,907	25,168,483	3,905,800
田賦及附加稅	2,822,250	10,743,570	2,823,342	11,920,434
屠宰及牙帖稅	1,685,482	173,838	1,785,482	162,085
契稅營業稅及雜稅收入	2,892,704	6,834,330	3,992,021	2,618,093
基金及學產租息	2,151,789	3,145,427	2,094,634	3,054,884
學宿費	526,406	62,485	506,299	48,042
地方行政收入	308,084	1,059,228	205,684	957,837
捐助款及鄉村自籌經費		839,917		2,108,389
其他收入及臨時捐款	141,305	730,825	280,499	449,573
總計	33,985,566	27,188,525	36,826,444	25,225,137

資料來源：教育部統計室：《二十二、二十三年度全國教育教育經費統計》，表九、十、三十五、三十六，商務印書館1937年出版。

表3-2　江蘇、浙江兩省縣市教育經費來源一覽表

（單位：國幣元）

省份 數量及比例 來源	江蘇省		浙江省	
	實數	百分比	實數	百分比
田賦附稅	2,256,364	20.01%	1,999,000	69.87%
畝捐	5,344,211	47.41%	—	—
屠宰牙契等附稅	502.002	4.45%	—	—
學產	987,572	8.76%	260.000	9.12%
雜捐	873,683	7.82%	350,000	12.28%
款息	56,810	0.50%	63.000	2.21%
行政收入	1,030,636	9.14%	—	—
寄附金	126.604	1.12%	—	—
臨時收入	94,187	0.82%	—	—
指撥	—	—	135.000	4.74%
其他	—	—	50.000	1.75%
總計	11,272,069	100%	2,848,000	100%

注：田賦附稅是指附加到正稅的稅收；畝捐即指八分畝捐；屠宰牙契等附
　　稅是屠宰稅、牙帖稅及契稅；學產是指歸學校所有或專用作發展地區
　　教育的田產、房產出租後的收入；雜捐指征自商號、貨物等，包括牛
　　馬捐、柴捐、公益捐等五六十種名目繁多的捐稅；款息是指往年公款
　　積存生息所得；行政收入是指學生繳納的各種學雜費；寄附金是政府
　　機關補助或私人捐助的款項。
資料來源：甘豫源編著：《縣教育行政》，上海正中書局1936年出版，
　　　　　147頁。

經費來源於縣教育經費；而就民眾教育館建制上講，省立民
眾教育館寥寥無幾，大部分都是縣立民眾教育館，大部分的
民眾教育工作由縣立民眾教育館負擔，因此，縣立民眾教育
館經費問題備受關注。

　　國民政府成立後，教育經費嚴重短缺並沒有得到基本
改善，這種狀況一直持續到1933年，隨著國內政局的漸趨
穩定與教育部權威的逐步確立，在中央與地方分工合作下，
教育經費的總體狀況才有所好轉。不過，教育文化經費在國

內預算總額中所占份額仍是微不足道，投入最大的1936年為4.48%，這與憲法草案關於教育經費在中央預算中最低限度須達15%的規定相去甚遠。[4]而隨著戰爭爆發，國家財政支出更多地轉向軍事支出，1938年便銳減為2.12%，1939年為2.31%，1942年為2.12%，始終沒有突破3%。由於戰亂災荒頻仍、國際競爭等原因，中國的農村經濟進步緩慢，部分地區甚至面臨破產境地，如果不通過提高田賦附稅的稅率，則幾乎無法增加收入，而改變稅率，就像江蘇實施的「八畝分捐」那樣，會使原本生活貧困的農民雪上加霜，更難以分出錢物來投入農業生產，形成了惡性循環。教育經費的大頭來源於田賦附加稅的現實，在廣大農民絕對貧困化的境況下，使得教費托欠，預算遠逾實收的現象極為普遍。

2、民眾教育館經費來源

民國時期民眾教育館經費主要來源於社會教育經費，採取分級承擔的形式，省市立民眾教育館由省財政撥款，縣市立（包含區立、鎮立等）民眾教育館由縣財政或其他方式負擔。從民眾教育館實際辦館情形來看，民眾教育館的經費來源大體有四類：政府撥款、當地自籌、社會人士捐助（不包括私人出資設立的私立民眾教育館）、民眾教育館自籌等。比較來講，省市立民眾教育館經費來源相對單一，基本以政府撥款為主；縣市立民眾教育館經費來源則比較複雜，多渠道籌措經費和多種形式並存。

政府撥款是民眾教育館經費的主要來源。政府對民眾教育館的撥款數額與整個教育經費多寡有關，其對民眾教育館

[4] 原春暉著：《中國近代教育方略》，臺北中正書局1963年版，第343頁。

的定位也是影響因素之一。中央政府為了推進社會教育事業，迭發章程，1930年對地方政府規定，「增籌社會教育經費，務期達到各省市教育經費總數10%-20%之標準」，1933年4月再次以第3624號訓令重申1929年規定，並要求增加社會教育經費的比例，「社會教育經費尚未達到規定標準各省市，在編制二十二年度新預算以前，務須切實增籌，期能達到規定標準。其達標準成數者，嗣後新增之教育經費，社會教育經費在該項新增之教費，所占成數，在省市至少應為百分之三十，在各縣市應為百分之三十五。」從總體情況來看，社會教育經費支出隨教育經費好轉而有所提高。

三十年代，中央政府沒有對社會教育經費分配比例作明確規定，但教育部《民眾教育館暫行規程》第一條規定「各省市及縣市應分別設立民眾教育館，為實施社會教育之中心機關」，民眾教育館與其他單一的社教機關（如民眾學校、民眾閱報處等）相比，其經費投入明顯占了先機。如1933年政府對民眾教育館的經費投入達到2,905,144元，居各種社會教育事業經費之首。根據部令要求，各省份也對民眾教育館的經費投入作了政策性的傾斜，如河北省教育廳頒布的《河北省各縣設立民眾教育館辦法》第九條中明確規定：「各縣應遵照部定標準，以全縣教育經費百分之十至二十為社會教育經費，而以其十分之六，為設立縣城民眾教育館及設立或補助各鄉鎮民眾教育館經費之用。」教育部統計1928-1934年的各社會教育事業經費分配比例很好地說明了這一傾向。

表3-3　社會教育事業數量、經費比較表（1928-1933）

年度	民眾學校		民眾教育館		民眾閱報處		通俗講演所	
	數量	經費	數量	經費	數量	經費	數量	經費
1928	6,708	11,682	185	468,806	1,402	102,350	551	307,635
1929	28,383	1,385,262	386	753,792	9,518	283,370	2,708	441,030
1930	29,302	1,700,494	645	1,583,166	12,949	330,549	2,308	300,485
1931	31,293	1,976,524	900	1,925,227	14,461	362,600	2,234	261,090
1932	34,141	2,000,567	1,003	2,338,645	15,611	309,759	1,479	203,398
1933	36,929	1,975,747	1,249	2,905,144	18,754	334,429	1,634	154,705

說明：教育部1929年通令蒙藏籌辦社會教育令中有「查社會教育之主要設
　　　施，為識字運動、民眾學校、民眾教育館、民眾閱報處及通俗講演
　　　所等」等言，故筆者選取民眾學校、民眾教育館、民眾閱報處即通
　　　俗講演所的六年變化來加以比較，可以代表民眾教育事業的大概。
資料來源：馬宗榮：《社會教育綱要》，《六年來全國社會教育事業數量
　　　　　比較表》，《六年來全國社會教育事業經費比較表》，商務印
　　　　　書館1937年3月版，154-161頁。

　　為了更好推進民眾教育館的建設，不少省份還專門劃
定專門捐稅作為民眾教育館的費用來源，如江蘇1927年推
行「八分畝捐」[5]，啟徵該捐成為了江蘇省各縣市民眾教育
館發展的轉捩點。在啟徵以前，江蘇各縣的社會教育經費
總數，每年僅有13萬，每縣平均不到2千元，自1927年啟征
後，經費則增至140餘萬，幾乎增加10倍之多。江蘇省民眾
教育亦因「普教畝捐中，指定三成為社教之用，驟然勃興
了。」[6]該省於1929年度還指定全省箔類特稅的75%充作各
縣辦理農民教育館的經費。在整個民眾教育系統中，縣市立
民眾教育館佔據絕對多的數量。正是因為「八分畝捐」保障
了江蘇省各縣民眾教育館的經費來源，到了1932年，除去8
所省市立民眾教育館外，大量縣立民眾教育館開設，江蘇省

---

[5]　八分畝捐：始行於1927年，是稅率每畝加徵大洋八分，專門用作普及教育事
　　業，又稱為普教畝捐，其中30%用作縣級民眾教育經費。
[6]　鄧傳：〈江蘇地方教育之史發展〉，《江蘇教育月刊》第1卷3、4期合刊。

民眾教育館總數達到239所。河北省各縣也有類似規定，曾指定果稅房捐為民眾教育館經費來源，「補社會教育經費之不足」，該省民眾教育館館數增幅不小。

隨著民眾教育館事業的開展，這種「只論級別」的「均貧富」的經費分配遭到猛烈抨擊。有鑒於此，1935年2月教育部對《民眾教育館暫行規程》作了修正，要求各省市、縣市對民眾教育館做相應等級劃分，按級下撥經費。浙江省、江蘇省教育廳率先作出回應。3月份，浙江省頒布《浙江省各縣市民眾教育館工作標準》，規定：「（1）全年經常費在三千元以上者為甲等；（2）全年經常費在一千五百元至三千元者為乙等；（3）全年經常費在一千五百元以下者為丙等。」6月江蘇省教育廳頒發《江蘇省各縣縣立民眾教育館組織暫行規程》把等級擴大為4個級別，第三條規定：「各縣民眾教育館之多寡，分為下列四等，（1）全年經費在三千元以上者為甲等；（2）全年經常費在二千元以上，不滿三千元者為乙等；（3）全年經常費在一千二百元以上，不滿二千元者為丙等；（4）全年經費不滿一千二百元者為丁等。」江蘇省還同時頒發《江蘇省各縣民眾教育逐漸發展辦法》，涉及到民眾教育館經費有三條，對民眾教育館經費投入、分配作了詳細規定[7]，以期能獲得最大的經費效率。江蘇省這種劃分辦法，不少省份結合本省情況修訂後沿用[8]，影響範圍較大。

---

[7] 第一條：各縣民眾教育之中心機關（民眾教育館），尚未完全設立者，其原有各館之經費，不足二千元者暫不增加，應儘先設法將中心機關完全設立；第二條：各縣民眾教育區之中心機關，如已完全設立者，其原有經費不足二千元者，應逐年設法補足二千元；第三條：各縣已設立中心機關，其經費在四千元以上者，應規定設立分館，或增設施教區。

[8] 如廣東省教育廳結合「新縣制」，於1939年頒佈《廣東省各縣市民眾教育館

表3-4　全國民眾教育館經費平均數一覽表（1929-1936）

年度	機關數	經費數	每機關平均數
十八年度	386	753,793	1,952.8
十九年度	645	1,583,166	2,454.4
二十年度	900	1,925,227	2,139.1
二十一年度	1,003	2,338,645	2,331.6
二十二年度	1,249	2,905,244	2,326.0
二十三年度	1,149	3,146,282	2,739.0
二十四年度	1,397	3,310,618	2,369.7
二十五年度	1,612	3,364,433	2,087.4

資料來源：彭大銓編著：《民眾教育館》，重慶 正中書局1941年版，36-37頁。

　　從表中可以看出，在抗戰爆發前，就全國平均水平來講，民眾教育館每年經費數，平均約在2000元左右。當然，由於各省市經濟發展存在著很大差異，社會教育經費落實情況不同，具體到各省市民眾教育館的經費情況也各有參差。1932年，僅有江蘇、浙江、福建、青島和威海等五省市區達到了部定社會教育經費標準，到了1935年，廣西、湖南、陝西、天津、漢口、河南、南京、湖北和綏遠等省市進入達標省份。伴隨著社會教育經費增加，相應省份的民眾教育館數量也呈正比例增長。

　　1937年抗戰全面爆發，政府將社會教育納入戰時教育體系，為培植民眾「抗戰建國」意識，大力推行失學民眾補習教育、播音教育和電化教育，在1937-1946年期間，中央每年均劃撥專款，社會教育事業經費數量上有所增加。40

實施標準》中第三條規定：各縣市立民眾教育館，依各縣等級分為甲、乙、丙、丁四級，一等縣為甲級，二等縣為乙級，三等縣為丙級，特三等縣為丁級，各市局暫由各市局自行比照縣之等級訂定之。第十條規定：各縣市立民眾教育館，每年經費，不得少於左列規定，甲級二千四百（國幣元），乙級一千八百元，丙級一千二百元，丁級八百四十元。

年代初期，教育部結合「新縣制」，要求各省市、縣市民眾教育館以甲、乙、丙、丁四個級別來劃撥、一定程度上保障民眾教育館經費。

表3-5　中央社會教育事業經費數統計表（1937-1947）

年度	經費數（元）	年度	經費數（元）
二十六年度	2,247,217	三十二年度	19,447,208
二十七年度	808,373*	三十三年度	33,718,303
二十八年度	20,936,546	三十四年度	71,178,270
二十九年度	2,907,452	三十五年度	451,559,710
三十年度	3,512,456	三十六年度	1,444,250,000
三十一年度	8,555,403		

*二十九年度經費劃撥進行改革，從年劃撥改為7-12月份經費。
資料來源：《第二次中國教育年鑒第14編 教育統計》，1947年版。

從數字上看，除去1938-1941年，其他年度中央劃撥社會教育經費有大副增長，特別是1944-1947年期間，漲幅更為明顯，從1944年的33,718,303元增至1947年的1,444,250,000元。需要指出的是，這個時期通貨膨脹嚴重，實際上此時的社會教育經費的實際支配力反不如前。如1935年設立的營山民眾教育館作為二級館，全年經費6000多元（包括職工薪金），在成立初期直至抗戰期間，「應該說還是開展了一些提倡『新生活』、宣傳國難、喚起民眾、開辦民眾識字教育等實際工作。抗戰結束後，法幣不斷貶值，（6000元）其時已不值幾文，後改為按官價撥糧，實際上只夠應付日常事務和買些筆墨紙張。」[9]這種情況很普遍。

由於邊疆建設的需要，40年代初期，國民政府特令這些地區的民眾教育館的經費可由政府的邊疆教育特殊支出中

---

[9]　王定華：〈營山民眾教育館的最後兩年〉，四川省營山政協文史工作委員會編：《營山文史資料 第21輯》，編者1993年自刊，第85頁。

支付，如1941年四川省的藏族、羌族地區的理縣、懋功、
汶川三縣先後成立了民眾教育館，各有職員6人，年經費2
萬元左右，便是來自政府撥付的邊疆教育經費。

從民眾教育館經費主要來源的政府撥款來看，國民政
府延續了清末新政以來「教育國家化」的發展趨勢，加強了
政府辦社會教育的力度，社會教育經費納入到財政保障的範
圍，公共資源逐漸向基層社會流動。民眾教育館經費來源的
發展，體現了國民政府在構建民族國家過程中不斷增加的現
代性。

亟需指出的是，由於社會傳統心理等因素，儘管中央
政府三令五申學校教育和社會教育同等重要，但大多地方政
府很難真正落實、保證教育部所規定的社會教育經費，「現
在注重教育的人只曉得拼命的把全力用在正式教育，分小小
餘力，敷衍民眾教育」。[10]「每見若干縣裏民眾教育館的經
費，猶不及縣屬一個中心學校經費之半數。僅為一名義上的
點綴品，甚難望其事業之發展。」[11]1934年各省市財政支出
中社會教育經費占教育總經費平均比例為8.33%，這個平均
數掩蓋了巨大的地區差異，如江蘇為14.05%，但甘肅等邊
遠地區尚不足1%；且在同一省份，省市和縣市的社會教育
經費比例亦有很大差異，如廣西省，省市社會教育經費占總
經費比例為22.30%，縣市社會教育占教育經費的3.2%。[12]
加上各地以社會教育為「附帶事業」，縣市挪移、克扣社會

[10] 高柳橋：〈中國民眾教育運動的透視〉，《教育與民眾》第11卷1、2期合
    刊，1946。
[11] 陳禮江：〈抗戰十年來中國的社會教育〉，《中華教育界》復刊第1卷3期，
    1947。
[12] 教育部社會教育司：《各省縣市二十三年度社會教育經費順序表一覽表》，
    1934年單行本。

教育經費事件屢見不鮮，「不少地方多有挪移學款漠視教育情事，使民眾教育館經費枯竭，一切工作無多表現。」[13]江蘇省教育廳鑒於各縣教育局對「八分畝捐」挪用或抵借他款嚴重，特別是投向社教經費的30%那部分情況更是糟糕，教育廳再三聲明：「一經查明應嚴予懲處，其擅自動用之款，應完全由該縣長或局長私人負責賠償」。儘管教育廳力度很大，一些教育局長因此被免職，但「許多教育局長，預備一走了之，陽奉陰違，還是很多呢！」[14]挪用社教經費現象相當普遍。

農業稅收作為教育經費的主要來源，田賦收入的增減直接影響到教育經費的投入。當遭遇天災人禍，田賦收入減少時，社會教育經費首當其衝受到消減，各級政府必將以壓縮和減低社會教育經費來滿足學校教育經費的匱乏，1934年江蘇省大部分地區發生旱災，田賦減少，不少地方民眾教育發展受到影響。「宜興原有農民教育館4處，今年以旱災關係，收縮了2處。其他各縣，以災重而收縮社教事業者亦甚多」。[15]無獨有偶，在遭受洪澇災害之時，一些省立民眾教育館也開始出現經費之虞，1941年7月，湖南長沙省立民眾教育館館長魏際昌便因「查本縣去歲歉收，今夏雨水失調……經費無著，館務勢將中斷」為由，懇迅賜救濟並請辭館長一職。[16]在這種情況下，社會教育經費因各省市撥款時「折扣支付」而捉襟見肘，挪用、擠佔現象「見怪不怪」，

13 陳禮江：〈建設中的中國社會教育系統及現階段的民眾教育事業〉，《教育與民眾》第8卷2期。
14 甘導伯：〈八分畝捐〉，《教育與民眾》第1卷2號，1929-6。
15 朱若溪：〈災荒聲中之民眾教育評價〉，《教育與民眾》第6卷第4期。
16 湖南省教育廳：〈長沙民教館人事任免材料〉，湖南省檔案館藏，59-3-24（全宗號－目錄號－案卷號），1938-1949。

這種情況構成了民國社會教育財政的基本格局，「城門失火，殃及池魚」，民眾教育館經費自然受到波及，「竭蹶困難可想而知」[17]，分配到縣立或區立民眾教育館的經費極少，即便有抱負的館長或主管人員也難施展才華。如江蘇某縣立農民教育館全年經費為59元，僅夠開支一個兼任職員的菲薄薪金。[18]甚至有些民眾教育館毫無經費，如西康寧東設治局民眾教育館，「其職員概由局內職員無給兼任，……但設備不充，顧意中事耳。」[19]影響到事業的有效開展。

《民眾教育館規程》中規定，「地方自治機關或私人亦得設立民眾教育館」，辦館主體自然提供民眾教育館的主要經費。加上社會教育經費的不足，不少地區民眾教育館不得不多開源頭獲取經費。地方自籌和社會人士捐助、民眾教育館自營等也是民眾教育館經費的來源之一。

民眾教育館的經費地方自籌主要表現為多方籌措、挪借其他事業經費，包括廟產、林產、賭場收入、剿匪收入等，出資主體五花八門。如設在甘肅省甘南藏族地區的拉卜楞民眾教育館是由中英庚款董事會、甘肅科學館和西北防疫處三家合辦，經費由他們共同承擔。將廟產、田租作為民眾教育館經費來源的也有不少，1936年春，「湅山民眾教育館在城隍廟舊址成立，廟產作為經費，報縣教育備案。」[20]龍潭

---

17 黃競白：〈五年來的民眾教育館〉，《教育與民眾》第5卷8期。
18 趙啟鳳：〈江蘇省各縣民眾教育館困難問題的商權〉，《教育與民眾》第5卷6期。
19 〈程其保報告西康省社會教育實施概況〉，中國第二歷史檔案館編：《中華民國史檔案資料彙編》第5輯 第二編 教育（二），江蘇省古籍出版社1996年版，第72頁。
20 胡信傳、馬忠英：〈湅山民眾教育館始末〉，湅山委員會文史資料研究委員會編寫：《湅山文史資料 第2輯》，出版時間不詳，第50頁。

民眾教育館假江西會館為館址，除接受縣「私立平民學校」校產外，（縣府）還在各庵院和幼嬰堂公產中提拔一部分增益，共有田租二百余石，地方富裕戶也捐錢捐物，作為開辦之需。[21]永川五間鎮民眾教育館的開辦經費是來自四所廟的聯合廟產；開遠縣立民眾教育館的主要經費來自「蔣子孝收繳匪產後撥給的約133畝田租」等，不一而足。

> 1937年前，永川五間鎮「崇善堂」（包括張爺廟、南華宮、關聖殿和禹王廟）擁有土地200多畝，每年向租戶收租穀200餘石，這筆收入由該堂執事人羅伯麟掌握，……入多出少，眼目從不公開，飽其私囊，引起群眾不滿。當地青年教師鑒於城關、松溉、來蘇、陳食等鎮均有民眾教育館之設，開展文化活動，進行抗日宣傳，意義頗大，乃倡議以「崇善堂」收入移作創辦五間民眾教育館之經費。……幾經周旋，新派推出籌辦建館人選，五間小學教師黃寅燦兼任館長，黃系羅伯麟女婿，礙于戚誼，未再作梗，1938年五間民眾教育館成立，縣政府頒發「永川縣五間鎮民眾教育館」公章一枚，任命黃寅燦為館長，崇善堂收入作為民眾教育館辦館經費，館名吊牌是國民黨主席林森寫的，並署名其上。[22]

[21] 張明齋：〈憶龍潭民眾教育館〉，湖南省漵浦縣委員會文史資料研究委員會編寫：《漵浦文史 第3輯》，編者1989年自刊，第193頁。

[22] 賀修海：〈黃燦寅創辦的五間鎮民眾教育館〉，四川省永川縣委員會文史資料委員會編寫：《永川文史資料選輯 第5輯，編者1989年自刊，191頁。

開遠縣立民眾教育館自建館（1930年創辦）至解放的
二十餘年間，一直沒有固定而可靠的經費來源，其賴
於支撐活動的，是蔣子孝收繳匪產後撥給的約133畝
田租及民間捐助的少許田租。[23]

1943年籌建的烈面鄉民眾教育館經費來源更為獨特，
來自於哥老會和賭場收入：

當地鑒於民眾教育館在社會教育中的重要地位，……
四個哥老會的當事人，分出一部分抽頭錢，並將艾營
長所得紅寶賭場的收益，全部出讓作修建民眾教育館
的經費。在籌建過程中，由鄉長領頭設計、建築，收
支經費。由周肇濮具體負責，最煩難和費時最多的
是頭錢的清點和費用的開支：每逢場期收賭後，到天
黑時才由賭場送來一大堆法幣，周及其妻每晚清點錢
數，補爛票子常工作至午夜。有時款不濟急，又主動
墊支。館址設在觀音閣廢址，因經費支絀，原材料短
缺，時停時續，從開始到完工，歷時三年有半，1947
年底才告竣工。造成三層的磚石樓房一幢，上層大廳
一間，下兩層共6間，館內有木椅40張，長條桌3張，
辦公室的桌子、木椅、床鋪若干件，書籍有二十四史
及其文藝、專刊、圖表數百冊，訂有《中央日報》、
《新蜀報》等各種報紙。[24]

---

[23] 曹定安：〈民國時期的開遠縣立民眾教育館活動情況〉，雲南省開遠市委員
會文史資料委員會編寫：《開遠市文史資料選輯 第4輯》，出版時間不詳，
126頁。
[24] 陳康：〈烈面鄉民眾教育館創建始末〉，政協武勝縣委員會文史工作委員會

中國歷來有「捐資助教」的傳統，而作為「鄉誼社會」，為家鄉民眾教育館的開辦捐獻力量，便成為一些有能力的社會通達自然之舉。江蘇省俞塘私立民眾教育館是國民黨元老鈕永建在家鄉創辦；中山民眾教育館開辦新項目時每每同當地商會商量，以便能贏得商會知名人士的捐款捐物，擴大民眾教育館的活動經費來源；[25]光澤縣民眾教育館經費不足之處，由當時民生農村工業社、火柴廠、染料廠等單位，每月資助數十元。[26]一些縣立民眾教育館開辦費不多或無著，也多多尋找鄉誼的助力，借助政府和地方鄉紳、寺廟等力量，得以開辦，雲南大關縣立民眾教育館、麗江民眾教育館圖書部的經費大概來源於此。

> 1929年11月，國民黨要員鈕永建在其故里俞塘籌辦私立民眾教育館，所需經費，由鈕永建捐助，省教育廳補助。次年5月開館，聘請俞慶棠為董事長，高錢四、鈕長耀為正、副館長。該館有地20餘畝，房屋18間，經過社會各級捐助，到1933年，分館、專館有館舍200餘間（含借用）、實驗及示範農田220餘畝，有大禮堂、花房、溫室、一輛普及教育汽車、電影攝影機和放映機各一台，擁有幻燈機、無線電收音機等教學設備以及戲劇、音樂、圖畫和講演等方面用具，圖書雜誌2600冊，1933年7月，改為

編：《武勝文史 第1輯》，編者1987年自刊，77頁。
[25] 李國瑞：〈漫說中山民眾教育館〉，廣東省中山委員會中山文史編輯部編：《中山文史 第43輯》，1998年自刊，112頁。
[26] 黃溥松：〈抗戰時期的民眾教育館〉，福建省光澤縣委員會文史資料編輯部編寫：《光澤文史資料 第4輯》，編者1985年自刊，33頁。

省立，經費由省府負擔，年撥款2.5萬元（銀圓），紐長耀為館長。[27]

1931年秋，雲南省大關縣教育局長利用到昆明參加全省教育行政會議機會，拜謁教育廳廳長、大關同鄉龔自遠，言明「大關無款無書開辦民眾教育館的實情」，龔欣然批文，撥補助費1000元，並將自藏書籍72部共614冊一併交羅帶回。回縣後，徵得鄉紳們的同意，將忠烈祠除正殿外全部作為民教館使用，並撥廟租十分之一作為教育基金；鄉紳捐贈圖書以及將教育局部分圖書撥出，共有圖書2000餘冊；教育局撥給籌建費鎳幣100元。集結多方力量，1932年4月，大關縣立民眾教育館開館。[28]

（麗江民教館）只好約同教界熱心數人，組織購置《萬有文庫》籌備處，發行《萬有文庫》彩券，除酬彩外竟得滇幣伍千餘元，趕緊訂購《萬有文庫》第一集。1930年秋承余伯坪、仲斌兩昆玉慨捐申洋伍佰元，購置新書475種801本，冬又承其弟兄捐置《四部備要》一部，計2000冊，同年月承周縣長捐滇幣1300元，同時蒙教育廳發給民教館補助費滇幣1000元，皆用於購置圖書及書架上各種器具。[29]

---

[27] 王孝儉主編：《上海市上海縣誌》，上海人民出版社1993年版，882頁。
[28] 宋曉銘：〈大關縣立民眾教育館概況〉，雲南省大關縣委員會編：《大關縣文史資料 第1輯》，刊出時間不詳，57頁。
[29] 和志堅：〈麗江民眾教育館書報部簡況〉，麗江縣政協文史資料委員會編寫：《麗江文史資料 第6輯》，編者1988年自刊，72-73頁。

一些有條件的民眾教育館利用各種機會，自創收入，拓展了經費來源。如成都市立民眾教育館早在通俗教育館時，就「內外原有隙地數處，開館以後，即與各商定約，由本館租給各商，經營包括電影場、彈子房、飯店、咖啡館、茶社等事業」。[30]1938年11月，民教館利用整理館址之機，將少城公園內廢棄的楠木拿去變賣，得法幣200元，將其留在館中做經費，8月份中央下令各地方加緊籌建防空壕，以策安全，民教館為保證遊人的安全，「茲仍就現已倒塌防空壕原址招工重新建築堅固耐用之防空壕一所，估計約共支幣用貳佰伍拾元，所有上項建築用費，即將職館出售森林公園之楠柏木經費貳佰元移用，不敷之數，在職館事業費項下撥支，勿需再請撥款支付，以公濟公，實為兩全。」[31]1938年以後，館內創收的方式還有每年都開展菊花展，並同時義賣菊花，將所得款項一部分留在館內充做經費，一部分捐贈前線支援前方的戰士，在為抗戰做出貢獻的同時也少量增加館內經費。龍潭縣立民眾教育館「開設了印刷廠，購有石印、鉛印印刷機各一部，承印各種印刷用品」，所得款項補充辦館經費之不足。[32]

　　時人對民眾教育館的經費來源問題做了不少探討，普遍認為大多數縣市立民眾教育館經費支絀，因陋就簡、徒有虛名，事業難以開展。如1938年成立的鳳縣民眾教育館，館址附設在女子初級小學內，縣政府委派楊松年任館長，因經

---

[30] 成都市檔案館藏：《成都市民眾教育館檔案》，33-3-84、85、86（全宗號－目錄號－案卷號）。

[31] 成都市檔案館藏：《偽省市政府關於財務會計方面的指令訓令規定及民教館的各種財務報表等》，33-49（全宗號－目錄號），1938年。

[32] 張明齋：〈憶龍潭民眾教育館〉，湖南省漵浦委員會文史資料研究委員會編寫：《漵浦文史 第3輯》，編者1989年自刊，193頁。

費困難，編制職員、工友各1名均是空額，實際上只有館長一人。雖有圖書閱覽室，只有幾本過期的雜誌和幾卷報紙，終年無人過問。[33]人們提出要從民眾教育館經費來源上解決問題，林宗禮觀點較有代表性，他認為：「理想的民眾教育館，其經費是由政府供給為出發，以政府與地方共同分擔為過渡，以地方自籌、教育館自營及由政府補助為歸結。」[34]希冀政府、地方和民眾教育館自身能相互協作，共同負擔民眾教育館的經費。

（二）經費支出

《民眾教育館暫行規程》第11條專門規定，「民眾教育館經常費分配之標準，薪工不得高於50%，事業費及設備費不得低於40%，辦公費占10%」，對民眾教育館經費支出的範圍、比例作了明確要求。顯而易見，民眾教育館的經費支出主要分為三項，即薪工費、事業費和辦公費，江蘇省教育廳還就支出項一一作了解釋：職員薪俸、工友工資、津貼等屬於薪工費，購置器具、圖書、儀器、標本、雜品及其他活動之費用屬於事業費，辦公費包括文具、紙張、郵電、印刷等，而膳食、茶水、薪炭、燈燭、修繕等雜費，也歸入辦公費中。

但在實際工作中，這種規定卻難以執行，為了「留住優秀人才」，一些省市相應的「酌以通融」，如江蘇省規定，各縣民教館經費支配，以50%-60%為薪工，30%-40%為事業費，10%為辦公費。河北省按照甲、乙、丙三級，規定了相應的分配標準，如甲等全年經費在3000元以上，薪金每

---

[33] 瞿章夫：〈鳳縣民眾教育館始末〉，陝西省鳳縣委員會文史資料研究委員會編：《鳳縣文史資料 第9輯》，編者1989年自刊，92頁。

[34] 林宗禮著：《民眾教育館實施法》，第122頁。

月120元，事業費100元，辦公費每月25元；乙等全年經費1600元以上，薪金每月64元，事業費每月50元，辦公費每月13元；丙等全年經費700元以上，薪金每月30月，事業費每月24元，辦公費6月。並規定「各縣亦得視地方情形，將規定標準，酌予變通，但須呈廳核准。」這種變通性執行在各省市都非常普遍。各地民眾教育館的薪工費大多遠遠超過50%，如天津特別市第四區民眾教育館，「經費是每月由局額領經常費洋280元，講演員事務員工友薪工計225元，辦公費55元」，薪工費達到80%。[35]而即墨縣立民眾教育館年經費在2370-3018元（銀元）之間，其中薪工占72%，辦公費占9%，業務費為18%。[36]

表3-6　江蘇省各縣民眾教育館薪工與事業費所占份額統計表

薪工費	事業費	館數	薪工費	事業費	館數
47%	53%	1	66%	34%	3
48%	52%	1	68%	32%	3
50%	50%	1	70%	30%	13
51%	49%	1	72%	28%	1
54%	46%	1	75%	25%	2
55%	45%	2	76%	24%	1
57%	43%	1	78%	22%	1
59%	41%	1	80%	20%	5
60%	40%	6	81%	19%	1
64%	36%	1	85%	15%	4
65%	35%	1			

注：填表者只有51縣，高淳、金壇、揚中、川沙、宜興、泗陽、江都、銅山、沛縣、東海等10縣沒有列入。

資料來源：王育誠：《江蘇省各縣民眾教育館概況調查》，《教育與民眾》第2卷8期。

[35] 《天津特別市第四區民眾教育館概況》，天津特別市第四區民眾教育館1939年12月編印，第9頁。
[36] 趙宇曉、江志禮：〈即墨縣立民眾教育館概述〉，山東省即墨政協文史資料研究委員會編寫：《即墨文史資料 第3輯》，編者1987年自刊，第109頁。

據表中資料顯示，江蘇省各縣市立民眾教育館薪工費比例大多在70%，有數館高達85%；與之形成鮮明對比的是，事業費比例逐漸萎縮，有13館為30%，竟有4館事業費低至15%者，「大都用於薪工方面，事業就無從舉辦」[37]。而在事業費支出中，那些能「立竿見影」、「裝點門面」的事業，如館舍的修繕、閱覽室、陳列室的裝潢，各種運動會的宣傳費、刊物的印刷等費用成了支出的重點。如館舍，「所看到的，只是普通地造著宮殿式民眾教育館的館舍，有的就算是利用了廟宇，但也裝置得衙門一般；有的和水衛隊合用的，門口還站著武裝的門崗……很多的民眾教育館是門庭冷落，大門洞啟，裏面佈置得十分雅致，等著民眾們來享用，可是一般鄉下土老兒，卻都是遠而避之」[38]。面對這種情況，上海大夏大學教育學院院長邰爽秋強烈呼籲：「我希望今後民眾教育的一切設施，將有裨於民生者先辦，不要再把百分之九十的經費花在人員的薪水和不關癢痛的裝潢門面的東西上去」。[39]

鑒於民眾教育館經費支出「有失穩健」，江蘇省教育廳要求「各社會教育機關，應緊縮組織，以少用人員，多辦事業為準，各機關經費支出標準，自1932年度起須一律遵照部頒《民眾教育館暫行規程》中的規定」。[40]至於施行效果如何，顧壽恩曾調查了當年各縣民眾教育館經費支出狀況，發現「有不少未嘗遵守這種規定，而尤要值得注意是，便

---

[37] 周佛海：〈江蘇社會教育之設施〉，《民教半月談》第18期。

[38] 姚惠泉：〈民眾教育的過去和未來〉，《教育與民眾》第5卷8期。

[39] 邰爽秋：〈對於今後民眾教育的十種希望〉，《教育與民眾》第5卷8期。

[40] 〈江蘇省各縣社會教育整理及推進應注意之要點〉，《江蘇教育》第1卷3、4合期。

是薪金有增高百分比的傾向。」[41]貴州省立遵義民眾教育館
1943年每月實支數為3759元，其中薪工費2940元，占總經
費的78%，事業費470元，辦公費349元（內含館長特別辦
公費為80元），各種設備都因陋就簡，乒乓球室甚至連乒
乓球都沒有。[42]揆諸史實，「薪工費不得高於50%」的規定
一直遭遇到實踐的抵觸。

林宗禮、宗秉新等人曾專門擬定了民眾教育館效率計算
法，計算公式T/S×100%（T代表工作總成績[43]，S代表一年
間所支出的經費），比如甲館二十二年度工作總成績為48
元，該年度支出經費為4800元，則甲館二十二年度經費效
率便是48/4800＝0.01，經費效率為1%；二十三年度工作總
成績為72，支出經費仍為4800，甲館二十二年度經費效率
為72/4800＝0.015，經費效率為1.5%，按照百分比愈大，
其成績愈大的準則，甲館二十二年度的經費效率比上年增加
了0.05%。不難看出，由於各館經費變化不大，工作總成績
的多寡很大程度上決定了民眾教育館經費效率。

由於民眾教育館經費主要支出流向了員工薪金，民眾
教育館事業開展費用投入較少，勢必影響事業的開展，導致
一些民眾教育館（特別是縣市立）績效不佳。況且社會教育
經費短缺，即使大部分支出用於薪金，但依舊菲薄，難以吸

[41] 顧壽恩：〈江蘇各縣教育館概況調查〉，《民眾教育季刊》第1卷3期。
[42] 王永康：〈「遵義民眾教育館」史記〉，遵義縣學習文史委員會編寫：《遵
    義文史資料 第11輯》，編者1987年自刊，236頁。
[43] 工作總成績計算方法：按照教育部頒佈的《民眾教育館工作大綱》中所擬定
    的民眾教育館中心工作以及細目，如假定某民眾教育館生計教育有5個工作
    單元，a單元有2個細目，b單元有3個細目，從單元有2個細目，d單元有2個
    細目，e單元有1個細目，則工作成績計算公式為（na/2＋nb/3＋nc/2nd/2＋ne）
    /5×100，其中na代表a單元中所達到的各項工作之總數，nb、nc、nd、ne依
    次類推。

引、留置優秀人才。民眾教育館作為民眾教育的綜合機關，從本質上講，是一個教育機關，而作為一個教育人的事業，工作人員至關重要。「擔任社教工作的人才，需要極為複雜，⋯⋯得人則百事並舉，不得其人，則無所事事」。[44]

　　無論是教育部的三令五申，還是社會上對民眾教育館經費支出的批評，都是希望民眾教育館經費能得到最效率利用，保障民眾教育館事業「有資可用」，以此來推進民眾教育館事業的實質性進展。但從另一方面來講，在整個社會教育經費支絀的情況下，社會教育工作人員薪金原本就低於同等學校教育職員，據1933年《小學規程》規定，「小學經常費支配，教職員俸金約70%」，社會上普遍存在中小學教師待遇低下的呼聲。[45]民眾教育館職員資格要求不低於學校教職員，而且工作內容更為繁瑣，在這種情況下，再一味限制民眾教育館的薪工費比例，減低工作人員的薪金待遇，勢必對民眾教育人才候選缺少吸引力，從而將部分優秀的民眾教育館職員阻擋在外。

　　與社會教育經費的緊缺相比，縣市立民眾教育館的設置卻極為膨脹。[46]在三十年代，基層政權不是通過鞏固和提高已有設施和機關的辦事效率來發展社會教育，而是在中央政府的命令下，不斷地增設機構，來實現「社會改造」職能，如民眾教育館、農民教育館、民眾學校、民眾圖書館、民眾

[44] 陳國保：〈南匯縣社教事業之檢閱與展望〉，《社教通訊》第2卷1期。

[45] 李彥榮：〈民國時期上海教師的薪水及生活狀況〉，《民國檔案》2003(01)；郝錦花、田正平：〈民國時期鄉村小學教員收入狀況考查——中國教育早期現代化問題研究之一〉，《教育與經濟》2007(02)。

[46] 需要指出的是，民眾教育館現有數量，與教育部的20,000所民眾教育館的理想規劃還有很大的距離，如許機構還遠遠不足以承擔其「復興農村」、「民族自救」的重任。這裏所講的縣立民眾教育館膨脹，是相對與其經費狀況而言的。

茶園、民眾劇場等大量增設。機構的增設必然帶來職員的膨脹，社會教育從業人員每年數目都以數倍增長，導致了政府投向民眾教育館的經費，大部分被用作了薪工費，而用於設備和事業上的資金大為壓縮。一些地方濫用職員，出現「有用錢之人，而無可用之人」的弊端。這樣，社會教育經費陷入惡性循環，似乎只是在養活不斷龐大的社會教育從業人員，人員增多，待遇更為菲薄，優秀人才不斷流失，不合格人員源源不斷補充進來，縣立民眾教育館成為了布蘭德利・吉賽特所稱的「安置就業的機器」[47]，招致社會上對民眾教育館的輕蔑和抨擊，「縣民眾教育館是教育上的一個贅瘤。與一般大多數民眾，尤其是鄉間民眾沒有關係，其關係只是鄉間人血汗換來的錢，供給了幾個混飯吃的民教館職員生活而已。」[48]陳序經則進一步指出：「鄉村建設的目標是救濟鄉村農民，然結果卻變為救濟工作人員，所以我怕今後會弄出一個吃鄉村建設飯的新階級。」[49]當然，這種說法情緒激烈，但一定程度上表明了民眾教育經費支出存在著不小的問題。

二、組織設立與人員編制

　　從民眾教育館的歷史變遷來看，國民政府非常重視民眾教育館內部組織制度建設，從1932年的《民眾教育館暫行

---

[47] 杜贊奇著，王福明譯：《文化、權力與國家：1900-1942年的華北農村》，江蘇人民出版社2006年版，56頁。

[48] 趙冀良：〈現行縣民教館工作之批評及改進意見〉，《山東民眾教育月刊》第6卷9期。

[49] 陳序經：〈鄉村建設運動的將來〉，《獨立評論》第196號。

規程》到1935年《修訂民眾教育館暫行規程》，再到1939
年的《民眾教育館規程》，民眾教育館組織設置是每次調整
的重點之一。正如李漢林指出：「一種組織與制度的變遷和
創新，並不是一種獨立的社會過程。因為在這樣一種社會過
程中，它不僅包括一種組織與制度的變遷，而且同時還包括
或者說要求這種組織與制度賴以生存的那個社會結構環境的
變遷。」[50]民眾教育館組織設置的變遷和當時中國經濟、政
治及社會等各方面有著密切關係。

（一）組織設立

　　組織機構是否合理是事業成敗的主要保障。組織機構健
全、運作靈活高效，自然可以促進事業的順利開展，而所確
定的主旨及目標也較容易實現。因而民眾教育館的組織機構
是否健全合理，直接關係到民眾教育事業的開展。

　　民眾教育館興起之初，由於缺乏統一的組織制度規定，
組織設置相當混亂，「各地已辦的民眾教育館很多，但是
內部的組織頗不一致」，[51]各地民眾教育館組織，「真是錯
綜複雜，各盡其能」，[52]如江浦縣立民眾教育館1928年8月
創設，分圖書、健身、推廣、科學、藝術、宣傳、出版、
園林、事務等9部。[53]據黃裳1932年對全國19個省市、地
區的331所民眾教育館的組織統計，各地民眾教育館部數

---

[50] 李漢林等著：《組織變遷的社會過程——以社會團結為視角》，東方出版中
　　心2006年6月出版，215頁。

[51] 李雲亭：〈民眾教育館概論〉，《教育與民眾》第2卷8期，1930-8。

[52] 許年衡：〈民眾教育館實施問題談片〉，《教育與民眾》第2卷8期，
　　1930-8。

[53] 杜保父：〈江浦早期的民眾教育〉，江浦委員會文史資料研究委員會編寫：
　　《江浦文史 第4輯》，編者1989年自刊，52頁。

最複雜的分9部，最簡單的只有1部，眾數為3部，中數為4部，平均數為4.2部，其最常見的依次是圖書部（209）、講演部（187）、總務部（162）、推廣部（135）、體育部（110）、科學部（51）及藝術部（50）等，「部別名稱總計有125種之多，可謂龐雜之極！」[54]各個部門事權不一，民眾教育館所開展的工作、活動和績效也多有差異。

由於沒有統一規定，即便同一民眾教育館在不同時期內部組織也會出現不一致的情況，如江蘇省立湯山農民教育館在1928年分為總務、成人、婦孺和農業推廣四部，而在1929年則改為智慧教育部、康樂教育部、婦孺教育部和農業推廣部、事物組和編輯委員會等六部。即便在同一省內，各地的民眾教育館的組織亦有很大的差別。江蘇省立南京民眾教育館分圖書、科學、藝術、推廣、編輯、教學、事物七部，而江蘇鎮江省立民眾教育館有總務、推廣、教導、展覽和編輯五部。

鑒於這種情況，教育部1932年2月頒布的《民眾教育館暫行規程》，根據當時經濟狀況、事業需要、人力支配和職能分工合作等原則，該規程對民眾教育館組織分閱覽、講演、健康、生計、遊藝、陳列、教學和出版8部，並詳細劃分了各部職責：

(1) 閱覽部：書籍、雜誌、圖表、報紙公開閱覽、巡迴文庫、民眾書報、閱覽所屬之；

(2) 講演部：固定講演、臨時講演、巡迴講演、化裝講演及其他宣傳屬之；

---

[54] 莊澤宣、徐錫齡編著：《民眾教育通論》，中華書局1934年版，95-96頁。

(3) 健康部：關於體育者，器械運動、球類、田徑賽、國術、游泳、兒童遊戲及其他運動屬之；關於衛生者，如生理、醫藥、防疫、清潔等屬之；

(4) 生計部：職業指導及介紹、農事改良、組織合作社等屬之；

(5) 遊藝部：音樂、幻燈、電影、戲劇、評書、弈棋、各種雜技、民眾茶園等屬之；

(6) 陳列部：標本、模型、古物、書畫、照片、圖表、雕刻、工藝、各種產物、博物館及革命紀念館等屬之；

(7) 教學部：民眾學校、露天學校、民眾問字處、問事處及職業補習學校等屬之；

(8) 出版部：日刊、週刊、畫報、小冊及其他關於社會刊物屬之。

鑒於各地民眾教育館發展的差異，《民眾教育館暫行規程》對8部設置並沒有作硬性規定，各省市民眾教育館可以根據本身的情況，全數設置或先設數部，或酌量合併設置，如某項事業設有專管機關，為經濟計，縣市一級的歸併到民眾教育館辦理。

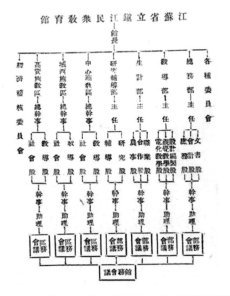

圖3-1　江蘇省立鎮江民眾教育館組織系統圖

圖片來源：江蘇省立鎮江民眾教育館編：《四年來之江蘇省立鎮江民眾教育館》，第85頁。

　　如組織系統圖上顯示：江蘇省立鎮江民眾教育館設有4部，每部下分2-3股，3個實驗區，經濟稽核委員會和戲曲話劇研究會、書法研究會、教育電影委員會、特種教育委員會等各種委員會等。這個系統組織圖是1934年擬定的，與以前的組織設置有不小的變動。據該館介紹：「本館組織，採彈性制，最初分總務、教導、展覽、編輯和推廣5部，另由各部職員各展其長，分別組織各種委員會及各種研究會，茲後均一仍彈性制之精神而未能或外；二十年度下學期，編輯推廣兩部，改為委員制，而增設實驗部；二十一年度複取消實驗部，而使鄉村城市兩實驗區及農藝試驗場各各獨立，二十二年度，鑒於輔導及生計事業之重要，工作範圍較前擴

大，乃改推廣委員會為輔導委員會，添設生計部，而將農藝試驗場併入生計部辦理。」[55]

山東省立民眾教育館分設總務、出版、圖書、講演和擴充五部及黨義研究會等多個委員會，每部根據情況下設不同部門。該館假濟南貢院原址作為館舍，經費充足，尤以「化裝演講」、「民眾戲劇」等理論和實踐影響較大。但從其組織系統圖來看，依然難以做到「遵從部令」。

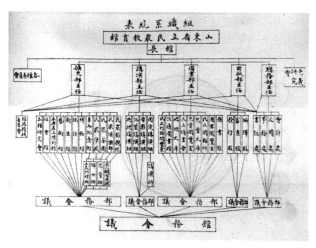

圖3-2　山東省立民眾教育館組織系統圖

資料來源：《山東民眾教育月刊》，2卷1期。

實際上，儘管各地民眾教育館大多聲稱「以部令為標準」，但其組織設置根據事業發展，處於不斷變化之中。這種「不同於部令」的情形極為普遍，以部分省立民眾教育館組織設置為例：

[55] 江蘇省立鎮江民眾教育館編：《四年來之江蘇省立鎮江民眾教育館》，第5頁。

表3-7 各省立民眾教育館組織情形一覽表

館名	組織
江蘇省立南京民眾教育館	總務部　科學部　藝術部　教導部　圖書部　研究部
江蘇省立鎮江民眾教育館	總務部　展覽部　教導部　推廣委員會　城市實驗區　鄉村實驗區　農藝試驗場
江蘇省立徐州民眾教育館	總務部　教導部　實驗部　生計部　研究實驗部
江蘇省立俞塘民眾教育館	總務部　生計部　訓練部　輔導部
江蘇省立湯山民眾教育館	教學部　社會部　生計部　輔導部　事務部
無錫南門實驗民眾教育館	總務部　勞工教育部　市民教育部　蓬戶教育部
山東省立民眾教育館	總務部　推廣部　講演部　研究實驗部
浙江省立民眾教育館	總務處　教導部　輔導部
湖南省立民眾教育館	總務部　編輯部　講演部　圖書部
河南省立民眾教育館	總務部　講演部　編輯部　科學部　藝術部　圖書部　體育部　推廣部
江西省立民眾教育館	教學部　陳列兼遊藝部　閱覽部　講演兼出版部　體育部
安徽省第三民眾教育館	圖書部　遊藝部　推廣部
河北省立民眾教育館	圖書部　講演部　展覽部　遊藝部　衛生部
湖北省立民眾教育館	講演部　識字部　閱覽部　遊藝部
雲南省立民眾教育館	總務部　陳列部　出版部　閱覽部　推廣部
陝西省立民眾教育館	總務部　教導部　推廣部　編輯委員會
山西省立民眾教育館	總務部　教導部　生計部

資料來源：邵曉堡：〈省立民眾教育館之組織與實施的商榷〉，《教育與民眾》，第5卷第2期。

　　從表中可以看出，以江蘇省立南京民眾教育館為代表的17個省立民眾教育館中，12館設有總務部（或稱總務處），各民眾教育館部名有27種之多，出現這種問題的原因，主要是分部標準交叉使用造成的。從表中可以看出，有的以實施對象為標準，如勞工、市民、蓬戶教育類；有的以設施目的為標準，如生計部、推廣部；有的以實施工具為標準，如圖書部、科學部、藝術部等；還有的以實施方法為標準，如講演部、教導部、展覽部等；更有總務部、事物部、編輯部等，是以工作

性質作為分類標準。即便是同一教育館之內，也「並未單以某一種標準來分部，難免有重疊疏漏的缺點」。[56]此外，作為省立民眾教育館來講，關於實驗和輔導的工作，顯然沒有占到應有地位，只有少數幾館，設有實驗研究輔導等部的名稱，並和其他以教育內容或實施方式而分的部別並立。「老實說，這許多組織，只宜於實施工作，所以多少的省立民眾教育館，終究受了這種組織的影響，而成為畸形的發展，不克充分完成應負的使命」。[57]這種情況在縣立民眾教育館組織系統中同樣存在。王育誠1933年對江蘇省各縣民眾教育館組織作了詳細調查，結果如下：

表3-8　江蘇省各縣民眾教育館組織統計表

部別	發現次數	備註	部別	發現次數	備註
總務部	50		推廣部	41	
圖書部	34	有稱書報部	科學部	30	
藝術部	27		演講部	17	
宣傳部	9		教育部	8	有稱教學部
體育部	8	有稱健身部	展覽部	7	
研究部	6		編輯部	6	有稱編輯委員會
康樂部	4		指導部	2	有稱輔導部
遊藝部	2		衛生部	1	
揭示部	1		實驗部	1	
行政部	1		博物部	1	
設計委員會	10		經濟稽核委員會	5	
特種委員會	2				
M＝5.3					

注：此次調查採用通訊調查的方法，先後發過4次調查表，有51縣做了詳略不一的回覆，10縣沒有回覆。統計的各種事業，一律根據填表者的初意，不稍改動的加以歸類。

資料來源：王育誠：〈江蘇省各縣民眾教育館概況調查〉，載《教育與民眾》，第2卷8期。

[56] 許年衡：〈民眾教育館實施問題談片〉，《教育與民眾》第2卷8期。
[57] 邵曉堡：〈省立民眾教育館之組織與實施之商榷〉，《教育與民眾》第5卷第2期。

如上表所示，江蘇省各縣民眾教育館的館部名稱有23種之多，眾數為5部，總務部發現的次數最多，次為推廣、圖書、科學、藝術部，衛生、行政、實驗、博物、揭示部等只有一次。這種情況極為普遍。據林恒1932年調查所得，山東省各縣「各民眾教育館部名總數為13種，講演、圖書部兩個名稱發現最多，次為推廣、體育、出版部。分部數最少的為2部，最多者為8部，眾數為5部」。[58]存在組織設置過多、過繁的情況。

1935年2月，教育部頒布《修正民眾教育館暫行規程》，將民眾教育館內部組織作了較大調整，設立教導、閱覽、健康、生計和事物5個部分，並就所司職責重新作了劃分：

(1) 教導組（部）：館內民眾學校之教學，館外民眾學校之指導及講演、電影幻燈之巡迴放映等屬之；

(2) 閱覽組（部）：書籍、雜誌、報紙、圖表、標本、模型，館內之閱覽，館外之借閱，以及辦理巡迴文庫、各種展覽會等屬之；

(3) 健康組（部）：關於體育者，如館內外運動場所器械之設備運動事項之指導；關於衛生者，如疾病之治療、防疫、清潔等屬之；

(4) 生計組（部）：園藝、畜牧，及其他關於農工技術之傳習，各種合作社之組織等事項屬之；

(5) 事物組（部）：文書、會計及其他不屬於各組之事項屬之。

---

[58] 林恒：〈山東各省民眾教育館概況〉，《山東民眾教育月刊》第3卷第3期。

這次調整，民眾教育館的組織設置從原先的8個部門縮減到5個部門，突出了教導、閱覽和生計的地位。這和當時政府正在積極倡導、推行的「成年失學民眾補習教育」和「構建近代中國鄉村醫療體系」是一致的。分部的標準，也進一步做了規範，將一些工作職責容易混淆、造成疊梁架棟的部門予以裁撤，將相近工作予以合併，一定程度上改善了民眾教育館內部組織設置問題。如講演是各部開展工作常用的方法之一，健康部對於民眾進行生理、醫藥、防疫、清潔等現代衛生知識普及時需要講演，生計部在進行職業指導及介紹、農事改良、組織合作社等事業時也離不開講演，這樣，單獨設置講演部不僅失去意義，還會造成工作分工的繁瑣，所以，《修正民眾教育館暫行規程》便廢除了講演部的單獨設置。同時，將遊藝、陳列和出版各部所屬工作分別拆分，對《暫行民眾教育館》中有關民眾教育館組織設置不妥部分，予以不同程度的糾正。

1939年4月，教育部在《修訂民眾教育館暫行規程》基礎上，頒布《民眾教育館規程》，再次對民眾教育館組織制度進行了調整，分省市立和縣市立不同級別，規定了民眾教育館組織設置，對所司職責作了更正，並根據時局所需，增添了新的內容：

第五條　省市立民眾教育館設置左列各部：

(1) 總務部：文書、會計、庶務及其他不屬於各部之事項屬之；

(2) 教導部：民眾學校、補習學校、圖書閱覽、健康活動、家事指導及通俗演講等屬之；

(3) 生計部：職業指導、農業推廣、工藝改良及合作組織等屬之；

(4) 藝術部：電影、幻燈、播音、戲劇、音樂及各項展覽等屬之；

(5) 研究輔導部：調查、統計、研究、實驗、視察、輔導及民教工作人員之進修與訓練等屬之。

第六條　縣市立民眾教育館設置左列各組：

(1) 總務組：文書、會計、庶務及其他不屬於各組之事項屬之；

(2) 教導組：民眾學校、補習學校、圖書閱覽、健康活動、家事指導、通俗演講及調查輔導等屬之；

(3) 生計組：職業指導、農業推廣、工藝改良及合作組織等屬之；

(4) 藝術組：電影、幻燈、播音、戲劇、音樂及各項展覽等屬之。

《民眾教育館規程》分省市立和縣市立兩個級別，相應規定了5部門和4部門的分類。由於民眾教育納入了戰時教育體系，從組織設置看，將事務部改成總務部，撤銷了閱覽、健康兩部，將其工作歸併到教導組（部）中，重新恢復了藝術組（部）的設置，充分發揮電影電播、戲劇、音樂等教育形式的作用。在《規程》中，凸現了省市立民眾教育館研究輔導、民教人員的進修和培訓工作，這一點，有力彌補了因戰亂中斷、停頓的社會教育學校的工作。

北平市第一民眾教育館根據1939年教育部公布的《民眾教育館規程》，分設總務、教導、生計、藝術及研究輔導五部，各設主任一人，幹事3-4人，助理幹事若干人，分理各部進行事務；並依據會計獨立法則，設會計室，綜理本館會計事宜。此外復設刊物編輯委員會及民教研究會。下為其組織系統圖：

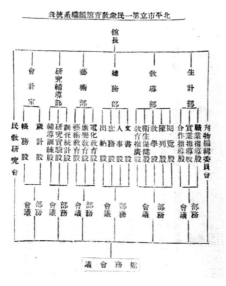

圖3-3　北平市立第一民眾教育館組織系統圖

圖片來源：北平市立第一民眾教育館編：《北平市立第一民眾教育館概況》，6頁。

　　《民眾教育館規程》除例行的「以上各部得視地方情形全設或合併設置」規定外，還頒布了與其配套的《民眾教育館工作大綱》，對各部的工作做了更為細微、具體的劃分。如工作大綱第七條對省市立民眾教育館各部門工作做了如下規定：

（一）總務部

　　(1)　撰擬文件及典守印信；

　　(2)　編制預算決算；

　　(3)　掌管經費出納及票據轉賬；

　　(4)　登記並保管公產公物；

　　(5)　經管購置修繕及各種設備；

　　(6)　辦理不屬於其他各部事物。

（二）教導部

　　(1)　訂定分年進行計畫，登記所在區域之失學民眾
　　　　補習教育；

　　(2)　辦理規模完備之民眾學校；

　　(3)　辦理各種補習學校、函授學校及學術講座；

　　(4)　辦理書報雜誌閱覽，編印民眾讀物，並征存地
　　　　方文獻；

　　(5)　協助推進保甲制度及地方自治；

　　(6)　協助壯丁訓練或自治訓練；

　　(7)　辦理健康教育，指導民眾業餘運動；

　　(8)　辦理家庭教育，指導家事改良；

　　(9)　辦理通俗講演；

　　(10)辦理其他關於教導事項。

（三）生計部

　　(1)　辦理各種職業指導及介紹；

　　(2)　實驗農作物土質，推廣優良品種，防除病蟲
　　　　害，提倡造林，改良家畜品種；

　　(3)　傳習各項工藝；

　　(4)　辦理商業補習教育；

(5) 提倡並扶助合作社之組織及改良；

(6) 辦理小本貸款；

(7) 辦理其他關於生計教育事項。

(四) 藝術部

(1) 辦理電影教育施教區一切工作；

(2) 辦理播音教育指導區一切工作；

(3) 辦理戲劇表演、介紹劇本並組織民眾戲劇隊；

(4) 辦理歌詠隊演奏編印歌曲並組織歌詠隊；

(5) 繪製並展覽歷史地理政治經濟及教育文化各種統計表；

(6) 繪備並展覽理化儀器、生物礦物標本、防空防毒器器材及職業用具，生產物品等；

(7) 辦理禮俗改良，提倡正當娛樂；

(8) 辦理其他關於藝術教育事項。

(五) 研究輔導部

(1) 舉辦本區各縣市社會概況調查及統計；

(2) 視導本區公私立民眾教育館及其他社教機關；

(3) 協助本區公私立中小學兼辦社會教育；

(4) 會同本館各部或其他機關，舉辦本區公私立民眾教育館各種技術人員之訓練；

(5) 出版民眾教育人員進修刊物，及發表實驗報告，介紹教材教法；

(6) 會同本館各部或其他機關，舉辦有關社會教育各種實驗或示範事項；

(7) 辦理其他關於研究輔導事項。

不難看出，在各部具體工作規定中，戰時教育內容已占不少分量，如繪製並展覽防空防毒器材及職業用具、生產物品等，再如協助壯丁訓練和自治訓練，統籌宣傳工作，更好的為抗戰服務，是國民政府根據時局作出的積極反應，當然，這種新的職責定位，給民眾教育館人員帶來了不少困難，如壯丁訓練，民眾教育館人員對於「政治訓練，自然勝任愉快，但遇到軍事訓練的時候，因為自身究竟是半路出家，訓練自難徹底。」[59]某縣立民眾教育館館長馮國華也有類似感觸，「我很慚愧，自己不是一個軍人，只憑著在松江過了三個月的軍人生活，就負起輔導壯丁訓練的責任，自己也知道有些不夠。」[60]

　　當然，此時亦存在因經費、原定編制未能兌現等原因，一些民眾教育館並沒有按照教育部要求設立相應的組織，如建真縣立民眾教育館只設了圖書閱覽一個部門，而且工作也是「敷衍了事」。

> 1941年道真建縣，縣政府於次年籌辦民眾教育館，館址便暫借縣財委會辦公，經費430元，計畫編制4人。1942年3月如期開館後，因為經費短缺，實際上只有館長和幹事2人，部門僅有圖書閱覽一個，像樣的書籍缺少，只有幾份雜誌和過期的報紙，沒有多少讀者翻閱。後來館址遷至老街，還代管郵政所業務，館長

---

59 喻任聲：〈現階段壯丁訓練應有的改進〉，《教育與民眾》第8卷1期。
60 馮國華：〈視察松滬壯訓漫記〉，《社教通訊》第2卷4期。

很少過問館務，常廁混於官場之中，圖謀高升，1946
年該館已成有名無實的機構。[61]

　　從民眾教育館組織設置的變遷來看，民眾教育館組織制
度根據時局在不斷修正，在1932-1949年間，國民政府對民
眾教育館組織設置有三次大的改組，不管是從8部調整為4
部，還是分省市立和縣市立兩個級別來分別設置，遵循著由
繁到簡、由籠統到具體的發展趨勢；而具體到不同的民眾教
育館實體，其中經歷的組織變化又更不相同，如成都市立民
眾教育館在1935-1942年間，七年之內就大變更三次，其餘
小的合併與裁撤更是無法統計。[62]不難看出，組織的裁撤、
變更與當時社會情況、時局有密切關係，如1935年《修正
民眾教育館規程》中增加的生計組，並將其作為民眾教育館
的工作中心之一，便是應對當時嚴重的農業危機；抗日戰爭
全面爆發後，隨著戰局推進和大片領土淪陷，必須喚起全國
民眾，啟發他們的民族意識，奮起抗日，但對於眾多不識字
的民眾來講，僅靠報紙、傳單、抗戰演說遠遠不能奏效，而
貼近民眾，易於被接受的藝術形式（如音樂教育、電影教
育、播音教育、戲劇表演等）就需要加重分量，因此1939
年頒布《民眾教育館規程》便將藝術組獨立出來作為一個重
要的部門。顯而易見，民眾教育館組織的每一次調整，都是
在教育部頒發的新規程指導之下進行的，國民黨權力逐步滲
入到基層政權。在這個過程中，民眾教育館組織設置的制度

[61] 冉勝坤：〈解放前道真民眾教育館〉，道真仡佬族苗族自治縣委員會文史資
　　料研究委員會編寫：《道真文史資料 第1輯》，編者1987年自刊，第114頁。
[62] 張研：《抗日戰爭時期四川省的社會教育──以成都市立民眾教育館為中心
　　的研究》，第79-89頁，四川大學博士學位論文，2007，列印稿。

化水平不斷提高，具體的組織設置以及詳細的職責劃分，一定程度上保障了民教館工作的有序發展，也有利於提升職員的專業化水平。

從設立民眾教育館之始，辦理者及管理機關就注意到組織管理的重要性，其大體走向是逐漸趨於合理和縝密。從具體組織設置來講，人們力圖做到館內事業完備、事有專司、經濟高效，以求民眾教育事業能有序按計劃逐步推進，並規定了省、縣市、區立民眾教育館之間形成逐層示範和輔導的關係，上行下效，從理論上保證了各級民眾教育館工作的順利開展，民眾教育館得以迅速在江蘇、浙江、河北、山東等省鋪開就是一個顯證，人們普遍將其視為推行民眾教育的中心機關，也證明了民眾教育館組織系統在開展事業中的行之有效。但由於民教經費匱乏以及專業民教人才的缺失，民眾教育館的組織系統和行政管理在實際工作開展中存在著這樣那樣的問題。即便如此，人們對於民眾教育館的組織系統所作的努力，還是肯定的。

（二）人員編制

從民眾教育館總體工作內容看，各部涵蓋工作區域較大，種類繁雜，使得民眾教育館人員處於「疲於奔命」的狀態。這不僅影響到民眾教育館工作的開展，甚至還成為一些「混飯」館長推卸責任的藉口：「民眾教育是最繁重的工作，永久的工作，絕非民眾教育館內少數人的力量和有限的經費所可為的。」[63]民眾教育館作為喚起民眾、組織民眾和教育民眾的綜合機關，究竟應該有多少人員編制？

---

[63] 朱秉國：〈民眾教育館館長的諸問題〉，《山東民眾教育月刊》第5卷3期，

在教育部頒布的規程、法令中，並沒有對民眾教育館的人員編制作出具體規定，僅有「由主管教育行政機關視各館事業之繁簡，規定最高或最低員額」等語。根據按照經費多寡，各省市的地方法令、規程作了相應的規定。江蘇省按照全年經費的投入，把各縣民眾教育館分為甲、乙、丙、丁四等，人員編制便以此為標準，各館設館長一人之外，規定：甲等館員4-6人，乙等職員3-4人，丙等2-3人，丁等1-2人。廣東省按照縣的等級，相應規定了縣市民眾教育館的級別，並頒布《各縣市民眾教育館設施標準》規定：各縣市立民眾教育館之組織及應配置之人員，不得少於左列規定：（1）甲級　館長下設總務、教導、生計、藝術四組，館長兼一組主任，組主任兼幹事3人，助理幹事1人，工友1人；（2）乙級　館長下設總務、教導、生計三組（藝術工作分別歸入教導生計兩組），館長兼組主任1人，組主任兼幹事2人，工友1人；（3）丙級　館長下不分組，設幹事2人，分掌館內教導、生計、藝術、總務各項事務；（4）丁級　館長以下不分組，設幹事1人，工友1人。

表3-9　全國民眾教育館職員平均數變化一覽表

年度	機關數	職員數	平均數	年度	機關數	職員數	平均數
1929	386	1857	4.8	1933	1249	2467	4.3
1930	645	2994	4.6	1934	1149	5265	4.4
1931	900	3820	4.2	1935	1397	6263	4.4
1932	1003	4183	4.1	1936	1613	7054	4.3

資料來源：教育部統計室：《社會教育歷年數據統計表》。

1934-3。

如表中所示，在1929-1936年的八年中，民眾教育館的職員數，平均數一直徘徊在4人左右。需要注意的是，這個平均數背後還隱藏著不少的區域差異。如大部分省立民眾教育館人員編制多在20人左右，如山東省省立民眾教育館1933年有職員25人，江蘇省立南京民眾教育館有32人，1939年成立的四川省省立民眾教育館有專任職員24人，研究員16人，加上館長，該館在編人員多達41人。[64]而大多數縣立民眾教育館人員編制較少，大多是加上館長在內3-4人，也有少至2人者，如山西省榆社縣立民眾教育館僅有館長1人、館員1人，亦有全部為兼職，沒有編制。[65]抗戰爆發後，這種狀況大概保持，在實際工作中，由於工作人員名額的限制，「工作人員並不能與所設部數相稱，結果由一人兼任兩部職務的也有，兼任三部或四部職務的也有。」[66]遼寧省的一個縣立民眾教育館「連館長共四人，組織系統上分組分部卻有二十餘種，好像辦事人員有三頭六臂似的」。[67]據王育誠的調查結果顯示，普通縣立民眾教育館的主要事業開展平均約在5個以上，[68]高長岸實驗民眾教育館成立於1930年夏，由原來的農民教育區改設而成，館內連館長一共五人（專任館員三人，實習生一人），館役一人，年經常費為1508元，該館以實驗生計教育為中心，分總務科、教導科和研究所三個部門，但事業實施目標並不局限於生計教育，

[64] 中國歷史第二檔案館藏：《四川省立民眾教育館概況及職員表》，5-292（全宗號－案卷號），1939-1948。

[65] 《第一次中國教育年鑑》丙編 教育概況 第二 社會教育概況，第757頁。

[66] 林宗禮：〈新頒《修正民眾教育館暫行規程》〉，《教育雜誌》第25卷10期，1935-10。

[67] 李楚材：〈民眾教育的前瞻〉，《教育與民眾》第5卷第8期。

[68] 王育誠：〈江蘇省各縣民眾教育館概況調查〉，《教育與民眾》第2卷第8期。

政治教育、語言文字教育、健康教育、休閒教育及家事教育也在其關注之列，每個專項教育之下包含5-7種活動，僅政治教育一項就包括鄉村改進會、鄉公所、少年團、兒童團、征工築路、鄉農會以及村友聯合紀念週等7項。[69]如此，致使3個專任職員在日常工作中疲於奔命，不能專注於實驗生計教育為中心的事業。

當然，也有一些縣市立民眾教育館的人員編制比較寬鬆，如1930年設立的黃岩縣立民眾教育館，下設總務、教導、生計、藝術四組，各組設主任一人，幹事二人，加上館長，該館有13人之多，經費由縣政府編制預算，按月撥給。[70]1932年，青島市立民眾教育館重加整頓，人員編制增加到15人，其中還包括1名說書員。[71]

抗戰爆發後，一些地區對民眾教育館人員編制做了一些調整，對所轄縣市的等級作了更為詳細的劃分，並根據實際情況，對一些重點扶持、發展的民眾教育館給予編制上的照顧。如湖南省教育廳對該省縣市立民眾教育館人員編制和薪金作了如下規定：

---

[69] 《高長岸一覽》，高長岸實驗民眾教育館1931年出版，第1-4頁。
[70] 黃岩縣群文史編寫小組：〈解放前的民眾教育〉，浙江省黃岩縣委員會文史資料研究委員會編寫：《黃岩文史資料 第9輯》，編者1987年自刊，第207頁。
[71] 青島市立民眾教育館編印：《青島市立民眾教育館概況》，1937年3月。

表3-10　湖南省各縣民教館人員編制及薪俸支給標準

級別／薪金／人員	一等				二等				三等			
	甲級		乙級		甲級		乙級		甲級		乙級	
	員額	俸薪	員額	薪俸	員額	薪俸	員額	薪俸	員額	薪俸	員額	薪俸
館長	1	160	1	160	1	140	1	140	1	140	1	140
主任	3	120	3	120	2	120	2	120	1	120	1	120
幹事	6	100	5	100	5	100	4	100	4	100	4	100

附注：

(一) 等級的劃分：一等甲級縣包括湘潭、長沙、衡陽、常德、湘鄉、紹陽等6縣；一等乙級縣有湘陽、平江、瀏陽等19縣；二等甲級縣：常寧、郴縣等12縣；二等乙級縣為宜章、永興、安鄉等14縣；三等甲級縣為安仁、資興、永州等12縣；三等乙級縣包括桂東、藍山、嘉禾等10縣。

(二) 需要說明的是，長沙市及衡陽市民眾教育館均照一等甲級館，並增加50%的編制；長沙清港民眾教育館照一等甲級館編制，長沙托黎民眾教育館照一等乙級館編制；湘潭民眾教育館照一等甲級館編制，株州分館序以獨立，照二等甲級館編制。

資料來源：湖南省教育廳：《各民教館館長名冊、月薪支給標準、人員調查、工作動態及考績等名冊》，湖南省檔案館藏，59-3-1（全宗號－目錄號－案卷號），1941-1948。

政府對民眾教育館人員編制的政策出發點，是「用最經濟的方法，辦最多的事」，這種根據實際辦館情況給予有差別編制的辦法，一定程度上促進了不同等級民眾教育館的發展。但是，不容迴避的是，對於民眾教育館事業的真正發展，不僅要有編制的保障，即「數」的方面，更為重要的是，還要有「質」的提升。由於戰時時期民眾教育館的經費難以持久的保障，薪金菲薄，即便在數量上達到了編制人數，但人員的素質、水平參差不齊，影響到民眾教育館事業的有效開展。

三、人員資格與薪俸待遇

　　民眾教育館的人才問題，在當時大家最為看重，「民眾教育館的成敗得失，其主體則在主持的人員，因為一切制度的東西都是死的，只有人在其中發揮主觀能動性，方能收所期之效」。[72]民眾教育館作為社會教育的中心機關，其「是否得人」很大程度上影響到事業的成敗。知名社會教育專家、江蘇省立教育學院院長高踐四認為：「社會教育實施機關的工作人員，是民政、農礦、財政及其他行政機關的先鋒隊、宣傳者、介紹人、贊助人，因為他們能夠指導民眾奉行功令。」[73]相對學校教員來講，民眾教育館的職員要多些豐富的經驗，「普通的各種常識，民眾教育的專業訓練與研究，必須具備」，還要有相當的歷練：「服務民教有相當時期，對實際工作與問題有充分認識與應付能力」。「因普通學校因歷史已久，各種作法大體已有規道可循，人雖差一點，總還不至於全無成績。民眾教育館乃是教育上一個新興的制度，一切事業的進行，都要因時因地自為規劃，如無稱職的人員，必致虛糜公幣，一事無成。」[74]人員素質如何直接影響到民眾教育館事業的成敗。

（一）人員的資格規定

　　民眾教育館的工作人員，按照其職能的不同，可分為館長、主任、館員（後稱為幹事）三種（一些經費比較充足

---

[72] 林宗禮：《民眾教育館實施法》，商務印書館1936年出版，第70頁。

[73] 高踐四：〈社會教育實施目標及方法之商榷〉，《教育與民眾》第一卷6期。

[74] 梁容若：〈民眾教育館的人員問題〉，《山東民眾教育月刊》第5卷3期。

的民眾教育館還設有看門、打雜的館丁，是各館自聘臨時人員，此外一些省館也招收一些「實習生」、「練習生」；他們不屬於政府劃定的工作人員範圍之內，暫不作考察），有不同的任職資格要求。

國民政府成立後的相當長的時間內，鑒於接受社會教育、具有專業知識的人才匱乏，加上對社會教育事業的「慣性理解」[75]，因此中央政府沒有明確規定社會教育從業人員資格標準，僅有「遴選合格人員」的含糊之詞，大多數民眾教育館或延用通俗教育館職員、或聘用師範、各種實業學校畢業生，甚至失意政客、破產商人、私塾先生等也躋身其中，各地民眾教育館館長、館員的聘任以及待遇具有很大的差異性、隨意性。

江蘇省作為社會教育先進省份，1931年率先對民眾或農民教育館館長、館員任職資格做了規定，館長、館員任職資格如下：

> 館長任職資格：人格高尚，服膺黨義，並具有左列資格之一者：

---

[75] 中國歷代有「化民成俗」的社會教化，地方各類官員和士紳天然承擔著「牧民督導」之責，沒有專門的從業人員。這種傳統影響至深，加上近代社會教育（如清末簡易識字學塾、通俗學校、半日學校、平民學校）著力點多在識字教育，更讓人們對社會教育「另眼相待」。如俞慶棠1927年倡議籌辦專門培養社會教育人才的民眾教育學校，動議一出，就遭到一些政府要人、教育行政官員的強烈反對。如當時大學區高等教育處處長戴超就認為，沒有必要專門培養社會教育師資，也更不必要辦大學程度的學校來培養，只需要辦一些短期培訓班，招一些識字的人，由他們去教不識字的人即可。這種觀點頗能代表社會上不少人的看法。俞慶棠力爭建立起的中央大學區民眾教育學校在建校之初，就曾為招不到學生而難以開學。

(1) 大學或專門學校畢業，並於社會教育具有相當研究者；

(2) 社會教育專科以上學校畢業、成績優良者；

(3) 中等學校畢業曾任社會教育職務三年以上著有成績，並有相當研究者；

(4) 曾任教育職務五年以上著有成績，並於社會教育有深切之興趣及相當之研究者。

館員任職資格：人格高尚，服膺黨義，並具有左列資格之一者：

(1) 社會教育專科以上畢業者；

(2) 中等以上學校畢業，並於社會教育具有相當之興趣與研究者；

(3) 有特殊技能，曾任社會教育職務二年以上，著有成績，並有相當之研究者；

(4) 曾任教育職務三年以上，著有成績，並於社會教育有相當之興趣與研究者。[76]

以江蘇省為典範，浙江、雲南及廣西等省各縣市民眾教育館單行規程中，對於館長和館員的資格都有類似規定。青島特別市對於民眾教育館館長的資格規定，學歷和資歷占其一即可：

第五條　民眾教育館館長以具有左列資格之一者合格：

---

[76] 江蘇省教育廳：《江蘇省單行法規彙編》第四冊（下），1935年自刊。

一、國內外各大學畢業對社會教育有相當研究者；

二、國內外高等專門學校畢業對於社會教育研究確
有必得者；

三、曾辦社會教育事業三年以上著有成績者。[77]

　　相對來講，廣西省在學歷要求上降低了不少，「品格高
尚勤奮耐勞」外，只需「在中等以上學校畢業」並在教育界
服務三年」即可由「由教育局薦請教育廳擇委」。[78]不難看
出，地方法令規定的民眾教育館人員任職資格，雖要求「德
才兼備」，但更多強調的是「人格高尚，服膺黨義」，強調
的是對國民黨政黨的忠誠；對於「才」，要求相對寬泛，
四占一即可，也就是說，對民眾教育館人員的學歷、經歷並
沒有嚴格、統一要求。相應地，各省市民眾教育館從業人員
來源「五花八門」，其學歷、資歷有很大的地區差異性，專
業化程度不高，如省立民眾教育館的館長大多畢業於師範，
經歷或是大學教授、省督學、各級教育行政工作者，或為留
學生等，主任資格比館長略低，而館員大多和小學教師資格
相當。

　　山東省立民眾教育館共有職員33人，其中，館長1
人，各部主任共4人（講演部未設主任，由館長兼
任）。職員的平均年齡為26歲，女性職員有5人，曾
有5人受專門以上教育，其中，2人畢業於國立北京師

---

[77] 〈青島市教育局市立民眾教育館規程〉，《蔣匪青島市政府教育局》，臨
27-6-9039-9041（全宗號－目錄號－案卷號），青島市檔案館藏。

[78] 廣東省政府編：《廣東省社會教育概要》，廣東省政府1936年自刊，第14頁。

範大學，1人畢業於北京大學，1人畢業於國立高等師範，1人留學法國；曾有21人受中等教育，其中大部分畢業於山東省立中學。職員大部分有豐富的工作經歷，大多曾從事過教育行政及各級學校教育教員工作，根據從業經驗的不同，職員也被分配到不同的職位發揮自己的特長。他們大多都「痛心於學校制度之不能適應社會需要，故欲從民眾教育上為民族國家尋出路，並以為其安心立命之所在。」[79]

安徽省立民眾教育館，是當年進行社會教育的機構，全省計有4所，安慶為第一民眾教育館，……這一機構直屬省教育廳，館長人選，多係留學生，或由省教育廳督學調任。如該館初任館長方明、繼任周德之、張登壽等，方、張均為留法學生，周則是由教育廳督學調任的。[80]

　　與省立民眾教育館相比，縣市立民眾教育館的館長、館員的資格相應降低了不少，館長的任職資格標準大致相當於小學校長，而館員相當於小學教師的資格，接受過師範教育大體被認可為專門教育，即專業訓練，薪俸待遇相當或略低。當然，有些縣立民眾教育館一直找不到合適人選，教育行政人員兼任館長的現象時有發生，還有以前清進士作為館

---

[79] 梁容若：〈山東省立民眾教育館設施概況〉，《山東民眾教育月刊》，第三卷6期。

[80] 王熙庭：〈安徽省立第一民眾教育館概況〉，安慶市政協文史資料委員會《安慶文史資料》編輯部編寫：《安慶文史資料 第28輯 教育史料專輯》，中國文史出版社2000年版，第15頁。

長的，1933年祿豐縣民眾教育館成立，祿豐縣長委任前清己酉科選撥進士陽仰修（當地著名書法家）為館長，館址設在孔廟的魁星樓及明倫堂。[81]

> 1928年，河南省新鄉縣教育局執行馮玉祥將軍的「廟產興學」的新政，創辦了民眾教育館，地址在北門城樓上，內設館長一人，職員一人。1930年，因館長不是師範畢業，資格不全，由百泉鄉村師範畢業生王之棟接替館長職務，直至1938年。[82]

> （會同縣立民眾教育館）1931年成立。按照館長任職資格規定，必須是師範院校畢業或經過民教專業訓練畢業者方能擔任。會同當時物色不到合格人才，乃由教育局長梁錫源兼任，其業務不過是圖書、閱覽而已。……1933年，館長由明在宥專任（日本弘文師範畢業），1935年，明以年老體衰而辭職，省教育廳委任原教育局長梁錫源為專任館長。[83]

學術團體、社會教育人士內部基於對民眾教育館職能的認定，逐漸出現許多自發性檢討並開始形成了新的認識。趙冕認為：「補救之法，端在擬定具體的標準，以為法定資格外選擇人員之參考或依託。此項標準最好就各機關各

---

[81] 陽增華：〈解放前祿豐縣民眾教育館概況〉，祿豐縣文史資料委員會編寫：《祿豐文史資料選輯 第1輯》，編者1994年刊刊，第85頁。

[82] 孫雲興：〈新鄉縣民眾教育館演變紀略〉，新鄉市紅旗區委員會文史資料工作委員會編寫：《紅旗區文史資料 第2輯》，編者1989年自刊，第52頁。

[83] 王道傳：〈會同縣民眾教育館始末〉，會同縣委文史資料研究委員會編寫：《會同文史資料 第4輯》，編者1989年自刊，第60頁。

項人員分別擬定,愈詳細愈好。」他以「民眾教育館人員問題意見徵詢表」[84]為題進行了大範圍調查,得出要注重民眾教育館館長、館員的特長,並從知能和性行兩個方面對館長、館員做了具體細微的要求。[85]陳禮江、陳友瑞認為民眾教育館人員是「民眾的導師」,應該具有改造社會精神、要有農夫身手、要有科學頭腦、培養高尚人格、養成健康體魄、要有辦事能力、要有專業修養及培養遠大眼光等八個方面的要求。[86]李蒸也認為,從事民眾教育事業的人必不可少的條件是「養成一種『傳教的精神』和『接近民眾的態度』」。[87]學術界認為民眾教育館應該同時承擔教育改造和社會改造的雙重職能,其人員作為「民眾的導師」,要「德才兼備」,特別強調勤苦耐勞樸實誠懇、態度和藹平易近人等品性。

在社會人士的積極呼籲下,不少地方政府相繼訂定了民眾教育館人員的資格標準,儘管詳略不一,但對民眾教育館人員資格要求逐漸走向「規範化」起了積極作用,在實踐中也得到程度不一的實現。

從表3-11、3-12可以看出,江蘇省各縣立民眾教育館,有52%的館長受過專門的社會教育相關訓練,館員僅有6%;受普通師範教育及中學以下的訓練者館長占38%,館員占57%。從民眾教育館人員經歷來看,曾任中小學職務者

---

[84] 調查問卷採用郵遞的方式,調查物件包括民眾教育館人員、專家、教育行政機關人員、學生等,調查地域涉及到江蘇、南京、山東、河南、安徽、湖南、山西、廣東等13個省市、地區,共回收129份有效問卷。

[85] 趙晃:〈農村民眾教育館人員問題之研究〉,《教育與民眾》第3卷2期。

[86] 陳友瑞:〈鄉村民眾教育師資訓練目標及其課程之研究〉,《教育與民眾》第6卷4期。

[87] 李蒸:〈民眾教育館概論〉,《教育與民眾》第2卷8期。

占館長經歷的43.5%，職員比例為46%。表3-13顯示，湖南省立民眾教育館包括館長共16人，其中具有留學經歷的有2人，國內大學畢業7人，占44%，會計及庶務為中學畢業。單從學歷來看，即便當時民眾教育館不甚發達的湖南省，能夠保證省立民眾教育館人員的要求。但縣立民眾教育館的人員任職資格就難盡人意，「現在各縣的教育行政當局因為大多出身中小學校之故，業已差不多把社會教育機關當作安插中小學淘汰分子之尾閭。」[88]不難推測，中小學教師是民眾教育館人員的主要來源之一。

需要指出的是，江蘇省立教育學院前8屆畢業生共402人，畢業生大部分在江蘇省內就業，其中擔任縣立機關主持人或幹事的占總數的47.51%。[89]擁有「社會教育專門人才培訓機關嚆矢」的江蘇省，不論館長還是館員，其接受過社會教育專業訓練的比例，都要明顯高於其他省份，其他省份民眾教育館工作人員資格狀況可想而知。「現在各省的縣民教館，多半是將已有的類似社會教育機關湊合起來而成的，徒有軀殼，而無精神；主持的人也多半是未受過專業訓練的。」[90]「各縣民教館長多未受專業訓練，而館員之資格更低，致任民校者，不知正確之教學方法；司圖書者，不知編目分類；司生計教育者，無生產知能；司體育者，不知場地佈置、比賽規則」。[91]可以肯定，各地縣立民眾教育館專門人才匱乏是一個全國性的難題。

---

[88] 趙晃著：《社會教育行政》，上海商務印書館1938年出版，180頁。

[89] 陳禮江：〈本院民教人才訓練之理論與實際〉，《教育與民眾》第6卷6期。

[90] 李雲亭：〈民眾教育館概論〉，《教育與民眾》第2卷8期。

[91] 古楳：《民眾教育新動向》，上海中華書局1946年版，25頁。

表3-11　江蘇省各縣立教育館館長、館員學歷統計表

學歷 \ 人員人數及比例	館長		館員	
	人數	百分比	人數	百分比
曾受大學教育者	6	6%		
曾受社會教育專科以上學校教育者	52	52%	19	6%
曾受專門以上學校教育者			47	15%
曾受社會教育短期訓練者	4	4%		
曾受師範教育者	22	23%	89	29%
曾受其他中等教育者	11	11%	85	28%
其他	4	4%	28	9%
未詳	1	1%	41	13%
總計	100	100%	307	100%

表3-12　江蘇省各縣立教育館館長、館員經歷統計表

學歷 \ 人員人數及比例		館長		職員	
		人數	百分比	人數	百分比
曾任社會教育職務者		38	28.1%	67	18.6%
曾任教育行政人員者		29	21.50%	14	3.9%
曾任中小學職務者	中學	60	43.50%	24	6.7%
	小學			141	39.3%
曾任縣黨部委員者		4	2.95%		
曾任黨務工作者				10	2.8%
曾任農業技術人員者		4	2.95%		
曾任普通行政人員者				6	1.7%
其他				24	6.7%
未詳				73	20.3%
總計		135	100%	359	100%

說明：當時統計者按照「每具一項經歷作一個人計」標準來統計民眾教育
　　　館館長、館員經歷，由於一些人員經歷複雜，如句容縣立民眾教育
　　　館館長曾前後擔任縣立中學校長、縣黨部委員，這種計算標準導致
　　　表4和表3樣本總人數有所差異。但從總體來說，基本還是可以反映
　　　出江蘇省各縣立民眾教育館職員的學歷、經歷概況。
資料來源：表3-11、3-12均為筆者根據宗秉新調查的「江蘇民眾教育館主
　　　　　管人員（館長）和職員的學歷和經歷統計」整理而成，詳見宗
　　　　　秉新：〈江蘇的民眾教育館〉，《民眾教育通訊》第3卷6期。

表3-13　湖南省立民眾教育館人員情況一覽表

人員 數量 學歷	館長	主任職員	普通職員 （幹事）	會計及庶務	總計
留學	1	1			2
國內大學		3	4		7
國內專科			3		3
中學			1	2	3
不詳			1		1
總計	1	4	9	2	16

資料來源：湖南省立民眾教育館編：《湖南省立通俗教育館概況》，1933年自刊。

　　政府之所以對民眾教育館人員任職資格做了彈性很大的規劃和設定，一方面因為專業人員的匱乏，另一方面也希望能「不拘一格」羅致更多人才。假如在具有高效率的國家行政體系運轉情況下，任職資格「自由度」無疑會促進民眾教育事業的迅速發展，但對於急於向鄉村社會滲透國家權力的國民政府來說，「基本的問題不是自由，而是創立一個合法的公共秩序」，[92]空洞、寬泛的民眾教育館人員的任職資格不僅造成社會人士輕視民眾教育，還為各種勢力安插「雜色人等」大開方便之門，使得民眾教育館擔負的推行國家政策、倡導社會風俗、改善人民生活和促進民眾文化教育等功能變成「空中樓閣」，虛無縹緲，無從下手。

　　對於這種局面，一些省市奮起補救。江蘇省教育廳一方面頒布各縣市民眾教育館工作實施最低標準，另一方面通過督學視察來評判各館工作開展的優劣，按照成績評定給予

---

[92] 〔美〕撒母耳‧亨廷頓著，張岱雲等譯：《變革社會中的社會秩序》，上海譯文出版社1989年版，8頁。

館長相應獎懲。總體來看，此類補偏救弊的措施成效實屬有限，「縣館往往成為縣長位置私人場所，不管識字不識字，能幹不能幹，儘量向裏面委派推薦，館長為對上司買好，自然不加反對，於是形成一個客棧式的雜湊局面，再不然就成了小政客暫時寄身的地方、活動的大本營」。[93]選聘資格的「漫無限制」，造成了縣立民眾教育館人員選擇「愈低愈濫」。

鑒於1932年《民眾教育館暫行規程》及1935年《修訂民眾教育館暫行規程》中制度的缺失，教育部1939年頒發的《民眾教育館規程》，正式將省市立、縣市立館長、主任館員、幹事等資格詳細定出規範，地方自治機關及私立民眾教育館人員資格參照縣市立的標準。

> 第十一條　省市民眾教育館館長須品格健全，才學優長，且具有左列資格之一者：
> (1) 師範學院、教育學院或教育科系畢業曾任社會教育職務二年以上著有成績者；
> (2) 大學或教育專修科畢業曾任社會教育職務三年以上著有成就者；
> (3) 專科學校或專修科畢業曾受社會教育訓練並曾任社會教育職務四年以上著有成就者。

> 第十二條　省市立民眾教育館各部主任，須品格健全，其所任職務為其所擅長，且具有左列資格之一者：

---

93 張錫紳：〈對民眾教育之實際問題及改革意見的意見〉，《大公報》1936-6-15。

(1) 師範學院、教育學院或教育科系畢業者；

(2) 大學或教育專修科畢業者；

(3) 專科學校或專修科畢業，曾受社會教育訓練者；

(4) 師範學校畢業，並曾任社會教育職務二年以上者。

第十三條　省市立民眾教育館幹事，須品格健全，且具有左列資格之一者：

(1) 具有前條各款項資格之一者；

(2) 師範學校或鄉村師範畢業者；

(3) 中等學校畢業，曾任社會教育職務二年以上者；

(4) 且有精練技能者（專適用於藝術教育）。

第十四條　縣市立民眾教育館館長，須品格健全，才學優長，且具有左列資格之一者：

(1) 師範學院教育學院或教育系科畢業者；

(2) 大學或教育專修科畢業；

(3) 專科學校或專修科畢業曾受社會教育訓練者；

(4) 師範學校畢業曾任社會教育職務一年以上者。

第十五條　縣市立民眾教育館各組主任及幹事，須品格健全，且具有左列資格之一者：

(1) 具有前條各款資格之一者；

(2) 師範學校、鄉村師範或簡易師範畢業者；

(3) 中等學校畢業、曾任社會教育職務一年以
上者;

(4) 具有精練技能者（專適用於藝術教育）。

第十七條　地方自治機關或私人設立之民眾教育
館，其內部組織及職員資格，應比照縣市立民眾教育
館之規定。

不難看出，《民眾教育館規程》對民眾教育館人員的
任職資格，除去品格等慣例要求外，強調了「才學優長」，
各部主任、幹事要求「所任職務為其所擅長」，專業化知
識、技能要求提高。地方政府要求各民眾教育館人員必須呈
驗履歷、畢業證書以及服務證明等，以備核查。當然，這一
時期對民眾教育館人員選聘資格之所以能形成制度化、規範
化，除去國民政府的政策導向以外，還與三十年代中國社會
教育師資培養體系有關，特別是眾多培養社會教育專業人才
學校的設立，培養了一批學有專長的社會教育人才，促進了
各地民眾教育館人員的結構發生改變以及資格得以提升。據
統計，截至1934年，「以分布情形說，全國已舉辦或籌設
民教人才訓練機關者有蘇、浙、冀、魯、豫、鄂、贛、皖、
秦、晉、川、綏、甘、滇、察、桂及上海、北平、青島等二
十省市」，一些邊遠省份，包括寧夏、新疆、威海衛等省
市，「亦已在各種師範學校內，增設關於社會教育或民眾教
育課程」。[94]1941年8月，鑒於戰時社會教育需要及社會教
育師資的匱乏，政府專門設立了國立社會教育學院。此外，

---

[94] 王璋:〈一年來之民眾教育與人才訓練〉，《教育與民眾》第6卷8期。

教育部設立各省民眾教育館館長訓練班，各省市也設立相應性質的訓練班。專業學校的相繼開設，為民眾教育館人員的專業化水平提供了保障。

表3-14　湖南省民眾教育館館長履歷一覽表

館別	姓名	性別	年齡	籍貫	學歷	經歷	到職日期
省立第一民教館	魏際昌	男	32	河北撫寧	國立北京大學研究院，教育部各省市社教督導班訓練班畢業	湖南省教育廳社會教育督導員	1939.4
省立第二民教館	歐陽剛中	男	53	湖南武岡	日本高等師範學校畢業	湖南省教育廳科長、督學等職	1939.4
省立第三民教館	劉宏元	男	39	湖南安化	教育部民眾教育幹部人員講習班畢業	湖南省教育廳第四科科員及社會教育股長等職	1940.5
衡陽縣立民教館	蔡祥仁	男	33	湖南衡陽	省立五中高師科，教育部各省民教館館長訓練班畢業	中小學教員及縣教員委員	1940.5
湘潭縣立民教館	劉昌初	男	30	湖南湘潭	省立一中高師科、教育部各省民教館館長訓練班畢業	小學教職員	1940.12
桃源縣立民教館	劉昆	男	32	湖南桃源	省立三師卒業，省民教訓練班第4期結業	中小學教職員	1940.3
南縣縣立民教館	段中立	男	50	湖南南縣	湖南優級師範畢業，省民教訓練班第4期結業	師範學校校長	1940.8
長沙圫黎縣立民教館	易介祉	男	34	湖南長沙	長沙縣立師畢業，本省民教講習會結業，教育部民教館館長訓練班結業	圫黎師範中學部教員、萍鄉中學教員	1940.7
長沙清德縣立民教館	謝壽南	男	32	湖南長沙	省立一師畢業，教育部民教館館長訓練班畢業	長沙縣立小學校長	1940.7
永綏縣立民教館	李黎吟	女	30	察哈爾	國立北平師範大學畢業	芷江鄉師小學部主事	1940.5

禾陽縣立民眾教館	資燮	女	30	湖南禾陽	浙江警察學校畢業，本省民教訓練班結業	校長科員	1940.4
攸縣縣立民眾教館	龍騰	男	32	湖南攸縣	省立一師畢業，本省民教講習會第4期結業，教育部民教館館長訓練班結業	鄺縣教育科長、督學	1940.11
桂東縣立民眾教館	胡亞傑	男	29	湖南桂東	省立衛中高師畢業，省幹訓團民教組第1屆結業	縣立女校教務主任、民教館輔導教導主任	1940.6
澧縣縣立民眾教館	任水華	女	40	湖南澧縣	湖南第二聯合女子師範畢業，藝芳專門學校畢業，省幹訓團民教組第1結業	澧縣縣黨部委員，九澧女校教師及藝芳學校教員	1941.6
汝城縣立民眾教館	朱有猷	男	48	湖南汝城	湖南省第二聯立中學及省民教人員訓練班第1屆結業	本館圖書室主任7年，教導主任2年	1941.5
寧遠縣立民眾教館	黃健	男	27	湖南寧遠	湖北省立法商學院肄業，省民教館講習會結業	縣高小教員，教育局民教科員	1940.10
綏寧縣立民眾教館	黃承烈	男	29	湖南綏寧	武昌中華大學大學畢業	曾任中小學教員	不詳
安鄉縣立民眾教館	周策勳	男	48	湖南寧鄉	省立二師畢業，省幹訓團民教組第1屆結業	安鄉黨委員、教育局長	1940.8
靖縣縣立民眾教館	梁經書	男	31	湖南靖縣	南京三民中學畢業，省幹訓團民教組第1屆結業	縣龍山小學校長、區教育委員	1940.4
辰谿縣立民眾教館	張廷能	男	32	湖南辰谿	省立三中高中部畢業，省幹訓團民教組第1屆結業	歷任小學教員及教導主任	1941.2
彬縣縣立民眾教館	李富海	男	—	湖南彬縣	省立一師畢業	彬縣縣督學	不詳
衡山縣立民眾教館	王文	男	30	湖南衡山	省立長沙高中師範科畢業，省幹訓團民教組第1屆結業	縣立一小教員、縣黨部督導員	1940.11
桂陽縣立民眾教館	蕭汝霖	男	38	湖南桂陽	湖南南縣師範畢業，省幹訓團民教組第1屆結業	縣各級高小教員、縣財委常委	1940.7

醴陵縣立民教館	楊燾	男	40	湖南醴陵	嶽雲教育專修科畢業，省幹訓團民教組第1屆結業	醴陵縣立鄉村師範教務主任、岳雲高級農業技校副主任，醴陵縣立女子師範學校校長	1940.9
臨武縣立民教館	曾亮	男	25	湖南臨武	岳雲高中及民教講習班卒業	衡湘中學、縣立中學教員	1939.10
安仁縣立民教館	張達仁	男	42	湖南安仁	省立二師畢業，教育部民教館館長訓練班結業	校長、教員	1940.2
湘鄉縣立民教館	周言孟	男	36	湖南湘鄉	湖大特科畢業，教育部民教館館長訓練班結業	湘鄉縣黨部執監委員	1940.1
晃縣縣立民教館	楊世傑	男	41	湖南晃縣	漢口明德大學經濟系畢業，省幹訓團民教組第1屆結業	南京市社會局課員、中學教員	1940.9
華容縣立民教館	劉忠	男	40	湖南華容	湖南省立一師畢業，省幹訓團民教組第1屆結業	岳郡聯立中學教員、縣立中學校長及縣督學	1941.2
茶陵縣立民教館	馬東初	男	40	安徽	北平輔仁大學畢業，教育部令發本省服務	湖南省社會教育工作團第4組主任	1940.2
乾城縣立民教館	黃增萊	男	50	湖南乾城	省立一師畢業，省幹訓團民教組第1屆結業	縣教育局長、縣立模範小學校長	1940.7
新予縣立民教館	陳大倉	男	35	湖南新予	省立一師畢業，省幹訓團民教組第1屆結業	新予縣教育局長	1941.6
嘉禾縣立民教館	李德欽	男	32	湖南嘉禾	省立三師畢業，省幹訓團民教組第1屆結業	縣立高小教員、校長	1940.9
臨澧縣立民教館	唐炎	男	30	湖南臨澧	省立一師畢業，省幹訓團民教組第1屆結業	本縣縣立女校教導主任、軍委會政治部科員	1941.6
新田縣立民教館	陳南秀	男	23	湖南新田	臨中師範部畢業，省幹訓團民教組第1屆結業	縣立一小教員	1941.6
桑植縣立民教館	彭義範	男	34	湖南桑植	省立三師畢業，省幹訓團民教組第1屆結業	本縣縣立小學校長	1940.7

盧溪縣立民教館	李維聰	男	31	湖南盧溪	省立一師畢業，省民教教習會第4屆結業	本縣縣督學2年	1940.3
沅江縣立民教館	胡競修	男	40	湖南沅江	湖南大學畢業，省幹訓團民教第1屆結業	本縣縣政府義教科員	1940.12
石門縣立民教館	陳仲英	男	32	湖南石門	國立武昌中華大學文預科畢業，省幹訓團民教組第1屆結業	小學教員及民眾教育館工作10年	1940.6
東安縣立民教館	唐濟民	男	40	湖南東安	省立三師畢業，省幹訓團民教組第1屆結業	東安縣立鄉村師範校長，縣教育局課長6年	1941.6
瀏陽縣立民教館	彭衍湘	男	32	湖南瀏陽	省立一師畢業，教育部各省民教館館長訓練班畢業	高小教員、校長及民教主事	1940.5
麻陽縣立民教館	黃萬億	男	31	湖南麻陽	私立充澤中學畢業，省民教講習班第4期結業	不詳	1940.4
平江縣立民教館	張旦江	男	41	湖南平江	平江縣立師範，教育部各省民教館館長訓練班畢也	平江縣勸學官、縣立二小校長	1939.2
新化縣立民教館	胡堯明	男	29	湖南新化	私立修農師資科，教育部各省民教館館長訓練班畢業	修農附小勞資科主任、民眾學校實驗區主任	1940.2
資興縣立民教館	黃鴻	男	30	湖南資興	省立一師畢業	高小校長、縣政府科長、縣立中學教員	1941.1
零陵縣立民教館	黎桂中	男	40	湖南零陵	省立一師畢業	縣學學數年	不詳
鄯縣縣立民教館	羅卓傑	男	37	湖南鄯縣	私立國華中學畢業，省幹訓團民教組第1屆結業	縣政府義教科員、第四科長	不詳
道縣縣立民教館	雷成章	男	27	湖南道縣	省立衡山鄉村師範畢業，省幹訓團民教組第2屆結業	小學教師2年	不詳
益陽縣立民教館	丁之煦	男	37	湖南益陽	廣東公路工程專門學校，省幹訓團民教組第1屆結業	不詳	1940.2
古文縣立民教館	向龍廷	男	48	湖南古文	省立高等師範畢業，省幹訓團民教組結業	縣立高小校長	1940.7

龍山縣立民教館	王家楨	男	31	湖南龍山	湖南全省地方自治訓練班畢業	不詳	不詳
芷江縣立民教館	黃光輝	男	50	湖南辰穀	省立二師畢業，省民教講習會第4屆結業	辰谷縣立高小校長、辰谷縣立民教館館長	1940.5
常寧縣立民教館	王家麟	男	20	湖南常寧	省立一師畢業，省幹訓團民教組第1屆結業	本省縣政府義教及民教科員	1941.5
會同縣立民教館	王道傳	男	28	湖南會同	私立華中高師科畢業，省民教講習會結業	中小學校長、縣政府民教科員	1940.12
漵浦縣立民教館	熊海波	男	31	湖南漵浦	湖南省民教講習會結業	不詳	1940.9
永興縣立民教館	陳慧之	男	25	湖南永興	省立一師畢業，省幹訓團民教組第1屆結業	永興文明高小教員	不詳
永順縣立民教館	劉正言	男	29	湖南永順	省立高中畢業，省幹訓團民教組第1屆結業	縣立小學教員、縣立民教館教導主任	1940.8
宜章縣立民教館	黃中傑	男	28	湖南宜章	私立成章中學畢業，省幹訓團民教組第2屆結業	小學教員、民教館總務及教導主任2年	1941.8
祁陽縣立民教館	譚雪*	男	35	湖南祁陽	省立三師畢業，省幹訓團民教組第1屆結業	祁縣縣政府督學	不詳
邵陽縣立民教館	伍英	男	31	湖南邵陽	上海立遠學園高中農村教育科畢業，省幹訓團民教組結業	縣立師範教員、南京三民中學教員	1940.9
藍山縣立民教館	雷淵強	男	23	湖南藍山	私立成章中學畢業，省幹訓團民教組第1屆結業	訓練員	1941.6
安化縣立民教館	劉毓松	男	35	湖南安化	省立一師畢業，省幹訓團民教組第1屆結業	縣政府教育科員縣立第一女校校長	1941.7
通道縣立民教館	李保銓	男	32	湖南通道	省立三中畢業，省幹訓團民教組第1屆結業	本縣縣政府義教科科員	1941.4
鳳凰縣立民教館	戴互東	男	25	湖南鳳凰	武昌中華大學肄業，省幹訓團民教組第1屆結業	縣國民教育師資訓練班教員	1941.7

永明縣立民教館	周瑾	男	28	湖南永明	武昌中華大學肄業，省幹訓團民教組第1屆結業	本縣縣政府督學、茶陵縣政府科員	1941.4
江華縣立民教館	曾正若	男	47	湖南江華	省立三師畢業，省幹訓團民教組第1屆結業	民教館館長	不詳
城步縣立民教館	戴逖峰	男	32	湖南城步	省立一師畢業，省幹訓團民教組第1屆結業	本縣中心小學校長	－
武崗縣立民教館	周明芝	男	33	湖北武昌	省立一師畢業，省幹訓團民教組第1屆結業	本縣縣政府民教科員	－
湘陽縣立民教館	劉純正	男	38	湖南湘陽	長郡公學師範部畢業，省幹訓團民教組第2屆結業	本縣縣立女職校長、教育會常務注會	－
常德縣立民教館	郭述誠	男	47	湖南常德	常德府官立學堂及小學教員養成所，省幹訓團民教組第2屆結業	縣立中學教員	－
漢壽縣立民教館	曾墀聞	男	37	湖南漢壽	湖南中華美專畢業，省幹訓團民教組第2屆結業	湖北省立一中教員	－
黔陽縣立民教館	鄧紹武	男	37	湖南黔陽	省立二師畢業，省幹訓團民教組第2屆結業	縣政府督學	－
大庸縣立民教館	屈熙元	男	40	湖南大庸	北平高等法文專修科，省幹訓團民教組第1屆結業	大庸縣教育局局長	－
漵浦一區公立民教館	湛祖軒	男	31	湖南漵浦	私立明德中學畢業，省幹訓團民教組第2屆結業	漵浦一區區長	－
慈利縣立民教館	劉奇	男	30	湖南慈利	光華大學肄業，省民教館工作人員講習會結業	各中學教員6年，慈利縣政府民教科員	1941.2
沅陵民教館	黃文彬	男	55	湖南沅陵	上海私立正鳳文學院畢業，省民教講習會第4屆結業	小學教員	1941.5

說明：文中「*」處為原檔案資料處模糊，難以辨認。

資料來源：湖南省教育廳：《各民教館館長名冊、月薪支給標準、人員調查、工作動態及考績等名冊》，湖南省檔案館藏，59-3-1（全宗號－目錄號－案卷號），1941-1948。

從表3-14可知，湖南省各級民眾教育館館長的任職資格
基本上符合了《民眾教育館規程》中的要求。館長年齡小的
20歲，最大的55歲，大部分在25-40歲之間。從性別上看，
只有2館為女性，其他均為男性擔任館長。從館長籍貫來
看，除省立民眾教育館外，縣立各館基本上是由本地人士擔
任館長。從經歷上，有中小學校長及教員、縣督學、教育行
政部門科長、科員、縣黨部委員等從業經歷。從學歷上，各
級師範學校占第一學歷居多，教育部、湖南省開辦的各級短
期訓練班為其專業化知識提供了主要來源。這種民眾教育館
人員情況基本可以代表當時國內情況。

　　政府對民眾教育館人員選聘資格完成了制度化規定，接
受了一定專業訓練的中小學教師、低級公務員構成了巨大的
人才儲備庫，隨著民眾教育館人員任職資格的制度完善，從
形式上保證了民眾教育館館長、職員的專業化水平。由於種
種原因，實際工作中的「東郭先生」，儘管有層層關係來疏
通關節，但也難以獲得正式任命。

> 　　唐文先之所以能取得這一職務，全靠他的養父、鄉紳
> 中的頭面人物、參議員唐曼卿和岳父李子麟的極力推
> 薦。當時，省教育廳規定了掌民教館資格，唐只是省
> 立南充高中畢業，也無專業經歷，儘管縣上同意他主
> 持館務，但為了求得省裏的任命，唐託人走後門，通
> 關節，可直至該館奉命撤銷時，還是代理館長。[95]

---

[95] 王定華：〈營山民眾教育館的最後兩年〉，四川省營山縣政協文史工作委員
　　會編：《營山文史資料 第21輯》，編者1993年自刊，第86頁。

不難看出，儘管時局日艱，這個時期民眾教育館人員資格專業化程度明顯高於抗戰前黃裳對各地民教機構人員資格所做的統計。[96]1942年成立的國立社會教育學院作為第一所培養社會教育專業人才的高等學校，因國家行政力量的積極介入而正式成為高等教育體系中的一環；教育部訓令各地成立的各級社會教育、民眾教育館館長、幹事培訓班進一步保障了人員資格制度化的落實。

民眾教育館人員的選聘資格與待遇標準，在近代中國社會教育發展過程中，經歷了一個不斷完善的過程，由無序的自由放任狀態逐漸走向規範化、制度化。總體來講，在抗戰爆發前，在學術團體的努力下，先進省份的地方政府對於民眾教育館人員作了種種制度性規定，為1939年全國性的中央律令出臺作了理論和實踐上的充分準備，具體、細微的地方性社會教育法令和頗具現實色彩的知識份子的理論構想，推動了中央政府對民眾教育館人員任職資格和遴選標準向制度化發展。在民眾教育館人員任職資格、遴選標準邁向制度化的過程中，中央政府、地方勢力以及學術團體都曾扮演了重要角色，但在不同時期，不同的政治條件、不同的時局背景下，它們所起的作用不盡相同。

在「後發型」國家走向近代化過程中，政府所起的巨大導向與約束作用同樣表現在社會教育現代化過程中。綜觀以上考察，可以說二十世紀40年代以來，中國社會教育人員資格檢定已逐步走向規範化、制度化，在這一發展過程中政府曾起著重要作用。由於近代社會教育從一開始就是借助

---

[96] 黃裳著：《全國民眾教育人員訓練機關的調查》，廣東省立民眾教育館民眾教育叢書委員會1936年版。

官方力量推進，所以伴隨著這套制度的人員資格檢定基本上也就很難擺脫政府機構的行政控制權。儘管在這個過程中，出現了這樣那樣的弊端和問題，但對社群組織與公評制度向來薄弱的中國學界來說，政府機構所扮演的推動角色是其他機構或組織所無法替代的。換句話講，如果拋開當時社會環境，僅就人員資格制度化及民眾教育館事業發展來講，這個方面的努力是有著積極意義的。

（二）薪俸待遇

一般事業人員的經濟和社會地位，其薪俸待遇是一個明顯的標誌物，具體到民眾教育館，其職員的薪俸待遇如何，大體上反映了國家和社會對社會教育的重視程度。如前文所講，民眾教育館經費來自社會教育經費，主要靠政府撥款，特別是縣市立民眾教育館，由於地方財政大多緊張，且常遭「挪用」之虞，民眾教育館經費常處於捉襟見肘的狀態。儘管大部分經費用於薪金支出，但民眾教育館人員與相同級別的機構人員（如學校教師、政府公務員等）相比，不僅薪金低下，而且養老、撫恤、子女教育補助、住房、休假等方面也處於下風。到了40年代，政府教育行政部門以法令、法規的形式，對民眾教育館人員待遇給予了制度性的規定，一定程度上紓緩了待遇差別問題。

南京國民政府成立後，未對各級社會教育機關人員的薪水待遇等細節問題作統一規定，當時國際上通行的薪金制有四種，教育界大多採取職位功績制和訓練功績制相結合的方式，按照職位、學歷及年限來核定薪水。各地教育行政部門多依慣例自行發放。據黃裳對全國各省市民眾教育館人員

待遇的調查顯示，各地情況有所差異，如江蘇省各縣市立民眾教育館人員待遇稍高一點，館長最高的為60元，最低24元，平均數為40元，館員最高為42元，最低為0元（即兼職不兼薪）[97]；山東省民眾教育館館長平均數為26.17元，館員平均數為19.11元；浙江省各縣民眾教育館館長薪俸中數為20-25元。而當時全國中小學教職員薪金平均數，中學為37.96元，其中校長90元，主任49.19元，教員53.67元，職員27.10元；小學平均數為26.53元。[98]相比之下，民眾教育館館長及館員的薪金較低，「民眾教育館職員待遇應與學校教職員相同」、「縣立民眾教育館人員待遇應與小學教職員看齊」[99]，成為社會教育界大力呼籲的重點。

在表3-15、3-16及3-17中，宗秉新和林恒提供了江蘇、山東兩省縣立民眾教育館人員薪俸的更為詳細的資料。兩省最大差異之處，在於江蘇省有差別地規定了館長（主管人員）和各級館員之間支薪級別，該省縣立民眾教育館館長薪俸5元為級差，將31-60元之間分為六個等級；館員又分為部主任和幹事兩類，以4元為級差，分別以10-34元和20-44元為區間，劃分為不同的五個等級的薪俸。在兩省中，均有不支薪館長、館員的現象存在，他們大多由縣教育行政長官、科員兼任。江蘇省1935年春頒布了省立民眾教育館館員聘任及待遇規程，按照部主任、實驗區主任、幹事和助理幹事及書記四種職別，分8個級別，對館員的薪俸予以重新釐定。

---

[97] 黃裳的這個調查統計和宗秉薪的有所出入，據宗秉新借助江蘇省立鎮江民眾教育館之力，調查了江蘇省縣立民眾教育館數位顯示，館長（主管人員）有1人在16-20元，平均數則為34.2元。

[98] 黃裳：〈民眾學校教職員待遇的調查研究〉，《東方雜誌》第31卷14號。

[99] 李燕：〈民眾教育館問卷〉，《教育與民眾》第2卷8期。

表3-15 江蘇省縣立民眾教育館館長月薪一覽表

月薪元數	相當於標準級別	人數	月薪元數	相當於標準級別	人數
16-20		1	41-45	第四級	5
21-25		6	46-50	第三級	8
26-30		20	51-55	第二級	0
31-35	第六級	26	56-60	第一級	1
36-40	第五級	31	總計		98

注：調查中有2人不詳。

表3-16 江蘇省縣立民眾教育館職員月薪一覽表

月薪元數	相當於標準級別		人數	月薪元數	相當於標準級別		人數
	幹事	部主任			幹事	部主任	
4元以下			1	30-34	第一級	第三級	32
5-9			7	35-39		第二級	7
10-14	第五級		41	40-44		第一級	3
15-19	第四級		67	45-49			1
20-24	第三級	第五級	83	50-54			1
25-29	第二級	第四級	64	總計			307

資料來源：表3-15、3-16均為筆者根據宗秉新調查的「江蘇民眾教育館主
　　　　　管人員和職員的月薪統計」整理而成，詳見宗秉新：〈江蘇的
　　　　　民眾教育館〉，《民眾教育通訊》第3卷6期。

表3-17 山東省縣立民眾教育館人員薪俸一覽表（1932）

月薪	人數		月薪（元）	人數	
	館長	館員		館長	館員
0	8	4	26-30.9	40	28
6-10	0	12	31-35.9	17	5
11-15.9	1	93	36-40.9	6	0
16-20.9	3	257	41-45.9	1	0
21-25.9	24	125	總計	100	524

資料來源：林恒：〈山東各縣民眾教育館概況〉，《山東民眾教育月刊》
　　　　　第3卷6期。

表3-18　江蘇省立民眾教育館館員待遇標準

人員＼級別　數量	一	二	三	四	五	六	七	八
部主任	130	120	110	100	90	80	70	60
實驗區主任	90	85	80	75	70	65	60	55
幹事	70	65	60	55	50	45	40	35
助理幹事及書記	40	35	30	25	20	15		

說明：(1)以上薪額系包括膳費而言，單位為元；
　　　(2)以上等級須依據個人之學歷、成績、職務繁簡及各館經費之情形
　　　　　酌定之，但新任館員不得超過第四級薪；
　　　(3)在一館以內，助理幹事薪給不得超過幹事，幹事薪給不得超過部
　　　　　主任或實驗區主任；
　　　(4)各館如有特殊情形，得呈報教育廳變更之。
資料來源：〈江蘇省立民眾教育館館員待遇標準〉，載《教育與民眾》第
　　　　　6卷6期。

　　三十年代初，全國小學教師的薪水及生活狀況並不樂觀，維持基本溫飽已屬不易，關於這種情況的研究，學界早已達成共識。許多小學教師為了維持生活，不得不身兼數職，才能勉強糊口，既無精力從事其他活動，更無餘力去提升自己的業務水平。「目下政治不寧，社會衰頹，直接間接使小學教師，態度消極，生趣索然，致樂業專業精神，不能充分表現出來。如各級小學經費，因荒災的關係，往往不能按期發放；教師仰視俯畜之資，既十分微薄，而又時時發生恐慌現象；對於事業，不免常抱『做一日和尚撞一日鐘』的思想。」[100]當時報紙上，常常出現長篇累牘地報導小學教師因欠薪、扣薪而導致的請願、請假、怠教、罷教等突發事件，1934年9月29日《東南日報》報導餘杭縣拖欠四個月小

---

[100] 趙欲仁：〈今日小學教師的缺點及其補救〉，《教育雜誌》第25卷7號，
　　　1935-7。

學教師薪水，「學校辦公室的教員，好似監獄署裏囚人，大家只得相對而泣」，引起社會人士的強烈反響。[101]縣立民眾教育館人員的薪水尚且不及小學教師，其境況當是有過之而無不及。

相對於學校經費來講，社會教育經費被拖欠、挪用現象更為嚴重，1932年江蘇省各縣立農民教育館，「因特捐專款的關係，竟結欠十個月之多，……社教工作人員生活實在不易維持。」[102]同年，江蘇省教育館聯合會第五屆年會決議案中，赫然出現這樣一條：「由本會函請各縣教育局速予發清積欠社教經費，以後每月並按照收入成數如數撥發，不得拖欠。」年會決議一般都是該項事業熱點問題，拖欠薪工費問題堂而皇之列入決議中，拖欠民眾教育館經費，其人員薪水無著的嚴重性可想而知。更有甚者，遇到災荒年景，民眾教育館人員還面臨失業的危險。1934年江蘇省大部分地區發生旱災，田賦銳減，教育經費緊張，一些地方政府便直接裁撤了部分民眾教育館，「宜興原有農民教育館4處，今年以旱災關係，收縮了2處。」[103]上海市立民眾教育館在「因戰爭稅收無著，極度緊縮重編預算」下，「市長面諭」該館「即日結束」，「通知本館職員一律停職，並面諭各工役即日停工」。[104]工作人員的生活狀況陷入「困苦難堪」境地。

[101] 王廷弼：〈談餘杭的教育〉，《東南日報》1934-9-29，第4版。
[102] 相菊潭：〈一年來江蘇社會教育之回顧與展望〉，《教育與民眾》第4卷7期，1933-3。
[103] 朱若溪：〈災荒聲中之民眾教育評價〉，《教育與民眾》第6卷4期。
[104] 上海市檔案館藏：《上海市社會局關於市立民眾教育館資歷審核及人事任免請假等問題的檔》，Q6-18-22（全宗號－目錄號－案卷號），193910。

三十年代中期以後，即國民黨實行「法幣」流通紙幣，中山縣政府每月只撥1038元給教育館，這點錢要支付館長、館務主任和7個股的幹事、庶務、勤雜等30人的月薪以及教務的各種必要開支，經費非常拮据。館員每月工資30元左右（當時店員包食宿的月工資約100元）不夠養家活口。[105]

　　民眾教育館人員薪水低下，在難以維持生活的情況下，只得紛紛轉謀他路。加上拖欠、挪用甚至「暫時關閉」等威脅，使得這種情況愈演愈烈，有的民眾教育館正常工作都難以運轉。抗戰期間，物價飛漲，極其菲薄的工資待遇，工作人員難以維持生活。以蒲江民眾教育館、當陽民眾教育館等為例：

　　1940年，館長月薪55元，館員40元。1946年，改為黃穀（或大米）支薪，館長1石，館員8鬥，館役2斗。有時月支薪法幣2-3萬元。因待遇太低，員工生活無著，人員敷衍塞責，疏懈曠職，工作處於半停頓狀態。[106]

　　當陽縣民眾教育館編制是館長一人，館員二人，工友二人，每月經費156元，在縣財政教育經費下開

[105] 李國瑞：〈漫說中山民眾教育館〉，廣東省中山委員會中山文史編輯部編：《中山文史 第43輯》，1998年自刊，第112頁。
[106] 夏承禹：〈解放前蒲江縣通俗圖書館與民眾教育館〉，中國人民政協蒲江委員會文史資料研究委員會編：《蒲江文史資料選輯 第2輯》，編者1989年自刊，第58頁。

支。……我是1936年6月到館，月薪20元，難以支撐生活，恰遇華楚書局經理張質佛兼任縣農林試驗場場長，他要我幫忙去栽油桐、植茶樹，總算增加點了收入。[107]

　　為了維持抗戰期間民眾教育館人員隊伍的穩定性，教育部迭發規章，對民眾教育館人員的薪俸進行了制度規定。遵照教育部指示，不少省份，如湖南省按照一、二、三不同級別分甲、乙兩等，對各級民眾教育館人員的薪水做了明確劃分，在抗戰後期，除去貨幣外，還發放實物（如大米等）、代米券等，如成都市立民眾教育館除了津貼補助以外還有實物的發放，館員由1941年的每月補發食米兩市斗半到1943年以後的每月補發一石的食米，館役也有兩斗五升漲到後來的五斗，並且還對館員的家屬也進行補貼，以三人為最高上限，每人每月補助米津48元。而且越到後來實物補給和津貼工資所占的比重遠大於職員們的基本工資。[108]這些措施一定程度上保障了民眾教育館人員的生活。

表3-19　抗戰時期成都市立民眾教育館薪金情況一覽表

（單位：元）

年度 ＼ 職別	館長	主任	館員	館役	嗇夫	花匠	打掃夫
1933	60	24	16/12	6・6	6・6	6・6	5・5
1935・1	60	24	16/12	6・6	6・6	6・6	5・5
1937・9	60	30	18	7	7	7	6

---

[107] 李博民：〈憶當陽抗戰前的民眾教育館〉，湖北省鍾祥縣委員會政協志編纂委員會：《當陽文史 第3輯》，編者1987年自刊，第266頁。

[108] 四川省檔案館藏：《成都市立民眾教育館館員發放實物補助》，33-115（全宗號一案卷號），1941-1943。

1938·4	64	40	30	7	7·5	8	7
1939	80	50	40/30	8	9	10	8
1941	122	68	50/40	15	20	30	15
1942·5	140	80	60/40	16	--	24	--

說明：(1)1935年國民黨改革幣制，全國發行法幣，法幣成為正式流通的貨幣，所以從1935年開始，價格一般是指法幣的元。

(2)1942年以後的薪金情況與1942年5月的相同，沒有變化，因此此表沒有列後面三年工資情況。

(3)館員的薪金按其工作職位的不同分為兩種級別。

資料來源：張研：《抗日戰爭時期四川省的社會教育——以成都市立民眾教育館為中心的研究》，四川大學2007年博士學位論文，99頁。

　　根據表中顯示，工資數額與館內職位的高低成正比，工資最高的是館長，最低的是館內的打掃夫。有一個有趣的現象，1937年全面抗戰以來，工資卻基本呈上漲的趨勢，這主要是因為抗戰局勢動盪，經濟狀況不好，物價上漲較快。可見，工資的變化情況與當時社會經濟發展狀況有直接的聯繫，經濟狀況的好壞對工資的變化起著決定性的作用。

表3-20　四省省立民眾教育館職員薪俸一覽表（1948年）

姓名	性別	年齡	籍貫	職務	任職時間	月薪	履歷
陳行可	男	55	四川宜賓	館長	1945.4	500	曾任各大學主任教授及省委員
楊鴻昌	男	32	河南杞縣	主任	1943.1	400	曾任師範學校教員
陳虞棠	男	51	四川華陽	主任	1946.2	400	曾任成都師大教授、省立中學及師範的校長
江閭偉	男	54	四川成都	主任	1946.4	400	曾任大學系主任
江公為	男	49	四川成都	專門委員	1948.8	360	曾任中學教員、省師範校長、教育廳督學、科長
孫伏園	男	55	浙江紹興	專門委員	1947.1	360	曾任齊魯大學中文系主任

胡忠智	男	46	四川廣安	專門委員	1948.8	300	曾任省師資校校長、教育廳督學、大學教授
羅學府	男	34	四川瀘縣	專門委員	1948.2	300	曾任校長、教育廳科長及師範學校教員
陶覺己	男	50	四川雲陽	專門委員	1948.7	300	曾任督學、中學及師範校長
唐世蘭	女	38	四川健為	專門委員	1946.11	200	曾任中學及師範教職員
尤仁安	男	37	江蘇無錫	專門委員	1946.11	200	曾任教育廳編審、川大講師會主任秘書
沈熠山	女	37	浙江杭縣	專門委員	1945.11	200	曾任講師及教授
任重遠	男	32	四川樂山	研究員	1947.3	200	曾任總編輯及師範校長
徐元之	男	32	四川洪雅	研究員	1948.3	200	曾任民教館館長、縣中校長
徐用儀	男	52	四川蘭陽	研究員	1946.8	200	曾任助教及教務主任
洪毅然	男	36	四川宣漢	研究員	1947.7	200	曾任出版教務主任
鄭清芹	女	36	四川雙*	研究員	1945.9	180	曾任中學教員
趙知聞	男	32	四川南充	研究員	1947.8	160	曾任中學教員
劉雲光	女	38	四川南充	幹事	1946.3	140	曾任民教館圖書室職員
陳靜倫	女	36	四川蒲江	幹事	1941.11	140	曾任會計助理員
彭石	男	31	安徽舒城	幹事	1946.9	120	曾任助教及教務主任
鍾可立	男	35	四川巴縣	幹事	1943.1	120	曾任小學校長及幹事
伍宗華	男	28	四川宜賓	幹事	1948.8	120	曾任圖書管理及主任
胡玉清	女	28	四川榮昌	幹事	1947.9	110	
萬廷恢	男	35	四川永川	幹事	1945.4	110	曾任教員

郭子璋	女	24	河南溫縣	幹事	1948.4	110	曾任幹事及教員
劉鈞烈	男	27	四川華陽	助理幹事	1943.2	90	曾任小學教員
葉懋伯	男	37	四川成都	助理幹事	1946.5	90	曾任軍需佐事事務員、會計員
孫銘君	女	39	河北北平	助理幹事	1946.3	70	曾任小學教員
郭履輝	男	23	四川資中	助理幹事	1944.10	70	曾任小學教員
戴如蘭	女	34	四川中江	助理幹事	1945.6	50	曾任小學教員
常汝霖	男	50	四川華陽	助理幹事	1947.7	50	曾任糧政局科員
呂良環	女	34	四川華陽	助理幹事	1947.10	50	曾任教育局科員、銀行職員
張雪	女	28	四川成都	書記	1948.3	50	
盧國蘭	男	23	河南信陽	書記	1944.9	50	曾任小學教員
蔣石生	男	34	四川成都	書記	1945.8	50	曾任*員書記、郵佐
趙世杭	男	23	四川成都	書記	1947.8	40	
蘇季雲	女	31	四川成都	書記	1947.8	40	
鄭吉雲	男	35	四川樂至	油印生	1941.2	26	
曾蒔芳	女	29	四川簡陽	會計員	1947.10	150	曾任會計處科員

說明：*代表檔案中字體模糊，難以辨認。
資料來源：南京第二歷史檔案館藏：《四川省立民眾教育館職員表》，
　　　　　5-292（全宗號-案卷號）。

　　如上表所示，四川省立民眾教育館館長陳行可月薪為500元，3個部主任為400元，而8個專門委員則有了差別，分為360元、300元及200元三個檔次，研究員、幹事、助理幹事和書記分別為200-160元、140-110元、90-50元、

50-40元不等，會計員由省審計處直接委派，支月薪150元，油印生屬於實習生，月薪26元。不難看出，職別和學歷經歷是該館劃分薪俸等級的主要標準。1943年貴州省立遵義民眾教育館全年經費為45,108元，每月實支數為3759元，其中薪工費2940元，館長為340元，主任4人各為220元，幹事五人各支160元，助理幹事五人各支120元，工人支30元。因當時通貨膨脹嚴重，「即便是館長，收入要養家糊口也是相當困難，所以工作人員處於生活不安定的狀態，多在外面中小學兼課或兼其他工作，不能專心投入民眾教育館工作。」[109]

　　民教館職員的待遇方面，比學校教育職員要低，僅比一般工人略強。與學校教員來比，除去薪水低下外，民眾教育館人員在休假、納稅、養老金、恤金等方面也存在著差距。如學校教職員每年寒暑假及各種紀念日，可以帶薪休假，而服務滿五年後，「有給假休養一年，仍支原薪之規定」。但民眾教育館沒有寒暑假之分，甚至在假期中「且倍形忙碌」。「我們已經勉強做到終年不閉館。博物館、國恥紀念室、衛生室等都是例假開放、星期開放，中午不停，吃飯的時間互相輪換。……每逢人家悠然自得的時候，便是我們繁忙努力的時候，在除夕爆竹聲中佈置藝術館，在大年初一開辦化裝科學講演……。」[110]工作量非常大，搞得不少館員疲憊不堪。各地民眾教育館紛紛具文，請求教育部給予「學校職員的同等待遇」。

---

[109] 王永康：〈「遵義民眾教育館」史記〉，遵義縣學習文史委員會編寫：《遵義文史資料 第11輯》，編者1987年自刊，236頁。
[110] 崔叔青：〈對社會教育機關兩個小建議〉，《山東民眾教育月刊》第4卷1期。

1934年，在江蘇省立南京民眾教育館的再三努力下，教育部就民眾教育館休假問題做了明確規定，「嚴寒酷暑時得更番休息」，「休息時間，暑假至多不得超過三星期，寒假不得超過兩星期」，並且，各館要留足夠的值班人員，「不得使工作停頓」。[111]江蘇省民眾教育館聯合會為了爭取與學校教職員同樣的權利，1935年函請聯合江蘇省教育廳，請求「社教人員寒暑假更番輪休日期，與省立中等學校假期一致」，被教育部拒絕，「維持原定規定」。[112]同年5月，教育部還通令各省市教育廳，「民眾教育館圖書閱覽部分，除規定休息日外，每日下午五時以後，九時以前仍應開放。」要求民眾教育館延長開放時間。

　　三十年代初期，「各縣教育經費不甚穩定，事業費時常無著，且待遇菲薄」[113]，中期以後國民黨實行「法幣」流通紙幣，如中山縣政府每月只撥1038元給教育館，「這點錢要支付館長、館務主任和七個股的幹事、庶務、勤雜共達30人的月薪以及教務的各種必要開支，經費非常拮据。館員月工資30元左右，縣裏店員包食宿的月工資還有100元，館員的這點工資基本談不上養家糊口。」[114]從民眾教育館工作強度來講，絲毫不低於學校教職員，除去館內工作，還要為改進轄區民眾生產、生活水平而努力。「民眾教育館的使

---

[111] 教育部：〈為據省立南京民眾教育館請示社教機關休假備文轉請核示〉，《教育部公報》第6卷23、24期合刊，1934-6。

[112] 〈為據教育學院等呈請規定社教機關寒暑假更番休息日期擬酌規定祈核事由〉，《教育部公報》第7卷5、6期合刊，1935-2。

[113] 劉百川：〈江蘇省第三民眾教育區民眾教育研究會第三屆大會報告〉，《教育與民眾》第7卷1期。

[114] 李國瑞：〈漫說中山民眾教育館〉，廣東省中山委員會文史編輯部：《中山文史 第4輯》，編者1998年自刊，第112頁。

命，不僅是使民眾識字和獲得普通知識而已，她還應該負起文化教育、民族教育的中心以及改革社會習慣的行為，並統一調和社會的意志等使命」。[115]「民教人員與學校教職員相較，無論在職責上與勞力上，均有過之而無不及」。[116]

如前文所述，民眾教育館人員主要來源於中小學教職員、行政公務員系列，待遇低薄，生活難以保障，使得優秀人才難以進入、留置並安心工作。相比小學教師流失情況，民眾教育館人員流動更是嚴重。如湖北省恩施縣民眾教育館館員汪芙，工作時間不足一月，「因就區立醫院司藥職務而去職」，經濟因素佔據主導，「民眾教育館一月僅支薪十六圓，而其時一醫院職員薪水則約二十五圓。」[117]在這種情況下，民眾教育館選聘人員只能降格以求，使得不合格人員比例增大，一些專業素養不高的人進入民眾教育館，以為暫時棲身之所，從而形成民眾教育館人員隊伍的人才逆淘汰現象。根據民國時期職級俸給制的規定，這些程度不高的從業人員又進一步影響了社會教育從業人員薪金提高的可能性，人員的選聘和待遇陷入了惡性循環之中，很大程度上影響了民眾教育館形象，妨礙了其績效實現。總體上，民眾教育館人員隊伍在不斷擴大，而有經驗的人員卻在大量流失。當然，民眾教育館人員流失的原因不止一端，但待遇低下則為要因。

---

[115] 張耿西：〈社會式的民眾教育機關之綜合研究〉，《教育與民眾》第2卷2期。

[116] 周方楠：〈民教人員的待遇問題〉，《湖北民教》第1卷7、8期合刊，1936-8。

[117] 高遠馭：〈恩施縣立民眾教育館半年來之館務概況〉，《民眾旬刊》第59、60期合刊，1935-10。

儘管當時政府宣稱社會教育和學校教育並重，但是在具體實施過程中，由於種種原因，從事社會教育的人員所享受的待遇卻與學校教職員有一定差距。民眾教育館人員待遇低下顯然受社會教育經費多寡的制約。從表面上看，民眾教育館人員待遇的低微乃是因為社會教育經費短缺所致。無論中央政府還是地方政府都制定了保障社會教育經費的法令規章，但社會教育經費短缺問題卻始終未能解決。當時的政治經濟環境是大局囿，縣立民眾教育館經費取給於地方，而不是國庫統一支給，這勢必導致地方政府當局在經費的投入上下其手，隨心所欲，儘管國家最高教育行政機關三令五申，但無濟於事，置若罔聞。「各地方教育當局，尚多視為附帶事業」[118]，導致「不少地方多有挪移學款漠視社會教育情事，使民教館經費枯竭，一切工作無多表現。」[119]這樣，勢必導致社會教育社會地位低下，正如高踐四所指出的，「學校教育是糧食，……現在的人都把社會教育當作點心看待」，[120]民眾教育館在某種程度上成了地方長官裝點門面和炫耀政績的幌子。

　　國民政府在1926年11月公布了《學校職教員養老金及恤金條例》，按照條例規定，凡連續服務15年以上的教職員，年逾60歲，自請退休或由學校請其退休，可以領取養老金；如果年未滿60歲但身體衰弱不能繼續工作或因公受傷、致殘而不能工作者，雖未滿規定年限，也可領取養老金，養老金至退休之日起，至死亡之日止。條例對教職員遺

---

[118] 劉祖培：〈松滋社會教育之今昔〉，《民教旬刊》第59、60期合刊，1935-10。
[119] 張簡：〈咸豐縣民眾教育館志略〉，《民教旬刊》第59、60期合刊，1935-10。
[120] 高踐四：〈高踐四先生言論〉，《教育與民眾》第2卷1期（補白）。

族恤金作了規定，按照服務時間及死亡原因，分專兼職教員兩類，制定了數額不一的給恤標準。如規定因公受傷或受病以致死亡者，按照最後年俸的倍數給予撫恤。[121]國民政府對社會教育人員則無明確規定。1930年安徽省就該省第一通俗教育館講演部主任汪朗溪「在職病故」，特向教育部請示能否按照學校教職員待遇，教育部以「學校職教員養老金及恤金條例規定僅適用學校職教員，該故員係社會教育職員，自未便援用此種條例」為由，「指令不准」。[122]該館又輾轉他部請示，最後確定，「得援照公務員恤金條例辦理」。鑒於這種無章可循的混亂，中國社會教育社第二、第三屆年會都有相關決議，呈請中央政府速訂定「社會教育服務人員養老金及恤金條例」，但均無結果。1935年成都市民眾教育館先後為已故館員溫壽廷、馬光廷、葉大銓等三人請求撫恤，市政府「酌情」給予溫、馬二人兩個月恤餉13.2元，而葉大銓因在職不滿兩年，只發恤金一個月。

此外，民眾教育館人員沒有享受到學校教職員免稅的待遇。1936年國民政府規定，自該年10月1日起，徵收公務員薪給報酬所得稅，規定「在公務員中小教職員特規定免納所得稅之優待」，而「對於受低薄待遇的社教人員，不加以稍許優待」。[123]社會保障體系的制度缺陷，使得民眾教育館人員的休假、養老、撫恤以及稅金等有關切身利益的重要問題往往無章可循，只能憑政府意志隨機行事。

[121] 教育部：《教育部社會教育法令彙編》（第一輯），商務印書館1936年出版。
[122] 〈省立第一通俗教育館呈為該館職員汪朗溪積勞成疾故請核予優恤〉，《教育部公報》第2卷28期。
[123] 勁松：〈社教人員應免納所得稅〉，《湖北民教》第1卷2期，1936-10。

四、人員遴選與年功考核

前文已經涉及到民眾教育館人員實際任用的一些問題，為了進一步瞭解民眾教育館內部管理，下面從人員遴選程式和對這些人員的年功考核兩個方面進行考察。

（一）人員遴選

社會教育擔負著「再造民族」、「再造國家」的重任，國民政府對社會教育機關的主管人員遴選非常重視。教育部特於1930年5月頒布《社會教育機關主任人員之任免辦法》，有關民眾教育館館長（主管人員）有如下的規定：

(1) 省立社會教育機關（教育館、博物館等）主任人員之任用，由省教育廳廳長提出合格人員於省政府會議通過後，由省教育廳派充，並得以省政府名義派任之；

(2) 特別市立社會教育機關主任人員由特別市教育局長選薦合格人員，呈請特別市政府核准派充；

(3) 縣市立社會教育機關人員之任命，由縣市政府選薦合格人員，呈請省教育廳核准派充。

(4) 在省教育廳尚未成立之省份，前列一、二兩項人員之任命，由省政府派充或核派。

(5) 各項人員之更調或撤免，依照任用之手續辦理。

根據中央政府法令，各地方政府根據實際狀況，做了變化不一的規定，廣東省的辦法較有特色，《廣東省各縣市籌設民眾教育館辦法大綱》規定了「以經費為區別標準」的遴選辦法，「縣市立民眾教育館，如每月經費在七百元以上者，其館長由縣市政府遴請教育廳委任，不及七百元者，由縣市政府委任；區立或私立民眾教育館由設立者遴請縣政府委任。」[124]在此後教育部頒布的三次民眾教育館規程中，均對民眾教育館人員遴選作了明確規定。以1939年《民眾教育館規程》為例子，該規程第九條規定如下：

　　　　第九條　民眾教育館設館長一人，綜理館務。
　　　　省立者由教育廳遴選於本規程第十一條資格之人員，提請省政府會議核定後派充之；
　　　　市（行政院直轄市）立者，由市教育行政機關遴選合於本規程第十一條資格之人員，呈請市政府核准後派充之，均應呈報教育部備案。
　　　　縣市立者，由縣市政府遴選合於本規程第十四條資格之人員，呈請教育廳核准後派充之；由教育廳於必要時得直接遴選合格人員派充之；
　　　　地方自治機關設立者，有設立機關遴選合格人員，呈請縣市政府核准後派充之；
　　　　私立民眾教育館館長，由設立人兼任或聘任之，但須呈報主管教育行政機關核准備案。

---

[124] 教育部社會教育司：《社會教育法令彙編》，商務印書館1936年版，第241-242頁。

規程中對各級民眾教育館館長的遴選任用規定了不同的行政機關，省市立者由教育廳或市教育局負責，縣市立者則直接由縣市政府負責，並規定必要情況下省教育廳可以直接遴選合格人員派充至縣市立民眾教育館，如北平輔仁大學畢業的馬東初，湖南省教育廳鑒於該人屬「教育廳令發本省服務，且在擔任本省社會教育工作團第四組主任期間，成績斐然」，特派充到茶陵縣立民眾教育館擔任館長一職，以期改變該館人事混亂的局面。[125]規程對地方自治機關和私人設立的民眾教育館館長，也作了相應的規定。

　　1934年1月教育部舉行的民眾教育專家會議上，通過了「請教育部咨商內政部指定各省之一縣或若干縣，以縣立民眾教育館館長或農民教育館館長兼任區長實行政教合一」決議。教育部內政部共同努力，在昆山、宜興、南通三縣，遴選有聲望之人員為區長，由區長兼任民眾教育館館長，負責主持推進區內事業。

　　從政府對民眾教育館規程、規則看，民眾教育館館長遴選已納入國家行政官制體系，各級政府掌控和主宰著遴選大權，民眾教育館成為了真正意義上的「地方事業單位」。國民政府通過嚴格民眾教育館館長任用程式，強調「服膺黨義」，構建官僚化的遴選體系。民眾教育館作為民眾教育運動的綜合機關，除去自身的教育設施外，還負有輔導、協助地方社會教育之責，「社會上認可民教館為機關，館長被視為地方領袖之一」。[126]

---

[125] 湖南省教育廳：《各民教館館長名冊、月薪支給標準、人員調查、工作動態及考績等名冊》，湖南省檔案館藏，59-3-1（全宗號－目錄號－案卷號），1941-1948。

[126] 蔣錫恩：〈現行縣民教館工作之批評及改進意見〉，《山東民眾教育月刊》

國民政府通過「行政力」將民眾教育館納入國家權力體系，有一定的社會地位，這為那些政治失意者提供了暫時安身立足之所，為「野心家」提供了「進身之階」，這也是地方強權介入民眾教育館人事安排最大動因。「一般在教育界具有野心的人，每夤緣而充任館長，藉此地位以與本縣黨政軍各機關團體主管人員相周旋，以『為民眾努力』相標榜，而博得一般社會人士的同情，因此而增高其身價，抬高其地位，然後再逐步設法企圖達到他所報的野心。」[127]因任民眾教育館館長一職而踏入黨政界的比比皆是，一旦達到目的，

圖3-4　湖南省立長沙民眾教育館館長委任狀

資料來源：湖南省檔案館藏：《長沙市民教館人事任免材料》，59-3-23
　　　　　（全宗號－目錄號－案卷號）。

第6卷9期。
[127] 楊汝熊：〈縣立民眾教育館現況及其改進的途徑〉，《山東民眾教育月刊》
　　　第6卷10期。

對館長職務便「如棄舊履」，如湖南省立民眾教育館館長龔心印因出任第八軍政訓處處長而棄去館長一職，[128]湖北省宜昌縣立民眾教育館館長「惟因旋被選為縣黨部執行委員，黨務繁重，疏於兼顧」，遂辭去館長職務。[129]為了謀求館長一職，行政長官之間請托之風盛行，如國民黨要員劉斐就向湖南省政府主席張治中，函薦其少年同學楊東蓴出任湖南省立民眾教育館館長，以取代原任館長段輔堯。下為劉斐函薦信原件照片（部分）：

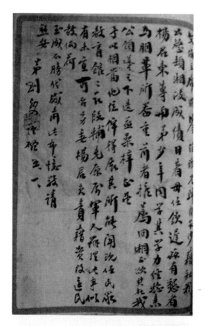

圖3-5　國民黨政要劉斐函薦信

資料來源：湖南省檔案館藏：《長沙市民教館人事任免材料》，59-3-23（全宗號－目錄號－案卷號）。

[128] 湖南省檔案館藏：《長沙市民教館人事任免材料》，59-3-22（全宗號－目錄號－案卷號）。
[129] 黃一六：〈宜昌縣立民眾教育館概況〉，《民眾旬刊》第59、60期合刊。

第三章　民眾教育館的內部管理

233

在推薦信中，劉斐一副「為天下民教」的「公器之心」：「楊君東葊，與弟少年同學，其學力經驗，素為朋輩所器重，……。聞現任民眾教育館館長段輔堯原屬軍人，辦理此事，似有未宜。可否另委楊君負責，藉資改進民教，……倘荷玉成，不勝感念。」段輔堯得知「劉斐薦楊君」後只有「請辭去」，先後三次向教育廳廳長朱經農遞交辭呈。

段輔堯時年33歲，湖南益陽人，畢業於廣東嶺南大學，曾任廣東省教育廳視察員，督學、湖南幹部訓練團少將、師政治部主任等職，1937年4月被任命為湖南省立民眾教育館館長，之前身份是省督學、湖南省政府顧問，與前任省主席何健私交甚深。當其5月1日「到館接鈐視事」、補行宣誓儀式時，教育廳廳長朱經農親自監誓，省主席何健受邀親臨，「並賜訓詞，以昭鄭重而資遵循」。段輔堯能出任館長一職，是何健力排眾議[130]結果，現在張治中接任省主席，「一朝天子一朝臣」，段久在官場，深諳其中規則，便自覺提交辭呈。以下是段的辭呈（部分）與教育廳批覆內容：

一辭（1937年11月23日）

　　竊自本年五月奉令接任館長，迄今瞬逾半載，對於館務進展，雖秉承鈞旨勉赴事功，然自揣菲材實鮮建樹，午夜縈思，內心滋愧，矧際斯禦冠日亟，靖難方殷，致力民眾組訓，擴大救國宣傳，實為各省民教事業

---

130 根據檔案顯示，有不少人通過各種關係在爭取湖南省立民眾教育館館長一職。如1937年1月12日，來自南京「發報局」單振真發給湖南省主席何健的「薦函」：「何主席芸樵兄勛鑒：密向君凱然為本黨老同志，學識俱優，兄所素知，擬請委以通俗館長，俾展所長，毋任感禱。」詳見湖南省檔案館藏：《湖南省通俗教育館概況》，59-1-501（全宗號－目錄號－案卷號）。

之前提。殊關今後長期抗戰之大計，尤非才力綿薄、學識膚陋如堯者所可勝任，與其貽譏覆？孰若藏拙避賢。

批覆：該館長自任事以來，對於館務進行，審時度勢，計畫周詳，當此抗戰時期，正期努力以赴，所請辭職一節，應無庸議。（朱）

二辭（1938年9月3日）

……竊堯奉命接長本館迄逾年餘，捫心自問，實尠建樹，幸蒙訓導多方，得免貽誤。時至今日，民教工作，亟宜加緊推行，未可稍涉因苟，只以局勢轉移，漸滋阻礙；……雖欲自效，莫由參與，縱有計劃，亦屬廢然。……

以上各情，均屬窒礙層出，進展維艱，在鈞廳自有苦衷，或匪局外所知，在輔堯原非畏葸，實屬力有不逮；且不忍以經年所規營者，一朝銷失於無形。與其伏棧貽譏，不若急流引退，情真語摯，一本至誠，欲避賢路，正切倚裝。

……鈞座愛人以德，當邀俯順下情，食德以報，期諸來日。所有迫懇辭職各由，理合具呈。

批覆：慰留。（朱）

三辭（1939年2月20日）

……想改弦之始，即藏拙之時。

批覆：慰留。（朱）[131]

[131] 湖南省檔案館藏：《長沙市民教館人事任免材料》，59-3-23（全宗號─目錄號─案卷號）。

從辭呈行文來看，段氏雖用語謙恭，願為謀事業發展而「藏拙避賢」，但字裏行間閃爍著「為迫懇辭」的委屈。揆之史實，由於教育廳廳長朱經農為段氏「極力張言」[132]，省主席張治中回覆劉斐函中寫道：「第現任館長段輔堯自視事以來，對於館務之整理，業務之推進，尚著成績，暫難更動，楊君現已由本廳移為高級參議，倚重之處正多，不僅民教事業僅共仰見而已」，[133]將楊東蓴聘為高級參議，如此段輔堯的館長職務得以保留。

由於長期的軍閥割據，南京國民政府成立後，雖努力「將國家權力伸入到社會基層」，但當鄉紳政治被國家政權建設所取代後，基層政權並沒有更多地成為國家的代理人，反而繼承了過去鄉紳政治時基層政治對國家政治的隔離。為了自身利益的獨立和膨脹，基層政權的經營者對國家政策的變通執行會成為其必然選擇。這樣，國家政策常常成了基層既得利益者擴大和維護利益的策略資源。[134]也就是說，即便國民政府對民眾教育館人員任職資格和遴選有嚴格的規定，但地方政府在執行過程中會依據自身利益而有所變通，黨派之間的紛爭在其中也起著微妙的作用，各地民眾教育館人員的實際任職資格和遴選集中暴露了這個問題。

---

[132] 朱經農以教育廳名義「上主席張」的公文如下：「（段輔堯，筆者注）自二十六年四月委充該職以來，任事勤勞，對於館務如內部之整頓、民校之增設、通俗日報之改良等等，尚著成績，關於本省民教之推行界倚正。殷擬請暫勿更正，俾得展其所長。」詳見：湖南省檔案館藏：《長沙市民教館人事任免材料》，59-3-23（全宗號－目錄號－案卷號）。

[133] 湖南省檔案館藏：《長沙市民教館人事任免材料》，59-3-23（全宗號－目錄號－案卷號）。

[134] 熊萬勝：〈「國家與社會」框架在鄉村政治研究中的適用性——綜述和評價〉，《華東理工大學學報（社會科學版）》，2003(03)。

建始地方上的派別鬥爭十分激烈，張、范、徐、羅四
大家（號稱「四大天王」）中又分作兩派，各派都想
利用自己的關係安排親信，民教館館長人選引起了兩
派的爭執不休，當時的縣長有點左右為難，於是他就
採取哪一派都不用的方法，我因原來是搞社教工作的
人員，就要我來當館長。[135]

聽說那時候預備做館長（如皋縣立民眾教育館，筆者
注）的竟有五六人之多，其中有縣黨部的委員先生，有
新聞記者，有大學畢業生和修業生，有館內的舊職員。
該縣教育局的沙局長不得已，毅然決然的委任了大家都
意料不到的一個我，一個和家鄉教育界素來陌生的我。
這樣一來，許多人感到失望，許多人覺得憤慨。[136]

　　地方政府設立民眾教育館大多是根據中央政府的要求奉
命行事，絕大多數行政長官僅將其作為「吃公飯」的機關而
已，「遴選合格人員」大多流於書面、公文而已。「做怕小
學教師的來鑽營，失業或被撤職的小學教師也來鑽營，私塾
先生也來鑽營，地方上略識之無的也來鑽營……。」[137]如
上文提到如皋民眾教育館館長人選，之所以選擇朱秉國，
不是因為他曾受到專門的社會教育專門訓練（畢業於江蘇
省立教育學院），也不是他曾從事社教數年的工作實踐，

[135] 鄒侍清：〈抗日戰爭建始民眾教育館的活動概況〉，鄂西自治州建始縣委員
　　會文史資料研究委員會編寫：《建始文史資料 第1輯》，編者1987年自刊，
　　86頁。
[136] 朱秉國：〈十五日民眾教育館館長生活雜記〉，《教育與民眾》第3卷7期。
[137] 林宗禮：〈民眾教育館的兩大危機〉，《教育與民眾》第5卷9期。

而是「預備做館長」太多，教育當局難以平衡，只好請「一個和家鄉教育界素來陌生」的朱秉國來擔任館長。在民眾教育館實際遴選中，「一般人對此項工作不瞭解，並且認為是敷衍公事的事情，行政當局亦多存此心，以此，委任人員時，並不挑揀專門人才，中學畢業可以做館長，地方冬烘也可以做館長，甚至退伍的兵士、失意的政客也無不可充當館長。民眾教育館成了安排私人關係的場所。」[138]而且，在民眾教育館館長的遴選問題上，常常會引發黨派或地方權勢的鬥爭。

> 民教館（萬年縣立民眾教育館）系縣府直接領導的教育機構，在參、黨兩派明爭暗鬥的政治風雲中，就成了兩派勢力角逐的對象。館長陳炳泉雖非萬縣人，但傾向於國民黨派（陳系蘇州人，在教育界任職多年），該館成立之初，縣當局便派陳去贛州梅林江西省地方行政幹部訓練團社教班學習，兩個月期滿結束，回館擔任教導股主任。陳在梅林學習時，結識了不少省裏社教要人，……由於陳炳泉有這麼一些人事關係，回館不久便升為館長。縣長肖謙下臺，由余大年接任，民教館仍由陳炳泉執掌，余大年卸任後，由章炳年接手，在余章交接時，余被參派要脅，被迫放起「馬後炮」，故任命參派頭目聶北寅接任館長。聶任館長後，民教館便成為參派攻擊黨派的輿論工具，不久，聶調任三青團萬年分團籌備處主任，民教館館

---

[138] 袁昂：〈現行縣民教館工作之批評及改進意見〉，《山東民眾教育月刊》第6卷9期。

長一職，參派仍緊抓不放，改由參派另一頭目曹守庸
接任，曹任館長一直至解放。[139]

1935年夏天，我畢業於浙江省立民眾教育實驗學校，
回原籍遂安工作，在縣立民眾教育館任指導員。一年
以後，經縣府推薦，省教育廳任命我為遂安縣立民眾
教育館館長，原館長是縣黨部委員，由此引起了黨部
和縣府之間的對立。[140]

蒙城縣立民眾教育館成立於1928年，民眾教育館館長
由省教育廳聘任。……但民國初年形成的蒙城派、紳
西派鬥爭愈演愈烈，雙方各把持一些單位和衙門。民
眾教育館被紳派把持，不是本派人不用，浦干俠（阜
陽人）年經，又是國民黨，傾向新派，到任不久即被
紳派指使人用抬筐抬到東關外趕走了。[141]

　　當然，隨著國民政府完善民眾教育館館長任職資格，
種種制度性規定對其館長遴選起到了一定的規範作用，人
員專業素養和進修訓練得到提高，前文民眾教育館人員任
職資格中已有所涉及，此處不贅。從總體上說，國民黨中
央和地方政府將民眾教育館館長納入官僚體系，地方權
勢插手其中，館長的行政變更相當頻繁，「江蘇（除江寧

[139] 陳炳泉、曹守庸：《萬年縣立民眾教育館》，萬年縣委員會文史資料研究委
　　員會編寫：《萬年縣文史資料 第2輯》，編者1987年自刊，103頁。
[140] 余振威：〈遂安民眾教育館停辦前後〉，政協淳安縣文史資料委員會編寫：
　　《淳安文史資料 第7輯》，編者1991年自刊，57頁。
[141] 張國光：〈民國時期的蒙城縣立民眾教育館〉，蒙城縣文史資料研究委員會
　　編寫：《蒙城文史資料 第10輯 漆園古今》，編者1992年自刊，62頁。

縣）六十縣中，每天差不多總有兩件社教主任人員更調的公事」，由此可見主任人員變更之多。造成這種狀況主要原因：（1）服務的人員，不能認清目標，視之為過渡時暫且駐足之處，靜待機會，見異思遷；（2）行政機關感情用事，將服務人員輕易更動。[142]負責者時有變更，事業的成績自不易見。

一件事業只有久任才能有成績，對於致力民眾全面改造的民眾教育館事業更是如此。根據甘豫源輔導江蘇省第五民眾教育區11個縣立民眾教育館的親身體驗，得出「各館成績之優劣與任職人員年限長短常成正比例」，[143]民眾教育館的館長、館員時常處於更替之中，這直接影響了民眾教育館的工作，甚至損毀民眾教育館的聲譽，招致社會人士的輕視。據1932年梁容若對山東各縣民眾教育館館長任期調查發現，任期最長的為4年9個月，最短的2個月。[144]河北省省立民眾教育館「一年之中，四易館長，六次交接，主任館員連帶來去，人員更動至30人」，結果使「歷史悠久，設備規模均為河北各省民教館之冠」的省立民眾教育館「各種事業，亦殊無基礎」。[145]各縣館長更動次數太多勢必造成社會教育機關效能低下，而行政當局和社會人士卻容易將過錯推到民眾教育館本身上來，將事業無成的板子一併打在「人員

---

[142]〈江蘇省第三民眾區民眾教育研究會第三屆大會報告〉，《教育與民眾》第7卷第1期。

[143]甘豫源：〈江蘇省第三民眾教育區民眾教育研究會第三屆大會報告〉，《教育與民眾》第7卷1期。

[144]梁容若：〈民眾教育館的人員問題〉，《山東民眾教育月刊》第5卷3期，1934-3。

[145]劉季瑗：〈數年來民教服務述略〉，《山東民眾教育月刊》第7卷8期，1936-10。

素質」身上。「當局以此機關位置閒人，安排劣紳而批評制度，自忘其監督考成之責任」。[146]此言頗有道理。

除去館長一職，民眾教育館人員還包括部主任、幹事以及工友（因工友屬於臨時聘用的館役一類，故本書不予列入）若干，大多由館長遴選聘任。教育部所制定的民眾教育館館員聘任資格，其約束效力極為有限，多數情況下民眾教育館館長可以用各種理由決定聘用人選，使得原本即有可能涉及派別之私的館員聘用事宜，蒙上了一層濃厚的人治色彩。這種由館長集權的選聘程式雖有利於館長物色志同道合的人共同推進民眾教育館的事業，但也為館長乘機關照「私誼舊情」提供了機會。

> （營山民眾教育館）館長唐文先無論在館內館外，則成天忙於應酬，搞好各方關係，館務均交給兩個主任負責，一個是參議長唐紹虞的本家侄兒；一個是館長的高中同學。館內有兩位幹事，一是國民黨縣黨部幹事，兼薪不兼職；另一是館長的愛人，家住館內，有家務孩子拖累。會計是從縣府會計室派來的，屬兼職，有事才來館一趟；領薪名冊上有國術指導王致名字，但未見人，薪俸錢糧都通過會計送給縣會計室主任李複初（李後任縣長）。收音員顏毅，也屬虛報，其空俸部分送給督學晏居敬。工人黃興象，原係唐家老傭人。民教館人員如此設置，編制雖滿員，實際是名不符實。[147]

---

146 梁容若：〈現行縣民教館工作之批評及改進意見〉，《山東民眾教育月刊》第6卷9期。

147 王定華：《營山民眾教育館的最後兩年》，四川省營山縣政協文史工作委員會編：《營山文史資料 第21輯》，編者1993年自刊，第86頁。

門派之別，同鄉之誼是館長遴選館員考慮的重要因素，人際關係因素影響了民眾教育館人員選聘。「中國為人情社會，而且實際上地緣較血緣作用更大，同鄉同學又是維繫人情的重要紐帶，這種感情因素往往制度化為社會組織功能。」[148]這種地緣、學緣的關係，在民眾教育館人員遴選中更為突出。「張三有勢力，張三就可以當館長，李四與張三有關係，李四就可以到館裏去當主任、當館員，社會的人是如此看，教育行政的人也是如是看，甚至民眾教育館本身的人也是如此看。」[149]

表3-21　　上海特別市市立實驗民眾教育館職員籍貫一覽表

職別		籍貫	到館時間	職別		籍貫	到館時間
館長		江蘇丹陽	1944.10	組員	閱覽組	上海市	1944.9
部主任	事務組	江蘇高郵	1944.11		健康組	江蘇丹陽	1944.10
	教導組	江蘇常熟	1944.11		遊藝組	江蘇寶山	1944.2
	閱覽組	上海市	1944.11	事務員	—	江蘇泰興	1944.10
	健康組	江蘇鎮江	1944.11		—	上海市（2人）	1944.9
	遊藝組	上海市	1944.11		—	上海市	1944.7
組員	事務組	江蘇江浦	1944.10		—	江蘇丹陽	1944.10
	教導組	江蘇松江	1944.11		—	廣東	1944.11

資料來源：上海市檔案館藏：《上海教育局關於市立實驗民眾教育館人事任免調整問題》，R48-1-1000（全宗號－目錄號－案卷號），1944-10。

　　如上表所示，上海特別市市立實驗民眾教育館共有人員17人，其籍貫分布除去廣東1人，江蘇省籍竟然有10人，約占60%左右，上海籍貫只有6人，這對於地方民眾教育館來講，屬於非常態分布。究其主要原因，是館長籍屬江蘇，

---

[148] 桑兵：《近代中國學術的地緣與流派》，《歷史研究》，1999(3)。

[149] 林宗禮：《新頒〈新頒民眾教育館暫行規程〉評議》，《教育雜誌》第25卷10期，1935-10。

所以5個部門主任和5個組員中出現了7個江蘇籍貫的人員。從到館任職時間看，除去4名上海籍（組員1，事務員3）和1名江蘇籍組員略微比館長早到數月，其他11名人員均在館長來之後先後到任。換句話說，就是該館16名人員編制中（除去館長）有12人是館長到任後「重新組閣」的。隨著館長的去留，各部主任以及幹事連帶來去，這種情況在當時並不是個案。

館員的遴選也逃脫不了地方權勢的安排。特別是縣市立民眾教育館，如想順利開展民眾教育館的工作，館長不得不默許地方強權勢力上下其手，「各縣民眾教育館的工作人員大半為吃飯而辦，為應差而來，並非為增進民眾生活及改良社會組織而辦民眾教育館。既為吃飯而來，既為聽差而來，所以一有更好的飯可吃，更好的差可應，就都丟開了。民眾教育館成了養老院、失業救濟所。」[150]董渭川任山東省立民眾教育館館長伊始，「在剛剛邁進大門之後，一封一封的薦信雪片似的飛來，中間有的毫不掩飾的說，『這個人是從別處淘汰下來的，只有你們貴館可以讓他吃閒飯』」。[151]朱秉國在擔任如皋縣立民眾教育館館長之初更是遭遇到巨大壓力：

> 我剛剛回家鄉擔任民眾教育館館長一職，馬上就被各種關係所困惑，「某君必須繼續聘請」，「某君極願進館幫忙」。一個不留心，他就要教訓我，為難我。尤其不幸，動不動就有人以什麼團體的名義來要脅

---

[150] 林宗禮：〈新頒〈民眾教育館暫行規程〉評議〉，《教育雜誌》第25卷10期。
[151] 董渭川：〈民眾教育館的出路問題〉，《教育與民眾》第5卷第2期。

我，如果我不願聘請他所提出的人，他便老實不客氣的同我說：「要向你進攻」。這還不算什麼奇事。竟有人來同我說：「人是有情感的動物，你應該顧及到我們的情面，大家馬馬虎虎的混碗飯吃吃就算了」，「到如臬城裏來做事，只有撒爛汙才做得下去，否則他人要嫉妒你的呀！」[152]

朱秉國「年輕氣盛」，不肯與他們合作，堅決要用自己選定的人選，結果可想而知，工作開展困難重重，甚至民眾教育館的水電常常會「無緣無故停掉」，當初聘請他來的教育局長亦無可奈何，短短15天之後，便不得不辭去了民眾教育館館長職務，「掛靴而去」。

為了規範館員遴選過程中的「人情因素」，教育部和各省教育行政機關採取了種種措施，如三十年代中期，江蘇、湖南、四川省教育廳等規定館員錄用要增加社會公開考試等方式，來「防閑有司」。由於待遇較低，難以招考到合適人員；而且這種面向社會的招考過程，依然難以完全避免人情因素，收效甚微。

（嘉興民眾教育館）館員，大多由館長（高乃同）聘定，我和傅志新、韓壽銘則是投考錄取的。考試定於1936年12月12日在杭州舉行，（當時杭州《東南日報》有招考和揭曉啟事）報名者據說有數百人，實到應試者有七、八十人，多為高中程度的失業青年，原定取8名，結果只取3名，可見要求甚高，待遇卻很

---

[152] 朱秉國：〈十五日民眾教育館館長生活雜記〉，《教育與民眾》第3卷第7期。

低。全館有10人左右每月15元（抗戰後一律扣救國公債10%），僅夠吃飯。[153]

　　1941年，我流亡到此地，看到公告欄中招考一名藝術幹事，館長（塗藝輕）先問我什麼學歷，我因家貧無力上學，唯讀了小學，十三歲就去當學徒，……但我確信自己已具有高中文化程度，而且我從小喜歡繪畫，我還在業餘時間學國畫和木刻。根據這些，我就說我是上海美專肄業，學國畫。不料館長也是上海美專畢業的，學的也是國畫，就引我到他房中看他的畫，我自然說一些讚賞的話。接著，他要當場考我一下，恰好那天是六月三日所謂禁煙日，他就要我畫一幅「六三」禁煙節的宣傳畫。我稍一思考，就畫了一幅熊熊大火，在燒著一大堆鴉片煙土和煙具，左上角還畫了一個頭戴紅纓的清朝官吏，寫上「林則徐」三個字，以表示林則徐虎門禁煙。塗看後很滿意，就遞給我一張表要我填寫，並告訴我，只要再交一份機關團體或殷實商號的保證書，即可進館工作。

　　在上饒，誰會相信我這個來歷不明的人，肯做這個保呢？我想到了寧波同鄉會。我想，只要能證明我確定是寧波同鄉，本著鄉誼，他們也許肯寫這個保證。……碰巧接見我的也是鎮海人，我用幾句家鄉話跟他一交談，真比任何證明還有效，一下子就使他確信我是他的同鄉。他立刻介紹我去見負責人，很快就

[153] 段白：〈憶嘉興民眾教育館〉，嘉興市政協文史資料委員會編：《嘉興市文史資料通訊 第18輯》，編者1997年自刊，第19-20頁。

同意給我寫了一份保證書。就這樣，在不到半個月的時間，我順利進了上饒民教館。[154]

　　這種憑藉地緣、學緣等集結起來的同仁，當然有利於館長規劃事業、擬定計劃的合力推進，使一些有見地的民眾教育館館長能尋找「同道中人」，奮力共謀事業發展。但同時，由於「彼等只知互相團結堅固，全力擁護館長」，也容易造成館長集權在握，在館中是「令出必從」，頤指氣使，阻礙事業發展。實際上，館長或主要職員貪污經費、中飽私囊已成為不少地方普遍現象。湖南省省立長沙民眾教育館在1937至1946年期間就先後發生數起主任會計和館長互控事件，僅1944年就「省民眾教育館館長陳石真與會計余鼎勳互控一案」中，館長陳真事先得知次日省第八區行政監察專員公署派人考查此事，當晚「陳召集全體同仁緊急會議，強迫全體同人蓋章，將余撤職並統一言辭」，次日，專員聽到的便是「該館人員多謂鼎勳性情乖僻，諸事不合作，且竊去館內文卷」，異口同聲「其被毆之事全係捏造」。[155]

　　總之，國民政府通過民眾教育館人員遴選程式化，一方面政府通過選擇忠實本黨、能執行本黨意志的民眾教育館館長、館員，借助民眾教育館達到穩定社會秩序、化解政治危機，進而實現國家權力滲透到鄉村社會的初衷；但另一方面，也為地方勢力介入民眾教育館職員遴選提供了「制度空間」，滋生、

[154] 關太平：〈抗戰時期我在上饒民眾教育館的一段生活〉，江西省上饒市委員會文史資料研究委員會編：《上饒市文史資料 第2輯》，編者1983年自刊，第43-44頁。

[155] 湖南省檔案館藏：〈長沙民教館機構遷移、訓練、退職、互相控告等名冊和材料〉，59-3-25（全宗號－目錄號－案卷號）。

助長了民眾教育自身不少機關習氣，政府也不斷行政變動館長人選，使得民眾教育館出現了泛政治化傾向。民眾教育館館長對館員遴選集權，很大程度上加重了人治色彩。南京國民政府時期，人浮於事、行政效率低下是一個社會問題，不少事業機關都或多或少存在任職資格和遴選標準方面的問題。但就社會教育來講，專業人才匱乏和從業人員素質低下幾乎蔓延了全國範圍內的民眾教育館。民眾教育館人員任用之所以如此混亂，與缺乏行之有效的考核有很大關係。

（二）年功考核

推動社會教育，南京國民政府的主要目的在於「實現其穩定社會秩序、化解政治危機和控制鄉村社會」，其注意力更多集中在督促各地拓展民眾教育事業上，設立更多的民眾教育機關上，至於各地民眾教育館工作效率如何、民眾教育館人員工作考成等，在很長一段時間內缺乏一套行之有效的檢定評價體制。

董渭川被任命為山東省立民眾教育館館長之始，為了扭轉社會上對民眾教育館的輕視，除致力於發展各種經常的事業，如教學、講演、編輯等等之外，兼做了不少臨時活動，如嬰兒健康比賽、講演比賽、藝術展覽、年俗展覽、衛生展覽，以及到各縣巡迴講演等工作，每月均有一兩次，館員有時加夜工來籌備。由於沒有像學校那樣固定的考核標準，在一年結束時回顧前塵，不禁生出渺茫之感：

> 我們在種種活動上花費了不少的人力和財力，可是發生的教育效果究竟在那裏？舉行過講演比賽之後，有

幾個人或者幾個學校從此注意練習講演？舉行過衛生
展覽之後，有幾個人因此而知道注意衛生？在來參加
活動的許多人中，有幾個不是心存獎品，看熱鬧，而
又過眼雲煙？類此等等，我們覺得雖不能說完全沒有
效果，可是效果不光不能拿客觀的尺度來衡量，而且
空洞渺茫到使你無從捉摸。再拿經常固定的工作說，
例如講演，我們雖有了整套的計畫，在固定的場所
中，一晚一晚的講下去，可是聽眾們很少是長期的顧
客，總是川流不息地輪換，口講的效力本只能使人受
短時間的刺激，何況薈集一堂的聽講者程度不齊，職
業各異，心情有別，而又時常變換呢？反省到這裏，
我們深深地失望了。[156]

　　儘管民眾教育館職員工作十分努力，但由於缺乏必要
的評價體系或難以評價，難免陷入「鬱悶之中」。北平市
第一民眾教育館館長何繼磬認為：「這種工作不但艱巨，而
且不容易看出成績。譬如說舉辦一次講演會或開一次科學展
覽會，受教人數也許可以有法統計，但是他受益的程度，卻
無法考察。我們既拿不出他們的考卷成績，也看不到他們
受益程度，所以有些人士不免懷疑我們的工作。」[157]民眾教
育館館長意識中，這種惶惑感普遍存在，也招致了社會人士
的輕視，「現在的民眾教育，常為人所非議，尤其是省立民
教館，年耗經費鉅萬，而無切實之特殊貢獻，斥為糜費的事

---

[156] 董渭川：〈民眾教育館的出路問題〉，《教育與民眾》第5卷第2期。
[157] 北平市第一民眾教育館編：《北平市第一民眾教育館概況》前言，第1頁，
　　　1948年自刊。

業。因此民教推行之前進，障礙叢生，未可樂觀」。[158]甚至有社會人士將民眾教育館視為「遊樂場、養老院、假場面和無用物」，認為應該「取消了事」。

　　一般人看見民眾教育館有所謂娛樂室，有所謂運動場，有所謂小花園。真是有得玩，有得戲，有得聽，……形形色色，五花八門，真是開心，寫意極了。……而且只見一般所謂長衣公子，短襖流氓，終日遊蕩其中，早晚出入其門，而真正有業的良民，原無餘暇來相周旋，而且民教館的工作人員，也未嘗注意他們，只以能集烏合之眾，博得雜色人等之歡心為滿足。因此社會上就不免要把民眾教育館看作遊戲場了。

　　一般人看見民眾教育館的設施，不過那邊放些書，這邊掛些圖，東邊博物館，西邊遊樂場，工作人員，或是和民眾下下棋，或是領兒童打打球，高起興來講兩句，不過興來唱一齣，最了不起的招幾個不識字的民眾，教他們讀本千字課，唱首黨歌，以外不過是看看對象，數數遊人。而一般民眾，也閒來無事，跑來逛逛，日久生厭，不復問津。他們這班工作人員，復報著來者不拒，去者不留的態度，因此每一個民眾教育館，初辦的時候，還能轟動一時，熱鬧一陣，到後來，簡直人情冷落，門可羅雀，這班工作人員很可定心高臥了。……沒用的人可到那裏去吃飯，老弱的人可到那裏去養閒，無形中被社會看作一個養老院了。

---

[158] 邵曉堡：〈省立民眾教育館組織與實施的商榷〉，《教育與民眾》第5卷第2期。

一般的民眾教育館，都有所謂展覽室，陳列著許多模型標本，都有所謂書報室，購買許多書籍圖畫，……以致一切一切的設備，都異常講究，力求精美，以為如此是盡了辦理民眾教育館的能事，如此才可算一個優良的民眾教育館。每遇到什麼紀念令節，必定大吹大擂，開會宣傳，當時要請官僚參加，過後要作工作總結。這樣就算表現了成績，收穫了效果。其實不過落得勞民傷財，何嘗於民眾有多大效果，因此在社會上一般人看起來，民眾教育館是徒做假場面，沒有什麼實際可言。

民眾教育館是教育機關，評判他的價值，當然要看他教育的效果。……而民眾教育館的設施，隨便講講，隨便做做把戲，民眾高興了來玩玩，不高興了就罷了。這種教育有什麼用處？這種設施有什麼效果、簡直是浪費、無聊。於是有人對於民眾教育館的作用根本懷疑。[159]

面對民眾教育館發展的這種窘境，一些省教育行政機關開始嘗試制定標準，作為評價民眾教育館工作之效果。江蘇省頒發《民眾教育館及農民教育館二十一年度最低標準工作》，作為各縣民眾、農民教育館辦理的基本準則，且為將來考成之根據。1933年省立鎮江民眾教育館對全省縣立民眾教育館工作進行調查時，即以「最低標準工作」作為評價其優劣的憑證。

---

[159] 詳見許公鑒：《民眾教育論存》（第一輯），大夏大學1936年1月出版，第128-130頁。

表3-22　民眾教育館實施各項教育通過標準統計表

種類	項目	機關數	占總數之百分比
生計教育	生計調查	46	82%
	職業指導	45	71%
	提倡副業	34	61%
	提倡合作	31	55%
	職業介紹	22	39%
語文教育	舉辦民眾學校	55	98%
	指導民眾閱讀書報	51	91%
	舉行識字運動	39	70%
	識字調查	34	61%
健康教育	提倡公共衛生	53	95%
	提倡民眾教育	48	86%
公民教育	政治常識講演	51	91%
	促進地方自治	32	57%
家事教育	家庭訪問及調查	47	84%
	家事指導	31	55%
	家事比賽及展覽	28	50%
休閒教育	提倡正當娛樂	50	89%
	改良娛樂場所	42	75%
	舉行休閒集會	42	75%
	提倡戒除不良嗜好	19	34%
平均		45	71%

注：此次調查包括民教實驗區在內共56個機關。

資料來源：宗秉新著：《江蘇的民眾教育館》，江蘇省立鎮江民眾教育館
　　　　　1934年出版，71頁。

　　江蘇省頒布的民眾教育館最低標準工作，從理論層面上保證各館事業有計劃有秩序地進行，但在實際實施中，由於種種原因，很難得到具體有效的執行。「很多的縣份是在奉命遵辦而已，不問是否適應各地方的特殊目標，和在什麼地方應該怎麼辦。至於沒有具體辦法可以給各縣遵守的省份，大家便彼此亂撞，想幹的，不知怎樣幹；肯幹的，沒有勇氣幹；能幹的，不想幹，或想得起而又不肯幹，這樣撞來

撞去，非要撞到頭破血流不止。[160]縣立民眾教育館因經費、人才的關係，各種弊端及矛盾更容易集中體現出來，「各縣民教館所辦的事業，和民眾教育關係太少，如小本貸款、合作社、工藝所、診病所、築路運動等，只有顧到他的生活，沒有顧到他的教育；館內設立的娛樂室、戲劇研究會、遊藝會、弈棋比賽會等等，亦多半以手段為目的，供有閑階段及無業流氓之休閒的機會，形成一種上海大世界、小世界一類的娛樂場所」[161]。至1936年，江蘇省政府下令取消縣立民眾教育館，停止了民眾教育館最低標準的多頭工作，改為集中於政治訓練。河北、山東兩省亦先後仿行。

　　1941年，教育部為了規範民眾教育館的工作內容，特頒布《民眾教育館工作大綱》，分省市和縣市兩個等級，對總務部、教導部、生計部、藝術部、研究輔導部等部門工作作了條分縷析的規定。這種規定，從政府角度來講，有利於教育行政部門「分門別類」地對民眾教育館工作進行督導，利於工作考評，使對民眾教育館人員的「年功考績制」有了可操作性的標準。如1944年湖南省就「省民眾教育館館長陳石真與會計余鼎勳互控一案」的調查過程中，省第八區行政督察專員公署先後四次派人秘查該館，調查員就是按照《民眾教育館工作大綱》，按圖索驥，從生計、藝術、教導等方面[162]，逐一對該館工作做了詳查並作出結論，「該館年

[160] 徐朗秋：〈民眾教育館目前的病象及將來的路線〉，《教育與民眾》第5卷第2期。

[161] 劉之常：〈對於一年來民眾教育之感想與未來之展望〉，《教育與民眾》第7卷第5期。

[162] 調查員給教育廳的報告的第三部分，詳細羅列了該該館工作方面的種種不足。分了8個小方面：（1）補習教育：該館附設民眾學校，自去年下期起即已停辦；（2）生計教育：除北門沖及城內菜場旁各租一塊（小塊種植

支數十萬元，既無工作表現，實無以饜民眾要求，且予社會之不良映象，似應將人事從新調整，……」。結果，在省教育廳等行政部門的壓力下，館長陳石真辭職，以省廳秘書劉虛代之。[163]

揆之史實，中央對各省市民眾教育館事業的考成，大多限於報告、資料，將實際監督檢定社會教育人員的權力下放在地方政府。地方行政也大多是通過登記、工作報告、督學巡檢等方式來完成考成任務。由於沒有客觀的檢定標準，加上地方強權勢力介入民眾教育館人員的安排，實際上這種考成方式有名無實。如河北省某縣的民眾教育館，「沒有辦公時間，沒有一班民校，乃至一無所有的機關，而人員反有五六，信口胡云，自己也不知作些什麼事的人員……民教機關可以坐領乾滫，一事不辦，只要官廳敷衍的好，報告假造的多，一樣的可以名利雙收。」[164]

外），別無工作，但目前則尚係荒坪；（3）健康教育：去年該館臨時組織青年籃球隊，參見永順縣運動會及舉行爬山比賽、游泳比賽外，其他工作亦少；（4）藝術教育：除去年與縣黨部聯合舉辦售票，春節勞軍遊藝大會三夜，夏季夜間開設露天茶園，間有歌詠練習及奉令劇本音樂運動週以外，其他工作亦少；（5）電化教育：電影去年下期曾赴各縣放映，今已停止；播音雖有機器，亦停止。年餘此項經費。（電影每年九千元，播音每年五千元）（6）圖書教育：圖書雜誌多係舊存，閱者甚少（職4次到館，未見閱書者，閱報室因報紙不多，亦少閱者），查該館圖書費去年係兩萬元，刊物費去年係八千元，而巡迴文庫亦未設置；（7）家庭教育：未舉辦；（8）語文教育：發動知識份子推行教三運動，亦掃除文盲之法惠而不費，亦未舉辦。此外，設備方面，科學儀器費去年係八千元，據陳館長稱無法購買；藝術設備費去年四千元，僅有簫笛胡琴等12件；體育設備費去年支出六千元，僅有排球一個，尚未有體育場。詳見：湖南省教育廳：《長沙民教館機構遷移、訓練、退職、互相控告等名冊和材料》，59-3-25（全宗號－目錄號－案卷號），湖南省檔案館藏，1937.5-1946.7。

[163] 湖南省教育廳：《長沙民教館機構遷移、訓練、退職、互相控告等名冊和材料》，59-3-25（全宗號－目錄號－案卷號），湖南省檔案館藏，1937.5-1946.7。

[164] 梁容若：〈民眾教育的困難與問題〉，《山東民眾教育月刊》第5卷1期。

那時縣屬機構的工作狀態都是「事由我做，多了慢慢做，時間一過，也就不做」，每到月報填表，館長和主任商量按規定的內容填上幾項上報完事，如兵役宣傳和戲劇演出，前者請到了經費實際未宣傳過，後者是把城區教師演出的《松花江上》用來報自己的賬。[165]

商縣民眾教育館成立於1936年，經費、人員均由縣教育科安排，館長由縣政府教育助理兼任。當時既無館址、設備，又無專職工作者，只是報省教育廳備案而已，而為了搪塞上級，只是虛報一些材料罷了，省教育廳據此由社會教育經費內撥給該館少量事業費，直到1938年，王嘉謨擔任專任館長，經多方交涉，始由縣黨部讓出臨街的門面房一間、廈門兩間半做館舍，在門口掛上了商縣民眾教育館的牌子，而在此之前兩年的時間內，完全沒有人認真核查這個「有名無實」的民眾教育館。[166]

三十年代前期，儘管國民政府對民眾教育館推進不懈餘力，迭發律令，但除通俗講演員外，教育部對於社會教育其他各類人員均無檢定辦法，各省市的規定也是五花八門，含糊不清，後來增加了試驗檢定和無試驗檢定，但操作性不強，缺乏客觀性。由於沒有客觀的檢定標準，難免出現社會教育界的人員特別複雜，

[165] 王定華：〈營山民眾教育館的最後兩年〉，四川省營山政協學習文史工作委員會編寫：《營山文史資料 第21輯》，編者1993年自刊，第89頁。
[166] 劉庭芳、王嘉謨：〈商縣民眾教育館簡史〉，陝西省商縣委員會文史資料研究委員會編寫：《商縣文史資料 第4輯》，編者1987年自刊，第178頁。

各種勢力的私人關係，便很容易躋身到社會教育機關中來。「更以民教機關的工作人員並不嚴格資格，所以每遇到民教機關人員有所變動，鑽營的人真是多極了。……說句不客氣的話，他們簡直將民教機關視作一塊肥肉，大家都來染指染指。」[167]「甚至非教育人員，或略識之無學究，亦可濫竽充數。故在形式上或數量上，似乎可以搪塞，而在內容及質量上，未見改善。欲求成績之顯著，自是難事」。[168]

1947年，館長為張秋鏡，每月五斗二升的黃穀薪俸。我在民教館工作期間，看到館長是白天打麻將，晚上打麻將，閑得無聊就邀幾個人吹牛談天。有時也打聽一下每月五斗二升的黃穀薪俸是否撥在沿江一帶的糧庫，以便賣得好價錢。會計為楊淵儒，由縣政府會計室會計兼任，實為吃空額，即兼薪不兼職。[169]

教育部雖已確立督導制度，但專業督導人員頗感不足，加上地方各種勢力插手民眾教育館人員安排，督導的作用大多是「虛張聲勢」而已。館長的任免、考核受政治因素影響很大。如惠民縣立民眾教育館第一任館長張雲山，因「四中」鬧學潮，他受牽連被免職調離。[170]對於館長館員的

[167] 林宗禮：〈民眾教育的兩大危機〉，《教育與民眾》第5卷9期。
[168] 陳禮江：〈抗戰十年來中國的社會教育〉，《中華教育界》復刊第1卷3期，1947。
[169] 謝正元：〈我所知道的武隆縣民眾教育館〉，武隆縣委員會文史資料委員會編寫：《武隆文史資料 第1輯》，編者1989年自刊，19頁。
[170] 張運廉、田長其：〈民國時期惠民縣民眾教育館〉，山東省惠民縣委員會文史資料組：《惠民縣文史資料 第4輯》，編者1985年自刊，92頁。

「年功考核」，檢定監督只是「鄉愿」而已，起不到真正的作用。如1946年，湖南省立衡陽民眾教育館館長楊永堅年終檢定為85分，但因「被該館會計所控貪污公款，影響不小，擬減5分」，但楊與省政府主席有同鄉之誼，最終考核結果是「工作努力成績較著，加薪20元」。[171]地緣所形成的人情關係將規章制度得約束力消解殆盡。

　　國家要保障民眾教育事業的正常發展，需要抑制不合格人員混跡其中，需要防止地方強權勢力弱化民眾教育館人員的選任和檢定的標準，更需要強有力的行政監督檢定體制，而國民政府在這方面卻顯得軟弱無力。地方強權勢力的介入很大程度上破壞了國家對民眾教育館人員任職資格和遴選的法令規定，而國家行政監督體系的形同虛設，更導致這種失控局面進一步惡化。朱智賢綜合了山東省三十餘所縣立民眾教育館館長和二十餘位社教專家的意見後，指出：「現行縣立民眾教育館不能使人滿意，這是大家共同的感覺。於是有好些人因此主張民眾教育館應該立刻停辦，甚至根本詆毀目前的民眾教育，認為『勞民傷財，毫無補益』。對於這些責備，我們承認多少是出於真誠的，然而不去追求缺陷造成的原因，而一味責備一個機關，也未免有欠公允，尤其是把事業與機關或個人混為一談，因為某一個機關或某一個機關中的個人不好，於是連帶的連這種事業也視為毫無補益，毫無價值，這種不合科學精神的態度，我們認為應該加以辨證。」[172]在民眾教育館人員遴選失控和考核問題上，假如要

---

171 湖南省檔案館藏：《各民教館館長名冊、月薪支給標準、人員調查、工作人員動態及考績》，59-3-1（全宗號－目錄號－案卷號）。

172 朱智賢：〈縣民教館工作之批評及其前途──一個改進縣民教館意見的調查與整理〉，載《山東民眾教育月刊》，第6卷9期。

進行原因追究，在人與制度之間，制度追究更為切要；假如
要進行責任和道義的追究，在民教人員和政府之間，政府應
該承擔更多的責任和道義指責。

第四章

民眾教育館的社會功能與文化性格

　　民眾教育館的出現首先是作為社會教育的城市教育設施，後漸漸服務於鄉村改造，服務於鄉村民眾文化教育的提高，服務於基層政治的改進，服務於現代農業技術推廣，服務於鄉村醫療的改善，服務於社會事業的興辦與管理，服務於社會整合，民眾教育館逐漸演進為政府「行政力」主導的一種鄉村社會管理組織，發展演進的歷史融入了由傳統國家向現代民族國家轉型的社會變遷。在這一過程中，現代性質的因素逐漸向更深、更廣的領域蔓延，傳統因素也在此浸染下開始嬗變（如農民的政治理念、生產經營方式、借貸關係、婚喪嫁娶、公共衛生等等），儘管這種嬗變因推動力和阻力較量而顯示出或緩或速、踟躕徘徊狀態，但民眾教育館作為政府、社會團體精心營造的准「公共空間」，特有的社會功能與文化內涵在其中扮演了舉足輕重的作用。

一、社會變遷中的鄉村社會

　　辛亥革命的爆發，雖然並沒有使近代中國一躍進入「民主共和」的現代社會，傳統勢力、傳統觀念及傳統價值觀念取向在新的政治結構與社會中也不同程度存在著，但對傳統中國的政治、經濟及文化諸結構產生了前所未有的衝擊。

「辛亥革命的發生，在近代中國社會的改造和進步過程中，無疑是一種引發社會各領域各層面發生質變的事件。」[1]革命滌蕩著中國大地，廣大鄉村社會結構逐漸出現紋理裂變，而傳統所具有的複雜性與再生力，又頑固地抵擋革命的洪流。相應地，「新舊雜陳」是鄉村社會的主要特徵。

從清末「新政」開始，是在西學東漸和民族矛盾衝突的大背景下，以西方現代化路徑為範本，近代中國被迫選擇了後發外生的「依附型現代化」之路，政府以防禦或趕超為出發點，優先發展軍工業，以便能「保國存種」、「再造中華」。這種現代化道路勢必以影響甚至以犧牲廣大鄉村為代價。對此，學界有大量的研究成果，如吳毅指出：「現代化只能是發生於城市社會的孤軍突進，與農村基層社會嚴重脫節。這樣，晚清現代化從一開始便只能在城鄉分裂的空間結構中展開。其帶來的後果自然使農村被拋在現代化進程之外，不但難以品嘗現代化初期成果，反而必須承載現代化啟動的重負，因為農村在這種境況下，陷入了嚴重的衰敗與動盪之中。」[2]換句話講，政府這種以轉移甚至掠奪鄉村力量來優先發展城市的近代化路徑，在很大程度上中斷了傳統城鄉一體化發展架構，新式教育的發展並沒有減少鄉村文盲的數量，基層政治卻因傳統鄉村精英的缺失而日益「痞化」，土地兼併嚴重，高利貸盛行。

1920年，北京高等師範學校學生余家菊在《中華教育界》發表了〈鄉村教育的危機〉一文，以此為標誌，鄉村社

---

[1] 朱英主編：《辛亥革命與近代中國社會變遷》，華中師範大學出版社2001年版，第479頁。

[2] 吳毅：〈農村衰敗與晚清現代化的受挫〉，《天津社會科學》，1996(3)。

會中的教育危機話題成為知識界流行話語，時人作了大量文章，「鄉村教育破產論」塵囂日上，而造成鄉村教育破產的一個主要原因便是教育的城市化，舒新城認為，「中等以上學校集中都市，而使鄉村青年不能不向都市求學⋯⋯所以三十年來新教育在數量上可言成績者只有都市的教育，內地的鄉村則反而日趨日下。」[3]而且這種受了新式教育的鄉村子弟，卻很少重返鄉村，甚至連師範學校畢業生都不願到鄉村教書。「在鄉村教育中，舊式私塾仍占統治地位，舊式文人仍然主導了鄉村教育」。[4]新式教育不僅沒有改善鄉村文盲眾多的狀況，反而產生了一種副作用，「成了吸收鄉間人才外出的機構，有一點像『採礦』，損蝕了鄉土社會。」[5]下層民眾受教育的機會和氛圍日益減少、稀薄。

除去都市化性質之外，新式教育貴族化也造成了農民對新式學校的「止步不前」，新式學校費用遠遠高於私塾，據莊俞1909年統計，「學生入私塾，每季納修數角耳。⋯⋯學部定章，初等小學月收三角，高等小學月收六角。」如此算來，小學收費要高於私塾兩到三倍，更何況私塾束脩還可以實物或勞力來抵代。新式小學的費用不菲，鄉民難以負擔，子弟不得不中途輟學，如河北定縣62個村初級小學自開辦以來，中途退學者至少有418人，其中因貧窮退學者最多，占到總數的90%。[6]加上新式學校必備的各種器具，如體育器械、遊藝器材、實驗設備、手工模型及音樂用具，學

---

[3] 舒新城：〈中國教育建設方針〉，《教育雜誌》第20卷5號，1928-5。

[4] 余家菊：〈教育的危機〉，《中華教育界》第10卷1期，1920年。

[5] 費孝通著：《鄉土重建》，上海觀察社1948年出版，第72-74頁。

[6] 李景漢編：《定縣社會概況調查》，中國人民大學出版社1986年出版，第203頁。

校的建立成本要高出私塾幾倍甚至幾十倍。而清末新政實施中，辦理新式學堂的經費全由地方官員與當地士紳協商籌措，結果就是增加學捐，原本各種稅捐已壓得百姓氣喘吁吁，新學捐更使鄉民不堪重負，加上有些劣紳，倚仗官府勢力，乘機從中榨取，中飽私囊，使得「在興學中，農民未受其利，先蒙其害」，清末各地的毀學便是農民群體性破壞新式教育的暴力行為，是各種教育中衝突最為激烈、破壞性最強的一種，鄉村教育近代化遭遇了農民情感上的抵觸、反抗。[7]

新式學校的教育內容也是遭到農民反抗的主要原因。對鄉村民眾來講，新式學校從形式到內容都是陌生的，學校不再是鄉民隨便涉足之地，大門上常常掛著「閒人莫入」的牌子，新式學堂所教內容以及教學活動，與農村生活毫無關係，「鄉村農家應具的知識能力，又一毫無有，代以學校裏半生不熟絕不相干的英文、理化等學科知識；鄉間的勞作一切不能作，代以體操、打球運動與手足不勤的遊惰習慣。」[8]而且，各大書局出版的教材，多以城市生活為場景，且富有南方色彩，與鄉村生活毫不相干。毛澤東在《湖南農民運動考察報告》中對這種情況有詳細描述：「『洋學堂』農民是一向看不慣的。……鄉村小學校的教材，完全說些城裏的東西，不合農村的需要。小學教師對待農民的態度又非常不好，不但不是農民的幫助者，反而變成了農民所討厭的人。故農民甯歡迎私塾，不歡迎學校，甯歡迎私塾

7　田正平：〈清末毀學風潮與鄉村教育早期現代化的受挫〉，《教育研究》，2007(5)。

8　梁漱溟：〈抱歉──苦痛──一件有興味事的〉，馬秋帆編：《梁漱溟教育論著選》，人民教育出版社1994年出版，第19頁。

先生，不歡迎小學教員。」[9]這樣，新式教育城市化、貴族化，阻礙了民眾接納新式教育的可能性，而農民絕對貧困化更消解了新式教育的努力。

表4-1　普通家庭生活費支出分配一覽表

| 調查者 | 調查年份 | 調查地點 | 調查家庭 | | 生活費支出百分比 | | | | | |
			職業	戶數	食物	衣服	房屋	燃料	雜項	總額
Dittmer	1915	北平西郊	鄉民	195	74.3	6.8	8.1	6.2	4.6	101.53銀元
Buck	1922-23	河北鹽山	農民	150	54.7	5.9	8.1	18.1	13.2	113.67銀元
陳達	1923	北平成府	鄉民	91	62.2	29.6	4.5	—	3.7	135.00銀元
Gamble	1924	北平	人力車夫	10	75.0	5.0	8.0	9.0	3.0	171.00銀元
滿鐵	1926	大連	農民	10	50.9	6.0	2.9	15.5	14.7	980.84日金
社會調查部	1926	北平	手藝工人	500	61.2	4.0	11.4	13.5	9.8	164.78銀元
朱懋澄	1926	上海	技術工人	—	42.0	11.0	14.0	7.0	26.0	430.20銀元
朱懋澄	1926	上海	不含技工	—	52.0	10.0	13.0	9.0	16.0	256.08銀元
Sokolshy	1926	上海	紗廠工人	1	66.6	6.7	10.0	10.0	6.7	180.00銀元
社會調查部	1927	河北塘沽	製鹽工人	61	55.7	9.5	7.1	8.1	19.6	220.3銀元
社會調查部	1927-28	北平	手藝工人	177	56.3	10.3	11.6	7.5	14.2	263.13銀元
中央研究院	1929	無錫黃巷	鄉民	165	62.2	5.9	5.2	—	26.7	192.91銀元

附注：表中社會調查部1926年和1927-28年調查北平手藝工人「雜項」中
　　　包含婚喪費。
資料來源：筆者以古楳「勞動階級家庭生活費的支出表」為基礎上總結製
　　　　　作。詳見古楳：〈為什麼現在的教育不是民眾的〉，《中華教
　　　　　育界》第19卷10期。

　　如上表所示，在二十世紀前期，無論個人、社會組織還是政府機構，他們對普通民眾家庭生活費的調查顯示的結果大同小異。以生活費年收入百分比排序來看，食物支出佔據第一位，最高達到75%，最低也占42%，教育支出包含在雜項一欄中，最低竟只有3%，大多在10%左右徘徊。因為總生活費基數較低，這些百分比對應的實際銀元數目微乎其微。各地農家對教育支出的狀況尤過之不及，如安徽懷遠縣有81%的田主未受過教育，子弟（主要指7-16歲）有79.7%未入學校讀書；直隸鹽山田主受教育者僅占總數21.3%，子弟失學率卻高達77.9%。[10]

---

[9]　毛澤東著：《毛澤東選集》，人民出版社1991年第二版，第40頁。
[10]　古楳：〈為什麼現在的教育不是民眾的〉，《中華教育界》第19卷10期。

在那些受過教育的民眾當中，考察他們接受教育的渠道、場所，私塾依然佔據重要位置，一些士紳寧願設家塾，也不願意送子弟到新式小學讀書。而對於農民來講，私塾更為實用、經濟。如河南汝縣「鄉鎮私塾到處皆有」，鄭縣「全縣公私立學校共有94處，而私塾則有285處；其他各省份大多如此。1923年陶行知調查長江流域平民教育情況，仍為私塾力量的強大而感慨，「試把全國學校的學生數合計，都遠不及私塾學生之多。」[11]而此時的私塾教育內容，大多沿襲慣例，「從《百家姓》、《三字經》、《大學》、《中庸》、《論語》、《孟子》到《詩》、《書》、《易》、《禮》、《春秋》五經，作為正課挨次地讀下去」，描紅、習字、作詩、學對也是內容之一，只有極少數私塾開始仿照學校設置國文、算術等科。在這個時期，小學校的發展尚沒有達到足以與私塾抗衡的地步，基礎教育仍然是塾師們唱主角。[12]民眾對私塾執著，使得新式教育的小學和私塾並立，小學教員和塾師平分天下。

表4-2中，農民對應讀書益處的定位，如寫信記賬、識字明理、萬事不求人（如寫春聯等）等，更多意義上是私塾「拿手好戲」，不是新式教育所著力的內容。此次調查涉及到江蘇、江西、浙江、安徽、山東、湖北、湖南、四川、貴州、雲南、廣東、廣西、福建、河北、河南、陝西、山西、甘肅等18個省，其中江蘇省占最多數，有370人。被調查者

---

[11] 陶行知：〈長江流域平民教育運動之性質組織及方法〉，《陶行知全集》第一卷，華中師範大學教育科學研究所編，湖南教育出版社1983年出版，第418-419頁。

[12] 蔣純焦著：《一個階層的消失——晚清以降塾師研究》，上海世紀出版集團2007年版，第239頁。

表4-2　農民認為讀書有何利益統計一覽表

性別 人數　項目	男	女	合計	性別 人數　項目	男	女	合計
可以寫信記賬	150	89	239	可以看報知道國事	15	6	21
識字明理	111	49	160	可以做生意	7	3	10
萬事不求人	81	12	93	做一個健全國民	5	—	5
增加知識	66	17	83	改造社會	4	—	4
做官發財	38	16	54	沒有用處	4	—	4
不受欺騙（完糧納稅少上當）	35	8	43	大則救國愛民，小則入孝出悌	3	—	3
能為國家社會服務	31	11	42	顯耀家庭	4	—	4
能獨立謀生活	29	13	42	將來有好日子過	4	—	4
認識票據和招牌	20	7	27	改良農具、能製造槍炮打倒我們民族的敵人	3	—	3
可以救國收復失地	15	6	23	可以做先生	—	3	3
讀書高尚	15	6	21				

注：實際可用調查表為916份。

資料來源：陳禮江、陳友瑞：〈農民對於文化反映心理之調查與研究〉，《教育與民眾》第8卷1期。

受教育程度，文盲僅占總數的11.88%，113人；其中受初等教育程度者（讀書1-6年）最多，有544人，占59.39%，而大多是接受的私塾教育。陳禮江、陳友瑞的這份調查時間是在三十年代中期，距離國民政府1928年義務教育「厲行推行期」已有一段時間，農民尚有這樣的認識，此前他們對新式教育的態度可想可知。根據教育部對24個省市的調查，到1935年，私塾在全國初等教育中仍占三分之一，其中，未改良之私塾竟占到全部私塾的60%以上。[13]在鄉村社會中，私塾依然是接受教育的重要場所。

在二十世紀二三十年代，鄉村社會所面臨的危機絕不僅僅限於教育方面，教育作為社會變遷中的活躍因素，更

---

[13] 教育部：《二十四年度私塾統計》。

容易被知識份子所關注。如前文所講，由於中國近代化走的是「後發外生型」發展道路，鄉紳、讀書人紛紛離村，麇聚城市，「不在村地主」現象在改變鄉村經濟秩序的同時也改變士紳主導鄉村社會的方式。隨著二十世紀農業產品更多的捲入市場，在外來的壓力下，大部分村莊組織解體，權力結構發生變化。鄉紳、讀書人向城市的單向流動，使得鄉村傳統政治力量——鄉紳階層力量弱化，不少地方「鄉村中的領袖人才缺乏，找不到能有社會活動能力的人」。[14]而且，在中國近代化的過程中，國家權力捲入地方社會事務成為國家建設的主要趨勢，鄉村社會出現權力真空，掠奪式經營階層控制了鄉村社會。[15]處於教育邊緣的農民，即便讀了幾年私塾，對於近代憲法、自治等新名詞依然是「一頭霧水」，自然難以涉足其中。教育家曹典琦認為，對於那些連自己名字都不知道怎樣寫的文盲，連自己一村一屯的鄉規里約都不會運用的民眾，難以從近代立法中「獲益」，[16]即便識字，從私塾獲得的知識結構也難以容入近代化話語體系，自然被摒棄在鄉村政治之外。

這種可供選擇的組織資源的萎縮、衍化演變的必然結果，便是土豪劣紳及舊式文人掌握了鄉村社會和鄉村教育，鄉村精英痞化。「在農民面前，舊的統治階級的尊嚴大部分消失了，而這曾以他們安全感。所有的隱慝的豪傑、不法商人、匪盜之徒，以及諸如此類人物都從地下冒了出來，填

---

[14] 張鐵錚：〈河北三河縣農村社會調查〉，千家駒編：《中國農村經濟論文集》，上海中華書局1936年版，第485頁。

[15] 以黃宗智為代表，主要觀點詳見《華北的小農經濟與社會變遷》，中華書局1986年出版；《長江三角洲小農家庭與鄉村發展》，中華書局1992年出版。

[16] 曹典琦：〈長沙農村補習教育運動〉，《中華教育界》第13卷1期，1924。

補目前統治者的倒臺所產生的真空。」[17]如二十年代江西，「一切政權都在豪紳地主的手中」，而且，各縣級政權中以縣長為首的大小官吏多與這些土豪劣紳結合「沆瀣一氣」，「此往彼來，彼來此往。」[18]甚至有些地區地方豪紳則操縱土匪和槍會等結類組織，「形成豪紳土匪相勾結的統治。」鄉村社會秩序因之失控，走向無序化，使得國家權利難以深入鄉土社會[19]，而處於弱勢地位的廣大農民不得不遭受各方面的剝削、壓榨。鄂西北農民對於那些土豪劣紳，「簡直像老虎般看待，時時有吃人的可能性的。他們的臉，可以白白讓他們打，財產可以讓他們分配，他們的寡婦出嫁，要把聘禮送給他們，他們的產業變賣，要給他們中錢。」[20]加上天災頻仍，「農村貧困加劇，農民大力逃亡，饑荒不斷。許多人逃到城市沿街乞討，婦女淪為娼妓，農民賣兒賣女，失業人口膨脹，農戶因債務纏身被迫出賣土地。」[21]農民借貸無門，為了活路，要麼遠走他鄉，要麼用土地等抵押，高利貸盛行，土地兼併嚴重。

農村政治、經濟的無序、混亂，農民的紛紛離村，也影響到農民生產、生活方式的改進，生產新技術、文明生活猶如傳說中的「天外飛仙」，甚少和他們有直接關係。由於

---

[17] 〔美〕巴林頓・摩爾著，拓夫等譯：《民主與專制的社會起源》，華夏出版社1987年出版，176頁。

[18] 王秉耀：〈夾攻狀態下的江西農村〉，《東方雜誌》第21卷6號。

[19] 此處的「鄉土社會」不是一個簡單的「城市──鄉村」二元地域概念，由於近代中國「從基層上看，中國社會是鄉土性」（費孝通，《鄉土中國》）的特色，城市、城鎮中的下層民眾依然在從事農業、或與農業相關的職業來維持生計，所以本書的「鄉土社會」是一個較為寬泛的概念。

[20] 嚴仲達：〈湖北西北的農村〉，《東方雜誌》第24卷16號，1927-8。

[21] 〔美〕費正清主編，章建剛等譯：《劍橋中華民國史》第二部，上海人民出版社1992年出版，284頁。

資金、耕畜等生產要素的嚴重不足，導致農業生產耕作方式極為落後，如無錫禮社「農民無力養牛，……耕田翻土，全用人力。」[22]不少省份的一些地方甚至連最為簡單傳統的農具如犁、耙、鋤頭等，也極為缺少，三十年代對滬郊農戶抽樣調查中，140戶自耕農、半自耕農和佃農中，置備耕牛29頭，犁17架，耙19架，稻床27架，小車41架，鐮刀97把，糞桶108只。[23]資金匱乏、農產品價格低下等種種困境，使得土地投入嚴重不足，「竭澤而漁」的耕種在所難免，甚至乾脆轉謀他業，將土地棄而不耕，人為導致荒地面積大量增加。土地耕作情況的惡化，使得農村經濟更為衰退，進而影響到農村政治、文化教育等各方面的運行，農民生活困苦，對民主政治、國民等觀念淡薄，封建迷信盛行，鄉村社會種種不寧又滋生、孕育了新的危機。

二、民眾教育館的社會功能

　　南京國民政府成立後，為了穩定社會秩序，紓緩鄉村社會種種危機，改變廣大鄉村民眾「日生日艱」生活狀況，加快傳統國家向現代國家的轉型步伐，政府用「行政力」集結力量，借助民眾教育運動，城市近代化以「文明、進步」姿態，強勢向鄉村社會推進。正如前文所講，民眾教育運動從一開始，就帶有強烈的政治色彩，它以發展補習教育為入口，必然延伸到鄉村社會的地方事務、基層組織以及民眾的日常生活，於是，民眾教育館作為民眾教育運動的綜合機關，從

---

[22] 章有義編：《中國近代農業史資料》第3輯，三聯書店1957年版，877頁。
[23] 馮和法編：《中國農村經濟資料》，上海黎明書局1935年出版，266頁。

其種種工作的規定來看，成為了政府和一部分試圖改造鄉村的知識份子進入鄉村的「平臺」，成為他們參與鄉村社會生活的立足點。而從實踐上講，民眾教育館通過各種活動的開展，特別是小城鎮都承擔著一個準「公共空間」的職責。

按照著名社會教育家李雲亭（蒸）對民眾教育館定位，民眾教育館應該成為轄區民眾的精神生活的中心，他從民眾和民眾教育館兩個方面對「民眾精神生活的中心」做了進一步說明：

(一) 民眾方面：
  (1) 全區民眾認為民眾教育館是自己的產業；
  (2) 全區民眾認為民眾教育館是他們公共集會和聚樂的地方；
  (3) 全區民眾認為民眾教育館是知識的機關，他們由此可以獲得無限的知識。

(二) 民眾教育館方面：
  (1) 要負起為全體民眾謀最大福利之責任；
  (2) 要向民眾傳遞和介紹外界的消息；
  (3) 引起民眾瞭解並注意自身的義務和權利；
  (4) 向外界介紹和宣傳本區的情形和特長；
  (5) 代表全區民眾答復關於外界對於本區的詢問事項。[24]

林宗禮認為：從事民眾教育的人們要聯合社會力量，將民眾教育館「造成地方教育的中心，造成民眾精神生活的

---

[24] 李蒸：〈民眾教育館概論〉，《教育與民眾》第二卷8期。

中心，造成社會建設的中心」。[25]各地民眾教育館不僅大力
開展以掃盲為特徵的文字教育，通過圖書閱覽、借閱、出版
通俗刊物、講演、識字運動、代筆會、流動書車等各種各樣
形式，注重民眾讀書識字，而且還開展了生計、休閒、公民
等一系列教育，組織合作社、改良種子、舉辦各種展覽會、
電播電影、引導民眾、教育民眾，致力於整個鄉村文化和民
眾生活方式的改造，贏得了各界民眾（包括鄉村民眾）的信
賴，成為當地民眾樂於接受的一個公共空間。

> 雲縣民眾教育館1933年創建，館址在四川會館，大門
> 口有雲縣書法家潘錫光先生書寫的對聯：「組織民
> 眾，訓練民眾；復興中華，建設中華。」開館之日，
> 召集了音樂晚會，由張茂卿演奏西樂小提琴，這在雲
> 縣還是第一次，並演唱了滇戲，觀眾如堵，十分熱
> 鬧。……成為雲縣民眾聊天會面的一個好地方。[26]

> 每年寒暑假之際，（江浦縣立）民教館則成為縣內旅
> 外大中學生聚會聯誼之所，館內更增熱鬧氣氛，經館
> 內各部負責人指導和協助，時常有計劃的組織籃、足
> 球邀請賽，或組隊向客地出征，每賽結果常獲凱旋，
> 為民教館工作，增色不少。[27]

[25] 林宗禮：《民眾教育館實施法》，第298頁。
[26] 李芬：〈雲縣民眾教育館簡況〉，雲縣縣誌編纂委員會編：《雲縣文史資料
第2輯》，編者1983年自刊。
[27] 杜保父：〈江浦縣早期的民眾教育〉，中國人民政協江浦委員會文史資料研
究委員會編：《江浦文史 第4輯》，編者1989年自刊，第52頁。

1934年久旱無雨，土地龜裂，農民焦急萬分，夏溪民
眾教育館向農民銀行貸款，租回抽水機承包農田，私
人承包每畝1.2元，民教館承包每畝只0.5元，農民節
省了不少錢，莊稼獲得了豐收，農民感激不盡（民教
館）。[28]

　　江蘇省立勞農學院（即江蘇省立教育學院的前身）在
1929年附設了農民教育館，每逢國慶日、總理誕辰或其他
一些節假日，便利用學院電影放映機，在學校禮堂為轄區內
的民眾免費放映電影，吸引了大量民眾前來觀看。江蘇省立
鎮江民眾教育館在繁華街埠牆壁上懸掛揚聲器，每日定時播
放，成為當地民眾一個「固定的去處」。

　　掃除文盲、對成年失學民眾補習文化知識，給民眾提供
一個繼續自修的場所，是各級各地民眾教育館工作的「重頭
戲」。民眾教育館開展的各種補習教育方式中，民眾學校
是最經濟，也最常見的。據宗秉新統計，江蘇省各縣民眾
教育館實施的各項教育中，語文教育中各館「通過標準」
的最高比例便是民眾學校，占98%。[29]各地情況大概相似。
各級民眾教育館根據轄區情況，設了數量不一的民眾學校，
免收學費，以四個月為期限，致力於掃除成年失學民眾的
工作。

[28] 徐駿：〈武進縣民眾教育館史〉，中國人民政協江蘇省武進縣委員會文史資
料研究委員會編：《武進文史資料 第3輯》，編者1984年自刊。
[29] 宗秉新：《江蘇的民眾教育館》，江蘇省立鎮江民眾教育館1933年12月出
版，第71頁。

圖4-1　江蘇省立勞農學院附設農民教育館放映電影情形

資料來源：《教育與民眾》，1卷5號。

圖4-2　江蘇省立鎮江民眾教育館舉行電播教育的情形

資料來源：《教育與民眾》，6卷7期。

圖4-3　山東省立民眾教育館附設民眾學校畢業生留影（一組）

圖片來源：《山東民眾教育月刊》第5卷8期、第4卷1期。

　　從上面一組圖片中，可以看出，民眾教育館附設的民眾學校吸引了附近不少民眾前來就學，由於山東處於「孔子故

里」，極重視「男女有別」，民眾教育館專門為婦女設立了民眾學校，藉以實踐「啟發群眾知能，闡揚社會文化，改善社會風氣，普及社會教育」的設立宗旨。一些民眾（特別是婦女）通過民眾學校學習，認識了文字，開闊了眼界，有的還改變了自己的命運處境。

> 遷安縣民眾教育館1933年在諶莊開辦了一個複式小學和識字班，附近村莊的30名成年婦女走出家門，到識字班求學認字。學員劉樹英（諶莊人）與一警備隊長結婚，到天津後方知男方是有婦之夫，一氣之下提筆給北京清河鎮軍官學校任教官的胞弟寫信求救，其弟見信後，佩戴軍銜耀武揚威地將姐姐接回家。劉樹英說：「多虧民教館辦了識字班，教我學會寫信，不然眼淚哭乾了也回不了家」。此事在當地傳為美談，不少婦女加入了識字班。[30]

從照片中學員著裝來看，大多穿起代表「斯文」的長衫，包括孩子們，足以證明他們對這種讀書機會極為重視。鑒於學齡兒童失學甚多，民眾教育館大多專門為兒童們設置獨立的民眾學校。這種學齡兒童進入民眾學校讀書的現象，不僅僅存在於山東省，其他各省也相當嚴重，這和當時義務教育未能普及、民眾日益貧困等有關，本書不展開論述。

與平教會在定縣所組成的平民學校校友會相似，一些民眾教育館也把各屆民眾學校畢業生聯合起來，組成校友會等

---

[30] 劉燁：〈遷安縣民眾教育館〉，中國人民政治協商會議河北省遷安縣委員會文史資料研究委員會編：《遷安文史資料 第3輯》，1981年自刊，第23頁。

組織，如山東省立民眾教育館在1933年10月就把先後10多屆民眾學校畢業生組織起來，成立校友會，山西省立民眾教育館亦將歷年畢業的民眾學校畢業生組成校友會，這個組織不僅擔負督促學員繼續學習、識字的任務，還以此作為集結新的鄉村改進力量的平臺，廣泛參與基層政治建設，推廣新式農具等，以期使之能成為鄉村的新精英。

圖4-4　山東省立民眾教育館祝甸鄉民眾學校校友會成立大會合影
（1933年）

圖片來源：《山東民眾教育月刊》，第4卷8期。

圖4-5　山西省立民眾教育館民眾學校校友會成立合影（1935年）

資料來源：《山西民眾教育館月刊》，第2卷9、10期合刊。

圖4-6　江蘇省立勞農學院農民教育館俱樂部成立會攝影

資料來源：《教育與民眾》，第1卷9號。

　　一些民眾教育館還組織成立了農民俱樂部，吸收鄉村「有能力、有威望」的人士加入，通過開展多姿多彩的活動，努力培養「新的社會組織」，以期能在鄉村社會中培植新的社會力量。

　　就民眾教育館館內事業來講，閱覽、陳列等是其固定事業，開辦費以及日常事業費大多投入到圖書、報紙購置上，各館固定資產也以圖書、報紙為大宗，各館藏有數量不一的圖書。如以江蘇省立南京民眾教育館為例，該館圖書種類齊全，並採用《中國圖書分類法》，分為革命文庫、總部、哲學部、宗教部、自然科學部、社會科學部、語文部、美術部等，各類藏書達5,980種，共24,352冊，並將348種兒童書籍從成人書籍中分離出來，單獨設立兒童閱覽室，報紙雜誌共計756種，「閱覽室內每天閱覽人數常在百人左右；遊藝室內更是人滿為患，茶餘飯後，人們在此弈棋，撥弄絲竹，逐漸摒棄了不良嗜好；每週的電影更是不用招徠，民眾自會聚集前來，甚

至時常出現擁擠局面。」[31]安徽省立第二民眾教育館備有圖書11類7202種共18888冊，其中文學類最多，1899種4785冊，社會科學1562種，應用技術也有568種1238冊，最少的是宗教，有57種168冊。據該館1934年8月至1935年7月間的統計，在所有書籍中文學類書籍閱覽最普遍，其次是社會科學類與應用技術類書籍，來館閱讀的人員以商人和學生為多。除了圖書外，該館還另備有報紙，如《中央日報》、《新聞報》、《申報》、《天津大公報》、《工商日報》等20種，以便讀者隨時閱覽。該館不僅在民眾教育館內設置閱報處，還在市區內借助各種機關設立了29處閱報處，以方便民眾就近閱報。

圖4-7　江蘇省立勞農學院附設農民教育館陳列室攝影

資料來源：《教育與民眾》，第2卷1期。

---

[31] 林宗禮：《怎樣辦理民眾教育館》，《教育與民眾》第5卷2期，1933-9。

圖4-8　民眾教育館閱覽室情形

圖片來源：《教育與民眾》第3卷2期；《民眾教育季刊》第2卷4期。

表4-3　安徽省立第二民眾教育館附設的閱報所一覽表

閱報處名稱	所在地	設置情形	設置內容（報份）
第一閱報處	本館閱報室	陳列室內	中央日報、申報、新聞報、時報、安慶皖報、社會日報、工商日報、上海報、天津大公報等20種
第二閱報處	本館巡迴文庫閱報室	陳列室內	同上
第三閱報處	本館體育場閱報室（蕪湖棗樹園）	陳列室內	時事新報、蕪湖導報各一份
第四閱報處	大馬路萬安水龍局	陳列室內	申報、新聞報、蕪湖導報、工商日報各一份
第五閱報處	本館大門右首	報欄	張貼壁報
第六閱報處	文庫大門左首	報欄	張貼壁報
第七閱報處	體育場大門內	報欄	時報二份
第八閱報處	河南泗關街	報欄	蕪湖導報二份
第九閱報處	河南大巷口	報欄	申報二份

第十閱報處	河南岸東首	報欄	臨時張貼
第十一閱報處	河北岸中段	報欄	臨時張貼
第十二閱報處	河沿	報欄	臨時張貼
第十三閱報處	米捐局門口	報欄	中江報二份
第十四閱報處	湖州會館對面	報欄	新聞報二份
第十五閱報處	橫進室街	報欄	申報二份
第十六閱報處	江口岸碼頭	報欄	新聞報二份
第十七閱報處	利濟巷口	報欄	工商日報二份
第十八閱報處	谷高李巷口	報欄	中央日報二份
第十九閱報處	京燕汽車站	報欄	時事新報二份
第二十閱報處	十九道門	報欄	中央日報二份
第二十一閱報處	大花園口	報欄	時事新報二份
第二十二閱報處	集益裏北頭	報欄	新聞報二份
第二十三閱報處	中榮市街	報欄	皖江日報二份
第二十四閱報處	下二街一人巷	報欄	中江日報二份
第二十五閱報處	牛邊街	報欄	申報二份
第二十六閱報處	陸門巷	報欄	蕪湖導報二份
第二十七閱報處	商團對面	報欄	新聞報二份
第二十八閱報處	中國銀行對面	報欄	申報二份
第二十九閱報處	二街老肥皂坊	報欄	新聞報二份
第三十閱報處	花津橋	報欄	申報二份

注：年鑑上的資料和該館1936年自刊的《安徽省立第二民眾教育館》的數
　　字有所出入，如第一閱報所所存報數，年鑑為13種，該館自刊中稱有
　　20種。相類情況均以該館自刊為准。
資料來源：《安徽省立第二民眾教育館》，《第一次中國教育年鑑丙編
　　教育概況 第二 社會教育概況，第731頁。

　　由於不同閱覽地點周圍的情況不同，各館設置的報
紙也不相同。從閱報處分布地點來看，不管是附設在水龍
局、米捐局、汽車站，還是設在會館、商團、銀行以及街
頭附近，多是人口繁聚之地。根據可能的閱讀對象，民眾
教育館放置了相應種類的報紙。如第十七閱報處設在利濟巷
口，附近居民大多經商謀生，該館便在此放置《工商日報》
二份，由於報紙閱讀對象明確，且定期更換報紙，從而使設
在這此處報欄，成了「民眾茶餘飯後的一個駐足處」。此

外，由於該館地處蕪湖南岸，因此地「蓬戶甚多，所在區域道路仄狹，不容行車」，民眾教育館特設置流動書擔，走街串巷，方便蓬戶居民借閱，並與江南鐵路公司運輸處簽訂列車巡迴圖書條例，規定列車巡迴圖書分兩種，「一為普通客車巡迴圖書，以公民修養科學常識應用技術及大眾文藝類為限，暫定280冊；一為聯運客車（蕪湖直達）巡迴圖書，以科學理論、專門技術及文藝作品為主，暫定50冊。」[32]

不少省市立民眾教育館還辦有類似流動書籍事業，江蘇省立南京民眾教育館、湖南長沙省立民眾教育館、江西省立民眾教育館等，他們為了增加民眾閱讀機會，特設流動書車或巡迴文庫，「將所藏書籍，推廣於民間，以俾大多數民眾均獲得閱覽的機會，將各館靜儲的書籍流動於各地，得充分利用」。如江西省立民眾教育館設有流動書車一輛，「裝備兒童成人讀物多種，並備有多種雜誌，指定公共地點民眾猬集場所處，輪流展覽以供眾覽，並做通函借書之用，各地民眾均稱便利。」[33]湖南長沙省立民眾教育館有流動書車六輛，以「開益、扶雅、知新、博聞、載道、文運」為車號，每日在規定區域內巡迴借閱。[34]當然，閱報處、流動書車等報紙、圖書數量較少，種類單一，其效果相當有限，但流動書車等措施的推行，有效地彌補了民眾教育館圖書室固定閱覽的缺陷，作為一種擴大閱覽對象的方式，是值得肯定的。

[32] 安徽省立第二民眾教育館：《安徽省立第二民眾教育館》，1936年自刊，第40頁。

[33] 《江西省立民眾教育館設施概況》，第40-41頁。

[34] 《湖南省立民眾教育館》，第84頁。

圖4-9　南通省立民眾教育館流動書車

圖片來源：《教育與民眾》，6卷1期。

圖4-10　江蘇南京省立民眾教育館流動書車情形

圖片來源：《民眾教育月刊》，第3卷4、5合刊。

　　如上圖所示，江蘇省立南京民眾教育館將流動書車推至公園，並有指導員在旁邊指導民眾讀書。該館規定，每週三、六各出巡一次，派指導員1人，工友2人推到公園或公共集合場等人多之處，指導員指導讀書同時，還要散發傳單，講演讀書好處，並招募婦女讀書會會員等。自1931年5月4日至6月6日，流動書車共出巡28次，地點涉及到小門

口、公園、大中僑一帶、通濟門、馬路街等地，每週六固定在市第一公園，除因天氣惡劣（如狂風大雨）有六次無民眾前來閱覽外，流動書車共招徠了971人民眾。[35]

　　各縣市立民眾教育館大多分固定和活動兩種方式，積極開展語言文字教育事業，致力打造「地方文化中心」的形象。

表4-4　江蘇省各縣民眾教育館語言文字教育事業相關實施一覽表
（1931）

固定事業	館數	活動事業	館數
圖書室（有稱閱書室）	39	巡迴講演（有稱講演隊）	22
閱報室	34	演說競賽會	17
壁報	34	讀書會	16
民教刊物	30	流通書庫（有稱巡迴文庫）	14
定期演講	20	識字運動	14
問字處	20	編輯民眾讀物	12
巡迴講演	18	化裝演講	12
代筆處	17	名人演講	9
民眾畫報	11	幻燈演講	7
巡迴書庫	10	活動教學	4
公共演講廳	9	定期演講	4
民眾識字處（有稱露天識字牌）	7	讀書競賽會	2
讀書會	6	露天閱報處	2
活動教學	4	注音符號練習會	2
民眾閱報牌	4	讀書運動	1
注音符號講習會	3	流動分館	1
國語研究會	3	雄辯會	1
民眾圖書分館	2	巡迴書報	1

注：實際調查只有51縣，高淳、金壇、揚中、川沙、宜興、泗陽、江都、
　　銅山、沛縣、東海等10縣沒有列入。
資料來源：王育誠：〈江蘇省各縣民眾教育館概況調查〉，《教育與民
　　　　　眾》第2卷第8期。

---

[35] 周廷洛：〈本館流動書車實施概況〉，《民眾教育月刊》第3卷8期，
　　1931-9。

除去圖書巡迴展覽、進行語言文字教育事業，不少民眾教育館的巡迴教育隊下鄉串巷，巡迴教育內容廣泛，涵蓋了民眾教育的主要事業，形式多樣，深受當地民眾歡迎。

圖4-11　　松江縣第一民眾教育館巡迴教育隊開展活動情形（一組）

資料來源：《教育與民眾》，第2卷8期。

　　民眾教育館在提供通俗易懂的民眾讀物、普及知識的同時，也承擔著地方文化教育開展的工作。民眾教育館為了給識字者一個繼續進修的場所，紛紛購買一些學術性、專業

性很強的書籍，起到了類似地方圖書館的功能。如不少資金雄厚的省立民眾教育館大多購有經史子集，一些縣立民眾教育館也有類似書籍。1941年，當張學良參觀開陽縣縣立民眾教育館時，在圖書室見到了整整齊齊裝了幾書櫥線裝大型古籍《四庫全書》，不禁感慨：「想不到小小縣城民教館竟有這樣精緻的古籍」。[36]通縣縣立民眾教育館最繁榮時有各類圖書9000餘冊，報紙雜誌幾十種，其中存有2套中華書局出版的《萬有文庫》。[37]此外，民眾教育館也是地方文化事業開展的一個場所。如浙江省立民眾教育館所附設樂園，便常常舉行各種集會，1932年教師節遊藝大會就是假此地舉行，「名校教師一律參加，晚七時舉行遊藝會」。[38]梅縣縣立民眾教育館與省立五中，「是梅縣音樂表演的兩個中心，舉行過多次音樂晚會」。[39]西昌縣縣立民眾教育館多次舉辦甯屬學生美術展覽會等等。

可以看到，新中國成立後，許多地區的文化館、圖書館大多為民眾教育館所改設，其實就是利用了民眾對其功能的熟悉和習慣。從這個意義上說，民眾教育館對提高民眾文化教育的探索，對建國後文化事業的發展以及現在新農村建設中農村文化站、社區圖書室等都具有積極作用。

三十年代農村經濟的嚴重危機，使得廣大民眾處於極度貧困境地，也使得民眾學校、識字教育的開展舉步維艱，深刻影響到民眾教育館的事業發展。應該說，從1934年前後，民眾教育的重心已由識字教育逐漸轉向生計教育，教育

---

[36] 袁化鵬：〈張學良將軍與開陽縣民眾教育館〉，《貴州文史》2006(2)

[37] 鄭建山：〈日偽時期通縣的民眾教育館〉，《北京文史》2005(2)。

[38] 〈教育消息要聞〉，《申報》1932-6-8。

[39] 劉慶英：〈當年抗日歌聲在梅縣城鄉迴盪〉，《梅州僑鄉月報》1995(8)。

部於此年召集的民眾教育委員會就此明確達成共識：「民眾教育之重心在民生，宜從民生著眼，從民生入手，以達到民權民族之發展。」[40]民眾教育館生計教育主要集中在合作事業、農村金融和農業技術推廣等方面，戮力謀求民眾生產力的提升、經濟地位的改善，以期達到「昭蘇民生」功效。

> 近數年來，中央及各地方實施教育方針，悉集中於增加生產，本館（江蘇省立鎮江民眾教育館，筆者注）實施民眾教育，自當以增加生產為中心目標，以期民眾生活有所改進。十九年度設家庭工藝班，僅具生計教育之雛形，二十年度始漸次擴充，改為工藝傳習所，更增設職業指導處。二十二年度成立生計部，擴大工藝傳習所，組織分針織染織二科，其他若刺繡班、合作苗圃消費合作社等，或就原有範圍，加以整理，或應環境需要，次第增設，務期無業者習一藝以生存，失業者得一職以盡用。[41]

職業補習性質的工藝傳習所，是民眾教育館開展生計教育一項主要事業。三十年代整個農業生產水平難以根本改變情況下，普通農戶僅憑有限耕地的菲薄收入無法滿足家庭成員生活需要，一些民眾教育館就設立紡織、刺繡、編藤等工藝傳習所，傳授手藝，從辦理效果來看，各地不大相同。山

---

[40] 顧良傑：〈教育部民眾教育委員會會議經過及感想〉，《教育與民眾》第5卷5期，1933-12。

[41] 江蘇省立鎮江民眾教育館編：《四年來之江蘇省立鎮江民眾教育館》，第15-16頁。

東省立民眾教育館附設了家庭工藝班，聘請了專門技術人員作為師傅，招收小學程度的女子前來就學，主要培訓內容有插花、園藝、簡易編織等內容，效果不錯。1933年江蘇省立鎮江民眾教育館鑒於「省會江綢慘敗，失業者眾」，特在工藝傳習所添設染織一科，呈請教育廳撥發1932年的臨時費2000銀元，購買了紗線和機器，招收學員12名，入所訓練，規定一年畢業，「每人一台機器，由技師指導，由淺入深，由粗貨而及細貨，按步實習，並依成績之優劣，而定獎勵金之多寡，分每月兩次發給，鼓勵學生習藝動勉，無感生計問題之困難」。由於教法得當，下學期開學之初便有6名技術精良的學員被工廠聘去，該館續招6名，一年結束時，學員「共用紗線三百四十包，編制布匹四十余種，計一萬三千一百餘碼，銷去一萬餘碼，售洋二千五百餘元。除付紗本及發給獎勵金外，尚盈餘四百餘元。」[42]取得了不錯的社會效益。

圖4-12　山東民眾教育館附設家庭工藝班第一屆畢業留影（1933年）

資料來源：《山東民眾教育月刊》，5卷4期。

---

[42] 江蘇省立鎮江民眾教育館編：《四年來之江蘇省立鎮江民眾教育館》，第18頁。

當然，也有不少民眾教育館的工藝培訓班效果並不理想，如江蘇省立徐州民眾教育館鑒於當地盛產絲綢，特指定工藝傳習所為該館1933年度生計教育核心事業，擴大刺繡傳習班規模，購買新機器，備置刺繡棚架，特聘指導員，招收附近16-30歲農村婦女，每日半天為限，除專授刺繡外，並兼授縫紉與裁剪。但從報名情況來看，「不甚踴躍」，一月有餘才招了10名學員，刺繡所需原料，因「多數學生以家庭經濟關係，不願自備」，民眾教育館只好代為購買，為了鼓勵學生學習的積極性，「並提獎金，分給學生」，但由於婦女家事繁忙，「本年度傳習三個月，時期甚短，且時斷時續，所教授者，僅刺繡鞋面、枕套等普通用品」，導致「出品不能精求改進，以致隨便銷售，虧折甚大。」學員也失去了興趣。[43]南匯縣縣立民眾教育館開辦編織傳習所，畢業後學員有數十人從事黃藤編織，但因為市面貨物過剩，「出品堆積而無從銷售」，竟而造成數人破產。[44]公允地講，這種職業補習性質的生計教育難以使農民根本擺脫生活窘境，但對蘇南農村農戶「兼業經濟」的社會氛圍有進一步的推動作用。

　　從民眾教育館開展的生計教育來看，城鄉有所差異，城市多辦一些工藝傳習所，教一些手工藝技術，如縫紉、紡織線襪、汗衫等，還有的辦了打字、記賬等班，修業期限為2-4個月，傳授技術的同時掃盲，規定不識字者必須入婦女補習學校或民眾夜校學習。在鄉村多偏重於農業方面，通過

---

[43] 江蘇省立鎮江民眾教育館：〈擴充後的生計教育〉，《民眾教育通訊》第4卷4、5期合刊。

[44] 秦柳方：〈民眾教育之前途〉，《教育與民眾》第5卷8期。

農村經濟調查、組織合作社，引進各種先進的農業工具、技術，興修水利及倡導副業等活動，開展生計教育的工作，試圖借此來增加農民生產，節約消費，加強民眾的合作能力的培養，提高人民的生活。

表4-5　吳縣農民教育館設施計畫大綱簡表（生計指導部）

期別											
第一期 1930.8 -1931.7	農業講習會	巡迴農事改育會	農藝班	介紹良種	合作農田	育蠶班	農業問訊處	農產展覽會	指導新技術	防治病蟲害	試用新式農具
第二期 1931.8 -1932.7	繼續上期事業	模範農場	農業函授部	育蠶討論會	推行新式農具	提倡農業製造	提倡副業	指導組織信用合作社	指導組織生產合作社	指導組織運銷合作社	指導組織利用合作社
第三期 1932.8 -1934.7	繼續上期事業	分設合作農田	籌備簡易農具製造所	指導組織農業改進會	指導組織蠶種場	指導組織烘繭灶	其他				
第四期 1934.8 -1936.7	繼續上期事業	曆行耕地整理	指導組織作物育種場	設立婦女工藝班	提倡廢地植物	指導組織消費合作社	其他				

資料來源：潘志福：〈吳縣農民教育館實施計畫大綱〉，《教育與民眾》第2卷第8期。

從表中可以看出，該館對生計教育制定了詳細計畫，並按照分年分期規劃事項，內容包括了農業講習會、模範農場、介紹良種和新農具，以及各種合作事業的進行等十幾項。吳縣農民教育館是「以生計教育為中心來普及農民民眾教育」為鵠的，其部門設置為三部，分為總務、生活指導和生計指導，生計指導部下轄副業、農業和合作事業。該館還規定，「但非不得已，總以依期辦理為原則」，變更時「得以事實的要求為原則」，這樣，從制度上保證了計畫的有效性。

不少民眾教育館還興建倉庫，設米糧抵借所，在豐收時節把糧食儲押於倉庫，設專人保管，以便等待機會，「善價

而沽」。社橋實驗民眾教育館館長認為：「蓋當新穀登場，物品突然的增加，一時供過於求，物價因之低落，設米糧抵借所為之周轉，農民可以等待機會，善價而沽」，抵借所「每石米月利息九厘，另加手續費六厘，農民需用時可以隨時取去」。農民已對教育館有相當信仰，紛紛將糧食抵借在所，設專人保管。在江蘇省全省範圍內，丹陽縣立實驗民教館、豐縣五店子民教館、華山縣立民教館、沛縣青墩寺民教館、溧陽縣立民教館等均與江蘇農民銀行合作，設有農業倉庫，利用農產品為抵押，幫助農民資金周轉。

賑災籌款等慈善事業也被民眾教育館納入工作之中。1931年江蘇北部水災嚴重，江蘇省立鎮江民眾教育館除在館內設置「災區情狀宣稱品展覽」，還組織宣傳隊，通過化裝演講、話劇等形式，還舉行遊藝大會，進行大規模的募捐運動，募得「善款二千三百餘元，悉數送交江北水災臨時募賑會代為散發，普濟災民」，[45]並針對災民現實需求，積極開展災民教育工作，如1934年，因魯西水患嚴重，山東省立民眾教育館對跟隨家長逃荒的失學兒童開辦民眾學校，進行補習教育，得到災民的積極回應。

---

[45] 江蘇省立鎮江民眾教育館編：《四年來之江蘇省立鎮江民眾教育館》，第27頁

圖4-13　山東省立民眾教育館為難民子女舉辦災民教育（1934年）

資料來源：《山東民眾教育月刊》，5卷8期。

　　隨著國民政府「合作運動」的興起，興辦各種類型合作社成為各級民眾教育館的工作之一。由於中國傳統以家庭經營為主，加上合作事業為新興事業，對於識字略無的農民，甚少能明瞭其意義：「今日中國的一般貧農，往往沒有機會受到教育，鄉間的文盲，到處充斥，對於一切新思潮新運動，如什麼叫做合作，怎麼向銀行貸款等等，他們根本就莫名其妙，因此，農貸的推行和合作事業的提倡往往就給一般狡黠的土劣所把持所利用，真正的貧農反而一點益處也得不到。」[46]有鑒於此，各地民眾教育館在積極組建合作社的同時，對合作教育多有注重。如江蘇省立俞塘民眾教育館自1933年初設合作社，就一直招收附近農民子弟到館受訓，以為將來指導地方合作事業所用；[47]省立徐州民眾教育館也於1934年7月舉辦合作講習會，計有正式會員52人，旁聽者8人，每日二小時，課程有合作概論、組織合作社步驟、合作

---

[46] 吳承禧：〈中國銀行業的農業金融〉，《社會科學雜誌》第6卷3期，1935-9。

[47] 閔鍾驥：〈俞塘合作事業的實施事業〉，《社教通訊》創刊號，1931-12。

簿記、合作經營、精神講話等13項，結束後並成立徐海合作研究會，繼續指導社員。[48]在民眾教育館的指導下，以信用合作社為主的各種合作社紛紛成立，進行了「在農村經濟改造方面試圖推行具有企業化和市場化性質的股份合作體制」[49]的農村經濟近代化的有益探索。

圖4-14　山東省立民眾教育館祝甸鄉無限信用合作社社員合影（1933年）

圖片來源：《山東民眾教育月刊》，第4卷6期。

圖4-15　曆城縣立民眾教育館第一屆合作講習會結業紀念（1935年）

資料來源：《山東民眾教育月刊》，第6卷8期。

---

[48]　〈本館施教工作全貌〉，《教育新路》第83期，1933-5。

[49]　虞和平：〈民國時期鄉村建設運動的農村改造模式〉，《近代史研究》，2006(4)。

各地民眾教育館大力辦理合作社，致力於鄉村民眾經濟力的改善，就實際開辦看，主要有信用、養魚、運銷、灌溉及墾殖五類。它們不同程度地利用集體資金和力量開展生產和經營，如陝西省立民眾教育館指導各社社員種植改良棉花，「社內所用之改良棉，抗旱性甚強，故收穫量至豐」。[50]江蘇省民眾教育區第三區，在民眾教育館指導下，在143家養蠶農戶中，已有54.5%的農戶飼育改良蠶，「農民對於改良種優於土種，已有深刻認識」。[51]有些合作社還實行了產銷聯合，有較強的市場經營理念和效益追求，具有了近代農業企業的雛形。如南門實驗民眾教育館有信用合作社一所，社員37人，以5元為一股，社員需購買股份方能入社，該信用社向農業銀行貸取款項1200元，低息貸給社員，自成立以來，向外借款1500元，一定程度上減少了社員受高利貸盤剝。再如高長岸實驗民眾教育館附設的運銷合作社，將當地特產的茭白直接運往南京，聯繫協興源、曹源泰、椿茂、孫盛祥、益大等五處商行代銷，省去中間商人的盤剝，僅此一項，附近兩村農戶淨收入就比往年增收3000元。[52]省立徐州民教館、沛縣縣立民教館、蕭縣民教館等均開設有合作社。

　　無論江蘇還是全國範圍內，儘管各種合作社紛紛興辦，但普遍存在規模小、資金短缺、普通民眾入社積極性不高，且存在明顯的地區差異等問題。相對江南來講，江北因經

[50] 陳其鹿：〈陝西省農業金融之概況〉，《社會經濟月報》第1卷11期，1934-11。
[51] 應懷訓：〈就一年來的經驗來估量民眾教育對於社會經濟的效能〉，《教育與民眾》第5卷5期。
[52] 朱若溪：〈高長岸的運銷合作社〉，《教育與民眾》第4卷2期。

濟落後，各縣立民教館對合作社事業的推廣一直「難見起色」。有鑒於此，江蘇省建設廳、教育廳及農民銀行聯合在1934年4月中旬，召集江北各縣農民教育館及鄉村民眾教育館館長或生計部主任，在省黨部大禮堂舉行「推進江北合作事業討論會」，會期四天，將參會人員按合作組織、合作經營、農業倉庫、合作運銷、合作教育、農村副業等分為6類，展開分組討論。[53]儘管沒有收到「立竿見影」的效果，但不難看出，各縣民眾教育館已經被政府看作「當然」的指導、推進地方合作事業的管理機關。

表4-6　江蘇第五民教區三十九個縣立機關合作社社員人數統計表（1935）

種類 ＼ 縣別／數量	崇明	東台	啟東	泰縣	南通	如皋	海門	靖江	總計	百分比
信用合作	98		39		18	44			199	10.4%
信用兼合作		244	55		46	12		51	408	21.3%
生產合作	158	157	207	37		131	79	75	844	43.8%
運銷合作	79		14			18			111	5.8%
利用合作					15				15	0.8%
儲藏合作						63		16	79	4.2%
消費合作			17	30					47	2.5%
產銷合作	134			89					223	11.2%
總計	469	401	332	156	79	268	79	142	1926	100%

注：39縣館基本施教區總人數為41,260人，入社人數占總人數百分比為4.7%。

資料來源：叢介生：〈縣立民眾教育機關實施標準工作之檢討——從三十九個縣館的事業統計說到今後民眾教育應走的途徑〉，載《民教通訊》，第1卷10期。

---

[53] 叢介生：〈縣立民眾教育機關實施標準工作之檢討——從三十九個縣館的事業統計說到今後民眾教育應走的途徑〉，《民教通訊》第1卷第10期。

如表中所示，蘇南地區各縣合作社發展緩慢，入社民眾數量不多。時人認為是合作社種種入社資格限制所致，[54]各民眾教育館雖有奮力推進之心，但因大多採取連帶保證責任制，也不得不多吸納有錢之人，化解了為民眾謀福利的初衷。「鄉間常有一般富農或土劣，因看到我們倡導的合作社可以向銀行吸取低利之資金，於是群起加入合作社，我們亦因彼等有恆產，不致出多少岔子，於是各地的合作社，幾成了中農以上或土劣的經濟組織。」[55]江蘇省立鎮江民眾教育館辦理的幾個合作社，「理事大多數是村長，錢是一批一批地放出去了，但大部分沒有落到農民手中，被鄉長、村長扣去納租、還租和繳租了。」[56]地方勢力的介入化解了合作社的績效。

圖4-16　山東省立民眾教育館祝甸鄉農業產品展覽會外景

圖片來源：《山東民眾教育月刊》，第3卷12期。

---

[54] 喻育之：〈關於改進農村合作社的幾點意見〉，《教育與民眾》第7卷3期。

[55] 林宗禮：〈鄉村建設工作人員應有的反省及努力〉，《教育與民眾》第8卷1期。

[56] 薛暮僑：〈農業建設問題〉，《中國農村》第3卷5期，1937-5。

實際上，這種股份責任制，雖限制和阻礙了貧苦農民加入合作社，抑制了合作社社員構成的廣泛性及民眾教育館的社會動員作用，削弱了合作社為貧苦農民謀利的意義，但從經濟組織特性來講，這些合作社既不是福利組織，也不是互助組織，是帶有一定近代性的農業企業組織。不少民眾教育館能「深諳其味」，如山東省立民眾教育館「處理合作社的問題，表面上盡講情誼，骨子裏卻是劃一不二的法治精神」，對各種違反合作社章程的人士，堅持原則，如「張姓社員，因到期不能清償本利，一再展期，可謂情至意盡，但終於使保人替他盡了義務；馬姓社員貸款以後，又轉借給鄉村的有力領袖，而且到期歸不上款。這領袖並非壞人，眼前也實在開罪不得，可是終於追清本利，使馬姓社員出了社……。」[57]民眾教育館開展的形式不一的合作教育，對於農民瞭解近代農業企業化運營有一定的啟蒙作用。

此外，為了增加信用合作社的基金，使農民養成儲蓄和節約的習慣，江蘇各縣民眾教育館還提倡設立儲蓄會。根據章程，凡儲蓄會員，每月都要儲蓄一定的儲金，此項儲金的流通方式與信用合作社放款大致相同，年底分紅。僅以江蘇省立南通民眾教育館指導下的江蘇第五民教區為例，經過多年努力，到1935年底為止，其下轄的39個縣立民眾教育館共辦有13個儲蓄會，參加人數600人，但所有儲金不足1000元。[58]由此可見，無論信用合作社、借貸處還是儲蓄會，民眾教育館籌設的新式金融機構不能根本滿足農民用錢的需

[57] 〈二十二年度館區工作報告〉，《山東民眾教育月刊》第5卷8期。
[58] 叢介生：〈縣立民眾教育機關實施標準工作之檢討——從三十九個縣館的事業統計說到今後民眾教育應走的途徑〉，《民教通訊》第1卷第10期。

要，解決不了他們生產生活上的困難，從這個意義上講，創辦合作社、流通農村金融等生計教育沒有達到預設目的。

農業技術推廣方面，民眾教育館大多根據本地情況，附設表證農場、農田，提倡良種、副業以及新式農具利用等。如蘇北農村副業發展水平低下，江蘇省政府特組織推進江北農村副業設計委員會，其中關於品種副業技術的訓練，由教育廳批具教材分發各縣民眾教育館實施。在各縣民眾教育館的努力下，蘇北地區在蠶桑、畜牧、手工藝等方面進展較快。如南通民眾教育館以雞、魚、羊、豬等為主，其所指導戶數占受指導總戶數的81.4%，並占總施教區總戶數的71.5%，[59]對一些農戶家庭收入的提高有所幫助。

表4-7　江蘇省縣立民眾教育館推行新農具統計表

縣別館數 / 新農具名稱	啟東	海門	靖江	崇明	如皋	泰縣	東台	南通	館數總計
玉蜀黍脫粒機	4	1							5
改良麥耙	1								1
棉花條播機	1	1							2
五齒中耕犁		1							1
噴霧器		1					1		2
打穀機		1	1	1					3
抽水機			1		1				2
搖棉機					1				1
鐵板鋤頭					1				1
搖種箱					1				1
揀花器								2	2
改良推耙								1	1
改良開耙								1	1

資料來源：叢介生：〈縣立民眾教育機關實施標準工作之檢討〉（續前），載《民教通訊》，第1卷11期。

---

[59]　金開山：〈一年來之民眾生計教育〉，《教育與民眾》第8卷6期，1937-2。

從上表可以看出，在啟東、海門等8縣中，儘管通過縣立民眾教育館的努力，新農具的推廣、使用卻不樂觀，仍處於零星式的狀態，遠遠談不上成績。負責啟東等8縣民眾教育輔導職責的省立南通民眾教育館也束手無策：「各館推行，既不能順利，更見效力之微薄，於農民生計上，即無甚影響。」[60]時人認為，是鄉村經濟的衰敗和農民傳統意識等原因，化解了民眾教育館在推廣先進農具上的努力。

這種現象的造成，表面上是眾多農民愚昧、保守所致，農產品價格低落，難以引起對新式農業器具的投資興趣，但是其根源則是社會生產力的落後。先進農具、技術的應用總是以節省勞動力為目的，在社會生產力發達的國家，二者是協調發展的，但在生產力落後且人口眾多的近代中國，農業技術的採用卻總是犧牲部分勞動者的利益為代價，因為節省下來的勞動力往往因為無處安插而陷入生活困境。在當時中國農業發展問題中，解決了技術難關，問題才只解決了一半，還有一個如何安置舊式勞動力的難題，在相當多的情況下，後者難度大於前者。有鑒於此，勞資雙方大都對先進農業技術持抵觸態度，政府也往往因懼怕安置眾多失業人員的工作而處於觀望狀態，農業技術問題已超越了其問題本身而成為社會問題，欲求得農業技術的改進，必須解決眾多勞動者的工作和生活，可以說，即便當時農戶廣泛接受農業技術革新，農業技術也會被民眾的極度貧苦化所羈絆。

為了推廣先進農具、種子、肥料等生產資料，各地民眾教育館紛紛定期不定期地舉辦區域性或全省範圍內的農

---

[60] 叢介生：〈縣立民眾教育機關實施標準工作之檢討〉（續前），《民教通訊》第1卷11期。

產品展覽會，讓民眾「眼見為實」，擴展眼界。如山東省立民眾教育館1933年2月在祝甸鄉舉行農產品展覽會，展覽之前民眾教育館廣泛向省內外購置相關物品，向農戶徵集農產品，分作物、園藝、畜產、農產製造以及家庭工業、農具等類，參展農產品1866件，並對參展農產品進行評獎，以先進農具或種子作為獎品，對未能獲獎的參展農戶也給予紀念品，此次展覽會吸引了2336人前來參觀。該館還積極推廣種桑養蠶、推廣波支豬等優良家畜品種。但就實際效果來看，並不是特別理想，「此地農民養豬，主要目的在造糞，肉肥量多可得善價，僅在其次。據農民經驗，波支豬出糞造糞的成績並不在中國豬以上，且食量宏大又須考究，實不經濟。」[61]可見，知識精英和一般民眾看待同一事物，角度不同，態度也不一樣。民眾教育館人員美好願望，不能代替農民的現實生活。

圖4-17　山東省立民眾教育館附設書詞訓練班第四屆畢業留影

資料來源：《山東民眾教育月刊》，第4卷8期。

[61] 朱智賢：〈祝甸鄉實驗區第三年　生計教育〉，《山東民眾教育月刊》第6卷6期

圖4-18　昌樂縣民眾教育館附設盲人書詞訓練班師生合影（1933年）

資料來源：《山東民眾教育月刊》，第4卷9期。

　　江蘇省為了充分發揮農事展覽會的作用，要求各縣立民眾教育館要互通有無，加大展覽品的流動，「展覽品為有效之教育工具，雖置備較耗經費；但若能儘量流動，充分利用，則反為經濟。」[62]江蘇省民眾教育館聯合會在第五屆年會期間，假省立徐州民眾教育館之地，聯合省內各民眾教育館舉辦了農事中心展覽會，展覽會類似今天的「世博會」，各縣館各自陳列本縣最為代表性物品，總體上看，江南各縣大多陳列稻作、蠶桑、棉花及病蟲害之類，江北各縣多陳列麥作、雜糧、農具等項。展覽會上，一些省立民眾教育館以專題專類陳列，如省立鎮江民眾教育館以農業概況展覽為主題，展出物品300餘件，省立南京民眾教育館作了養蜂病蟲害指導專題，省立徐州民眾教育館展品共380餘件，其中石膏小模型十套，描寫徐州各種農具活動情況，「徐州農村之一角」大模型一套，栩栩如生地展現了徐州農村中農舍、牲畜、田地、農產品及運輸等，「尤為特色」。此外，

---

[62] 吳劍真：〈三年來之江蘇社會教育〉，《江蘇教育》第4卷第1、2期合刊。

銅山縣立民眾教育館、沛縣縣立民眾教育館的農具模型、簫縣縣立農民教育館的昆蟲標本等，都吸引了不少人「駐足細觀」。

一些民眾教育館還承擔了培養社會教育和學校教育師資的責任。如江蘇省立鎮江民眾教育館通過招收「練習生訓練班」（後改為民眾教育服務人員訓練班），來培養社會教育師資。「本館感於一般社會教育機關基本工作人員缺乏，而省立社教機關又最宜於負訓練此項人材之責，以省館設備經費教員等，均可無問題故，且根據由做而學制精義，其實習工作同時亦為本館服務，一舉數得，極有意義。」由本館津貼膳宿費及零用，每人每月大洋十二元，書籍制服，亦由館供給。下表為該館開辦訓練班的課程表：

表4-8　江蘇省立鎮江民眾教育館民眾教育服務人員訓練班課程表

時間＼科目＼星期		二	三	四	五	六	日
第一學期	7:30-8:10	三民主義	國語	三民主義	書報管理法	教育館管理法	圖表製作法
	8:20-9:00	民教淺說	公民常識	科學講話	國語	科學講話	講演法
第二學期	8:00-8:40	紀念周	社會教育行政	民眾學校教育	國文	民眾學校教育	國文
	8:50-9:30	地方自治	教育心理	地方自治	社會教育行政	民眾社會教育	童子軍
	9:40-10:20	調查統計	國文	調查統計	教育心理	民眾社會教育	圖畫
	10:30-11:10	醫藥衛生	農業常識	醫藥衛生	農業常識	音樂	圖畫

資料來源：江蘇省立鎮江民眾教育館編：《四年來之江蘇省立鎮江民眾教育館》，第75-77頁。

該館招收的學員，經過一年的學習，全部如期畢業，為館義務服務半年後，「有仍留本館工作任職，有為外間聘去，無一失業」，應該說效果不錯。一些民眾教育館還利用資源，成立塾師改進會，促進私塾改良，舉辦塾師、說書人訓練班等，武都縣立民眾教育館還為該縣培養了一批小學師資。

當時，阜城區僅有完全小學一所，初級小學三所，女子小學一所，遠遠不能適應適齡兒童入學需要，顧私塾頗多，但其所教課本，陳舊不堪，與時代差距很大。該館（阜城縣城中民眾教育館）針對這一情況，乃舉辦私塾改進會，召集塾師座談，要求除酌留部分舊課本，餘皆採用新課本，並增設算術、體育和美工等課程，對塾師進行培訓。經過檢查，計有試驗檢定者9所，無試驗檢定者6所，其餘不合格統統淘汰。經改進之後，讀私塾四年與官辦小學初級部學歷相等，可以報考完小高級部。[63]

為增進民間說書藝人的知識和技能，改良說書資料，以加強社會教育，（貴陽民眾教育館）集中了貴陽地區的40多位說書人員進行培訓，每日授課兩小時，為期6個月。班主任由館長兼任，下設總務、教導、編審三組，組長暫由館內人員兼任，所授科目有常識、

[63] 萬根：〈三十年代的阜寧縣城中的民眾教育館〉，阜寧縣政協文史資料研究委員會編寫：《阜寧文史資料 第4輯》，編者1989年自刊，第91頁。

改良書詞、民族英雄故事、抗日歌曲、社會教育意義及演說技術等。[64]

（山東省立民眾教育館）成立了一班新書詞傳習班，由作者（閻哲吾，筆者注）和馬立元君擔任編輯及教讀工作，如今新書詞班也結束了，一共只教了近十個新段兒。在教新書詞時仍然感到一種說不出的困難，就是說書的白黑兩場工作，每晚至早十二時才能安眠，第二天上午要來上班，連溫習舊課的時間都很少，所以教起來速度很慢，不過這個班的結果較前幾個班已好得多，因為他們所學的新段兒能適用，到在書場裏演唱，令人聽了非但不討厭而且有趣。再加以合唱、如白、對唱的種種花頭，所以顯得新奇。他們能唱的改良書詞如下：（1）提倡國貨；（2）提倡國曆；（3）破除迷信；（4）戒纏足；（5）勸識字；（6）自強救國；（7）新勸夫；（8）改良竇娥冤（全本）；（9）災民苦；（10）毒品害；（11）黃花崗；（12）五三慘案。[65]

1936年春，武都縣立民眾教育館在文廟前院籌備成立，館長為曹士惠。1936年秋，在館內由縣府開辦師資訓練班，縣長孔渭兼主任，曹館長負責具體教學事

---

[64] 藍澤眾：〈四十年代貴陽民眾教育館舉辦的社教活動〉，貴陽市南明區委員會文史辦公室編寫：《南明文史資料選輯 第8輯》，編者1990年自刊，第127頁。

[65] 閻哲吾：〈走向「民眾讀物戲曲化」之路〉，《山東民眾教育月刊》，第7卷9期。

務，學員30餘人，半年期滿，畢業後分配擔任小學教師。[66]

當然，民眾教育館作為一種強制性制度安排，政府主要目的是通過識字教育掃除文盲的功能，生計教育提升農民生產力，「培植民眾自治能力」，在行政體系建構中促使基層政權體系的地方化，實現國家政權向鄉村基層社會的滲透。在民眾教育館主要事業中，政治教育（公民教育）一直佔據主要位置，設施重點先後有所變化，大體來看，1934年行政院頒布各地辦理保甲的政令之前，以辦理鄉村改進會為主要內容，之後，協助推進保甲運動成為其工作的主流。1939年，民眾教育館的政治教育又和實施「新縣制」結合在一起。

在政治教育事業開展中，主要通過指導、培訓會員等方式，培養新的地方精英，允許和鼓勵民眾直接參與討論與他們利益密切相關的地方和基層公共事務，從而實現國家政權迅速向鄉村社會滲透。如高長岸民眾教育館設立的鄉村改進會，通過農閒時節抽調會員進行集中培訓，進而促成了1932年鄉長及閭長實行民選，一改原來由劣紳土豪把持鄉村的局面。[67]江蘇省立徐州民眾教育館更將訓練的範圍擴大到不同年齡層次的民眾，甚至組織自治團對兒童進行教育，擴大政治教育的對象範圍，使「區內兒童互相聯絡勸勉，養成服務地方公共事業的精神和能力，他日能為社會服

---

[66] 曹士惠：〈武都民眾教育館〉，甘肅省武都縣委員會文史資料研究委員會編寫：《武都文史資料選輯 第1輯》，編者1986年自刊。

[67] 朱若溪：〈三年來的高長岸〉，《教育與民眾》第4卷9、10期合刊，1933-6。

務」。[68]江蘇省立鎮江民眾教育館招收社會少年，組織「童子軍軍團」，「灌輸其職能，培養其道德，以適合國家特殊的需要，俾能切實作三民主義之革命青年。」據該館自我評價：「以社教機關創辦童軍事業，破除童子軍為學生專有之慣習，其意義固甚重大也。」山西省立民眾教育館也積極利用各種機會，為童子軍集會提供場所。從社會教育和學校教育分途而設的情況來看，這種努力有一定意義。

> 二十一年二月，（江蘇省立鎮江民眾教育館）開展徵集隊員，將自願加入測驗合格之二十二人，編成男女各一小隊，為第一第二兩隊，定名為海馬隊孔雀隊，後又將本館錄取之練習生七人編為第三小隊，定名為獵犬隊，及宣佈成立，開始訓練。於三月間，按照中央規定，履行各項登記，於五月間，接奉中國童子軍司令部，頒發各種證書及團長委令，並頒布團次為中國童子軍第五百九十四團，訓練時間規定每日下午五時半至六時半，各種課程依中央規定，由團部制定標準，舉行測驗，童子軍訓練分室內室外兩種：（1）室內訓練：學科如童子，軍史、誓詞、規律、三民主義、國恥小史、衛生、禮節等，均在室內訓練；（2）室外訓練：術科如分操會操等，於室外舉行便利者，則於室外舉行之。二十一年度，復新增十人，續編一小隊。自成立以來，凡遇省會有盛大之集會，均到場服務，實地練習。[69]

---

68 茅仲英：〈保甲制度之實驗〉，《教育與民眾》第6卷10期，1935-6。

69 江蘇省立鎮江民眾教育館編：《四年來之江蘇省立鎮江民眾教育館》，第

圖4-19　山西省立民眾教育館舉行慶祝中國童軍總會成立一週年紀念合影

資料來源：《山西民眾教育館月刊》，第2卷9、10合刊。

　　民眾教育館對於公民教育更多的集中在成年民眾身上。1935年，南門實驗民眾教育館進行的「民眾教育與保甲制度合一」實驗備受矚目。該館為促成蓬戶大眾團結、嚴肅民眾組織起見，特採取聯保切結方式，[70]編訂保甲規約。保甲制度編竣後，南門實驗民眾教育館遂以此作為組織依託，積極推進鄉村改造的各項實驗，如政治方面，舉辦人事登記、調解糾紛、築路浚河，填塞浜兜和建築公用碼頭、設置路燈、垃圾桶、應對流氓敲詐及地主隨意增高地租、組織消防隊、冬防隊等，還利用保甲制度實行徵學制強迫教育等等。

25-26頁。

[70] 聯保切結是明代以來統治者推行保甲制度的一種慣用方式，南門實驗民眾教育館借用了這種方式，其具體做法並沒有大的變更，以甲為單位，一甲內各家共立切結一張，互相聯保，各家戶長在切結上蓋章或按指頭模印後，存於保長處，此後一甲中如有一家出事，聯保各家負共同責任。

表4-9 南門蓬戶區保甲長職業統計表

職業	人數			百分比
	炒米浜	灰場浜	合計	
拉車	10	6	16	48.49%
賣炒米	1	0	1	3.03%
小工	3	2	5	15.15%
車行夥計	1	0	1	3.03%
工廠工人	1	1	2	6.06%
挑灰	0	1	1	3.03%
木匠	1	1	2	6.06%
小生意	3	0	3	9.09%
醫生	1	0	1	3.03%
拾荒	1	0	1	3.03%
總計	22	11	33	100%

資料來源：茅仲英：〈保甲制度之實驗——本院南門實驗城市民眾教育館實驗報告之一〉，載《教育與民眾》，第6卷10期。

　　如上表所示，該區為蓬戶大眾推舉而出的保長和甲長，同樣是窮苦人中一員，不同於一般鄉鎮長或鄰閭長憑藉其經濟基礎來獲得社會及政治地位。而這些保甲長中有28人受過教育，文盲僅有5人，這和民眾「做領袖的人需要識字」傳統觀念是緊密聯繫的。為了讓這些窮苦出身的保甲長迅速掌握基本政治常識，民眾教育館對保甲長進行定期不定期的培訓，開設有民眾組織問題、黨義、法律常識、民權初步、自治與保甲、世界與中國等課程，並指導召開保甲會議。如炒米浜在1934年10月至1935年5月，共召開24次保甲會議，形成決議提案73件，其中關於自衛方面的有35件，自治方面有23件，衛生方面6件，經濟、教育方面各為3件；就會議參加人數看，無論保甲會議或甲民會議，民眾多能積極參加，

沒有一次不足法定人數。[71]值得注意的是，會議形成的諸多議案，大多能付諸實施，這和當時一般保甲會議議案決而不行的狀況，形成了鮮明對比。南門炒米浜和灰場浜也由原來「治安混亂」轉變為「文明之浜」，國民黨元老紐永建親臨參觀並給予了很高評價。北平市第一民眾教育館召集轄區內全體攤販開會，選舉產生自治委員會，由該館輔導組織自治委員會，每月開常會一次，「1、倡辦公共衛生；2、提倡正當娛樂；3、改善攤販生活；4、促進攤販自治」，取得不錯效果。[72]這表明民眾教育館實施的政治教育的確起到了政府控制民眾、滲透基層政權的作用，這也是國民政府之所以採用「行政力」大力支持民眾教育館組織發展的根本原因所在。

　　隨著近代社會變遷的步伐，一些先進、文明的生活理念，如衛生教育、新的育嬰知識、娛樂方式、婚俗嫁娶等，也成為民眾教育館在鄉村社會著力推廣的工作內容。如前文《民眾教育館規程》組織設置及職責劃分所示，民眾教育館對鄉村民眾生活、習俗的改變起到了一定的積極影響。

　　衛生教育是民眾教育館最經常舉行的事業。除去館內直接設立簡易診所，為附近民眾提供廉價或免費醫療救治外，衛生教育的形式方法多樣，利用各種有利時機來宣傳健康生活的理念，如浙江省立民眾教育館召集全邑耆老者開茶話會，館長婉言勸導，「與會老人亦大悟，趕赴理髮所，立即剃去」。[73]雲南昆華省立民眾教育館專門舉行「放足大

---

71 茅仲英：〈保甲制度之實驗——本院南門實驗城市民眾教育館實驗報告之一〉，《教育與民眾》第6卷10期。

72 北平市第一民眾教育館編：《北平市第一民眾教育館概況》，第25-26頁，1948年自刊。

73 〈識字宣傳運動週閉幕〉，《教育與民眾》第2卷第7期。

會」，對參會的天足少女予以獎金，並將其父母照片刊登在該館出版的《民眾日報》上，以期形成「天足健康文明榮光」的社會氛圍。山東省立民眾教育館組織巡迴講演團，赴各縣作化裝講演，在廣繞縣，「當我們的第一組在西關外剛講演過纏足之害後，當場有一老婦向我們說，她的兒子訂了個大腳的媳婦，因為恐怕貽笑鄉里，所以數年來未敢迎娶。聽了我們的講演以後她恍然決疑，回去後就央中人去訂日子娶親。」[74]南門實驗民眾教育館「鑒於天氣漸暖，疫病易於發生，而一般民眾，對於預防，每多疏忽，特於廿四日在該民教區舉行衛生運動，印發防疫須知，演講防疫方法，晚間開映電影，並用幻燈講演種痘及滅蠅之重要。聞於即日起，開始布種牛痘，並收買斃蠅每頭銅元一枚，藉以鼓勵民眾撲滅蒼蠅云」。[75]

圖4-20　江蘇吳縣北橋農民教育館醫療室攝影

資料來源：《教育與民眾》，第6卷1期。

[74] 吳級宸、董渭川等：〈本館第六次巡迴講演紀略〉，《山東民眾教育月刊》第4卷1期。

[75] 〈南門實驗民眾教育館舉行衛生運動〉，《教育與民眾》第2卷第7期（民教拾零）。

民眾教育館常借助遊藝會、化裝講演、放教育電影等形式開展衛生教育，用活潑生動的方式，吸引民眾的參與。南通縣立民眾教育館舉行衛生運動遊藝會，衛生物品展覽會，遠處鄉民紛紛駕車前來觀看。[76]江蘇省立南京民眾教育館利用化裝講演來宣傳衛生常識，「一般民眾，攜凳帶椅，爭先恐後來看，大人堆磚頭，小孩抓肩背，各個伸著脖子觀望。他們站在烈日之下，專心看講演」。[77]湖南省立農民教育館於1935年下期，「新置幻燈機一具，燈片二十餘種，衛生片局多，因事屬新奇，頗受鄉人歡迎」。[78]河北定縣實驗區針對當地實際，在鄉村「藉換電影片時，劉雅如先生並乘機講演衛生方法，該村民眾多患禿頭眼病，為之講演尤詳，夜深停演，猶多徘徊不忍去者眾」，[79]取得良好效果。

　　二十世紀三十年代，我國已經能製作部分科普性的短片，主要服務於當時的中小學和社會教育。在社會各界的大力支持下，教育電影在推廣民眾教育顯示出明顯優勢。[80]中國教育電影、金陵大學等合作，拍攝了不少教育電影，如《驅滅蚊蠅》、《養蠶》、《國術》、《醬油之速釀》等。不少民眾教育館在館內設立了民眾電影院，購置了放映機，或免費，或收取極廉的入場費，為廣大民眾提供了現代科學常識。

　　民眾教育館還藉出版事業來宣傳衛生常識，對於社會上識字民眾加以影響。1930前後，山東省立民眾教育館因5月份易發生霍亂，連續出版了《霍亂》系列衛生小叢書，還

---

[76] 《新聞報》，1930年6月18日。

[77] 〈現階段的民眾教育〉，《民眾教育季刊》第1卷第1期。

[78] 《湖南省立農民教育館進行概要》，湖南省立農教館1936年編，第11頁。

[79] 唐得源：〈中國的「沙托考」〉，《教育與民眾》第2卷第5期。

[80] 鈍鋒：〈教育電影與民眾教育〉，《民教週刊》1934-10-12

出版《育嬰常識》，宣傳以科學的知識養育嬰兒。省立鎮江民教館出版《夏天的生活》，浙江省立民眾教育館出版《衛生常識》民眾小叢書等，以4-6分的低廉價格售賣。一些民眾教育館印行非賣品的小冊子，來施行對民眾的衛生普及，吉林省永吉縣民教館根據節令的不同，出版《小心春瘟》、《夏天防病法》、《秋天保健常識》、《種痘》等，鎮江民眾教育館出版的民眾小叢書中《四戒》、《二十四節氣歌》等免費贈送民眾。[81]

圖4-21　民眾教育館舉行化裝講演的攝影

資料來源：《山東民眾教育月刊》第7卷5期。

---

[81] 《第一次中國教育年鑒》，丙編，「近年出版狀況及其種類」，第673-691頁。

民眾教育館對兒童、嬰兒的衛生教育也很重視。通過開辦「六一」兒童節慶祝活動、舉行嬰兒比賽，增加了家長撫育嬰幼兒的常識，糾正舊有不衛生觀念，增強嬰兒健康。如山東省立民眾教育館於1932-1935年期間，相繼舉辦「六一」兒童節和三屆嬰兒健康比賽，吸引了眾多家長、民眾前來觀看。

嬰兒比賽形式多樣，主要內容大致相同，大多由民眾教育館聯合社會各種力量，對嬰幼兒健康作統一檢查，評出名次，加以獎勵。由於嬰幼兒比賽在中國屬於新興事物，各館大多準備充分，並聯合報社、新聞記者等，以期引以父母及社會對嬰幼兒健康的關注。

南京市立民眾教育館就聯合內政部、中央醫院、市教育局、衛生局五機關合辦首都嬰兒健康比賽，規定凡屬於本市已滿6個月至4足歲之嬰兒，不論性別，均可參加，名額不限，報名期限為兩週，報名者共有228名，分體格檢查、營養檢查、清潔檢查及智力檢查四項。

據報導，7月7日上午9時，舉行優勝嬰兒頒獎典禮，教育部、社會部、警備部、司法院、主辦機關長官，各報社記者來賓及嬰兒及其家長500餘人參加了大會，南京市教育局局長徐公美夫人親自給獎，「優勝得獎之嬰兒及其家長，莫不喜形於色，情景之熱烈為前所未有，而此次盛大之首都嬰兒健康比賽，亦於群眾歡笑聲中，宣告結束」。全市遂興起健康育嬰，注意子女的風氣，比賽期間，不少嬰兒的父母積極詢

問醫生育兒的健康方法，並熱切關注民眾教育館下次
嬰兒比賽的時間。[82]

　　各地民眾教育館紛紛舉辦嬰兒健康比賽，普通民眾特別
是廣大婦女從中學習到不少近代教育兒童、養育嬰兒的科學
知識。還有不少民眾教育館對兒童健康也比較注重，在兒童
節召開紀念大會，約請附近小學生參加，分識字、體育、下
棋等方面進行比賽，並對優勝者進行獎勵，如山東省立民眾
教育館舉行兒童節紀念大會，強調兒童個性發展；接連三年
舉行嬰兒健康比賽大會，並評選出一、二、三等，分別給予
獎勵，引導了社會風尚。

圖4-22　牟平縣立民眾教育館紀念兒童節大會情形

資料來源：《山東民眾教育月刊》，第3卷5期。

[82]　《一年來之南京市立民眾教育館》，南京市立民眾教育館1940年10月版，第
　　57-58頁。

第一組第三孔德詮　　第一組第二蔣蘭

第一組第一沈歷生

圖4-23　山東省立民眾教育館第二屆嬰兒健康比賽大會情形

資料來源：《山東民眾教育月刊》第3卷10期、第2卷3期。

　　根據各地實際情形，各地民眾教育館開展各種體育運動和佈置體育設施。南門實驗民眾教育館組織了南光乒乓球隊、籃球隊、國術班等，在館內設置了健身房、彈子室、診療所，並對城南的一塊荒地進行整理，建立了城南體育場，於春秋兩季舉行民眾運動會，極大地豐富了當地民眾的業餘生活。[83]山東省立民眾教育館利用冬天農閒季節，組織附近

[83]　郁瘦梅：〈實驗城市民眾教育館計畫大綱〉，《教育與民眾》第2卷第3期。

図4-24 民眾教育館舉行民眾運動會合影

資料來源：《山東民眾教育月刊》第4卷6期。

農民，舉辦大規模的農民業餘運動會，如1934年一連舉辦三天，運動會期間，各類小商小販圍繞在場地周圍，賣燒餅的、賣刀削麵的，還有吹糖人的，附近民眾熙熙攘攘，好像是趕廟會一般，為農民灰暗的冬季生活增添了一份亮色。

移風易俗，改良社會，提倡正當娛樂，倡導、構建鄉村衛生保健事業，也是民眾教育館所承擔的社會功能。由於受傳統習俗影響，許多農村地區的婚喪嫁娶儀式非常隆重，費用驚人。辦理「紅白喜事」幾乎耗盡農家的多年積蓄，大多還要負債累累，據曹幸穗對蘇南農家經濟的研究結果，該地區絕大多數農家依靠借款或典地方式籌集費用，能自備婚喪費用的甚為鮮見。而且，它的一次性支出數額巨大，常常是農家典地負債甚至促進農民向下流動的重要原因。[84]有鑒於此，不少民眾教育館利用合作社社員大會、民眾學校同學會、特約茶園等組織廣泛宣稱，著力於婚喪改良。如岸底里

---

[84] 曹幸穗著：《舊中國蘇南農家經濟研究》，中央編譯出版社1996年版，第217-220頁。

實驗民眾教育館聯合鄉村改進會，在1934年11月至1935年
2月間，挨戶勸導辦事雙方，勵行婚喪改良。如毛巷街的毛
小六，經過勸導並經女方同意，結婚時「未會親，五簋酒，
零碎錢少交60元」，東巷的王全貴及女方，經過館員上門
兩次勸導，「廢點心，除五簋酒，未拜三朝，未會親」，
新人像城裏人一樣，採用文明結婚方式，給鄉親們發了喜
糖。當然，因為分區限制，一些不在實驗範圍內女方，甚難
勸導。[85]1935年3月，在岸底里實驗民眾教育館的實踐基礎
上，婚喪改良實驗推廣到整個無錫民眾教育第五區。

抗戰期間，漢口等一些民眾教育館成為當地舉辦集團
婚禮的主要場所，上圖為1941年國慶日漢口民眾教育館舉
行第8次集團結婚的老照片。受西方習俗的浸染，此時的新
人裝束已經發生明顯變化，新郎多是西裝或中山裝，不戴禮
帽，而新娘著西式婚紗，場面非常壯觀。實際上，當時舉行
「集團結婚」的並不僅僅限於開埠較早的沿海城市，一些內
地的民眾教育館也將舉行集團結婚作為提倡社會新風尚、改
良婚俗的主要舉措。如江西省會昌縣立民眾館1941年秋成
立後，便致力於文明風氣的指導，1942年冬，在民教館大
成殿禮堂，先後組織了5次共21對青年文明集體婚禮，所謂
「行平等禮，結自由婚。」[86]省立贛縣民眾教育館配合「新
贛南」移風易俗，舉辦了集團結婚，贛縣第一次集團結婚就
是民眾教育館主辦的，城鎮和附近郊區的農民踴躍參加，有
150對新婚夫婦參加，在章貢路新贛南大禮堂舉行，由專員

---

[85] 喻任聲：〈岸底里之婚喪改良運動〉，《教育與民眾》第6卷10期。
[86] 黃垂光、李正凡：〈會昌民眾教育館史話〉，會昌委員會文史資料研究委員
會編寫：《會昌文史資料 第2輯》，編者1987年自刊。

图4-25　汉口民众教育馆举行集团结婚（1941.10.10）

资料来源：武汉旧日风情画，http://bbs.cnhan.com/thread-84133-1-1.html。

蒋经国作总证婚人，馆长蔡智传作为总介绍人，婚礼庄严隆重，既节约又省时，在赣州一直传为佳话。[87]抗战胜利后，国民政府明文从法律上对「集团结婚」作为文明风气倡导方式给予明确规定，不少民众教育馆便重新恢复举办「集团结婚「，如前文所讲到的汉口市立民众教育馆，在1946年11月至1949年3月共举办十届「集团结婚」，参加新人400多对，每次都由市长亲自证婚，规模很大。

　　近代中国乡村医疗非常落后，每年因病死亡人数中农民占很大比例，而农村儿童死亡率更是惊人，如据金陵大学农业经济系统计，江阴峭岐镇1931-1934年间9岁以下儿童死亡率高达50%。[88]卫生医疗的缺乏是重要原因。一些民众教育馆纷纷设立简易诊所或卫生所，义务施诊，低价或免费给药，如高长岸实验民众教育馆自1931年设立简易诊所后，附近的巫婆、神汉「大多失业，诵经念佛的人减少」，民众有病常到诊所求先生去。[89]江苏省立南京民众教育馆在馆内附设民众诊病所，「聘请名医（德国医生胡经欧博士，曾任江苏省立

87　肖俊光：〈赣县民众教育馆和新赣南博物馆之始末〉，赣州委员会文史资料委员会编写：《赣州文史 第8辑》，编者1994年自刊，第50页。

88　陈宗蘅：〈再论人口政策与国家建设〉，《中山文化教育馆季刊》第3卷3期。

89　秦柳方：〈本院民众教育破除农村迷信之一实例——黄巷迷信风俗的体认与破除〉，《教育与民众》第4卷9、10期合刊。

圖4-26　山東省立民眾教育館實驗區兒童種痘留念

資料來源：《山東民眾教育月刊》第4卷6期。

醫院及京市衛生局的內科醫生，筆者注），購置藥品器具，每日下午開診，每戶發給診證一張，區民持證，概不收醫藥等費。其他無證民眾繳掛號費銅元10枚（赤貧的免繳），不收診金，酌收藥費。……民眾多稱便利。」[90]徐州省立民眾教育館、省立鎮江民眾教育館、山東省立民眾教育館等在其他機關的協助下，設有衛生所或民眾醫院，每年定期舉辦預防霍亂及腦膜炎注射、種痘等防疫運動，在治療疾病的同時，還向處於社會底層的民眾傳遞了一些現代衛生知識。

　　與此同時，一些有條件的民眾教育館還致力於農村醫療制度的創建。如惠北民眾教育實驗區於1937年2月，選擇小園裏墳作為實驗區域，該村有25戶137人，規定「該村每人每年交納保健費三角，即可以享受全年的疾病免費治療、注射預防針、種牛痘等權利，同時並每一月舉行一次清潔檢查，半年舉行一次嬰兒健康比賽，以促醒他們注意衛生和幼

---

[90] 〈本館民眾教育實驗區概況〉，《民眾教育月刊》第3卷1期，1930-10；林光瑞：〈本館民眾診病所的實施概況〉，《民眾教育月刊》第3卷2期，1930-11。

兒的保養。」[91]這種農村醫療制度頗有幾分現代公費醫療制度的雛形，儘管該項實驗開始不久就因抗戰爆發而中斷，但這種嘗試，依然為現今的新農村建設中農村公費醫療體制構建提供了難能可貴的歷史借鑒。

三、民眾教育館的文化性格

如前文所述，民眾教育館是民眾教育運動的綜合機關，從教育角度來講，它是進行狹義和廣義教育的大教育場所，民眾教育館是補習教育、掃除文盲的主要機關，綜合了學校式和社會式教育的各種方式；從政治角度來講，民眾教育館成了推進現代化基層政治、民主自治的政治組織，通過創辦鄉村改進會，與保甲制度以及新縣制的有機結合，發揮著不可小覷的政治動員作用；從經濟角度看，民眾教育館又扮演了救濟農村、昭甦民生的重要作用，還有在健康、休閒、科學等知識普及方面，民眾教育館都有不俗表現。在種種角色定位中，由於民眾教育館存在著巨大的差距，有大有小，有強有弱，因此所承載的功能便有所側重，有所不同，相應也就影響了對民眾教育館的整體認識。但如果從文化領域角度考察，無論民眾教育館存在著多大的差異，無論級別，無論大小，無論強弱，也無論城市鄉鎮，更無論高屋華棟、孤室陋舍，它們幾乎都有相近的文化性格，即「敦厚平和，海納百川」。無論是民眾教育館的建築設置、館舍佈置還是事業開展中的文化取向，都展現出這種中華民族敦厚平和、積極向上的入世精神，一種對待傳統文化和外來文化的客觀、積

[91] 喻任聲：〈三年來惠北實驗區改造的檢視〉，《教育與民眾》第8卷10期。

圖4-27　理想中的民眾教育館模型圖

資料來源：《民眾教育季刊》第3卷第7期。

極心態。由此，它的事業得到了政府、知識精英和民眾程度不一的認可，帶動了社會向前發展，並在社會變遷中不斷實現自我更新。

「建築是凝固的文化」，西諺亦有「We shape buildings; Buildings shape us」，社會史在研究一些組織，如會館、同鄉會、民間祭祀等，已經廣泛重視其建築設置，包括建築風格、內部設置等，注意到它們對事業開展的影響。筆者嘗試將這種方法引入到民眾教育館研究中來，作為考察其文化性格的一個切入點。

民眾教育館的存在是以其建築及其設置表現出來的，其事業也是以「館」為推動的中心。各民眾教育館對館舍建築及設置非常重視，「聰明者遂借館舍設備與膚淺零碎之花樣以炫耀惑人，質實者乃亦不得不從佈置館舍入手。」[92]招致時人「辦館不辦教育」的社會批判。考察具體的民眾教育館

---

[92] 董渭川：〈論我國民教館之特性與問題〉，《教育通訊》第2卷40、41期合刊，1939。

史料與遺跡，民眾教育館的建築設置並不整齊劃一，而是多種多樣，各具形態，並時常處於變化之中。但就整體而言，莊嚴肅穆、明理敬道的建築設置追求是一致的。

實際上從通俗教育館開始，各地方多假文廟、關帝廟、書院、會館等作為館舍所在，還有設在鐘鼓樓的，也有附設在各級政府機關中，如1925年設立的京兆通俗教育館館址設在北平鐘鼓樓。據《京津志》記載「鐘樓至元建閣，阿簷三重，懸鐘於上，聲遠愈聞之。鼓樓在其南，舊名齊政樓，居都城之中，樓下三間，……又有望湖亭者，昔為貴官遊賞之地。齊政者取其璿璣玉衡，以齊七政之義。」[93]三十年代女作家冰心參加「平綏沿線旅行團」，遊記中簡要記述了宣化、綏遠等地民眾教育館的情形：

> 餐後三時許又進城，上了城中央的鎮朔樓，本是鼓樓，明正統庚申御史羅亨信建，今改為民眾教育館，圖書尚多，秩序亦好。（7月9日）

> 十時出發遊豐鎮城，此地無處覓代步，大家步行。先到文廟，係清代建築，也有泮宮和牌樓。兩廊已改為民眾教育館。正殿上供孔子牌位，兩旁有陪祀的子弟。殿柱的礎石，刻作石鼓形，別致可喜。（7月16日）[94]

---

[93] 北平市立第一民眾教育館編：《北平市立第一民眾教育館概況》，第3-4頁，1948年自刊。

[94] 冰心著：〈平綏沿線旅行紀序〉，選自《冰心文集》第三卷（1932-1949），77、84，海峽文藝出版社1995。

在有著五千年文化傳統的中國，文廟、關帝廟以及相關寺廟、政府機關的地位是極其特殊的，且不論建築本身破敗與否，其悠遠的象徵意義足已氤氳出莊嚴肅穆、明理敬道的文化氛圍。辦館者借助這種建築，精心佈置，讓置身其中的民眾自然受到一種薰陶。

南京國民政府成立後，各地通俗教育館相繼改稱民眾教育館，經過或多或少的修葺、佈置，這些地方成了民眾教育館（特別是縣立民教館）館舍所在地。據筆者對1931年浙江省94所民眾教育館館舍所在地粗略統計[95]，有26個民眾教育館地處此類地方。為清楚起見，特列表如下：

表4-10　浙江省民眾教育館館址一覽表（部分）

館名	級別	地址	館名	級別	地址
洛寧民眾教育館	縣立	城東文廟	新昌民眾教育館	縣立	縣政府內
富陽民眾教育館	縣立	舊文廟	臨海縣立海門民教館	縣立	海門天後宮
於潛民眾教育館	縣立	義倉屋	天臺民眾教育館	縣立	孔廟
慈谿民眾教育館	縣立	柳山廟	溫嶺區立澤國民教館	區立	澤國文昌閣
定海民眾教育館	縣立	成仁祠	開化民眾教育館	縣立	教育局內
象山民眾教育館	縣立	文廟	淳安民眾教育館	縣立	孔廟
餘姚民眾教育館	縣立	中山廳	分水民眾教育館	縣立	縣城廢邑廟
上虞縣立中山民教館	縣立	孔廟	里安民眾教育館	縣立	城內學前
長興民眾教育館	縣立	邑廟	遂安民眾教育館	縣立	孔廟
安吉民眾教育館	縣立	文廟	玉環民眾教育館	縣立	文廟
諸暨民眾教育館	縣立	城內學前	麗水民眾教育館	縣立	舊府前
嵊縣民眾教育館	縣立	城內城隍廟	縉雲民眾教育館	縣立	關帝廟

資料來源：《第一次中國教育年鑑》，丙編「教育概況」，第二、社會教育概況，720～725。

---

[95] 筆者以《第一次中國教育年鑑》丙編 教育概況 第二 社會教育概況所羅列的浙江省民眾教育館為樣本，只統計明確標明地址的民眾教育館，如簡單標為「城內」、「城內縣前街」就排除在外。由於年鑑是按照各館填報所制，鑑於存在個別民教館的粗略、不明確回答，這樣統計勢必會造成一些遺漏，但這種約數統計大體可以表現館址所在情況。

如表中所示，洛寧縣立民眾教育館、富陽民眾教育館等9所館址在文廟或孔廟，其他則設在關帝廟、城隍廟或者政府相關機關內。這種假原本存在或已廢圯的帶有某種象徵意義的場所，作為民眾教育館館舍所在地的現象具有普遍意義。如雲南省的兩所省立民眾教育館，即昆華和昭通分別設在省會孔子廟和昭通孔子廟，山東省立民眾教育館就把原來的省貢院作為館址所在，福建省立民眾教育館設在省布政廳舊址，甘肅省立蘭州民眾教育館設在蘭州莊嚴寺等。1938年1月1日四川省第一所省立民眾教育館——省立南充民眾教育館正式開館，館址設在嘉陵江東岸郊區鶴鳴山上，利用原來的白塔寺、東嶽廟舊址為基地，進行改建、擴充而成。該館是抗戰初期由張瀾先生請梁漱溟先生來川籌建的，省教育廳撥經費五萬元作為建立經費。[96]這些建築原本的文化象徵賦予了民眾教育館承載的文化底蘊。當然，借助舊有建築有節省經費，經濟因素的考慮，但選址大多為舊有的文化機關、祭祀祈福、緬懷先賢之地和政府職能部門等，這和民眾教育館「莊嚴肅穆，明理重道」的追求，使前來受教的民眾心存「敬仰之心」是一致的。

　　為了引起社會重視，大多數民眾教育館都會舉行隆重的開館典禮，擇定吉日，邀請各界社會名流，舉行盛大慶典活動，演出話劇、舉行講演，或進行大規模的識字運動。如山西省立民眾教育館將開館之日選擇在10月29日，即山西省的光復日，應邀出席的有太原綏靖主任代表、山西省政府主席代表、教育廳廳長、國民師範學校校長、陽興中學校長及各界來賓數百人。開幕典禮程式如下：

---

[96] 陳達成、趙稚為：〈四川省立南充民眾教育館紀要〉，四川省政協文史資料委員會編：《四川文史資料集萃　第4卷》，四川人民出版社2000年版，628頁。

一、振鈴開會。

二、奏樂。

三、全體肅立。

四、向黨國旗及總理遺像行三鞠躬禮。

五、恭讀總理遺囑。

六、靜默三分鐘。

七、主席致開幕詞。（本館館長擔任）

八、各長官致訓詞。

九、來賓致辭。

十、館長致辭。（由副館長柯璜致辭）

十一、奏樂。

十二、攝影。

十三、禮成。[97]

　　從以上儀式可以看出，民眾教育館開館儀式相當隆重，軍、政、教育界和社會名流等都在「觀禮」之列。江蘇省立鎮江民眾教育館1930年9月14日開館之日，「下午二時許，舉行開幕禮，葉主席（葉楚傖，時任國民黨江蘇省黨主席，筆者注，下同）、陳廳長（陳布雷，時任教育廳廳長）、俞科長（俞慶棠，時任教育廳第三科科長）暨各教育機關代表、各界民眾約千餘人到場。下午及晚間均舉行遊藝會。」[98]場面「莊嚴燦爛，極一時之盛」，可謂轟動。不難看出，民眾教育館開館之日之所以能邀請到各界

---

[97] 〈山西省「光復日」本館開幕情況〉，《山西省立民眾教育館月刊》第1卷1期，1933年11月。

[98] 江蘇省立鎮江民眾教育館編：《四年來之江蘇省立鎮江民眾教育館》，87、4頁

精英，和它作為「地方機關」是分不開的，而且，通過邀請這些地方大員和「父母官」出席，為民眾教育館事業開展尋找助力的同時，也彰顯了民眾教育館莊嚴、嚴肅的文化性格。

　　為了民眾教育館事業的有效開展，時人專門設計了理想中的民眾教育館微縮模型（如圖4-27所示），從圖片中可以看到，理想中的民眾教育館儼然是一個現代大學校園，中間有廣場，佇立著孫中山先生塑像，主建築是一個氣勢恢弘的禮堂，兩廂分布著中西風格的各種建築。可以說，這種設計，館舍規模宏大，設置齊全，這對於大多數省縣立民眾教育館來講是難以企及的，但人們把民眾教育館建築規模、風格納入努力視域，實際上是一種積極的文化建設的表現。建設館舍的目的，梁容若講的很直白：「館舍設備，我以為在可能的範圍內，能建築的儘量建築，能置辦的儘量置辦。從歷史上說，中國人隊於修寺廟並不惜錢（寺廟是神道設教時期的社教機關）；從需要上講，沒有相當的教室，聽講便易疲勞，沒有大禮堂，集會便不方便……民眾並不怕大規模的建築，堂皇的教堂敢去，奇異的寺廟敢去，為什麼民教館就望而卻步呢？過去學校所以使民眾望而卻步，是因為它自己掛著閒人免進的招牌，並不是建築的堂皇。中國城鄉各地，都缺乏民眾享用的建築，民教館應充分地向這方面發展。」[99]

　　西安省立民眾教育館1931年成立，館址設在當時西安最繁華的中心區——南院門附近的馬坊街，全館面積約有

---

[99] 梁容若：〈怎樣做一個縣民教館館長〉，《山東民眾教育月刊》，1935，6(02)。

52市畝，在北大街設辦事處和體育場，在鐘樓上設有講演廳。館內樹木繁盛，館址適中，景色優雅，陳設得當，在當時遊覽場所尚不普遍的西安，成為一個遊覽勝地，被群眾統稱為「亮寶樓」。

　　民教館本部佈局緊湊，既具公園外貌，又有宣傳內容，當人們走進民教館的大門，南東兩壁即可看到彩繪畫廊，廊簷伸出，欄杆透迤，廊壁上經常張貼著新穎誘人的繪畫和文字等宣傳品。遊人可沿著走廊慢步閱覽，向館的中心北小道走去。在花園叢中有一座光線充足的富有民族建築風格的「四明閣」，這裏是專設的報刊閱覽室，飛簷彩繪，雕欄走廊，敞明典雅，吸引遊人。「四明閣」的門額懸有一塊長方形藍底木匾，上書「來今雨軒」四個粉色大字。「四明閣」的北面，有座圍有欄杆的六角亭，繞以圓形魚塘，塘內浮游著各色金魚，五色繽紛，姿態萬千。通過魚塘小橋北行有一土山，山上建有方亭，與「四明閣」西南面的假山茅亭相對稱，可供遊人登臨眺望或清談小憩。土山北面是一座九間寬敞的小劇場，經常有講演會和演出活動，是館內的一個重要場所。

　　西北隅設有兩處隔間動物欄，展出有錦雞、孔雀、金絲猴、梅花鹿以及狼、豹等動物，都是當時西安所罕見的。動物欄的南邊，是三間圖書閱覽室，常備有哲學、社會科學、語文、自然科學、應用科學、宗教、美術、文學、史地等圖書雜誌五百餘種、三千多冊，供群眾閱覽或借閱。還有兩處陳列室均設在圖

書閱覽室的南面，一處是九間精緻的瓦庭，一處是三間磚木結構的兩層樓房，陳列有歷史文物和收藏的字畫及生物模型、人體生理模型、工藝美術品，還有放大的動物照片等，都是當時難能見到的物品，最能吸引遊人，所以被時人譽為「亮寶樓」。[100]

為了陶冶民眾情操，吸引民眾，不少民眾教育館呈現出園林化的發展趨勢，著力於「君子之於學也，藏焉修焉，息焉遊焉」理想場所的營造。如江蘇省立南京民眾教育館原為清代上海道蔡氏宅地，即鞱園，屋宇宏敞，廊坊幽雅，內有跨院和花園。1927年初因軍隊駐紮，刺棘滿目，7月，江蘇省教育廳聘請劉季洪為館長，經過一番整理修葺，館內建築儼然，花木蔥密，僅盆景就有150多種，清池曲欄，綠樹掩映，假山疊石，頗有園林之美。[101]梅縣縣立民眾教育館設有一個能容600名觀眾的禮堂，「環境清靜，綠樹成蔭，比較隆重的音樂晚會全都在這裏舉行」。[102]有些省市乾脆把民眾教育館設在公園之內，如江蘇省如皋縣立城市民眾教育館、浙江省鄞縣縣立中山民眾教育館、桐鄉縣立民眾教育館、湯溪縣立民眾教育館、安徽天長縣立民眾教育館、福建龍溪縣立民眾教育館、北平通縣縣立民眾教育館等等就設在公園內。園林化的設置為民眾教育館創造了陶冶民眾性情的良好場所，「為文化的世俗化開闢了又一條新的途徑。」[103]雲南

---

[100] 張劍影：《記西安民眾教育館的抗日救亡活動》，陝西省西安市委員會文史資料研究委員會編：西安文史資料 第6輯》，編者1984年自刊，109-110頁。

[101] 江蘇省民眾教育館編：〈本館的沿革〉，載《江蘇省立民眾教育館二十周年特刊》，1936年自刊。

[102] 劉慶英：〈當年抗日歌聲在梅縣城鄉迴盪〉，《梅州僑鄉月報》1995(8)。

[103] 王日根著：《鄉土之鏈——明清會館與社會變遷》，天津人民出版社1996年

省立昆華民眾教育館位於昆華五華山南麓，1932年經雲南
省教育廳批准，加文廟舊址成立。

> 當年的民教館，有眾柏森列的孔林，柏樹直徑均在
> 50cm以上，密佈的聳立在殿祠周圍，所有空地，均為
> 蔥青欲滴、密葉遮天的柏樹所覆蓋，是鬧市中深蔚幽
> 邃的地方。由於柏樹茂密高大，每天有千百隻鷺鷥棲
> 息樹上。雪白的鷺鷥點綴於萬樹叢中，是一幅翠白相
> 映、色彩奪目的天然圖畫。昆華民教館，地址處於市
> 中心，展出各種產品，圖書報刊供人參觀閱讀，講評
> 書、演出話劇，訓練武術、球類體育設施，供人娛樂
> 鍛煉身體；廣闊的場地和茂密幽深的林木，供人乘涼
> 休息。在當時交通閉塞的雲南，起到了開發民智的作
> 用。……民教館將東西廡及東西廂房設置為展覽館，展
> 出生理衛生模型、人體解剖模型、動植物標本、古兵
> 器、各種礦石，有色金屬成品；交通飛機、車、船等模
> 型。……當時的民教館，既是昆明人民群眾的文化娛樂
> 的一大中心，也是當時市區內遊人較多的風景勝地。[104]

> （雲縣民眾教育館）館址遷設文廟，屋宇壯觀，環境
> 優美，並將原大成殿改稱為「崇禮堂」，後殿稱「象
> 麓精舍」，前面會客室稱「不倦齋」，左邊甬道稱
> 「文化路」，右邊甬道稱「教育路」。[105]

出版，269頁。

[104] 李適生：〈回憶昆華民眾教育館〉，雲南省昆明市盤龍區委員會文史資料委
員會：《昆明市盤龍區文史資料選輯 第3輯》，1988年自刊，73頁。

[105] 李芬：〈雲縣民眾教育館簡況〉，雲縣縣誌編纂委員會編：《雲縣文史資料

貴州省立獨山民眾教育館竟然有六進院子，借助文廟舊址加以擴建，不僅建築外貌氣勢恢弘，環境優美，有著名書法家題寫館名，各種教育設施、體育場地應有盡有，而且館內陳設多樣，舉行不定期的書法或圖畫展覽，如過境畫家曹若、胡楚漁的書畫展覽內容較為充實，各種形式的話劇團，經常排練，曾多次在該館的戲臺上公演「寄生蟲」、「生死戀」、「放下你的鞭子」等大小型話劇，成為當地的文化教育中心。

　　（貴州省立獨山民眾教育館）設在文廟內，地處獨山城關中心，在原有之基礎上由省廳捐撥專款加以改建、擴建，成為廣大民眾遊憩之場地。大門前先是一個廣場，伴以每個約一米寬三米長一米五高的大石墩四個，等距離的各占一席之地，使人對這種佈局先有非同尋常之感，大門兩側建築有磚砌的梅花洞矮牆，牆中排列著貴州著名書法家劉韋圓親筆書寫的「貴州省立獨山民眾教育館」，十一個藍底白字，極其醒目。與大門排在一起的是兩個耳房，分立於左右兩側。步行10米有大石橋，橋下為蓄水池，分兩路前進，路旁綠樹成蔭。沿石階登第二進，有大小一致的方塊石板鋪砌而成的敞壩，當中豎立高近10米、寬約15米的石牌坊，右邊有紅門牆上「文武官員至此下馬」的石碑，左側亦有紅門，形成左右相襯。經此門入內是體育場地，分為上下兩個部分，上部分為籃、排、網球三用球場，兼作露天電影場；下部分為田徑

第2輯》，編者1983年自刊。

賽場，設有沙坑、木馬、單杠、秋千、吊環、天橋、梭梯等供眾玩賞。大石牌坊的後面為花園，種植花木美化環境，置身其間使人心曠神怡，不禁油然讚賞。兩旁房舍為閱覽室，每天按時開放。第三進上完石階遇大紅門，分左中右經常敞開，兩側各有偏房一幢，過道及偏房內設置各類棋桌，陳放各類棋子和彈子等供眾人從事適當康樂活動，伴之以露天茶社，分布於各個石板院壩上面。第四進為約60平方米以上大理石鋪砌之敞坎，兼作露天大劇場和會場之用，兩側各有瓦房五間，右邊作各部辦公室，左邊作室內劇場、乒乓球場、展覽室、室內會場等用；敞坎之頂端砌有整齊石頭鋪成的戲臺。第五進是大成殿，作為民教館附設的難民子弟學校教室，每週上課六天。第六進又是大石板院壩約70平方米，其中有百年大桂花樹兩棵，每年中秋節前後桂花盛開，方圓百米遠近皆可分享其濃郁的無償贈與。……常有重重疊疊的人群興致勃勃地流連觀看，當時被譽為「民眾之館」。[106]

　　1938年建館的貴定縣民眾教育館以北街萬壽宮的江西會館為館址，原體育場和圖書室先後併入，民眾教育館便將萬壽宮大殿作為施教活動的中心，在大殿左邊裝上木板作為圖書閱覽室和辦公室，右邊闢為文娛室。中間為圖書閱覽室，前面涼亭為乒乓球室，同時新建了館門，在門的橫牆上，請縣督學喻承業書寫了「貴定縣立民眾教育館」九個大字，每

[106] 周昌岐：〈貴州省立獨山民眾教育館〉，獨山縣政協文史資料研究委員會編寫：《獨山文史資料選輯 第5輯》，編者1986年自刊，第117頁。

個字40釐米，灰底紅字，分外醒目，又將館西邊的磚牆拆開修門，直通體育場地，成為當地民眾「休閒讀書的好去處」。[107]

在經費充足的情況下，也有一些民眾教育館選址重新建造。如江蘇省立鎮江民眾教育館，該館有房屋126間，其中辦公室11間，民眾學校教室6間，工藝傳習所5間，閱覽室36間，圖書室6間等。該館有普通用具1870餘件，繪畫用具33件，體育用具20件，音樂娛樂戲劇講演等用具57件。[108]房屋建築錯落有致，在中軸線上佈置著主要房屋，坐北朝南，還在館內南端，挖池建亭，設置假山，植樹種花，供來館民眾休憩之用。有些民眾教育館還專門請人，書寫對聯，貼在門楹之上，以此彰顯辦館宗旨和教育追求。如南門實驗民眾教育館大門和閱覽室門邊，張貼著著名教育家江問漁先生撰寫的對聯：

且約親友同來，看什麼，聽什麼，誰人不樂意；

莫把機會錯過，做到老，學到老，此處有余師。

誰非良善人！正心修身，齊家治國，要先指出一條道路；

此真安樂地！讀書閱報，觀畫聽琴，卻不破費半文金錢。[109]

在館內佈置上，大多也是花費心思，各種標語、警言隨處可見，以期民眾能在潛移默化中接受教育。湖南省立民

---

[107] 藍瑾光：〈回憶貴定民眾教育館的建館概況〉，貴定縣委員會文史資料研究委員會：《貴定文史資料選輯 第3輯》，1985年自刊，第101頁。

[108] 《第一次中國教育年鑒》，第707頁。

[109] 郁瘦梅編輯：《五個月的實驗民眾教育館》，南門實驗民眾教育館1931年自刊，第16頁。

眾教育館在民眾遊藝室中，牆壁四周貼滿了「參加遊藝，要維護公共秩序」、「參加遊藝能養成良好的品質和習慣」，「參加遊藝，應有大眾娛樂集團生活精神」等。[110]雲南昆華省立民眾教育館閱覽室張貼有「為人不識字，好像是瞎子」、「老而讀書，如秉燭夜遊」、「少時不識字，到老困街沿」等，鼓勵、警醒人們要努力學習知識，營造美好生活。

圖4-28　山東民眾教育館大門及革命紀念館外景

資料來源：《山東民眾教育月刊》，第2卷1期。

圖4-29　江蘇省立南京民眾教育館大門及館內風景

資料來源：《民眾教育月刊》，第3卷6期。

---

[110] 《湖南省立民眾教育館》，第72頁。

民眾教育館通過館舍的建築、佈置，努力營造一個「世俗化」的文化空間。實際上，這種文化的世俗化還表現在不少事業開展中。如農民運動會，他們考慮到農民的實際情形，在比賽中，摒棄農民不熟悉的籃球、排球或田徑，代之的是耕牛耕地比賽、國術比賽、負重比賽等。如山東省立民眾教育館舉行的第二屆農民運動會，推三輪膠皮車成為比賽專案，吸引了不少農民前來參賽。比賽期間，附近農戶熙熙攘攘，農民運動會成了當時「一時盛事」。

　　民眾教育館作為政府和知識精英進入鄉村社會的平臺，一個改造鄉村的綜合機關，隨著時勢變化，它不僅是大傳統和小傳統，也是外來文化和本土文化的一個緩衝、交融之地，是社會文化變遷在一個地區的集中體現。不僅民眾教育館的建築佈置，其開展的事業依託組織和方式，都反映了民眾教育館特有的文化性格。

圖4-30　山東省立民眾教育館農民運動會比賽現場

資料來源：《山東民眾教育月刊》第4卷6期。

「九一八」事變以來，中日之間的民族矛盾逐漸激化，面對外侮侵辱，民眾教育館積極呼籲，喚起民眾，「啟發人們的民族基本概念，喚起其民族意識，恢復其民族的自信力，喚起其自身的自覺心」，[111]不僅在館內設立各種「國恥展覽室」，還通過講演、戲劇、電影等多種形式，將「國家有難，匹夫有責」的傳統忠義之道弘揚到極致。民眾教育館成為「抗日救國」、「喚起民眾」的重要宣傳基地，民族性的文化性格表現突出。

　　實際上，近代社會教育的發展，是在中國面臨外敵入侵，民族矛盾和中西文化衝突背景中進行的。在中國，社會教育一開始便帶有鮮明的民族色彩。民族性包括兩個方面的涵義，一是沿革中國傳統教育重視道德教育，強調人格感化的傳統，教育的社會功能在社會教育中得到延續；一是培養愛國意識，民族復興的需要。加強國民道德教育，培養民眾愛國思想，兩種情結交織在一起，共同構成了民眾教育的民族性特性。

　　江蘇省立南京民眾教育館在館內設置「國恥室」，內陳列歷來國恥圖書、表解、書冊以及歷代的民族英雄，禦侮史蹟的圖書，並為了加深民眾印象，懸掛一些觸目驚心的標語、圖片來警惕之，在各種紀念日及總理紀念週舉行講演。民眾教育館專設講演員，間或聘請社會知名人士作專題講演，並在國慶紀念、總理紀念週、國恥紀念日及臨時發生特別重大事故時，舉行講演，以期喚起民眾民族精神。講演內容主要集中在發揚民族精神、組織民眾力量以促進地方自

---

[111] 雷賓南：〈民族自救運動下之民眾教育析義〉（三），《教育與民眾》第3卷8期。

治、三民主義等政治常識普及方面。江蘇省立南京民眾教育館在1932年6月,「舉行抗日化裝講演,將日人的暴行和我們應有的態度,依戲劇的方式,表現於民眾之前,一則可以使之得深刻印象,二則可以明瞭自身助戰的道理」,並與講演之後表演劇本,分別為《大日本佔領》和《熱血鴛鴦》等,收到很好的宣傳效果,「對於促使民眾將藏在胸中對日本侵略的怨恨轉變成抗日的實際行動起了很好的催化作用」。[112]武進縣屬於江蘇省一等縣,因「在歷史上佔有重要地位,在文化上亦屬發達地區。根據近代教育發展的趨勢,除謀縱的方面發展外,更力求橫的方面的普及」,[113]除城區外,將全縣範圍內劃為9個區,分設了15個民眾教育館,開展了不少抗日教育的活動:

> 1935年左右,潢裏民眾教育館(第九區)組織了「新生劇團」,著名戲劇家阿甲當時曾在該團主演《苦兒流浪記》,並將義演所得全部捐獻給東北抗日聯軍,他還在蔣鐵如領導下辦起了《復燃》雜誌,於1938年到達延安。奔牛民眾教育館(第三區)於1935年演出話劇《山河淚》,該館館長儲之光親自參加演出,該館還組織奔牛鎮票友,常州鐵路票房、斌和票房聯合義演,所得收入,全部捐獻給東北抗日聯軍。[114]

---

[112] 〈本館工作概況〉,《民眾教育季刊》第1卷第1期,江蘇省立南京民眾教育館編輯。

[113] 武進縣民眾教育館編:《武進縣民眾教育計畫大綱序言》,1931年自刊。

[114] 徐駿:〈武進縣民眾教育館史〉,江蘇省武進縣委員會文史資料研究委員會編:《武進文史資料 第3輯》,編者1984年自刊。

抗戰爆發後，動員民眾的「抗日救國」宣傳更成為民眾教育館的重要任務。湖南省立民眾教育館在1937年5月至1938年2月期間，共舉辦了70餘場講演，講演內容則以抗戰宣傳或對日政策為主，使一般民眾瞭解到自身所應負的責任。[115]南京市立民眾教育館多著重於茶館酒肆等公共場所，以及夫子廟新街口等熱鬧區域，實施巡迴講演，在1939年一年共舉行約50次，由該館館員主講，題材偏重於政治事實方面的有《還都運動》、《國慶》、《民權與救國》等。[116]山東省立民眾教育館在全省舉行巡迴化裝講演，「他們看了日本欺壓中國人的戲劇後，便有一塊石頭壓在心頭，會在戲散後找你來追問個究竟，或者問你要辦法。……自從在新戲裏看過了日本人種種可惡的情形以後，許多洋車夫發狠想去打日本。」[117]

　　民眾教育館舉行的旨在提升民眾抗戰、民族意識的活動，對喚起民眾奮起抗戰起到了積極作用。抗戰爆發後，遵照南京國民政府在內地建立民眾教育館，「以抗日教化民眾，加強人民的政治認識」的精神，開陽縣始建民眾教育館，創辦了《喋血》壁報，在四門城牆上書寫大幅抗日標語，並加強與民間藝人的合作，組織宣傳隊開展街頭演出和抗日歌舞表演，還組織民眾，以山歌快板形式編寫抗日歌曲，發表在《開陽報》上，積極投入抗日宣傳活動。[118]陝

---

[115] 《湖南省立農民教育館進行概要》湖南省立農民教育館1936年自刊，第11-12頁。

[116] 《一年來之南京市立民眾教育館》，南京市立民眾教育館1940年10月出版，第41頁。

[117] 吳級宸、董渭川等：〈本館第六次巡迴講演紀略〉，《山東民眾教育月刊》第4卷1期。

[118] 袁化鵬：〈張學良將軍與開陽縣民眾教育館〉，《貴州文史》，2006(2)。

圖4-31　南京省立民眾教育館國恥陳列室張貼畫

圖片來源：東北三省人民在日本帝國主義鐵蹄下，載《民眾教育月刊》第
　　　　　3卷第11、12期合刊。

西省立民眾教育館1937年為紀念「九‧一八」事變，特舉
辦擴大宣傳活動。活動內容有化裝講演、展覽等。館內懸
掛圖畫、標語、名人語錄等；館外雇車作化裝輪流講演，
並散發宣傳品。民眾教育館為此次活動還專門製作了展覽
模型，供廣大民眾參觀。模型共分四種：（1）以大刀刺破
日本鋼盔，並血染日本國旗，表示殲滅倭寇；（2）東北淪
亡地圖，使民眾目睹警惕；（3）義勇軍和漢奸之比較；
（4）繪製抗日死難先烈及壯烈犧牲圖，俾國人見而崇敬與
仿效。[119]同年11月，民眾教育館舉辦山西忻口作戰時繳獲日
軍戰勝品展覽，展覽為激勵民眾抗日精神情緒起了積極的宣
傳作用，更激發起群眾抗戰必勝的信心。

[119] 侯萬奇：〈抗戰時期的民眾教育館〉，《陝西工人報》2005-6-3。

1936年，中日戰爭爆發前夕，俞慶棠在《申報週刊》上發表了〈現階段中國所需的教育〉一文，大聲疾呼教育不能離開民族而存在，而要以民族的生命為生命，認為現階段的民眾教育，應適應嚴重國難的特殊環境，以爭求民族生存為中心。在民眾教育的各種教材的編輯原則上，民族性同樣放到了重要的位置。北夏普及民眾教育實驗區的「青年學園」，不但教給學生農業生產知識和技能，還引導學生閱讀進步書籍，唱抗日救亡歌曲，講授鴉片戰爭以來的中國屈辱史，激發青年民族愛國熱情，先後有二十多名青年走上了抗戰第一線。

　　抗戰爆發後，民眾教育以抗戰救國為中心開展事業。陳禮江認為在抗戰時期，民眾教育的目標應該有二點：一是要有計劃的公民訓練；一是有系統的抗戰宣傳工作，進行有計劃有系統的，由淺入深由易而難的講演，灌輸民族意識激發民眾的抗戰情緒，使全國基層民眾均有了訓練，抗戰的勝利才建立起穩固的力量。[120]

　　　　1938年11月成立的觀城民眾教育館，開辦民眾夜校，在教失學青年識字過程中，教員將濃厚的政治內容滲透進來，比如教「日本」二字，教會讀音和寫法後，即講解日本的概況和侵略中國的歷史，指出抗日戰爭的偉大意義。內容生動活潑，講解通俗易懂。夜校還請人來作講演，宣傳抗日救亡；民眾教育館組織劇團，排演抗日劇目。民眾教育館每隔三天出一期壁報，主要內容有「抗戰新聞」、「時事短評」、「漫畫」、「鄉村消息」等等，當時正臨抗戰緊張階段，

---

[120] 陳禮江：〈民眾教育的新時代〉，《教育與民眾》第9卷第3期。

鎮內消息不靈，謠言頗多，民教館的壁報，反映全國
各地抗日情況，刊出許多多方新聞，形式活潑，圖文
並茂，吸引了許多讀者。[121]

黟縣縣立民眾教育館（類似現在的文化館）館址設在古
樓洞彰善祠舊址。館內有圖書室和閱報室，供人閱覽。
對外進行宣傳教育工作。抗戰期間，利用約40英寸的收
音機，收聽南京中央廣播電臺記錄新聞，每天記錄整
理謄清，用蠟紙刻寫，八開的白報紙油印，取名《電
訊》。每次共印六、七十份，發給各部的宣傳隊，供壁
報作宣傳資料使用，每日早晨，各部的抗日團體來館領
取，這種（電訊），一直堅持抗戰勝利，從沒間斷。[122]

　　政府也採取了一系列措施，加強戰時教育的實施。政
府把社會教育、民眾教育納入了戰時教育領域。1939年，
教育部召開第三次全國教育會議，規定了戰時社會教育的目
的，「在覺醒人民整個民族意識，並促成適齡者之服兵役，
培養人民之軍事力量，以作持久戰及消耗之人力之補充，與
普及民眾教育，提高文化水準，鼓勵技術人才，以謀抗戰建
國之數量增加及效能的提高」。[123]還組織民眾工作人員，深
入後方，發動民眾抗戰。同年，教育部頒發《訓育綱要》，
規定了對民眾進行訓育的主要目標：「對於國恥之史事，亦

[121] 余麟年：〈觀城民眾教育館〉，浙江省慈溪市委員會文史資料委員會編：
《慈溪文史資料 第9輯》，第52頁，刊出時間不詳。
[122] 吳朝宗：《民眾教育館一撇》，http://www.hsyxzx.com/wsh_308.htm。
[123] 孫邦正編著：《六十年來的中國教育》，臺北國立編譯館1971年版，第
624頁。

應特別講解；明恥所以教戰，自尊乃能自強。……保健康以自衛，執干戈以衛國」[124]。民眾學校加重了公民及常識、體育、軍事訓練等政治訓練課程，並要求教師在上課時間，「隨時講解個人與國家的關係，以鼓勵其忠勇；隨時講解國恥之歷史與革命先烈之史實，以激發其雪恥奮鬥之志願，使其明瞭服兵役為國民人人應盡之義務，而樂於犧牲個人以謀國家之自由平等，以促成民族主義之早日實現」。

不少民眾教育館組織劇社、歌詠隊，宣傳抗日，並發起各種抗戰募捐活動，利用各種宣傳方式，鼓勵民眾保家衛國，民眾教育館成為抗日救亡的宣傳基地。

> 抗戰爆發後，這裏（西安民眾教育館）還展出有從前線繳獲的槍支軍刀等戰勝品，特別是用步槍射擊下來的飛機殘骸和敵彈，更激發了群眾抗戰必勝的信念。「西安事變」後，館長變更，劉尚達任館長，館內原來多樣的活動轉化為宣傳抗日救亡為中心任務。當時的具體宣傳工作，是館內館外結合，形式多樣，宣傳內容隨著時局而變化。排練並公演了《放下你的鞭子》、《松花江上》等戲劇。館長特別注意聯繫並爭取各方面進步人士的支持，我記得他先後聯繫的有楊明軒、張性初（西安民盟主辦的《工商日報》副社長兼總編）、李敷仁（西安民盟負責人之一，《老百姓報》創始人），周伯勳（上海著名電影演員）等，他們在當時推動民眾教育館的宣傳活動及提供編導表演節目戲劇等方面都起到了有力的支持作用。民教館也

[124] 教育部編：《社會教育法令彙編》（第二輯），商務出版社1947年版。

是社會人士進行救亡活動的基地。楊明軒、李敷仁等同志組織的「西北教育界救國大同盟」（簡稱「教盟」）的活動會議經常在這裏召開，「教盟」抗日救國教育方案中的社會教育部分也是劉尚達同志撰寫的。[125]

1942年冬，龍潭民眾教育館發起募捐寒衣的運動，支援前方，鄉紳譚郁衡率先捐獻法幣100元代替寒衣。民教館壁報以「富而仁」的大標題登在顯著位置，帶動了其他鄉紳和群眾踴躍捐獻。在1942-1943年寒暑假期間，民眾教育館曾組織部分教師和返鄉大學生，成立了抗日救國宣傳隊，排練節目，到附近鄉村化裝演出，「1943年暑假在嶺腳鄉演出《流亡三步曲》，當唱到『爹娘啊，爹娘啊』時，全場鴉雀無聲，很多群眾都留下眼淚」。此外，民教館還成立了一個抗戰歌詠隊，教唱《義勇軍進行曲》、《槍口對外》、《大刀進行曲》等，又舉行兩次小學生抗戰歌詠比賽活動，「通過這些活動，附近農村掀起了大唱抗戰歌曲的熱潮，於是，清早、白天，在田野，在山崗，處處都有『大刀向鬼子頭上砍去』的歌聲」。[126]

我當時是一個十二、三歲的小學生，曾多次去過該館（華山民眾教育館），有時是參加集會或紀念會，有

[125] 張劍影：《記西安民眾教育館的抗日救亡活動》，陝西省西安市委員會文史資料研究委員會編：西安文史資料 第6輯》，編者1984年自刊，第109-110頁。
[126] 鄭侗華：〈抗日戰爭時期的龍潭民眾教育館〉，湖南生澈浦縣委員會文史資料研究委員會編：《澈浦文史 第1輯 抗日戰爭專輯》，編者1987年自刊，第100-101頁。

時是參加乒乓球比賽，也有時是單獨一人去閱覽室看掛圖、書報。我感到，該館的不少活動，都帶有濃厚的政治色彩，內容貫穿著抗日、反霸，人民群眾要關係國家大事、團結起來、救亡圖存等等，這些內容，從當時來講，都很切合形勢的需要和群眾要求，在群眾中具有深厚的影響和強烈的吸引力。[127]

　　當年常有省、市各項大的集會，都在館內（成都市立民眾教育館，筆者注）體育場舉行。1937年9月歡送第七戰區司令長官劉湘（劉當時任川康綏靖公署主任、四川省政府主席）率領川軍出川抗戰的歡送會，就在該館體育場側大光明電影院舉行。那天，由張瀾先生代表各界致歡送辭，劉湘發表了激昂慷慨的講話：「為了抗戰，決心率部出川，並貢獻四川的人力物力。」川軍將領鄧錫侯亦當場豪言壯語：「出川抗戰，成敗利鈍，非所計也，要做到哪裡黑，哪裡歇。」

　　馮玉祥將軍在1944年初春的一天，在該館體育場發動過一次「慰勞前線將士獻金大會」，參加者萬餘人。他在紀念碑側臨時搭的獻金臺上，發表了激動人心的講話，當時群眾聽後，更激發愛國赤忱，紛紛踴躍獻金，乃至把金戒指、金圈子、手錶衣物等等，凡能值錢的東西，都不斷往臺上獻，幾個衣衫襤褸的窮苦老百姓，也擁上臺去獻金，那場面太感動人了。過後馮玉祥將軍特

[127] 朱士俊：〈我所知道的華山民眾教育館〉，丹徒縣文史資料研究委員會編寫：《丹徒文史資料 第4輯》，編者1987年自刊，第86頁。

別接見了幾位獻金者，還畫幅《大白菜》贈送給一位少女叫陳雪君的，並在畫上題詩云：「大白菜，味正香，同胞常常吃，一定打過鴨綠江。」因她把母親去世時留給她唯一遺物———金圈子也獻了。[128]

　　各地民眾教育館通過電化教育（收音機、幻燈、教育電影等為主要形式）、抗戰講演等喚起民眾民族意識，激發抗戰精神。1937年「七七」事變，日軍對青島實施有目的的空襲，並趁勢向山東內地擴張。針對日軍的多次入侵和空襲，青島市防空協會根據國民政府軍事委員會防空委員會訓令，在該市立民眾教育館建成了防空展覽室，組織市民，並由市教育局通知各學校師生輪流參觀，對市民和學生進行防空常識教育。[129]「國難教育」，「民族精神教育」成了民眾教育的重心，被賦予了「復興民族、挽救中國」[130]的重任，充滿了濃厚的民族情結。

　　據筆者查閱到的資料顯示，民教館事業開展時依託組織多種多樣，只要有利於事業發展，都會納入視域之中。如道德教育方面，就有輯睦會、改良風俗會、息訟會、自治會、德業實踐會、格言牌等；再如生計教育方面，有平民銀行、合作社、民眾借貸處、儲蓄會、工藝傳習所、勸業會、職業指導處等，這些組織有中國傳統社會早就存在的，也有從新時代產生的，更有從國外直接借鑒的。民眾教育館「海納百

---

[128] 成都民眾教育館最後一任館長回憶錄：《成都民眾教育館史話》，資料來源於http://www.sd-taishan.gov.cn/sites/jining/liangshan/articles/J00000/1/1871236.aspx。

[129] 曲海波：〈青島地區民眾教育館的發展〉，青島市政協文史資料委員會編：《青島文史資料》第15輯，2006年版，120頁。

[130] 高踐四：〈三十五年中國民眾教育〉，《教育與民眾》第5卷2期。

川」，只要有利於事業的發展，便囊括其中。就民眾教育館施教方式而言，單就講演來講，就有普通講演、巡迴講演、幻燈講演，甚至利用普通民眾喜歡戲劇的心理，粉墨登場，還有化裝講演，引起了民眾強烈的共鳴，「從傳統鑼鼓喧天的戲曲舞臺上獲取大多數歷史知識、道德條目、價值標準的『愚夫愚婦』，顯然對這些高亢激越、嘶喊嘈雜的聲浪以及聲淚俱下的『表演』形式相當熟悉，……聲浪後的訊息也許是陌生的，但數不完的悲慘情節，卻同樣令人喟然而歎，乃至潸然淚下。」[131]這些「海納百川」的性格氣度，保障了民眾教育運動綜合機關的地位。

當然，民眾教育館亦有黨化、官僚化的傾向，甚至排除異己，對有「共黨」嫌疑的工作人員大肆迫害，筆者認為，這些多半是政府「行政力」強制變遷的衍生物，應該和民眾教育館整體表現出來的積極文化性格區分開來。總體來講，民眾教育館的文化性格是有著積極意義的，但其如何真正發揮作用時，既可能被傳承更新，亦可能遭到踐踏廢棄，這些對現今新農村建設中組織依託的選擇是有著借鑒意義的。

四、民眾教育館的價值取向

民眾教育運動是在國民政府「訓政」、「建國」框架下謀求發展的。國民政府「訓政」拉開序幕後，面臨的一個現實問題便是文盲眾多，民眾缺乏必要的政治常識，對於國家政權建設懵懂無知，鄉村社會秩序混亂，要解決這些問題，

---

[131] 李孝悌：《清末的下層社會啟蒙運動：1901-1911》，河北教育出版社2001年版，156頁。

政府急需「支配、控制或破壞相對自治的地方社會結構，擴大它對地方資源的支配」。[132]在這種背景下開展的民眾教育運動，不僅是有效掃除文盲、教育大眾化，實現教育改造的一個手段，同時也以教育改造為入口，涉及到政治、經濟等諸方面的，將國民黨權力向基層社會滲透，控制鄉村社會，完成整個社會改造。由此，民眾教育館具有多元價值取向，但其最終所體現出來的是國家意志和政府意願。

從近代史發展歷程來看，1926-1949年間，南京國民政府即接連面對軍閥、共產黨及日本侵略等三大勢力的挑戰。「為求得自身及國家的生存發展，更為了求建國理想的實現，勢必運用各種力量解除來自這三方面的危機。其中除去採用軍事、政治、經濟、外交等力量外，教育力量的運用亦成為不可少的一環。蓋三股勢力中，除軍閥不重視教育外，共產黨是最注重灌輸民眾政治思想的黨，而日本又是個極力要摧毀我民族文化及教育的敵國。故國民政府若想更有效解除來自這三股勢力的危機，必須同時強化其教育陣線上的戰鬥力量。」[133]出於這種考慮，國民政府提出「特種教育」對抗共產黨的「赤化教育」，倡導「復興民族教育」、「國防教育」來抵禦日本的「奴化教育」。民眾教育館結合國民政府政令，在特種教育和民族教育中著力頗多。

從國民政府迭發的社會教育目標的通則、法令中，不難看出國民黨「以黨代政」政治目標的浸透，民眾教育館作

---

132 〔美〕杜贊奇：〈中國近代史上的國家與公民社會〉，汪熙、魏斐德主編：《中國現代化問題——個多方位的歷史探索》，復旦大學出版社1994年出版，368頁。

133 吳家瑩著：《中華民國教育政策發展史——國民政府時期（1925-1940）》，五南圖書出版公司1990年版，第10頁。

為社會教育綜合機關，首當其衝便是要保障其目標的實現。
1928年7月16日，國民黨為了統一社會教育目標，頒布了
《取締各種社會教育機關違背黨義教育精神通則》：

> 凡公私團體或私人所舉辦之社會教育機關或其負責人
> 員，而有違背黨義教育精神之設施或言行者，由國民
> 政府遵照本通則，分示所屬各級教育行政機關及民政
> 機關嚴格取締之。各種社會教育機關之設施或其機關
> 負責者之言行，如有下列情形之一者，應嚴格取締，
> 分別懲處：違背黨義教育宗旨者；關於黨義教育設施
> 不遵守各級黨部或各級教育行政機關規定者；不遵守
> 黨義教育精神而為迷信的設施或言行者；不遵守黨義
> 教育精神而為違反善良風俗設施或言行者；對於本黨
> 黨部或政府一切設施故意施以破壞者；對於國旗黨旗
> 及總理遺像、遺著、遺囑等故意施以侮辱者；為其他
> 反革命的各種宣傳者。[134]

1929年，國民黨在中央執行委員會之下設社會教育委
員會，各省市社會教育事業由該省市黨部設社會教育委員會
辦理，各縣市社會教育事業由該省市黨部設社會教育委員會
辦理，「黨部因縮小組織剩餘的經費」赫然列入經費來源之
一。《各級黨部辦理社會教育計畫大綱》規定辦理社會教育
事業如下：

---

[134] 中國第二歷史檔案館：《中華民國史檔案資料彙編》第五輯 第一編 教育
（二），江蘇古籍出版社1994年，第691-692頁。

（一）關於民眾識字、公共衛生及常識教學事項；

（二）關於職業上知識技能之補習事項；

（三）關於公民政治能力之養成事項；

（四）關於民眾戲劇及音樂院事項；

（五）關於公園、圖書館、民眾科學館、博物館、展覽
會等事項；

（六）關於公共體育及遊戲事項；

（七）關於通俗講演及書報事項；

（八）關於盲啞低能及殘廢者之教育事項；

（九）關於其他教育事項。

　　1931年9月3日，國民黨第三屆中央執行委員會第17次常務會議通過《三民主義教育實施原則》，將「提高民眾知識，使具備現代都市及農村生活的常識，增進民眾職業知能，以改善家庭經濟並增加社會生產力。訓練民眾熟習四權，並陶鑄其忠孝仁愛信義和平之國民道德，以養成三民主義下的公民。注重國民體育及公共娛樂，以養成其健全的身心。培養社會教育的幹部人才，以發展社會教育事業」作為社會教育目標。1939年5月，教育部頒布的《民眾教育館工作大綱》規定民眾教育館之施教目標為：「在養成健全公民，提高文化水準，以改善人民生活，促進社會發展。」不言而喻，此處的健全公民自然是遵守三民主義的「現代國民」。

　　第一所通俗教育館——南京通俗教育館，1915年由江蘇省政府斥資建立，因而這便大體奠定了其後民眾教育館基調，經費由各級政府撥給，館長由政府直接派充，各色官員

充任館長在各類民眾教育館中不同程度地保持和存在。如劉季洪以中國國民黨南京特別市黨部執行委員、江蘇省政府教育廳督學的身份，在1927年3月至1929年之間兼任江蘇省立民眾教育館館長一職；董渭川1931年7月就任山東省立民眾教育館館長之前，是山東省教育廳督學，享受省立圖書館館長及大學校長待遇；[135]1939年5月成立的四川省立民眾教育館，館長由省教育廳廳長郭有守兼理，湯茂如副之。[136]而三穗縣立民眾教育館就設在縣黨部的廂房裏，「屬教育科領導，受縣黨部監督」。[137]這種官僚體系，是傳統社會教化的繼承和延續，也是國民黨政權宣傳「一個國家，一個黨」思想的貫徹，保障了民眾教育館事業辦理過程中「國家在場」、「政黨在場」，民眾教育館成為有效傳遞國家法令、解讀政策及推行政黨意志的一個重要場所。

> 長安民眾教育館的館內佈置是這樣的，中間大廳是展覽室兼會議室、民校教室，四壁正中掛著總理遺像、遺囑，兩旁貼著「革命尚未成功，同志仍須努力」的對聯，懸掛著十字交叉的青天白日滿地紅的國旗和國民黨黨旗，此外，還貼有「安內攘外」畫片。[138]

---

[135] 梁容若：〈三年來之山東省立民教館生活〉，《山東民眾教育月刊》第5卷6期。

[136] 中國第二歷史檔案館藏：《四川省立民眾教育館概況及職員表》，5-292（全宗號－案卷號）。

[137] 謝冶平：〈抗戰期間的三穗縣民眾教育館〉，黔南南州委員會文史資料研究委員會編寫：《黔東南文史資料 第5輯》，編者1986年自刊，26頁。

[138] 楊興榮：〈長安民眾教育館工作三年紀〉，長安縣委員會文史資料委員會編：《長安縣文史資料選輯 第四輯》，出版時間未詳，54頁。

（永嘉縣立）民眾教育館成立不到一年，國民黨永嘉縣黨部戴福權等，就覬覦這裏了，他們想佔用這個地盤，擴充自己的勢力，遂指使陳志潛出面，向永嘉縣政府控告我，我辭職後，縣政府認為，提出控告的人不宜接充館長，於是改委余烈文為館長。余接任後，戴福權送去一張館員名單，全是其親信，余因人事已安排好，表示不接受。不久，戴便寫信給永嘉縣長邱遠雄，指控新任館長余烈文有「秘密行動」，要他嚴密注意。邱遠雄將原信交給教育局局長林大經，要他查明辦理。教育局的人，早已看出戴此舉的用意和企圖，就對余明說，要余自己考慮，……到任不到三個月，席不遑暖，就被迫辭職了。縣府即委任陳志潛為館長，館內用人，自然要徵得縣黨部的同意。[139]

當然，也有一些地方民眾教育館館長以獨立知識份子姿態，參與其中，賦予了民眾教育館現代話語的價值趨向。實際上，從民眾教育興起之初就不是一個單純的教育問題，它是二十年代鄉村教育危機話題的繼承和延續，與「五四」運動以來的民粹主義思潮一脈相承。接受新式教育的一批知識份子，經歷了袁世凱稱帝、張勳復辟、軍閥混戰，對新成立的南京國民政府充滿了信心和憧憬。「從1928年後期的前景來看，中國的未來似乎是光明的。國民黨人打敗了腐敗

139 王曉梅：〈永嘉縣立民眾教育館始末〉，浙江省溫州市委員會文史資料研究委員會：《溫州文史資料 第3輯 紀念抗日戰爭勝利四十周年》，編者1987年自刊，112頁。

的、聲名狼藉的北京政府，而代之以一個由受過良好教育的愛國人士任職的新政府。……他們的黨受人民擁護，很少有中國人會對它管理公共事務的權力提出質疑。」[140]現代國家一個重要表現便是對社會各領域的動員和控制，國民政府在努力營求民族——國家過程中，自然會以積極姿態，吸納一些知識精英介入。而這些知識份子，也時常在教育家與官員的身份轉變中，行走在學術和政治之間，由於他們身份的特殊性，民主民治和普及教育自然串聯在一起，成為他們關注、呼籲的重點。知識份子加入，為民眾教育館增加了幾分理想色彩，他們以知識份子的良知和理想，用現代化的知識話語和方式勾勒出現代民族——國家想像，這些也影響著民眾教育館的價值取向。

社會上不少政要、高官及社會教育界精英對民眾教育館的關注、參與，框定民眾教育館的價值取向。如下圖所示，這四組題詞是各界人士為江蘇省立民眾教育館舉辦識字運動宣傳大會所題，社會政要有國民黨元老、江蘇省黨部主席的紐永建、國民政府財政部長孔祥熙、江蘇省政府主席葉楚傖、教育部長蔣夢麟、社會教育司司長李蒸以及平教會總會總理朱其慧等，都借筆墨一吐「心中塊壘」。

140 〔美〕費正清編，楊品泉等譯：《劍橋中華民國史》（上卷），中國社會科學出版社1994年出版，第806頁。

圖4-32　各界知名人士為江蘇省立鎮江民眾教育館的題詞

圖片來源：《民眾教育月刊》第2卷第8、9期合刊。

　　可以看出，第一、二組題詞，強調的是「化民成俗」、
「功同遒鐸」、「教啟四荒」等，依舊在傳統社會教化的框
架之內；第三組題詞注重民眾教育館在普及教育中的作用，
並注意到社會教育和學校教育的協同並進；而李蒸作為學者
型的教育官員，他在民眾教育興起之初，就極力主張應以政
治教育為圭臬，民眾教育館更應該成為提升民眾政治常識、
促進民治的機關；朱其慧題詞「民治權輿」，同樣希望民眾
通過文化知識的提高而提升政治水平，從而達成地方自治。
因此，第四組題字更多地寄託了教育家對社會教育，對民眾
教育館的理想追求。此時正是政府「勵行識字運動」的高潮
期，識字被列為下層工作綱領之首，民眾識字和國家建設聯

繫在一起，[141]在這種情況下，如李蒸者做出「民眾教育是唯一的救國之道」書生氣很濃的表現，同樣被省立鎮江民眾教育館奉為至寶，專門邀請其來館做了專題演講，為識字運動宣傳大會推波助瀾。

國民政府1929年《中華民國教育宗旨及其實施方針》規定，民眾教育功能涵蓋了語言文字教育、生計教育和公民教育等諸多功能，但在民眾教育館工作實際實施中，語言文字教育一直佔有絕對優勢，其中又以識字教育為主，以致在當時「社會上就有許多人把民眾教育當作識字教育」。[142]面對這種情況，著名民眾教育家陳禮江專門著文予以澄清，「誠然，我們過去所見的民眾教育，都集中於民眾學校和識字教育上面，而且今後的五六年間，政府也仍然集中精神來厲行失學民眾的補習教育，可是這只是一時的現象，我們絕不能因為看了這一時的現象，就把那民眾教育的廣大事業和遠大的前程，都統統忘了。」[143]實際上這種極力辯解、澄清的行為，從另一角度佐證了政府和社會對民眾教育功能的窄化。

文字教育之所以一直佔據民眾教育事業的絕對優勢，是因為先前社會教育的職能傳統和80%以上的文盲人口的存在，加上語言文字教育是一切教育的起步，自然就成為當時中國一種更易實施和易於取得效果的教育方式。[144]當然，

---

[141]「現值訓政開始，建設進行，胥有賴於國民之自覺與努力。故國民何由而自覺，建設何由而完成，欲使國民深感建設之需要，與獲得建設之智慧，其根本要圖，又在國民皆能識字。」詳見國民政府頒發《識字運動宣傳大綱》。

[142] 秦柳方、武葆邨著：《民眾教育》，世界書局1932年版，第13頁。

[143] 陳禮江：〈民眾教育的意義及其事業〉，《教與學》第3卷1期。

[144] 傅葆琛：〈我們為什麼要在訓政時期努力民眾文字教育〉，《教育與民眾》第2卷5期。

圖4-33　黃縣縣立民眾教育館舉行識字運動大會情形

資料來源：《山東民眾教育月刊》，第4卷9期。

政府目的是通過識字教育掃除文盲的功能，實現全民教育，消除文盲，從而提升民眾經濟技能和公民自治資格，實現從訓政向憲政時期民眾角色的轉變。從實施的結果看，全民教育並沒有因為民眾教育的發展而在全國得以實現，文盲問題也沒有因民眾學校的大力設立而根本好轉。據1933年學務官對河北省民眾學校設立和定縣青年受教育情況的調查，「本年度河北省民眾學校數目達11,089所，居全國首位」，但「該省12歲至25歲的青年當中，文盲率仍有74%」。[145]河北省作為民眾學校發達地尚且如此，其他地區情況可想而知。這種狀況表明，國民政府的文字教育對掃除文盲的作用十分有限。

　　不僅如此，以文字教育為主要形式的民眾教育運動之所以難以對掃除文盲、實現全民教育發揮更大地促進作用，除去民眾學校教材、課程、教法、師資等本身存在種種問題，對失學民眾的文字教育構成了層層障礙外，普通民眾的

---

[145] 尹文興：〈河北省社會教育之過去現在與未來〉，《教育與民眾》第4卷6期

絕對化貧困消解了其積極接受文字教育的可能性。由於長期戰亂，以及三十年代世界經濟危機的影響，加上嚴重的自然災害，地權分配不均和高利貸的猖獗，農家經濟極為脆弱。以國民政府統治核心的江蘇為例，「（江蘇）農民能維持簡陋之生活者，已屬不易。不幸一有意外遭遇，如年歲歉收，天災兵匪、捐稅增加、婚俗喜慶，以及物價高漲而農產價格並不為比例之增高等等情事，即不免於負債。如在常年入不敷出者，則更無論矣。」[146]在此情景下，「實像鄉村經濟枯窘，民生凋敝，鄉民謀生不暇，遑顧識字」，「民眾們所要解決的問題，絕不是求知問題，而是求活問題；不是認字讀書的問題，而是如何有飯吃的問題。所以他們唯一希望的，在直接能使他們生活有著，吃飯無憂；間接使他們安居樂業，再不愁憂。」[147]當然，從長遠看，教育對經濟效益的提升有一定的正面意義，但就三十年代政府大力推行的文字教育，因它不能短時期內解決民眾的吃飯問題而被普通民眾很大程度上排拒便成了順理成章的事實。

　　國民黨政府之所以對民眾教育在社會上「鼓與呼」，為民眾教育館提供發展空間和行政支持，是因為民眾教育館在很大程度上與政府職能和目標相吻合。「訓政時期中最重要的工作，乃是地方自治」，而地方自治、國家建設需要合格國民來作「原動力」，故發展民眾教育，「掃除文盲，進行成年失學民眾補習教育，實為要中之要」。[148]民眾教育館作為民眾教育綜合機關，一個國家行政力量干預下的社會改

---

[146] 朱懋真：〈江蘇農村經濟之破產與民眾教育之任務〉，《民眾教育季刊》第2卷3號。
[147] 許恪士：〈民眾教育與民眾們的教育〉，《民眾教育季刊》創刊號。
[148] 裴邦佐：〈我們對於民眾教育館的做法〉，《教育與民眾》第5卷2期。

造組織，國家和民眾教育館之間基本上不存在互動關係，而是國家佔據控制、壟斷的強勢地位。正如費正清所指出的，在中國，「政府是組織的壟斷者，每個組織、社團都必須以某種方式歸屬於政府之下，要不然就被認為敵對於政府，因而也就被認為是危險的。……結果便是：過去一個長時期以來，所有新興的組織都處於政府的控制之下。」[149]由此，民眾教育館在承擔下層民眾補習文化教育功能的同時，被政府更多地賦予了政治承載，這也是民眾教育館「政治色彩」濃厚的根本原因所在。

從民眾教育館事業中心轉變來看，其每一次騰閃挪移的背後，國家意志在起著主導力量。如前文所述，1934年前基本以識字教育作為中心事業，致力於各種掃除文盲、普及教育的工作；1934年轉向生計教育，辦理合作社，新式農具、種子、肥料以及副業等提倡和推廣，貸款是與農業銀行合作，而推廣先進農業生產技術所需費用大多直接來源於政府，國家大力提倡「合作運動」是「轉身」的主要背景。而在民眾教育館整個發展歷程中，政治教育一直未曾鬆懈。個體或一省範圍內的民眾教育館興衰，也和地方政府決策有重大關係，1936年江蘇省急於訓練壯丁，就直接裁撤了各縣立民眾教育館，將經費和人員用於國民中心學校的籌建。而民眾教育與保甲制度的交織，是在三十年代後國家權力向縣、鄉基層社會滲透和延展的必然結果，從字面上講，民眾教育重在「教」，但其合作事業的「養」、鄉村改進會的「管」以及壯丁訓練的「衛」，由於民眾教育擔負了國民政府整合農村的重任，民眾教育館也就

---

149 〔美〕費正清著，陸惠勤等譯：《費正清對華回憶錄》，上海知識出版社1991年版，第299頁。

成了協助推行「教、養、管、衛」保甲運動的一個主要機構，其「官僚化」和「政治化」色彩日益濃厚。

當時在徐館（徐州省立民眾教育館，筆者注）工作的革命同志，稍向群眾提出革命道理即遭迫害，圖書館所辦的詩會、青年俱樂部被迫解散。輔導委員薛暮橋寫的《八裏屯農村調查》登在《教育新路》（館刊，楊汝熊、薛暮橋主編，筆者注）後被嚴加指責；郭影秋（館員，兼任坎子街民眾教育實施區總幹事，筆者注）同志對青年稍談真理，即遭拘禁。[150]

抗戰爆發後，民眾教育館以戰時教育為中心，喚起民眾民族意識，保家衛國，在抗戰期間，鑒於社會教育發展受到很大牽制，民眾教育館示範、輔導功能被高度重視，國民政府專門頒布相關法令，要求民眾教育館輔導師範院校、中小學校和其他機關兼辦社會教育。也有協助政府進行壯丁訓練的，如省溪縣立民眾教育館成立於1939年，該館為了「適應戰時需要，以鄉為單位舉辦，特舉辦了壯丁訓練班」。抗戰結束後，國內戰爭一觸即發，民眾教育館成為國民黨政府「堅壁清野」機構。

> 1939年1月，（舊縣）民眾教育館擔任「動員委員會」總動員宣傳大會的宣傳組織工作，組織了持續四天的火炬遊行、晨呼隊、化裝講演隊、歌詠教唱隊，文娛演出並出版宣傳、漫畫特刊，同時派員參與了「肅清仇貨」工作。[151]

---

[150] 徐毓生：《抗戰前的省立徐州民眾教育館》，徐州市委員會文史研究委員會編：《徐州文史資料 第3輯》，編者1983年自刊。

[151] 戴芬：《舊縣民眾教育館概況》，隆昌縣委員會文史資料委員會：《隆昌文史資料選輯 第11輯》，編者1992年自刊。

圖4-34　江蘇省立鎮江民眾教育館實驗區聯村自衛隊檢閱攝影

資料來源：《教育與民眾》，第7卷7期。

（省溪縣立民眾教育館）一般是在每年秋收前後農事
稍閒時候，專收18-45歲的不識字或初識字的男性公
民集中學習訓練，以兩月為一期。學員是從各保甲徵
集壯丁，每期人數100-200不等，實行大隊、中隊、
分隊、班組的軍事編制，鄉長任大隊長，保長或副保
長付任中隊長，分隊長及班組幹部由學員中選舉或指
定充任。主要開設精神講話、識字、唱歌和戰時常識
等科目。……戰時常識主要是進行佇列訓練、步兵操
練、射擊教範、作戰綱要等。[152]

　　就民眾教育館館址所在地看，其多設立在水陸交通樞紐、
市面繁華之地，以下層民眾為對象，從事喚起民眾、組織民
眾、訓練民眾的社會教育工作。政府也正是利用民眾教育館，

---

[152] 饒國球：〈民國時期省溪縣的民眾教育〉，萬山特區委員會文史資料委員會
　　編寫：《萬山特區文史資料 第2輯》，編者1989年自刊，第115頁。

作為管理基層民眾的一種組織，而隨著民眾教育館工作延伸到附近鄉村社會，更成為一個合法的鑲嵌在鄉村社會權力網路中的社會管理機關。對設立鄉村改進會的民眾教育館，地方政府一般都承認鄉村改進會會員規約、信條的合法性，因為這些規條常常把「要國家好」放在鮮明位置，政府多從經費、行政上予以扶植，使其事業能順利發展。高長岸實驗民眾教育館鄉村改進會要求入會會員必須遵守如下會員規約：

(1) 要大家好，先要自己好，要國家好，先要村子好；

(2) 靠自己的勞力，做正當的事情，來謀生活是世上絕頂好漢；

(3) 不良嗜好好似殺人不見血的毒刀，我們非但自己不要去近他，還要勸別人不要去近他；

(4) 勤儉是起家的最好辦法，我們要切實去做；

(5) 自己的事情，非但自己來做，並且要隨時隨地幫助別人做；

(6) 大家的事情，要同心協力大家來做；

(7) 要做好國民，先要讀書識字；

(8) 我們應當由我們的全力來建設一個新的高長岸。[153]

　　這種規定涵蓋了政治、經濟、文化等所有和民眾生活休戚相關內容，通過對會員進行規約，來推進事業的進展。對於這個鄉村改進會規約，地方政府給予了充分肯定，高長岸鄉村改進會工作也取得明顯效果。

---

[153] 《高長岸一覽》，江蘇省立教育學院高長案研究民眾教育館1931年出版，第15頁。

表4-11 三年來高長岸鄉村改進會成績一覽（1930-1933）

原來狀況	現在情形
自治組織不完全	鄰閭鄉各級自治機關組織完全，鄉長、閭長均係民選
民眾散漫無組織	有鄉村改進會之組織，為本鄉一切事業的發動與協助機關
乾路狹小行走不便	通城馬路修築完成，計長三里，闊六尺，人力車可直達
乾路橋樑破壞不堪	現已築成水泥鋼骨橋樑一座，堅固便利
無自衛組織	每年冬季，有冬防會之組織
公共事業無人過問	有鄉村改進會負責辦理
民眾不能集會	開會儀式均明瞭且能進行，開會主席也能有人擔任
不瞭解黨義及國家大勢	大多數已明瞭，且有注意時事之習慣
不願參與團體生活	參加鄉村改進會者占總數的66%，參加合作事業者占63%，其他集會等參加數平均達70%以上
民眾間彼此全不聯絡	村上遇有重要事務或有問題，民眾要求召集會議公斷解決

資料來源：朱若溪：〈三年來的高長岸〉，《教育與民眾》第4卷第9、10合刊。

　　如上表所示，高長岸實驗民眾教育館指導民眾造林修路、浚河鑿井，種痘放足，禁煙賭、息訴訟，增強了民眾自治、集體意識，並逐步將這些知識用在實踐中去。從而實現了1932年的鄉長及閭長實行民選等，很大程度上推進了地方自治事業的實現。此種實驗結果，頗能振奮民教人士。從這個角度講，民眾教育館已被政府納入了管理體系之中，發揮著地方基層自治機關的作用。

　　當然，從改進會設立數目、會員人數和經費數來看，距離提倡者設想甚遠。據王鳳桐對江蘇省10個縣51個民教機關（民教館或農教館）設立鄉村改進會統計，10縣共設立鄉村改進會34個，武進縣以設立7處居於第一位，無錫和吳縣分別為5處，溧陽縣只有1處，[154]存在著明顯的地域差

---

[154] 王鳳桐：〈標準工作施行後蘇常十縣之民教機關〉，《教育與民眾》第6卷第9期。

異性。省立徐州民眾教育館自1932-1933年期間，先後設立了7處鄉鎮改進會，會員數、經費數最多的為壩子街實施區市民改進會，會員數281人，經費80元。最少為下瀏實施區孟家溝鄉村改進會，會員數僅24人，經費數40元。[155]

　　出現這種情況原因很多，但鄉村改進會會員來源是最大的原因。民眾教育館之所以設立鄉村改進會，基本預設便是土豪劣紳把握著基層政權，[156]已有的鄉村基層組織不能真正推進自治，必須重設或重組地方自治的機關。在這種思路下，既有鄉村自治機關的領袖會被鄉村改進會有意排斥在外，也就是說，鄉村改進會招收的會員雖具有廣泛性，但不具有代表性。各鄉村改進會入會資格便是證明。如省立徐州民眾教育館附設的鄉村改進會規定，轄區內所有粗通文義，品行端正，有正當職業，無不良嗜好的成人均可入會。[157]這些普通民眾與自治機關的鄉鎮長，兩者所掌握的資源難以同日而語，這樣，會員來源狹仄和局部性，使得鄉村改進會難以開展工作，「採用鄉村改進會者，有一個最大的毛病，即鄉村運動者所組織的鄉村改進會，往往與原有地方自治系統中的鄉鎮長，處於對立地位，以致互相掣肘，互相妒忌，結果不是兩敗俱傷，就是一無所成，更何況鄉村建設可言？」[158]

---

[155] 〈本館施教工作全貌〉，《教育新路》第83期。

[156] 據陳翰生20年代末對無錫518個村長中的104位抽樣調查發現，其中91.3%為地主，7.7%為富農，1%為小商人，這些地主中有43.27%為中級地主，56.73%為小地主，有59個地主平均擁有土地將近百畝，45個地主各有土地百畝以上。詳見陳翰生：〈現代中國的土地問題〉，見楊翼心：〈當代中國各種鄉村運動在地方自治上自評價〉，《教育與民眾》第5卷第7期。

[157] 〈本館施教工作全貌〉，《教育新路》第83期。

[158] 沙居易：〈一個新的鄉村系統的實驗〉，《教育與民眾》第6卷第1期。

從表面上看，這個問題是如何處理與地方原有自治系統的關係，實際上是政府與地方勢力妥協所致。在鄉村社會，政府雖想通過鄉村改進會培養一批新的青年精英，承擔起基層管理工作，但固有自治機關人員大多有一定經濟實力，成分複雜，盤根錯節，因此，政府因畏懼引起更大的鄉村政治騷亂而陷入保守和觀望。一些民眾教育館在遭遇挫折後，採取了將自治系統中的重要分子吸收進來，並委以要職，如岸底裏實驗民眾教育館就將其改進會章程作了修訂，規定自閭長以上皆為改進會的當然委員，七個理事中二位鄉長為當然理事。[159]「鄉村改進會所構建這類新權利框架較前明顯更具有可行性，它一定程度上揭示了民眾教育的發展方向。」[160]這種說法有一定道理。

　　總之，民眾教育館作為民眾教育運動的綜合機關，政府最初僅將其視為識字教育的一個機關，隨著民眾教育館在鄉村政治、經濟改造中的力量展現，民眾教育館成為了政府和知識精英進入鄉村社會的一個平臺，一個政府管理機關。這種社會功能的獲得，不僅是民眾教育館自身不斷創新、發展的結果，更是南京國民政府從傳統社會向現代國家轉型的必然產物。政府的介入保證了民眾教育館價值取向的「國家意志」，這是國民黨政權之所以用「行政力」強制推進的關鍵所在，而新式知識份子的加入則代表了近代中國社會的變遷趨向，民主政治、科學、衛生、藝術等逐漸世俗化、大眾化。民眾教育館作為國民政府改造鄉村社會的組織依託，

---

[159] 喻任聲：〈三年來惠北實驗區工作的檢視〉，《教育與民眾》第8卷第10期。

[160] 谷小水：《1927-1937年中國近代民眾教育研究——以江蘇為中心》，2000年南京大學博士學位論文列印稿，第102頁。

一種涵蓋文化教育、基層政治和民眾生產力的全面改革的嘗試，既保持了傳統改革中的政府力量，又容納了新式改革模式和體系，在近代社會變遷中發展了重要作用。

第五章
民眾教育館與中國社會變遷

　　通過前面四章的論述與分析，對民眾教育館興起的社會背景、民眾教育館的歷史演進做了基本梳理，對民眾教育館內部管理、民眾教育館的社會功能和文化性格做了比較深入考量，從而勾勒出民國時期民眾教育館在社會大變遷下的全息圖景。

　　教育部社會教育司科長鍾靈秀指出：「民眾教育館是實施社會教育的中心機關，也可說是改進社會、建設鄉村的大本營；因為她是實施學校式和社會式民眾教育的綜合場所，其對象為全體民眾，範圍廣大，事業複雜，整個社會的改進和鄉村的建設，均有賴於她的研究、試驗、設計、實施、提倡指導。責任重大，迥非單純的一個學校和一個其他的教育機關所能比擬的。」[1]揆諸史實，從民眾教育館開辦的事業來看，無論是在培養各種新的社會力量，還是在文化繼承與文化創新等方面，民眾教育館與近代中國社會變遷都有著極為密切的互動關係，總結其積累的經驗和教訓，對當今新農村建設等社會改革也有了極為深遠的借鑒意義。

---

[1]　鍾靈秀：《〈江蘇的民眾教育館〉序》，詳見宗秉新著：《江蘇的民眾教育館》序言，第1頁。

一、民眾教育館與鄉村社會組織的互動

　　「社會組織」是一個西方社會學概念，不少學者以西方社會學作為估量、分類標準，認為近代中國鄉村社會沒有組織可言，而孫中山先生對國人「一盤散沙」的論斷，更使這種主張成為主流觀念，從學界蔓延到社會各界，也很大程度上影響到今人的研究。實際上，在鄉村社會，除去國家設立的「正式組織」，還存在著不少「非正式」的傳統社會組織，如村落中自有的家族、行會、民間借貸會及宗教組織等，當時也有少數人認識到這一點，並按照組織性質，將這些組織劃分為經濟性的、職業性的、自衛性的、休閒性的、迷信性的、幫團性的、宗教性的、低級性的等九大類。[2]且不論這種劃分是否嚴密、周全，但其至少從一個側面說明鄉村社會中的確有農民社會組織的存在。近些年的社會史研究，也反覆證明了在現代民族——國家構建中，國家權力在向鎮、鄉、村延伸過程中，這些組織依附鄉村社會勢力，以鄉村社會意願為基準，起著檢視、過濾、篩選國家意願的作用。民眾教育館作為國民政府與知識精英深入鄉村社會的一個組織依託，必然會和這些組織發生或疏或密、時依時違的關係。這樣，民眾教育館與鄉村社會自有的社會組織關係好壞，一定程度上影響民眾教育館在鄉民之中的「認可度」，也影響事業發展。

---

[2]　金輪海：〈我們農民的「低級性的組織」研究〉，《新中華》復刊第2卷5期，1944-5。

民眾教育館進入鄉村社會之初，並沒有和鄉村社會組織聯手合作，而是秉承改造鄉村、必須培植新的社會組織出發，認為這些鄉農自有組織在現代生活中根本沒有存在的價值，將它們作為民眾教育運動滌蕩的對象。如認為鄉村社會中的家族是封建餘孽、「桐城謬種」、魚肉鄉里的最後堡壘，行會是巧取豪奪、欺行霸市的代名詞，民間借貸會則是對貧困農民抽血吸髓之所，說書的、賣唱的而是低俗趣味，而宗教組織則是麻痺民眾、苟且偷生的「萬惡之藪」，一句話，這些「生於斯，長於斯」的鄉村勢力，實際掌控著鄉村社會的組織，都是屬於不合時代精神，被列入打擊、清除之列。國民政府也急於尋找、培植能代表國家利益的新的鄉村精英，起初也很支持民眾教育館的奮力之舉。在政府支持下，不少地方民眾教育館指導民眾成立各種組織，如鄉村改進會、合作社、讀書會、放足會、民眾學校同學會（校友會）、民眾學校校董會、遠足觀光會、學術委員會等等，設立章程，盡可能徵募更多青年民眾加入，以期能成為新的社會精英，能與舊的地方勢力抗衡。

圖5-1　山東省立民眾教育館北城施教區民校董事會成立紀念（1934年）

資料來源：《山東民眾教育月刊》，5卷8期。

從實際效果看，這種努力成效不大，而民眾教育館也因和鄉村社會組織之間的抵牾、磨擦不斷，導致其事業難以在鄉村社會獲得實質性進展，甚至有民眾教育館因設在廟宇舊址，「觸犯」民眾，而遭遇滅頂之災。[3]

　　就國民政府基層行政體制變化來看，從1928年以來，歷經了初始時期的「區、鄉（鎮）、閭、鄰」制到後來的「鄉（鎮）、保甲」制，其目標始終如一，力圖將政府權力向縣以下的村莊滲透，以便能直接控制鄉村。在這一過程中，「國民黨當局實際上正在削弱農村小統治者的影響，剝奪他們的地方治安權，並將地方的治安置於正規的政府警察機構和遍佈各地的保甲制的職權範圍內」，[4]而要做到這一點，國家從法律上規定了鄉、保、甲長人選的資格，將範圍限定在經過自治訓練並具有一定文化水平、曾辦理地方公益事業的人群之中。如正副鄉鎮長要有師範學校或初中以上水平，正副保長要有師範學校或初級中學或有同等學力者。可以看出，國民黨政府試圖培植一個受過新式教育的鄉村精英階層，以取代舊式的鄉村精英。但實際上，這種人員資格規定，特別是受到相當教育並具有辦理地方公益事業的經驗的規定，仍然將目光鎖定舊式精英或其子弟，最終依然依靠他們來實現對村莊的控制。在這種形勢下，舊式精英依然掌

---

[3]　浙江某鎮的農民，因著民眾教育館是以前龍王廟的舊址，日前大家將各村廟宇的佛像抬到鎮上遊行，每人手持長香，身披雨衣，三步一拜的求神祈雨。經過民教館，有人回想著以前廟裏有三尊菩薩，因著建築民教館而被毀的，於是天不下雨，就歸咎於民教館，大家將菩薩抬了進去，焚香祈禱，一面手持鐵耙，將民教館的講臺、閱覽室、中山堂搗毀得一乾二淨。詳見《大公報》，《杭州通訊》，1934-7-4。

[4]　〔美〕孔飛力著，謝亮生等譯：《中華帝國晚期的叛亂及其敵人》，中國社會科學出版社1990年出版，第239頁。

握鄉村社會，只不過如魯迅先生所講，「把屋上的瓦挑下幾塊，在衙門外掛上新的牌匾」，他們也由舊式鄉董、團總等搖身變為「區長」、「鄉鎮長」、「保甲長」，成為政府所認可的鄉政人員，法定的官僚隊伍中的一員。據三十年代初期國民黨農村復興委員會調查，河南省44個區長中，占地百畝以下者12人，100-300畝者有26人，300畝以上者6人。[5] 全國情況大體相類。江蘇無錫6個區的235個正、副鄉鎮長中，「大小地主184人，占78.1%；富農32人，占13.6%；中農19人，占8.1%。且鄉鎮長每戶平均擁有田產146.6畝；鄉鎮副每戶平均佔有田地63.1畝。這在人稠地狹、戶均不足5畝的江南來說，已是一個巨大的數字了。另外，這些正、副鄉鎮長中，還有不少人兼充商業資本家、兼管公產和經營高利貸。」[6] 據石玉昆對全國鄉政人員調查統計，這些人在擔任現職之前，絕大部分曾任職於地方社會上各種機構或組織中，其父輩職業中有48.6%曾擔任過族長、村董、團總、教員等。[7]

隨著政府對舊式鄉村精英的容納，安置，民眾教育館也開始調整對鄉村社會組織的態度，從對立逐漸轉為部分認同、合作。1935年頒布的《修正民眾教育館暫行規程》中專門增加了一條，「聯絡地方熱心社教人士組織各種委員會」，把鄉村社會組織的領袖列入民眾教育館「聯絡力量」。莊澤宣在全國鄉村工作討論會第三屆年會上提出，「鄉工同志每報極大熱忱與急效希望，以為中國人向無組

5　行政院農村復興委員會編：《河南省農村調查》，商務印書館1934年版，第76頁。
6　李珩：〈中國農村政治結構的研究〉，《中國農村》第1卷10期，1935-7。
7　石玉昆：〈中國鄉村組織中的人員問題的調查與研究——中國鄉村組織研究之一〉，《教育與民眾第8卷4期，1936-12。

織，於是巧立名目，草擬規章，力促實現。觀百弊叢生，每冀一刀斬盡，……孰料此種外來力量、方式和精神，常與老百姓格格不相入。在彼等視之，猶新幻術，甚或因見百年來政府課稅名目繁多，以為此又剝削之一道，先視為畏途。即使發生效力，亦屬勉強，而無根基。」為了改變這種狀態，他認為從事鄉村建設的人士：「若能洞悉原有組織，設法利用，名目上或不如此好看，實際上推動力量並不小，事半功倍，較之多事更張、事倍功半者，誠所謂差之毫釐謬以千里也。」[8]許公鑒也在《普及民眾教育之聯合線》一文中指出，民眾教育館要聯合各種社會組織、學術機關聯合推進民眾教育事業。[9]事實也多是如此，不少民眾教育館利用鄉村社會組織，事業進展比較順利。

　　山西省立民眾教育館在舉行禁煙大會之前，聯合了中華拒毒會山西分會，查禁毒品委員會，禁煙考核處、新生活運動促進會山西分會，中華基督教會，中華基督教聯合會，太原市青年會、憲兵司令部、省會公安局、太原市商會、山西省農會等多個機關，館長組成「六三」禁煙紀念節大會籌備大會。「討論擴大拒毒宣傳運動具體辦法。首由王劍南館長報告召集開會宗旨，繼由劉秉鈞報告歷年紀念大會組織辦法後，即進行討論」[10]。由於事先籌畫周詳，省主席閻錫山親自題詞「拒毒救國」，社會各界參與踴躍，聯合機關紛紛派員擔任拒毒演講員，該館舉辦的禁煙大會取得很好效果。

8　莊澤宣：〈希望鄉工同志注意中國社會原有組織〉，載《教育與民眾》第7卷1期。

9　許公鑒：〈普及民眾教育之聯合線〉，載《山東民眾教育月刊》，第4卷7期。

10　〈本館舉行六三禁煙紀念大會紀詳〉，載《山西省立民眾教育館月刊》，第2卷4期。

圖5-2　山西省立民眾教育館舉辦六三禁煙紀念大會
職員暨拒毒講演員合影

資料來源：《山西民眾教育館月刊》，第2卷4期。

　　在近代中國，雖然家族制度已呈衰落之勢，但家族仍
然是鄉村社會的基本細胞。它通過族譜、祠堂、族產等形
式，對地方社會秩序和基層政權中發揮了不可小覷的作用，
特別是那些同族聚居的村莊，村民大多為同姓族人，家族
組織更是重要的鄉村社會自有組織。隨著家族觀念的不斷泛
化，以致血緣、地緣與利益關係都可以成為宗族發展的聯繫
紐帶，於是出現了許多宗族的擬制形式，成為基層社會的集
團組織。此外，鄉族勢力壯大，各類會社、善堂組織亦紛紛
出現，成為整合鄉村社會的工具。如江蘇丹陽，「四鄉農民
皆系聚族而居，大多數社員均屬同姓，一旦選舉職員，當選
者皆系族中長輩，毫無競選情勢。一切決議案件，各社員亦
莫不歡然遵守。」[11]丹陽縣縣立民眾教育館有見於此，其指
導、開設合作社前，必先與村莊宗族頭人聯繫，請他們代為
行使合作社組織、管理之責，並督促失學族人加入民眾學校

---

[11]　駱耕漢：〈信用合作事業與中國農村金融〉，《中國農村》第1卷2期，
1934-11。

讀書。此類合作社中，社員的構成是以同姓族人為主，社員對社內決議的信諾和遵守，與其說是遵循社規、信奉民眾教育館的結果，倒不如說是家族餘威對族人的威懾更為恰當。而信用合作社的非盈利性質，使得其利率遠低於鄉村中以獲取高額利息為目的的民間借貸機構，這樣，農村中流動資金的增多及放款的低息化，必然會對高利貸的借貸有所遏制，民間借貸組織利率也有所下降。[12]

中國人自古有「敬天保民」的傳統，表現在鄉村社會，各路神仙多有大批善男信女，「舉頭三尺有神明」的觀念烙在農民心靈深處，養蠶的人家供著蠶神，做小生意的供著財神，家家灶火處供有灶神，「倘有火災，則被災的和鄰近的沒有被災的人們，都要祭火神，以表感謝之意。被了災還要來表感謝之意，雖然未免有些出於意外，但若不祭，據說是第二回還會燒，所以還是感謝了的安全」。[13]不僅各家供奉，社會上還有諸多敬神組織存在，如神會組織，江浙一帶農村有夏季舉行神會的傳統，神會由農戶輪流供奉。林宗禮在參觀高長岸實驗民眾教育館附設的模範家庭時，非常驚奇地發現，黃巷第二閭閭長王阿壬家，因神會輪至其家，竟然「門口有兩塊寫著『驅邪逐疫』、『收災納福』的虎頭牌，客堂上掛了許多紙裱的神像，這種神像與原來壁上掛的衛生掛圖，像煞在那裏爭榮的樣子。」面對林宗禮的驚詫，民眾教育館工作人員解釋這也是不得已而為之，因其家「各

---

[12] 趙泉民著：《政府‧合作社‧鄉村社會──國民政府農村合作運動研究》，上海社會科學出版社2007年出版，292頁。

[13] 魯迅：〈關於中國的兩三件事〉，1934年1月31日作，日文原稿發表在東京改造社《改造》月刊3月號，題目為〈火，王道，監獄〉，收入《且介亭雜文》。詳見上海古籍出版社2000年12月版《魏晉風度及其他》。

種物件都排得很整齊，地上也掃得很乾淨，家庭成員也很和睦」，在附近農家中頗有號召力，自從將民眾教育館定制的牌子掛在王家大門上。「附近民眾來往王家，對民眾教育館不再諱怕，也逐漸敢於參與民教館一些事業了。」[14]民眾教育館一些事業由此逐漸展開。

不難看出，民眾教育館與鄉村原有的社會組織之間的關係是複雜的，且又隨著地域變化而呈現出微妙的一面，具有很大的研究價值。兩者之間的互動在一定層面上體現了國家政府與民間社會之間的某種聯繫，這種聯繫既表明了國民政府進行現代民族——國家構建過程中的決心，外化出國家意志在鄉村社會執行、實現情況，同時也昭示著鄉村社會中大量存在且難以克服的歷史積澱因素，政府為了達到政權向基層滲透的目的，不得不做出必要地讓步、妥協。民眾教育館的發展是與國民政府建立現代民族國家和其對現代化的全面尋求聯繫在一起的，在這一過程中，基層鄉村社會的權力構成變化對民眾教育館起了重要作用，也就說，在鄉村社會權力構成沒有發生根本轉變、國民黨政府不能對其制度創新提供有效的制度供給時，結果只能使民眾教育運動在鄉村傳統的社會、政治、經濟秩序下進行，民眾教育館擔負的「以教育改造完成社會改造」使命不可能真正實現。

---

[14] 林宗禮：〈江蘇省立教育學院實驗事業參觀報告〉，《教育與民眾》第2卷4期。

二、民眾教育館與傳統社會文化的傳承

　　民歌在中國是源遠流長，因各地風俗、人情等不同，又分為不同地方小調。1918年，新文化運動的精英錢玄同、沈尹默、劉復、周作人等，在北京大學發起歌謠徵集運動，主要徵集民間創作的歌謠，並在1922年出版《歌謠週刊》，1924年成立「風俗調查會」，進一步開展民俗調查和研究。民歌作為民俗的代表，進入了研究者的「大雅之堂」，1926-1927年間，隨著北大部分教授受聘中山大學，該校很快成為中國民俗研究重鎮，代表人物有顧頡剛、鍾敬文等。在眾人的積極呼籲下，民俗研究中日益凸現出對於民眾的教育功能，「在三十年代，通過研究民俗而對民眾實施教育，幾乎成為民俗學界的共識。」[15]1929年，杭州市立民眾教育館在「西湖博覽會」上，館長劉大白在好友鍾敬文的建議下，該館除陳列典籍文物外，還陳列了不少民族民俗文物和民間藝術作品，一時引起「軒然大波」。[16]鍾敬文1930年轉入由孟憲承擔任校長的浙江省立民眾教育實驗學校任教，並擔任該校附設的民眾教育館館刊《民眾教育季刊》主編。以此為起點，徵集民歌成為不少民眾教育館的經常事業，而各館出版的刊物上各類民俗研究文章大量出現。

　　1933年，鍾敬文還專門為《民眾教育季刊》3卷1期組織編輯「民間文學專號」，並親自撰文，強調民間文學研

---

[15] 趙世瑜著：《眼光向下的革命──中國現代民俗學思想史論（1918-1937）》，北京師範大學出版社1999年出版，第254頁。

[16] 鍾敬文：〈為西湖博覽會一部分的出品寫幾句說明〉，《民俗週刊》85期，1929。

究與民眾教育之間的密切關係，「在文化未開化或半開化的民眾當中，民間文學所盡的社會教育之功能是使人驚異的！現在從事於民眾教育工作的人，倘能夠多明瞭此種民間原有的教育工具，於實施新教育上絕不是沒有相當利益的。」[17]在此後的數十年來，鍾敬文對民間文化研究和民眾教育的關係形成了系統化、理論化的認識。首先，把教育僅理解為學校教育是狹義的、多少含有偏見的說法，人們在日常生活中「都有著受教育的機會——或者教育別人的機會。在那種社會裏，他們的禮儀、他們的習尚、他們的禁忌、他們的藝術，都是他們具體的教義和教材。」[18]其次，民眾教育者如果不能熟悉民眾的生活模式和民眾心理，民眾教育必然失敗。如果一個民眾教育者認為民眾生活只是一種簡單的東西，甚至對其漠然不視，其教育效果必然大打折扣。他指出，現在的民眾教育實踐和理論工作者，大多關注民眾經濟生活，甚少注意民眾文化，這樣的民眾教育作用是有限的。第三，他還指出，在利用民間文化進行教育時，對民間文化的內容和形式要注意「交替」和「相承」的辯證關係，要注意「辨別棄取」，「因為交替是打破沉滯，而相承則豐富未來。」他認為利用民眾自有的文化傳統，更有利於動員民眾、提高民眾投身社會改造的自覺性。[19]在鍾敬文引領下，風天鳥、閻哲吾等人對民歌、話本、鼓詞及地方戲等與民眾教育之間的關係，進行了廣泛的探討。

[17] 鍾敬文：〈民間文學與民眾教育〉，《民眾教育季刊》第3卷1號，1933-1。
[18] 鍾敬文：《民間文藝談藪》，湖南人民出版社1981年版，第252頁。
[19] 趙世瑜：〈鍾敬文、民俗學與民眾教育〉，《北京師範大學學報》2002(2)。

由於鍾敬文等人對於民間藝術的教育功能的強調，此後幾年中，各地民眾教育館刊物上刊登了大量民間藝術與民眾教育主題的文章，如山東省立民眾教育館主辦的《民眾週刊》上，僅1933一年內就先後6次刊發相關專號，[20]對濟南風土、廟會、婚喪風俗做了深入探索。該館還收集地方民間藝術品，並在館內公開陳列、展覽，在1933年民間藝術展覽中展出一副「鍾馗嫁妹」水墨畫，畫工精緻，栩栩如生，吸引了不少附近農民前來觀看。[21]陝西省立民眾教育館在1933-1935年舊曆年期間數次公開展覽楊柳青年畫，也吸引了不少民眾。

圖5-3　山東民眾教育館年俗展覽會內景之一

資料來源：《山東民眾教育月刊》，第3卷2期。

　　「民不好書，獨好觀劇」。為了吸引並進一步發揚「國粹」，青島市立民眾教育館組建「國劇社」，並結合該館電

---

[20]　《民眾週刊》中所刊專號名稱及卷號：濟南風土專號，第四卷44期；山東廟會專號，第5卷13、14期合刊；民間娛樂專號，第五卷30期；山東婚禮專號，第5卷40期；山東喪禮專號，第5卷41期。

[21]　山東省立民眾教育館：〈二十二年度館區工作專號 編輯工作〉，《山東民眾教育月刊》第5卷8期。

臺播放了大量戲劇節目；青島滄口民眾教育也成立了以演出文藝節目為主的「民樂社」，經常組織、排演各種文藝節目巡迴演出。1935年，青島特別市政府明確要求這兩個社團，「按期至鄉區村鎮演唱各種忠孝仁義及有益社會風俗之戲劇，使民眾一面增進正當娛樂，一面耳濡目染養成淳正之風尚」。[22]山東省立民眾教育館成立了劇團，在1934年8月至次年3月，先後公演了19次，每次2-3場不等；並舉辦「巡迴演劇」事業，「足跡所至，有七八十縣，經過的農村也在二百個以上」，[23]豐富了當地民眾的文藝生活。

表5-1　山東省立民眾教育館戲劇班公演劇目一覽表
（1934-1935）

公演場次	劇目	日期
一	愛的教育、姊妹花、爸爸、寄生草、回家以後	8月27-29，9月1日
二	闊人的孝道	9月9-10日
三	一致、醉鬼、湖上的悲劇、賣國童子	9月15、16兩晚
四	壓迫、回家以後、強盜、船上一童子	9月24、25兩晚
五	瞎了一雙眼，母性之光，啞妻，垃圾箱，買賣	10月27、28兩晚
六	放下你的鞭子、迷眼的沙子、瞎了一雙眼	11月24、25兩晚
七	好兒子、第五號病室	11月1日晚、2日日場
八	闊人的孝道、道德騙子、同情	11月8、9日晚
九	風水、寄生草	12月15、16兩晚
十	啞妻、月亮上升、誰是朋友	12月22、23，兩晚
十一	壓迫、紀念碑、威尼斯的商人	1934年12月29-31晚；1935年元旦晚
十二	少奶奶的扇子	1935年1月19、20日兩晚
十三	威尼斯的商人	2月4-6晚
十四	藝術家、迷眼的沙子	2月7、8兩晚
十五	少奶奶的扇子	2月9、10兩日

---

[22] 青島市立民眾教育館編印：《青島市立民眾教育館概況》，1937年自行刊印。

[23] 閻哲吾：〈走向「民眾讀物戲曲化」之路〉，《山東民眾教育月刊》，第7卷9期。

十六	撫兒難、阿Q正傳	2月11-13晚
十七	兩面人、一片愛國心	2月14、15兩晚
十八	買賣、牛	3月8、9兩晚
十九	最後一計、最後的擁抱、最後的呼聲	3月16、17兩晚

資料來源：閻哲吾：〈走向「民眾讀物戲曲化」之路〉，載《山東民眾教育月刊》，第7卷9期。

　　茶館是南方民眾所熟悉的民間娛樂場所，是「擺龍門陣」的地方，也是不良嗜好形成的場所。民眾教育館為了加強茶館教育功能，或直接設立民眾茶園，或將普通茶館人員加以培訓，設為特約茶園。一般來講，民眾茶園大多以「利用民眾閒暇生活，由娛樂入手，以達提高民眾智識技能，改良民眾生活」為宗旨，[24]茶水或免費或低價出售，內部組織設有書報部和娛樂部，書報部陳列許多書籍，雜誌、報紙供民眾閱覽，娛樂部則設置絲竹琴棋等類，有工作人員加以指導，以便民眾在娛樂中接受教育。黃巷民眾教育實驗區，在「農民教育館近日在新街新樓下開設了一所『父老茶園』，你想許多父老，聚在一起，捻鬚把杯，共話桑麻，是何等的氣勢」。[25]青浦縣農民教育館附設的民眾茶園，「每日上午八時開放，茶價每壺銅元四枚，上午由本館職員與茶客作談話，下午實施教育活動，如說書、開留聲唱片、時事報告、農事講演等，附設問事處，以便農民隨時詢問」。[26]當然，茶園作為民眾休閒的地方，自由愜意是最重要的前提。由於

---

[24] 這一點可以從民眾茶園的對聯中窺出設立的初衷，「打破舊迷信，改良舊習慣，通俗講演開社教第一先聲；灌輸新學說，促進新文明，訓政始基早完成國民革命」，「吃飽菜湯麥飯，且來下一盤棋，談一會天；歇了犁耙鋤頭，盡可識幾個字，看幾張報」，「聽聽書，看看報，受民眾教育；喝喝茶，著著棋，是正當休閒」詳見鳳天鳥：〈民眾茶園之理論與實際〉，《教育與民眾》第2卷第7期。

[25] 沙居易：〈一個新的鄉村系統的實驗〉，《教育與民眾》第6卷1期。

[26] 黃貽燕：〈青浦縣農民教育館概況〉，《教育與民眾》第2卷8期。

圖5-4　江蘇省立教育學院附設農民教育館的中心茶園

資料來源：《教育與民眾》，第1卷2號。

民眾茶園「束縛頗多」，如看報要登記，要遭受講演的鼓
噪，違反當地的風俗等原因，民眾並不青睞「這種不要錢的
去處」。[27]閭哲吾對此種情況作過專門分析：「書詞員在茶
園中演唱書詞，大半是為人們消遣的，觀眾們也是花錢取樂
的，不是花錢買教訓的。」[28]提醒民眾教育館開辦此項事業
時要多加籌畫，注意「娛樂與教育」關係的平衡。

　　一般民眾因識字不多，常見的休閒娛樂是到茶園聽書，
民眾關於各種常識常是從說書人處獲得。當時，寄寓於茶館
等娛樂場所的說書人「一方面因說書技術之精，頗能吸引一
般聽眾，而另一方面其演說材料之通俗，一般聽眾之心理未

[27] 黃文英：〈吳縣民眾教育現況之一瞥〉，《教育與民眾》第1卷9期。
[28] 閭哲吾：〈走向「民眾讀物戲曲化」之路〉，《山東民眾教育月刊》，第7
卷9期。

有不受薰陶，潛移默化，影響甚大」，比民眾教育館專職演講員有許多優勢，但他們的說本多屬於舊時說本，大多是封建倫理綱常、穢淫低俗的內容，不合時代需求，於是各地民眾教育館先後舉辦各種說書人訓練班，使之能成為民眾教育的助力。如江西省立民眾教育館在1935年舉行說書人訓練班，其培養目標有四：（1）民族意識的培養；（2）科學意識的灌輸；（3）說書技能之增進（授幻燈等方法的應有技術）；（4）生活習慣之改進。其訓練課程分為五類，三民主義、精神講話、說書材料研究、說書技術研究及社會常識。同時民眾教育館還審查舊說本，為受訓學員提供新材料，如「胡阿毛、新生活、史可法、鄭成功、大戰喜峰口、戚繼光、國難記、義民王大刀」等歷史和時政材料。[29]山西省立民眾教育館把民間藝人組織起來，成立了說書社，進行說書的理論和實踐練習。

圖5-5　山西民眾教育館成立說書社合影（1936年）

資料來源：載《山西民眾教育》，第3卷3期。

---

[29]　《江西省立民眾教育館設施概況》，江西省立民眾教育館1937年出版，第29-30頁。

改良說書經常在民眾茶園中進行，使民眾於休閒中得到教育。「選擇有興趣有解決問題意義的體裁做材料，結果要使民眾獲得教育的興趣，發生教育的要求」。[30]黃巷實驗區民眾茶園對說書材料進行了加工，在說書過程中注重插科打諢，藉以傳遞教育用意，如說到帝王的炫耀暴虐，便說明專制的罪惡；說到貪官污吏的壓迫，便說明民眾制度的好處。改良後的黃巷實驗區民眾茶園民眾「不但喜歡聽歷史故事，也已喜歡聽時事消息了，自去年九一八事件發生後，他們天天要問東北的消息，而且願意暫停工作，排隊到縣黨部請願，比三年前不問政治的態度已大不同了」。[31]

民眾教育館還附設了代筆處、問字處，免費為不識字民眾寫信、寫契約、讀信等。因為，在農民看來，「真正農村農民，不需要識字。種田是不需要讀書的，從古到今，農民都是不讀書的，也能照樣生活。他們通年不寫一封信，寫了信，還要花郵票。有特別事情，請別人代寫一下即可。由此看來，一方面農民無讀書機會，一方面又不感覺需要。」[32]民眾心理的改變需要一個長時段歷程，民眾教育館根據社會實際，附設的代筆處、問字處得到附近民眾認可。此外，不少民眾教育館還對鄉村塾師進行培訓，並借助他們來推行民眾教育。如山東省曆城縣民眾教育館，「利用冬季農暇舉辦民眾學校七處，由本館已訓練之塾師充任教員，實驗自編補充教材，注重民族意識、灌輸防空避毒等常

---

[30] 張耿西：〈社會式的民眾教育機關之綜合研究〉，《教育與民眾》第2卷第2期。

[31] 甘導伯：〈三年來之黃巷實驗區〉，《教育與民眾》第3卷第9、10合刊。

[32] 周葆儒：〈怎樣訓練民眾〉，《山東民眾教育月刊》第7卷2期。

識。」[33]從民眾學校教育內容看，塾師顯然已經掌握了不少現代知識。

不少民眾教育館設在文廟原址，文廟的一些文化功能也被民教館延續下來，不少民教館延秉「有教無類」的孔門教諭，如山西省立民眾教育館假文廟設館，先後數年借孔子誕辰紀念日，聯合宗聖會、洗心社、道德學社、紅十字會等組織，舉行萬人規模的「孔子誕辰紀念大會」，省主席閻錫山每次均派個人代表蒞臨負責「主祭」，省政府為此還專門發布通告，「放假一天」，號召社會各界「踴躍參加」：

> 為通告事：查本月二十日，為先師孔子誕辰紀念日，茲定於是日上午八時，在府文廟（民眾教育館）召集各界舉行孔子誕辰紀念大會，本省黨政軍警機關、各學校、各團體，屆時前往參加，共同紀念；並遵照規定，於是日休假一日，各界一律懸掛黨國旗幟志慶為要。特此通告。

紀念大會設於本館中院大成殿前，搭就彩棚一座，上書「太原市先師孔子紀念大會」十一個大字，棚前演台一座，棚之兩旁有各長官席，棚前為各機關代表席，再前（大院內）則為各學校出席人員席。大成殿內，滿設一切祭品。本館門首，更張燈結綵，佈置一新。上官巷西口，定為各級人員進口處，亦搭有彩牌樓一座。八月二十七日上午八時，到閻主任代表陳受中，趙主席，綏署參議李慶芳，省府委員邱

---

33 〈本區各縣民眾教育館二十四年度工作計畫〉，《山東民眾教育月刊》第7卷2期。

圖5-6　山西省立民眾教育館舉行孔子誕辰大會情形（1935年）

資料來源：《山西民眾教育》，第2卷5、6期合刊。

仰濬、王平，秘書長王謙，主張公道團總團部代表馮司直、
薄毓相，名流徐一清、狄樓海等，及軍政學各機關、各團
體、各學校出席人員共計一萬餘人。由閻主任代表陳受中主
祭，行禮如儀後，即由陳氏報告紀念孔子意義，次由趙主席
講演，……省府委員邱仰濬提出三個口號：「紀念孔子要自
強不息！紀念孔子要人人負責救國！紀念孔子要打倒不合理
的生活！」全體一致高喊，至為熱烈。[34]

　　不難看出，山西省立民眾教育館舉行孔子誕辰紀念大
會，結合了近代中國的社會需求，口號也與時俱進，變為
「自強不息」等時代內容，儀式程式中有「向黨國旗總理遺
像和孔子遺像行三鞠躬禮；主席恭讀總理遺囑」等內容[35]。
亦有民眾教育館直接延續文廟「祭孔」功能，堅持採用傳統
儀式來安排「行禮如儀」，如雲南省立昆華民眾教育館位於
昆華五華山南麓的文廟內，祭孔是該館館務之一，萬吉安也
正是憑藉熟悉祭孔禮儀成為了一名正式的民眾教育館職員。

[34] 趙會彩：〈本館舉行孔子誕辰紀念大會盛況〉，載《山西民眾教育》，第3
　　卷5、6期合刊。
[35] 〈本館舉行孔子誕辰紀念大會紀詳〉，載《山西省立民眾教育館月刊》，
　　第2卷5、6期合刊。

文廟每年農曆8月27日舉行祭孔，唐繼堯、顧品珍主
滇政時，唐、顧為主祭，雲南省文武高級官員暨昆明
名流陳榮昌、明倫學社社長王玉麟作為陪祭。……在
祭孔時，兩旁有禮生若干人，戴著黑方帽，穿著黑寬
邊大領藍色禮服，吹笙、擊鼓、彈琴、鼓瑟，邊唱邊
舞，配合祭禮，聲勢壯觀。民教館承襲文廟舊址，祭
孔也成為館務之一。……祭孔的儀仗、服裝、古樂器
保管人萬吉安先生是子承父業，他是唯一熟悉祭孔禮
儀的人，平時在民眾教育館的圖書館工作。[36]

　　總之，民眾教育館作為政府和知識精英深入鄉村社會
的一個平臺，在改造社會、重建鄉村的過程中，政府和知識
份子必須面對鄉村社會的現實，盡可能採用民眾熟悉的方
式和相似內容，促使民眾能將已有知識「正向遷移」到新
知識中去，使民眾教育館能成為廣大鄉民可以接收的社會機
關，成為鄉村社會的組織者、推動者，成為鄉村社會改造的
中心。

三、民眾教育館與現代化知識體系引介

　　誠如前文所講，民眾教育館是在西學東漸、中西文化交
流碰撞的背景下發展的，承載著國民政府從傳統國家向近代
國家轉型的任務，民眾教育館在鄉村社會的事業發展，必然
伴隨著對西方模式的近代化知識引介。

---

[36] 李適生：〈回憶昆華民眾教育館〉，雲南省昆明市盤龍區委員會文史資料委
員會編：《昆明市盤龍區文史資料選輯 第3輯》，1988年自刊，第74頁。

民眾教育館出版、發行刊物是秉承近代民報辦理精神，是民眾教育「喚起民眾」的一種利器。從中國報刊歷史發展來看，儘管官報、邸報已有千年傳統，但近代報刊勃興仍然是西方「言論自由」、「個性解放」國民權利影響所致。甲午戰後，民間競相辦理報刊，興起了辦報興學的熱潮。與官報、外報不同，民報辦理者大多心繫國運，期冀借助報刊以喚醒國人。康有為、梁啟超等維新人士創辦的《強學報》、《新民叢報》以通俗易懂的語言，介紹新學，鼓吹變法，在社會上造成極大影響。其後，資產階級革命報刊《民報》、《蘇報》對社會啟蒙同樣重視，對革命思想的傳播、激發民族熱情起到了巨大的推動作用，「革命成功，革命軍隊之功半，報紙宣傳之功半」。[37]正是在這種理念支持下，民眾教育館將編輯出版作為館內重要事業，總體看來，一些有條件的省立民眾教育館自行出版了民眾教育叢書，如山東省立民眾教育館、廣東省立民眾教育館等，各地民眾教育館創辦的刊物主要有報紙、期刊兩類。以江蘇省立鎮江民眾教育館1930-1933年出版刊物為例：

表5-2　江蘇省立鎮江民眾教育館出版刊物一覽

類別＼年度	1930	1931	1932	1933
民眾教育通訊月刊	一卷1-4.5期	一卷6期-二卷4.5期	二卷6期-三卷4.5期	三卷2期-四卷4.5期
民間旬刊*	1-28期	29-48期		
民間畫報*	1-17期	18-25期	26-32期	33-34期
民教實施叢刊*	流動教學代筆處和問字處民眾學校實施法			

[37] 鄒魯著：《中國國民黨史稿》，臺灣商務印書館1970年版，第502頁。

民眾小叢書（甲種）	中國現行的行政組織 日常生活 日常事務的奇妙 良鄉栗子 民間新事記 流行性脊髓膜炎 生物的誤解與辯正	生物的誤解與辯正（中卷） 生物的誤解與辯正（下卷） 日常事物的奇妙續編	農田車水機* 民族自衛常識 夏天的衛生	
民眾小叢書（乙種）	新年聯語 注音符號淺說 夏天的生活* 到養雞村去	民間傳說 日用品製造法 瀋陽城與亡國慘 民族之光 新生活運動	一年來東北血痕* 築路須知	
說唱鼓詞*	愚昧的下場 書攤的老闆 可憐的齡兒 靠天吃飯 福壽康寧勸世文			
民眾曲調*	識字歌 四戒歌 廿四節氣歌 造林歌 築路景 築路歌 夏令衛生歌			
民眾畫冊*	阿寶的爸爸 朱老二			
輔導叢刊				電影教育實施法
民眾文藝叢書				臥薪嚐膽
其他重要刊物	小學校推行民眾教育之方法 本館贊行規程彙編	江蘇省會中等學校概況及二十年度入學試題 民國二十年至民眾教育		電影教育的實際與實施 江蘇的民眾教育館 新生活運動 本館現行規程彙編

說明：1、凡帶「*」為已售缺之刊物、書籍。

2、凡篇幅較小之宣稿品，歷年編印甚多，概為列入。

資料來源：江蘇省立鎮江民眾教育館編：《四年來之江蘇省立鎮江民眾教育館》，第71-72頁。

在近代中國，大多教育思潮多是一邊實踐，一邊構建本土化的理論體系，民眾教育亦不例外。一些有條件的省立民眾教育館，支持館員在工作實踐或大規模社會調查基礎上，出版專著或系列叢書，努力構建民眾教育的理論體系。如宗秉新在江蘇省立鎮江民眾教育館支持下，對全省61縣縣立民眾教育館進行了詳細調查，其成果《江蘇省各縣民眾教育館》被列入民眾教育叢書之一，由省立鎮江民眾教育館出版；山東省立民眾教育館在著名教育家董渭川帶領下，先後出版了6輯《化裝講演詞》，並出版《民眾教育館實施方法》、《歐洲民眾教育概觀》等書籍。廣東省立民眾教育館先後出版了「廣東省立民眾教育館民眾教育叢書甲種、乙種」，黃裳的《民眾學校概論》、《民眾學校招生暨留生問題研究》、王衍孔的《民眾教育的理論基礎》等影響很大的書籍都赫然在冊。雲南昆華民眾教育館館長周雲蒼、陳振之等人編輯出版的《雲南邊地教育之研究》（上、下冊），近70萬字，是較早研究邊疆教育的專業書籍。

民眾教育館辦理報紙的初衷，是「為使民眾對於時事及一般日常生活有正確認識及必要之常識，必須加以經常之指導，以期不斷深入，於薰陶漸染之中，獲得良好之習慣，同時與本館之活動事業相輔並行，而收宣傳之效」。[38]由此可見，普及常識和宣傳民眾教育館事業是其辦報的兩大目的。閱讀對象主要是轄區民眾，鑒於民眾不識字或識字不多，多採取通俗直白的白話文，並配置大量圖畫加入輔助說明，還出版以圖畫為主的畫報。據統計，在當時各地民眾教育館

---

[38] 安徽省立第二民眾教育館編：《安徽省立第二民眾教育館概況》，1936年自刊。

連續出版並擁有一定發行量的有《湖南通俗日報》（湖南省立長沙民眾教育館編輯出版）、《民眾旬報》（河北省立保定民眾教育館編輯出版）、《民眾畫報》（天津市立民眾教育館編輯出版）、《新民畫報》（雲南省立昆華民眾教育館編輯出版）等17種，其中報紙12種，畫報5種。[39]在這些報刊中，以《湖南通俗日報》出版時間最長，且基本保證連續出版，社會影響也最大，特別是段輔堯接任館長後，聘請專人編輯，對內容進行改版擴充，刊登大量近代衛生、科學知識，並配插大量圖片，得到民眾的普遍歡迎，截止1937年5月，該報「銷售過萬，普遍省縣城鄉」，其中有615份遠銷江西、山東、福建、河北、雲南、香港等18個省份。在訂閱戶中，鄉村的私人訂閱占4%。該報社會影響日大，長沙本地人多把民眾教育館稱呼為「通俗報館」。教育部特向湖南省立長沙民眾教育館發布「獎許」，表彰該館顯著的辦報成績，稱讚該報「適合民眾閱讀，有助民教推廣。」[40]各地民眾教育館辦理的報紙，儘管下層民眾真正訂閱者不多，但這些報紙，是以他們為專門對象來創辦，從內容上講，在貼近當地民眾生活基礎上，用通俗易懂的語言向民眾傳遞現代化的政治、經濟以及文化、衛生等基本常識，從體裁來講，各種民間藝術形式，如蓮花落、大鼓詞、竹枝詞等都「借殼重生」，傳播了現代國民常識、思想價值觀念，對民眾啟蒙意義非同小可。

---

[39] 全國圖書館聯合目錄編輯組編：《1883-1949年全國中文期刊聯合目錄》，書目文獻出版社1981年出版。

[40] 湖南省立民眾教育館編：《湖南省立民眾教育館概況》，1938年自刊，第1-2、68-71頁。

圖5-7　山西省立民眾教育館農建區小學教員暑假講學會開幕紀念

資料來源：《山西民眾教育》，第3卷4期。

　　編輯發行帶有學術意味的期刊，也是不少民眾教育館的重頭戲。這些期刊以「闡發民眾教育，研究民眾教育學術」為主旨，除刊登本館工作概況外，還刊登大量探索民眾教育理論及實踐文章，以期引起政府、學術界和社會人士對民眾教育事業及民眾教育館本身工作的興趣、理解和支持，當然，在眾多民眾教育館創辦的期刊中，只有少數有影響力的期刊才能做到「研究學術」，大部分基本上是紀錄本館或其他民眾教育館在一段時間開展的各項活動，講解一些國民常識等。據不完全統計，當時國內能連續出版、且又具有一定內容的民眾教育館期刊多達百餘種，因為都以民眾教育為主要內容，各地民教館重名頗多。如以《民眾教育月刊》為名的有山東省立民眾教育館、長沙市立民眾教育館、安徽省立安慶民眾教育館、吉林省立民眾教育館、安徽蚌埠省立第三民眾教育館等8家，以《民眾教育季刊》為名的有江蘇省立南京民眾教育館、江西省立民眾教育館、浙江建德縣立民眾教育館、湖南醴陵省立第三民眾教育館、福建省立民眾教育館等5家，《民教通訊》有貴州省立遵義民眾教育館、江蘇省立通民眾教育

圖5-8　山東省民眾教育館聯合會第一屆年會代表合影

館等4家，如此等等。其中較有影響的有：山東、安徽省立民眾教育館辦理的《民眾教育月刊》；江蘇南京省立民眾教育館的《民眾教育季刊》、河北省立實驗城市民眾教育館《城市民教月刊》等。而且，不少民眾教育館還根據讀者對象和發行時段，一館辦理數種期刊，如福建省立福州民眾教育館辦有《民眾與教育》、《民眾教育研究》和《福建民眾教育季刊》等，一些偏遠地區的民眾教育館也開始創辦期刊，如四川北川縣縣立民眾教育館辦有《民教通訊》等。這些刊物基本上是公開出版、發行，成為社會各界瞭解民眾教育的主要媒介。

　　當然，民眾教育館編輯出版報紙、期刊事業，也存在著不少問題。如創辦刊物過程中，滋生了競相攀比、爭慕虛榮的流弊。在當時，幾乎是每一個民眾教育館都要辦理一種或多種刊物，「不管經費如何困難，也要擠出錢來，來辦理這種門面上的事情」。[41]有人曾就辦刊目的調查了某省各縣民眾教育館，其中最普遍的回答便是「大家都辦刊物，並要求互換，你不辦不證明太無水準？」[42]人力、財力不足，

[41] 徐旭：〈省立民眾教育館的問題〉，《民眾教育季刊》（南京）第1卷1期，1932-7。
[42] 陳國貴：〈城市民教月刊 序言〉，《民眾教育》第5卷2期，1934-2。

就改半月刊為月刊、季刊，如江蘇南京省立民眾教育館就在1932年將《民眾教育月刊》改為《民眾教育季刊》，經費、人才兩便的省立民眾教育館尚且如此，那些縣立民眾教育館可想而知。

不少民眾教育館在佈置上也頗費心思，除去前文所講到館內各類展覽物品現代化的「物化語言」外，館舍佈置也在傳遞著一些現代化文化資訊。朗溪縣民眾教育館1927年成立，儘管是建在夫子廟內，但其佈置卻極為西化。

總之，在二十到三十年代，中國各類專業期刊蓬勃發展，就社會教育來講，民眾教育作為新興事業，民眾教育館編輯出版的大量專業或有專業傾向的期刊，不僅為民眾教育提供了一個宣傳、獲取社會支持的平臺，同時也是一個自身理論體系構建、知識交流傳播的通道，迅速引起學術界及社會人士的廣泛關注。從知識社會學角度看，這些期刊為民眾教育提供了一個不斷實踐、修改、完善的過程，為民眾教育（社會教育）專業化發展起到積極推動作用。

一些民眾教育館還利用電臺、收音機、電影等新媒介形式，宣傳、推廣國民常識，保留、整理和傳播了當地傳統文化。青島市立民眾教育館還設有專門電臺[43]，每天播音九小時，電臺的講演、戲劇和報告等節目，均由民眾教育館講演部來提供，經費開支由總務部負責。在晚七時起的「特別講演」時間，民眾教育館還聯合觀象臺、農林事務所、律師公

---

[43] 1933年6月，為了及時報導7月12-15日在青島舉行的第十七屆華北運動會，青島市政府假青島市朝城路7號的民眾教育館創辦了青島市無線廣播電臺，呼號為XTGM，頻率930千赫、900千赫，波長為247.93，發射功率為100瓦。運動會後，市政府將電臺交給民眾教育館，由其負責指揮監督。民眾教育館便借此在李村、滄口、九水、陰島和薛家島各鄉區建設辦事處，每處設收音機一架，以便宣傳社會教育之用。

會、工商學會、物產社等，向民眾傳遞科學、農林、法律、工商等常識，播放平劇或鼓書等。民眾教育館除去自身宣傳外，還借助《青島時報》來刊登廣告，擴大宣傳，這種無線廣播對當地民眾影響甚大。

> 本市民眾教育館，為灌輸民眾學術知識，及明瞭國內外時事起見，特定於每日下午七時起至七十四十分，在該館無線電臺廣播各種常識講演，及書詞京劇，以期普及民眾，講演節目及擔任者分志如下：觀象臺科學常識，事務所農林常識，工商學會工商及漁業常識，其家庭及國內外時事，由該館擔任。[44]
>
> ……民教館廣播電臺，前曾函請本市各機關及聞人擔任講演。最近講演者有農林事務所周科長，律師公會陳曲兩律師，觀象臺及工商學會，下週亦派員前往講演。[45]

二十世紀三十年代的青島商業發達，形成了著名的中山路商業街、聊城路日本商業街、館陶路金融街等商業街區，其「繁華景況，不亞上海」，週一至週六期間，在上午120分鐘的播音中，商業廣告占了90分鐘，成了民眾教育館電臺播音的主要內容。表5-2中顯示，除去廣告，本地氣象、本市行情，本地新聞、常識講演和娛樂（唱片、戲劇、大鼓、書詞）等共同構成了電臺的播音主體，節目內容豐富，為民眾（特別是鄉村民眾）提供了接收現代文明的一個渠道。

44　《教育館無線電廣播常識──每晚七時起》，《青島時報》1934-10-6
45　青島市立民眾教育館編印：《民教週刊》，1934-10-26。

表5-3　青島市立民眾教育館廣播電臺節目時間表

播音時段		起訖時間		節目
		播音時間	播音時長（分鐘）	
週一至週六	12:00-14:00	12:00-12:10	10	報告本地氣象
		12:10-12:20	10	本市行情
		12:20-13:50	90	商業廣告
		13:50-14:00	10	唱片
	14:00-17:00	休息		
	17:00-20:00	17:00-17:40	40	各機關行政報告
		17:40-17:50	10	唱片
		17:50-18:10	20	本市教育消息
		18:10-18:20	10	本館消息
		18:20-18:30	10	唱片
		18:30-19:00	30	書詞或音樂（週二國樂，週五西樂）
		19:00-19:30	30	各種常識講演或中小學學生唱歌
		19:30-19:40	10	唱片
		19:40-20:00	20	本市新聞及預報節目
週日	12:00-13:00	12:00-12:10	10	報時及本地氣象
		12:10-12:15	5	唱片
		12:15-12:25	10	本市行情
		12:25-13:00	35	商業廣告及唱片
	19:00-21:00	19:00-19:30	30	唱片
		19:30-21:00	90	特別節目（戲劇、音樂、大鼓、書詞）

資料來源：《關於播音講演》，32-1-591（全宗號－目錄號－案卷號），
青島市檔案館藏。

　　郎溪縣立民眾教育館「走廊前掛有一隻白色擴音器，直徑約20公分，留聲機放在室內，通過它播放唱片，聲音響亮。這在郎溪縣是從未見過的，甚覺稀罕，群眾紛紛前來看個究竟。[46]1934年福建省立民眾教育館還拍攝電影，

---

[46] 倪光輝：〈郎溪縣民眾教育館及其活動的概況〉，中國人民政治協商會議郎溪縣委員會：《朗溪文史資料 第2輯》，1989年自刊，第104頁。

聘請名武生趙長順、名家林趕山等飾演岳飛、岳雲,拍攝無聲電影《岳飛》,這是閩劇首次搬上銀幕,影片流傳到海內外。

一些資源豐富的民眾教育館開辦了各種培訓班,培養了一大批專業人才,對新中國建設發揮了積極作用。如山東民眾教育館先後設立過講演員訓練班、注音符號研修班、戲劇學習班等,著名表演藝術家陶金就在1934年1月,參加了該館附設的戲劇班學習戲劇,畢業後留在館內戲劇班任教,由此走上了藝術生活的道路。

為了推動社會教育切實有效進行,為事業發展尋找志同道合的朋輩,以便能「同聲相應、同氣相求」,不少民眾教育館還專門成立帶有研究性的社團,如民眾教育研究會、民眾教育推廣委員會等,如山西省立民眾教育館1933年10月成立戲劇研究會,會員大部分是省立師範學校、中學等愛好戲劇的學生,研究會以「研究改進戲劇及覺醒民眾」為宗旨,除去研究戲劇理論和表演技藝外,每逢大型節日便以民眾教育館的名義組織進行話劇公演,每星期進行一次化裝講演。[47]此外,為了實現以社會教育促進學校教育的目的,促進小學教育師資的培養和提高,該館1936年成立了農村建設區小學教育促進會、農村建設區小學教員暑期講學會,「以改進農村小學教育,協助農村建設」,聘請專家,開設兒童心理、學校行政、教學法、管理法、民眾教育、農村建設等課程,並就一些教學實際問題(如小學背誦與默寫以何者為最適應、如何制止學生翹課)等

---

[47] 何善琦:〈一年來之戲劇研究會〉,載《山西省立民眾教育館月刊》,第1卷7期。

共同研討，受訓教員感覺「教育理論和管理方法均有提高」，[48]頗有實效。

　　山東省立民眾教育館為了聯合同道共同研究民眾教育館事業發展，特於1933年成立山東民眾教育館聯合會並召開第一屆年會，該館還特別刊行《山東省民眾教育館聯合會第一屆年會報告》專刊：

> 民教系新興事業，無成規可循，各館自行探索前進，時常會感到閉門造車，毫無把握的困難，此其一。一縣只有一館，人力財力均屬有限。今以推進全縣社會教育的重任加在身上，其步驟如何，方法如何，乃急待解決之問題，此其二。有好些事情，各館無力單獨舉辦，聯合他館分工合作，便事半功倍，輕而易舉；例如，實驗某一種方法或教材，編印各縣共同需要的民眾讀物，舉辦某種東西的巡迴展覽，勢非全省各館（或部分）合作不可，此其三。各館平日工作拘於一地，需要彼此參證商討之處頗多，然而時間與經濟皆受限制，難有旅行參觀之方便，尤無聚全省民教工作人員於一堂共同切磋之機會，此其四。聯合會之應運而生，又為了適應這種客觀事實之需要。[49]

[48] 房立磐：〈本館農建區小學教育協進會之成立〉，載《山西民眾教育》，第3卷2期；〈農建區小學教員暑期講學會概況〉，載《山西民眾教育》，第3卷4期。

[49] 本刊編輯部：〈山東省民眾教育館聯合會第一屆年會報告〉，載《山東民眾教育月刊》，第4卷4期。

表5-4　山東省民眾教育聯合會提案、決案一覽

組別	類別	提案數	決議件數	組別	類別	提案數	決議件數
1	組織及行政	23	14	7	宣傳活動	10	5
2	經費	37	6		民眾健康	6	3
3	員工待遇	15	5		閱覽陳列	7	4
4	民眾學校	18	4		設備	6	1
5	工作計畫	6	3	8	人才培養	11	1
	實驗事業	8	1		本會工作	4	1
6	民眾讀物	19	3	合計	14類		52
	改良戲劇	6	1				

資料來源：本刊編輯部：〈山東省民眾教育館聯合會第一屆年會報告〉，
　　　　　載《山東民眾教育月刊》，第4卷4期。

　　山東省民眾教育館聯合會第一屆年會的舉辦得到省政
府、教育廳的支持，在會議召開期間，省黨部、教育廳先後
召開茶話會，宴請與會代表。省黨部委員趙偉民致辭：「民
教工作是黨的最下層的工作，要黨的主義實現，必先從民教
入手」，高度肯定了聯合會年會的意義。與會代表分為8個
小組，經過三天的充分討論，最終形成決議案14類52件並
呈交教育廳，內容涉及到民眾教育館的組織與行政、經費、
員工待遇、實驗事業等諸多方面，與會代表均表示「收穫頗
豐」。

　　西方國家現代化道路經驗表明，「現代化的發展，必
須依靠人來傳承、發展和運作，現代化的目標、任務和體
制都是靠人來制定完成的，人的素質高低對於現代化的發
展起著決定性的影響。」[50]而近代中國要實現現代化道路，
不僅是城鄉部分社會精英的現代化，還應該包括廣大普通民

---

[50] 何一民：〈中國城市早期現代化問題探析〉，轉引自毛文君：《近代中國
　　（1911-1937）城市民眾教育館述論》四川大學2002年碩士學位論文，第
　　60頁。

眾的現代化，而這種現代化，不僅是文化教育水平的提高，還包括政治、經濟、衛生、科學以及娛樂、休閒等多方面整體素質的提升。這一點，僅靠學校教育遠遠難以完成，即便時至今日還是一個重要的、亟待解決的問題。近代社會教育，特別是民眾教育館的事業拓展，以教育改造為入口，進行了積極的、有意義的探索。如河北省立實驗城市民眾教育館招收附近農民，開辦民眾學校，宣傳不識字之苦，進行補習教育，畢業生中有一通縣小商販，體會到讀書識字的好處，他為了激勵同學繼續進修，鞏固學習成果，「特向教育館借來各種書籍若干種，不惜冒寒暑遊行，專供讀者（同人）借閱，稍分個人買賣光陰，實行長期流動工作。」[51]正如王銘銘所指出的，近代義務教育制度並沒有能夠有效地將孩子從家長、宗族控制中獨立出來，沒有能力使鄉村學校從鄉村社區的控制之中獨立出來，沒有能夠成功地將社區孩子抽離出具體情境，納入到現代社會的「抽象體系」中[52]那樣，民眾教育館興辦的各種補習教育、民眾學校、合作教育、保甲教育、運動會、民眾診所、民眾茶園等等事業，同樣不能將民眾從鄉土、宗族控制中獨立出來，更不能成功將曾接受社會教育的民眾抽離出鄉村，但在無形中，潛移默化的為民眾氤氳著現代化知識的氛圍，為近代中國現代化積蓄著力量。

需要說明的是，筆者之所以在上文採取傳統——現代兩個層面來分析民眾教育館的歷史地位，僅是為了書寫上的便

---

[51] 李增榮：〈代辦流動書車宣言〉，《市民》第1卷10期，1935-5。

[52] 王銘銘：〈教育空間的現代性與民間觀念——閩台三村初等教育的歷史軌跡〉，《社會學研究》，1999(06)。

利。從民眾教育館性質來講，很難將其納入傳統——近代二元理論分析架構下，也不能簡單列入近代化理論中去分析。因為它對傳統學校社會功能的繼承和改造，對近代教育實用精神的本土化運用，都是對學界習以為常的現代化理論模式的一種挑戰。而且，在實踐中，這兩者是交互糾纏，難以明確劃分「此疆彼界」，如民間藝術整理，既是對傳統鄉村文化的傳承，將民俗和民眾教育結合起來；同時，它也是對現代知識體系的引介，為從西方傳入中國的民俗學尋找到本土化生長土壤，並在此基礎上興起了中國民俗學研究。

四、民眾教育館與新農村建設組織構建

從前文敘述、分析來看，民眾教育館作為南京國民政府時期民眾教育運動的綜合機關，作為國家「強制」推進的一個組織依託，作為一個歷史存在，是國民政府探索鄉村社會的文化教育、政治和農業經濟全面改造的一條重要路徑，對鄉村教育提高和基層政治、農業生產的近代化應當說起到了一定的積極作用，也有其特有的制度缺陷和弊端。但這種嘗試式探索，對當今社會主義新農村改革有較強的借鑒意義。

在目前社會主義新農村建設中，存在著關於組織依託的爭論。新農村假設是在中央政府領導下，以「生產發展、生活寬裕、鄉風文明、村容整潔和管理民主」為目標，是一場政治、經濟、文化教育、衛生、社會保障、生態環境以及民風民俗等多方面改革的新農村運動。[53]當今對社會主義新農

---

[53] 邱曉華：〈關於社會主義新農村建設的幾個問題〉，《宏觀經濟管理》2006(3)。

村建設的討論相當活躍，既有各級政府官員的政策主張，也有學術界的理論構建；既有來自農村基層的新鮮實踐，又有國際經驗的比較研究，研究成果豐富。無論決策層、理論界還是基層實踐者，他們都認為社會主義新農村建設涉及領域寬、範圍廣，要完成這樣一個涵蓋政治、經濟、文化教育等方面的系統工程，必須有一個強有力的組織依託。但在考慮哪種組織能夠擔當新農村建設重任時，出現兩派主張，一派堅持以農民合作社、「農協」「農會」作為新農村建設的組織依託、以溫鐵軍、曹錦清等人為代表；另一派以賀雪峰、鬱建興為代表，主張新農村建設必須以強勁的鄉鎮基層政府為組織依託。[54]客觀地講，兩種主張都具有局部真理性，如果依託鄉鎮政府，分散的八、九億農民，二億多農戶，單靠行政力量的推動他們致富是不現實的，新農村建設要充分調動農民的積極性，農民應該是主角，基層政府和其他組織力量應該只是起輔助和促進作用，普遍建立農民合作組織作為依託不失為一種辦法。但是在市場經濟和農民自身資金不足的情況下，農民在經濟上合作的空間很小，合作成本高而收益低，農會、農協很難獨立支撐下去，難以給農民生產生活帶來大的改善，除極少數外，農民在經濟上的合作幾乎都不成功。況且，由於人口和資金緊張，鄉村弱勢群體基數很大，如果沒有一個強有力的國家力量支持，如果鄉鎮政府退出的話，必然跟進的是黑惡勢力，將會激化社會矛盾。

　　從根本上講，新農村建設是一個綜合工程，不僅僅在經濟方面，還包括基層政治民主、普及文化教育、醫療保健、環境營造和民風民俗等諸多方面。不管是靠鄉鎮政府還是農

---

[54] 朗秀雲：〈社會主義新農村建設若干分歧觀點綜述〉，《嶺南學刊》2007(1)。

民合作組織，都不是理想的新農村建設的組織依託。實際上，正如前文所指出的，民眾素質的整體提高是進行現代化的前提，現今農村現代化建設進程亦不例外。就整體情況，隨著九年義務教育的普及，農民文盲率已降到歷史最低，但初中及初中以下程度的農民比例高達87.8%，但這些學校教育知識在農村沒有多少「用武之地」。建設新農村所需要的知識儲備，仍然極為匱乏，據統計，我國農村勞動力中95%左右的人基本上還屬於體力型和傳統型農民，不具備現代生產、生活對民眾的初級要求，農民教育依然是新農村建設的時代呼喚和發展的瓶頸問題。[55]在這種情況下，就有必要尋找一個以解決農民教育為入口，融合政府權威和農民意願，能顧及到農村政治、經濟、衛生醫療、民風民俗等各方面的綜合機關，作為社會主義新農村的組織依託。由此，民眾教育館這個「歷史存在」也就自然浮出水面。

按照制度經濟學家諾斯「路徑依賴」理論[56]，一旦一種特定的發展軌跡建立以後，制度變遷很難輕易改變最初設定的路徑。按照諾斯的觀點，人們過去的選擇在很大的程度上可能會決定著他們現在或將來的選擇。也就是說，承擔「知識與教化」雙重功能的中國傳統學校教育體系和地方行政長官「牧民督教」傳統，確實影響了近代中國民眾教育的發展，民眾教育館積極實踐便是一個很好的嘗試，而這種受過

---

[55] 劉朝春：《農民教育：社會主義新農村建設的現實訴求與重要推力》，湖南師範大學2007年碩士學位論文，第26-35頁。

[56] 路徑依賴理論主要是指描述過去的制度對現在和將來所實施的制度、人們過去的行為對現在以及將來的行為產生影響的過程和機制，一種制度在外部偶爾性事件或隨機環境的影響下被社會採取，便會沿著一定的路徑演進。詳見胡海峰、李雯：〈對制度變遷理論兩種分析理路的互補性思考〉，《人文雜誌》2003(4)。

往歷史影響的「綜合機關」模式，又作為新的傳統和歷史因素，影響到人們對未來鄉村整體改革的決策和選擇。正如王炳照先生所指出的，「每當醞釀或推行新的教育變革時，人們往往會打開教育歷史遺產寶庫，獲取智慧，尋求啟迪和借鑒，並將前人的智慧和經驗，運用於教育變革的實踐中，在運用中進一步豐富和創新，而這進一步的豐富和創新，經過實踐的反覆檢驗，又逐漸沉澱和生成新的歷史優秀傳統。」[57]

實際上，本書之所以著力對近代中國民眾教育館進行探索，主要目的是在現實問題面前，打開歷史的遺產寶庫，試圖能翻檢出一些有用之物，能將前人的智慧和經驗細加體悟，並願意將所得一一敘述，以期能對新農村建設組織依託有一點借鑒。至於民眾教育館組織充當新農村建設組織依託會出現哪些新的問題，在解決過程中需要作哪些調整等理論研究，那將是筆者下一步的努力目標。

---

[57] 王炳照：〈書院精神的傳承和創新〉，《華東師大學報》（教育科學版）2008(02)。

結語

　　通過本書的分析，我們可以看到，面對國內軍閥割據及江西革命根據地的興起，南京國民政府第一目標便是恢復、穩固政治秩序，體制內的知識份子掀起的「以教育改造達社會改造」的民眾教育運動得到政府青睞，民眾教育館作為社會教育綜合機關，更是獲取了權威性資源。政府通過「行政力」推動、制度規約民眾教育館的首要目標，便是借助這個組織使國民黨政權滲入「鄉土社會」，抑制潛在的、反對勢力生長，贏得「政治支持最大化」。國民政府強制推行的民眾教育運動，既有掃除文盲、挽救農村教育破產的內容，又有出於政治、經濟上的需求；既有緩解民眾疾苦的一面，更有借此將國家意識向下擴散，增強民眾對民族──國家的「認同度」，穩固鄉村統治秩序的訴求。而且這些價值取向交織在一起，最終通過民眾教育的綜合機關實施中而外化出來，民眾教育館具有明顯「國家意志」的價值取向和政府意願。

　　在民眾教育內部管理問題上，歷來的研究者大多認為國民政府腐敗、難以對民眾教育經費來源、人員遴選、事業組織、績效評估等方面進行有力掌控，是一片「失序」狀態。但是，通過本書的大量實證研究和分析，我們可以看到，儘管民眾教育館內部管理存在這樣那樣的問題，但中央政府扮

演著「裁決者」角色，各級政府「庫款」和田捐一直是民眾教育館經費的主要來源，政府始終掌控並主導著民眾教育館關鍵人物（館長、主任）等具體安排、任免、調動權力，除去因形勢所迫，在少數具體問題安排上做出必要的妥協，國民政府一直致力於民眾教育館內部管理的規範化，制度化建設從未停歇。

以往研究中，學界關注較多的民眾教育館的事業開展。大部分研究者認為，民眾教育館在教育、城市等近代化方面有一定的推動作用，但效果甚微。而實際上，民眾教育館不僅僅在教育，而且在經濟方面（生計教育的多種嘗試）、政治教育（公民教育以及「抵禦外侮」的民族氣節）、科學知識普及，甚至在娛樂休閒、現代醫療等方面，都有極具開創性的嘗試。它的事業開展遠遠超出一個教育機關所承載的內容，是社會精英們「以教育改造達社會改造」的一個縮影，一個典範。

實際上，晚清以降，中國的教育體系是基於解決近代中國社會問題需要建立和發展的。民眾教育興起之初，便以「以教育改造達成社會改造」作為自己責無旁貸的歷史責任。就其教育改造來講，就是要糾正新式教育之弊，破除西方迷信的「妄自菲薄」的民族心理，吸收、傳承中國傳統社會文化，來完成本土化的教育改造。如各類學校不僅僅是傳遞系統知識、培養學生理性的地方，更應該承擔起傳統社會教化、成為地方文化教育中心。而傳統的民間文學（如民歌、謎語、傳說、神話等）、說書、大鼓、戲劇、小書攤、民歌小調等，那些不識字或識字不多的鄉村民眾耳熟能詳的東西，都涵蓋在民眾教育之中。由此，民眾教育館收集民歌

小調，對說書人進行培訓、改良戲劇，調查小書攤，附設代筆處、問字處，民眾診所也為附近民眾提供義診及低價或免費施藥服務。在以西方為模式進行的中國社會現代化進程中，民眾教育館以其特有的追求，為鄉村社會傳統文化的傳承保留了一方空間。

中國傳統文化傳承與近代化知識引介是民眾教育館存在、發展的基礎和動力。民眾教育館秉承了教育改造和社會改造的雙重使命，在如何妥善對待學校教育和社會教育的爭論中，在新國粹運動和西方至上思潮的夾縫中迴旋、周轉，並不斷開闢自己的發展道路。他們既繼承了傳統，又不拘泥於傳統，賦予了民間文藝如民歌、說書、小說及戲劇等傳統方式時代精神，充分突出了它們的教化功能，將這些傳統形式納入了社會教育體系，與此同時，他們積極汲取西方現代教育技術，將幻燈、電影、廣播等技術手段以及辦報都運用到民眾教育中，通過這種中西匯合，民眾教育的工具、手段更為多樣，從而有力地推進了民眾教育館工作的開展。從這一點來說，民眾教育館既是近代中國社會政治、經濟、文化教育發展的必然產物，本身更是一種創造，民眾教育館始終自覺奉行積極進取的宗旨，「因地制宜」的辦館原則，從而在近代社會的變遷中既保存了傳統，又推動了國家近代化進程。由此，民眾教育館在近代中國社會變遷過程中功不可沒，而且，對當下建設和諧社會、社會主義新農村等時代任務有很強的歷史借鑒意義。

主要參考文獻

（一）檔案和地方誌

中國第二歷史檔案館館藏：教育部、社會部、財政部、內政部相關檔案（1912-1949）。

中國人民銀行金融研究所編：《中國農民銀行》，中國財政經濟出版社，1980年。

中國第二歷史檔案館編：《中華民國史檔案資料彙編》第五輯第1編《財政經濟》（1-9），江蘇古籍出版社，1994年。

中國第二歷史檔案館編：《中華民國史檔案資料彙編》第五輯第三編（教育），江蘇古籍出版社，2000年。

江蘇無錫、昆山等地、浙江蘭溪、杭州、河北、河南、雲南、內蒙古等地史志、文史資料彙編。

（二）年鑒和資料彙編

通俗教育研究會編輯：《關於時局之教育資料》，第1至8輯，編者自刊，1918年。

王清彬、林頌河等編：《第一次中國勞動年鑒》，北平社會調查部編印，1928年。

教育編譯館編印：《教育參考資料選輯》，第1至7集，1933-1935年。

舒新城編：《中國近代教育史資料》，上海中華書局，1933年。

馮和法編：《中國農村經濟資料》，上海黎明書局，1933年。

江蘇省農民銀行總行編：《江蘇省農民銀行五年來之回顧》，編者自刊，1933年。

鄉村工作討論會編輯：《鄉村建設實驗》第1、2、3集，中華書局，
　　1934-1936年。

馮和法編：《中國農村經濟資料續編》，上海黎明書局，1935年。

《第一次中國教育年鑒》，1936年。

《中國經濟年鑒》，上海商務印書館，1936年。

《第二次中國教育年鑒》，1947年。

章有義編：《中國近代農業史資料》第2、3輯，三聯書店，1957年。

史敬棠等編：《中國農業合作化史料》，三聯書店，1957年。

許道夫編：《中國近代農業生產及貿易統計資料》，上海人民出版
　　社，1983年。

《中國供銷合作社史料選編》第3輯，中國財政經濟出版社，1991年。

（三）報刊資料

1、報刊、雜誌：

《大公報》、《世界日報》、《解放日報》、《申報》；《教育與民
眾》、《教育雜誌》、《教與學》、《獨立評論》、《教育與社會》、
《民眾教育季刊》、《中華教育界》、《鄉村建設旬刊》、《社教通
訊》、《山東民眾教育月刊》、《教育與職業》、《村治》、《民眾教
育通訊》、《浙江民眾教育》、《江蘇教育》、《教育新路》、《教育
輔導》、《教育部公報》等。

2、週刊、畫報：

《民教週刊》（青島市立民眾教育館編輯）、《吳江民眾》（吳江縣
立民眾教育館聯合會編輯）、《慈溪民眾》（慈溪縣立民眾教育館編
輯）、《民教導報》（重慶市立民眾教育館編輯）、《群眾娛樂》
（長治市立民眾教育館編輯）、《民眾旬刊》（安徽省立第一民眾教
育館編輯）、《皖北民教》（安徽省立第三民眾教育館編輯）、《新
民眾》（陝西省立西安民眾教育館編輯）、《新民畫報》（雲南省立
昆華民眾教育館編輯）、《西康民教季刊》（省立西昌民眾教育館編
輯）、《辟荒》（察哈爾省立民眾教育館編輯）等。

（四）論文集、調查報告

潘公展、祝其樂著：《鄉村教育研究及研究法》（教育雜誌十六周年彙刊），商務印書館出版，1925年。

江蘇省立教育學院研究研究實驗部編：《民國廿一年的民眾教育》，編者自刊，1933年。

中央大學區立民眾教育學院第一屆同學會編印：《民眾教育論文集》，1929年。

河南省政府教育廳編輯處編：《民眾教育輯要》第一集，編者自刊，1929年。

教育部編：《教育播音講演集》（第一輯 民眾教育篇），商務印書館，1936年。

千家駒、李紫翔編著：《中國鄉村建設批判》，北京新知書店，1936年。

千家駒編：《中國農村經濟論文集》，中華書局，1936年。

鈕長耀、陸盡編：《鈕惕生先生民眾教育言論集》（全民訓練），中華書局，1937年。

段輔堯著：《抗戰時期的民眾教育》，湖南省立民眾教育館出版部，1937年。

教育部社會司編印：《各省市實施失學民眾補習教育計畫彙編》，1937年。

教育部社會教育局編：《全國社會教育概況》，中華書局，1929、1931年。

江蘇省立教育學院勞農學院實驗區編：《黃巷實驗區》，1930年。

江蘇省立教育學院教務部編：《社會教育暑期學校報告》，1930年。

江蘇省立教育學院研究實驗部編：《鄉村民眾教育問題研究》（第一輯），江蘇省立教育學院，1930年。

傅葆琛著：《鄉村概況與鄉村教育》，江蘇省立教育學院研究實驗部，1930年。

河北省立民眾教育館養成所編：《河北省立民眾教育人員養成所工作報告：第1-2期》，1930年。

廣西省政府教育廳編印：《廣西社會教育概況》，1931-1932年。

江蘇省立教育學院高長岸實驗民眾教育館編：《高長岸一覽》，江蘇
　　省立教育學院刊，1931年。

郁瘦梅編輯：《江蘇省立教育學院五個月的實驗民眾教育館》，江蘇
　　省立教育學院南門實驗民眾教育館刊行，1931年。

河北省立民眾教育人員養成所編：《江浙民眾教育參觀報告》，編者
　　自刊，1931年。

湖北省立實驗民眾教育館編輯委員會編：《半年來之湖北省立實驗民
　　眾教育館》，編者自刊，1932年。

山東省立民眾教育館編：《化裝講演稿》第1、2、3集，編者自刊，
　　1932年。

中國社會教育社編：《中國社會教育社第一屆年會報告》、《中國社
　　會教育社第二屆年會報告》，編者自刊，1932-1933年。

江蘇省立鎮江民眾教育館編：《江蘇省立鎮江民眾教育館二十二年度
　　實施方案》，編者自刊，1933年。

江蘇省立南京民眾教育館編：《江蘇省立南京民眾教育館二十二年度
　　計畫綱要》，編者自刊，1933年。

襄陽民眾教育館編：《湖北省立襄陽民眾教育館工作報告》，編者自
　　刊，1933年。

山東省立民眾教育館編：《山東省立民眾教育館規章一覽》，編者自
　　刊，1933年。

山東省立民眾教育館編：《山東廟會調查》第一集，編者自刊，
　　1933年。

山東省立民眾教育館編：《化裝講演稿》第4、5集，編者自刊，
　　1933年。

山東省立民眾教育館編：《山東省立民眾教育館設施概覽》，編者自
　　刊，1933年。

山東濱縣民眾教育館出版部編：《山東濱縣民眾教育館工作概況》，
　　編者自刊，1933年。

江蘇省立徐州民眾教育館研究委員會編：《江蘇省立徐州民眾教育館
　　同年紀念特刊》，編者自刊，1933年。

行政院農村復興委員會編：《浙江省農村調查》，商務印書館，
　　1934年。

行政院農村復興委員會編：《河南省農村調查》，商務印書館，
　　1934年。

宜興縣立實驗民教館編：《宜興實驗民眾教育館刊》，編者自刊，
　　1934年。

福建省立民眾教育館編：《福建省立民眾教育館計畫綱要》，編者自
　　刊，1934年。

保定民眾教育館編：《河北省立保定民眾教育館概況》，編者自刊，
　　1934年。

江蘇省第四民眾教育區編：《第四民教區各縣社教概況》，編者自
　　刊，1934年。

江蘇省立鎮江民眾教育館編：《四年來之江蘇省立鎮江民眾教育
　　館》，編者自刊，1934年。

山西省立民眾教育館編：《山西民眾教育館概況》，編者自刊，
　　1935年。

江蘇省立清江民眾教育館編：《江蘇省第六民眾教育區民眾教育研究
　　會第三屆大會報告》，編者自刊1935年。

安徽省立第二民眾教育館編：《蕪湖區第一屆民教輔導班會議報
　　告》，編者自刊，1935年。

中華圖書館協會編：《全國圖書館及民眾教育館調查表》，1935年。

教育部社會教育司編：《社會教育法令彙編》，商務印書館，1936年。

湖北省立農民教育館編：《湖南省立農民教育館進行概要》，編者自
　　刊，1936年。

安徽省立第二民眾教育館編：《安徽省立第二民眾教育館概況》，編
　　者自刊，1936年。

安徽省立第二民眾教育館編：《蕪湖區第一屆民教輔導會議報告》，
　　編者自刊1936年。

青島市立民眾教育館編：《青島市立民眾教育館圖書室概況》，編者
　　自刊1936年。

禾山農民教育館編：《兩月來之禾山農民教育館》編者自刊，1936年。

長樂縣立民眾教育館編：《長樂縣立民眾教育館同年特刊》，編者自
　　刊，1936年。

江西省立民眾教育館編：《江西省立民眾教育館設施概況》，編者自
　　刊，1937年。

天津特別市第四民教館編：《天津特別市第四民教官概況》，編者自刊，1939年。

教育部編：《教育部工作報告》，編者自刊，1939年。

南京市市立民眾教育館編印：《一年來之南京市立民眾教育館》，1940年。

華北社教協進會編：《華北社會教育概覽》，編者自刊，1942年。

教育部編：《中華民國教育統計》，編者自刊，1942年。

教育部社會教育司編：《民眾教育館每月中心工作實施要點表》，1943年。

社會教育學院江蘇國民教育實驗區編：《失學民眾補習教育實驗報告》，編者自刊，1947年。

教育部社會教育司編：《各省市民眾教育館一覽表》，1947年。

浙江省立杭州民眾教育館編：《浙江省立杭州民眾教育館概況》，編者自刊，1947年。

（五）著作

傅葆琛著：《鄉村民眾教育概論》，無錫：江蘇省立教育學院研究試驗部，1930年。

甘豫源編：《新中華民眾教育》（高級中學師範科用），上海：中華書局，1932年。

孟憲承著：《民眾教育》，上海：世界書局，1933年。

秦柳方、武葆邨著：《民眾教育》（高中師範教本），上海：世界書局，1933年。

朱秉國著：《民眾教育概論》（高中師範選修科用），上海：大東書局，1933年。

高踐四著：《民眾教育》，上海：商務印書館，1934年。

莊澤宣、徐錫齡著：《民眾教育通論》，上海：中華書局，1934年。

趙步霞編：《民眾教育綱要》，上海：中華書局，1935年。

俞慶棠編：《民眾教育》（師範學校用書），南京：正中書局，1935年。

陳禮江編：《民眾教育》，上海：商務印書館，1935年。

金嶸軒編：《鄉村教育與民眾教育》，上海：正中書局，1936年。

林宗禮編著：《民眾教育館實施法》，上海：商務印書館，1936年。

趙冕編著：《社會教育行政》，上海：商務印書館，1938年。

陳禮江編著：《民眾教育》，重慶：正中書局，1947年。

顧嶽中著：《民眾教育》，上海：商務印書館，1948年。

彭大銓著：《民眾教育館》，上海：正中書局，1947年。

丁致聘編：《中國近七十年來教育記事》，臺北：商務印書館，1970年。

鄒魯著：《中國國民黨史稿》，臺北：商務印書館，1970年。

宋恩榮編：《晏陽初文集》，北京：教育科學出版社，1989年。

中國文化書院學術委員會編：《梁漱溟全集》，濟南：山東人民出版社，1992年。

〔美〕費正清主編、章建剛等譯：《劍橋中華民國史》（上、下），上海人民出版社，1992年。

茅仲英編：《俞慶棠教育論著選》，人民教育出版社，1992年。

〔美〕洪長泰：《到民間去——1918-1937年的中國知識份子與民間文學運動》，上海文藝出版社，1993年。

王炳照、閻國華主編：《中國教育思想通史》，湖南教育出版社，1994年。

馬秋帆編：《梁漱溟教育論著選》，人民教育出版社，1994年。

申曉雲主編：《動盪轉型中的民國教育》，河南人民出版社，1994年。

〔美〕林毅夫著：《制度、技術與中國農業發展》，上海人民出版社，1994年。

〔美〕艾愷著、王宗昱等譯：《最後的儒家——梁漱溟與中國現代化的兩難》，江蘇人民出版社，1996(3)年。

熊賢君著：《俞慶棠教育思想研究》，遼寧教育出版社，1997年。

鍾敬文著：《雪泥鴻爪——鍾敬文自述》，山西人民出版社，1997年。

趙世瑜：《眼光向下的革命——中國現代民俗學思想史論（1918-1937）》，北京師範大學出版社 1999年。

鄭大華著：《民國鄉村建設運動》，社會科學文獻出版社，2000年。

〔美〕黃宗智著：《長江三角洲小農家庭與鄉村發展》，中華書局，2000年。

〔美〕黃宗智著：《華北的小農經濟與社會變遷》，中華書局 2000年。

熊明安、周洪宇主編：《中國近現代教育實驗史》，山東教育出版社，2001年。

李世悌：《清末的下層社會啟蒙運動：1901-1911》，河北教育出版社，2001年。

王雷著：《中國近代社會教育史》，人民教育出版社，2003年。

苗春德主編：《中國近代鄉村教育史》，人民教育出版社，2004年。

張蓉著：《中國近代民眾教育思潮研究》，中國文史出版社，2005年。

王迪著、李德英等譯：《街頭文化：成都公共空間、下層民眾與地方政治，1870-1930》，中國人民大學出版社，2006年。

林家有著：《政治‧教育‧社會──近代社會變遷的歷史考察》，天津古籍出版社，2004年。

曹天忠：《教育與社會改造──雷沛鴻與近代廣西教育及社會》，天津古籍出版社，2004年。

〔美〕杜贊奇著、王福明譯：《文化、權力與國家──1900-1942年的華北農村》，江蘇人民出版社2006李佃來著：《公共領域與生活世界──哈貝馬斯市民社會理論研究》，人民出版社，2006年。

（六）學位論文

谷小水著：《1927-1937年中國民眾教育研究──以江蘇為中心》，南京大學2000年博士學位論文，中國近代史方向。

張蓉著：《中國近代民眾教育思潮研究》，華東師範大學2001年博士學位論文，中國近代教育史方向。

毛文君著：《近代中國（1911-1937）城市民眾教育館述論》，四川大學2002碩士學位論文，中國近代史方向。

楊麗芳著：《民國時期民眾教育的觀念與實踐：以廣東省立民眾教育館為中心（1932-1937）》中山大學2005年碩士學位論文，中國近現代史方向。

趙倩：《社會教育的中心機關──1933-1937年北平民眾教育館研究》，北京師範大學2006年碩士學位論文，近代史方向。

周慧梅著：《南京國民政府民眾教育研究》，北京師範大學2006年博士學位論文，中國教育史方向。

楊才林著：《「作新民」、「喚起民眾」——民國社會教育研究》，首都師範大學2007年博士學位論文，中國近現代史方向。

張研著：《抗日戰爭時期四川省的社會教育——以成都市立民眾教育館為中心的研究》，四川大學2007年博士學位論文，中國近現代史方向。

梅東偉：《民眾教育中民間文學的理論與實踐》，河南大學2007年碩士學位論文，民俗學方向。

張鵬著：《山東省立民眾教育館研究（1927-1937）》，山東師範大學2008碩士學位論文，中國近現代史方向。

王業廷著：《青島市立民眾教育館研究（1928-1937）》，中國海洋大學2009碩士學位論文，歷史地理學方向。

附錄

重要法令

民眾教育館暫行規程（節選）

（1932年2月2日）

第 一 條　　各省市（隸屬於行政院者）及縣市（隸屬於省政府者）
　　　　　　應分別設立民眾教育館，為實施社會教育之中心機關。

第 二 條　　省立民眾教育館隸屬於省教育廳，以在省會地方設置
　　　　　　一所為原則，名為○○省立民眾教育館；如有特別情形
　　　　　　時，得酌量分設，名為○○省立某地民眾教育館。

第 三 條　　市（直隸於行政院者）立民眾教育館，須擇人口稠密
　　　　　　之地設立之，隸屬於市教育局，每市至少須設立一所。

第 四 條　　縣立民眾教育館先在縣城或在縣屬繁盛市鎮設立，逐
　　　　　　漸推至鄉村，隸屬於縣教育局。每縣得就本縣原有自治區
　　　　　　或學區劃分民眾教育區，分設民眾教育館，名為縣立某地
　　　　　　民眾教育館。

　　　　　　市（隸屬於省政府者）立民眾教育館，須擇人口稠密
　　　　　　之地設立，隸屬於市教育局，每市至少須設立一所。

第 五 條　　省市及縣市立民眾教育館應舉辦關於健康、文字、公
　　　　　　民、生計、家事、社交、休閒各種教育之事業。

第 六 條　　省市及縣市立民眾教育館，應從事研究及實驗工作。

第 七 條　　省立民眾教育館對於該館所轄區域內縣市立民眾教育
　　　　　　館有輔導及示範之責。

第 八 條　　省市及縣市立民眾教育館得設左列各部：

　　　　　　1、閱覽部　書籍、雜誌、圖表、報紙之公開閱覽，
　　　　　　　　巡迴文庫、民眾書報、閱覽所等屬之。

　　　　　　2、講演部　固定講演、臨時講演、巡迴講演、化裝
　　　　　　　　演講及其他宣傳屬之。

　　　　　　3、健康部　關於體育者，如器械運動、球類、田徑
　　　　　　　　賽、國術、游泳、兒童遊戲及其他運動屬之；關
　　　　　　　　於衛生者，如生理、醫藥、防疫、清潔等屬之。

　　　　　　4、生計部　職業指導及介紹、農事改良、組織合作
　　　　　　　　社等屬之。

5、 遊藝部　音樂、幻燈、電影、戲劇、評書、弈
棋、各種雜技及民眾茶園等屬之。

6、 陳列部　標本、模型、古物、書畫、照片、圖
表、雕刻、工藝、各種產物，博物館及革命紀念
館等屬之。

7、 教學部　民眾學校、露天學校、民眾問字處或問
事處及職業補習學校等屬之。

8、 出版部　日刊、週刊、畫報、小冊及其他關於社
會教育刊物屬之。

以上各部得視地方情形全數設置，或先設數部，或酌
量合併設置，如某項事業已設有專管機關時，其在縣市者
得併入民眾教育館辦理之。

第　九　條　　省市及縣市立民眾教育館視地方區域之大小，經費之
多寡，得分為甲、乙、丙三等，其標準：省市立者，由各
省市教育廳局規定，呈准教育部施行；縣市立者，由縣市
教育局規定；呈准教育廳施行。

第　十　條　　省市及縣市立民眾教育館設館長一人，主持全館事務。
……

民眾教育館規程

（教育部第八五〇二號部令公布，1939年4月17日；1947年4月1日修訂）

第 一 條　　民眾教育館應遵照中華民國教育宗旨及其實施方針與
　　　　　　社會教育目標，實施各種社會教育事業，並輔導各該地社
　　　　　　會之發展。

第 二 條　　各省應依照現有行政督察專員區，或地形交通狀況，
　　　　　　割分若干民眾教育輔導區，每區設省立民眾教育館一所，
　　　　　　各縣應設縣立民眾教育館一所，以全縣為施教區域，人口
　　　　　　眾多經費充裕地域遼闊之縣份，得依照現有自治區，或地
　　　　　　形交通狀況，劃分若干民教育施教區，每區設縣立民眾教
　　　　　　育館一所。

　　　　　　　　各市（行政院直轄市及普通市）應設市立民眾教育館
　　　　　　一所。

　　　　　　　　地方自治機關或私人亦得設立民眾教育館。

第 三 條　　民眾教育館由省市（行政院直轄市，以下仿此）設立
　　　　　　者，應由省市政府開列左列各事項，咨請教育部核准備案;
　　　　　　由縣市（普通市以下仿此）設立者，應由縣市政府開具左
　　　　　　列各事項，呈報教育廳核准，並轉呈教育廳備案。由私人
　　　　　　設立者，應由私人開具左列各事項，呈報主管教育行政機
　　　　　　關核准備案：
　　　　　　　　（一）名稱。
　　　　　　　　（二）地址。
　　　　　　　　（三）經費（分開辦、經常兩門並注明來源）。
　　　　　　　　（四）章則。
　　　　　　　　（五）計畫。
　　　　　　　　已設立民眾教育館，自本規程公布後，亦須補行前項
　　　　　　手續。

第 四 條　　民眾教育館之變更及停辦，由省市設立者，應由省市
　　　　　　政府咨請教育部核准備案；由縣市設立者，應由縣市政府
　　　　　　呈報教育廳核准備案；地方自治機關設立者，應由地方

自治機關呈報政府核准並轉呈教育廳備案；由私人設立者應由私人呈報主管教育行政機關核准備案。

第　五　條　省市立民眾教育館設置左列各部：

(一) 總務部：文書、會計、庶務及其他不屬於各部之事項屬之；

(二) 教導部：民眾學校、補習學校、圖書閱覽、健康活動、家事指導及通俗講演等屬之；

(三) 生計部：農業指導、農業指導、工業改良及合作組織等屬之；

(四) 藝術部：電影、幻燈、播音、戲音樂等各項展覽等屬之；

(五) 研究輔導處：調查、統計、研究、實驗、視察、輔導及民教工作人員之進修與訓練等屬之。

以上各部得視地方情形全設或合併設置其工作大綱另定之。

第　六　條　縣市民眾教育館設置左列各項：

(一) 總務組：文書、會計、庶務及其他不屬於各組之事項屬之；

(二) 教導部：民校、補習學校、圖書閱覽、健康活動、家事指導、通俗講演及調查輔導等屬之；

(三) 生計部：職業指導、農業指導、工業改良及合作組織等屬之；

(四) 藝術部：電影、幻燈、戲劇、音樂等各項展覽等屬之。

以上各組得視地方情形全設或合併設置，其工作大綱另定之。

第　七　條　省立民眾教育館應附設鄉村實驗區，以為各縣實施鄉村民眾教育之示範。

第　八　條　各縣市如尚未單獨設立圖書館及體育場者，民眾教育館應附設圖書室及運動場。

第　九　條　民眾教育館設館長一人綜理館務。省立者由教育廳挑選合於本規程第十一條之人員，提請省政府會議核定後派充之。市（行政院直轄市）立者由市教育行政機關挑選合於本規程第十一條資格者之人員，呈請教育廳核准後派充之，且教育廳於必要時得挑選合格人員派充之；地方自治

機關設立者，由設立之機關挑選合格人員呈請縣市政核准後派充之；私立民眾教育館館長由設立人兼任或聘任之，且須呈報教育行政機關核准備案。

民眾教育館館長應兼一部或一組主任，但不得兼薪。

第　十　條　　民眾教育館每部或每組設主任一人，幹事若干人（有主管教育行政機關視各館事務之繁簡規定最高或最低員額），由館長挑選合於本規程第十二、第十三、第十五各條資格之人員任用之並呈報主管教育行政機關備案。

第 十一 條　　省市立民眾教育館館長須品格健全，才學優良，且具有左列資格之一者：

（一）師範學院教育學院或教育科系畢業兼任社會教育職務兩年以上者有成績者；

（二）大學或教育專修科畢業曾任社會教育職務三年以上者有成績者；

（三）專科學校或專修科畢業曾受社會教育訓練曾任社會教育職務四年以上者有成績者。

第 十二 條　　省市立民眾教育館各部主任須品格健全，其所任職務為其所擅長且具有左列之一者：

（一）師範學院教育學院或教育科系畢業者；

（二）大學或教育專修科畢業者；

（三）專科學校或專修科畢業曾受社會教育訓練者；

（四）師範學校畢業並曾任社會教育職業二年以上者。

第 十三 條　　省市立民眾教育館幹事，須品格健全，且具有左列資格之一者：

（一）具有前條各款資格之一者；

（二）師範學院或鄉村師範畢業者；

（三）中等學校畢業曾任社會教育職務兩年以上者；

（四）具有精煉技能者（專適用於藝術教育）。

第 十四 條　　縣立民眾教育館館長，須品格健全，才學優良，且具有左列資格之一者：

（一）師範學院教育學院或教育科系畢業者；

（二）大學或教育專科畢業者；

（三）專科學校或專修科畢業曾受社會教育訓練者；

（四）師範學校畢業曾任社會教育職務一年以上者。

第 十五 條　縣市立民眾教育館各組主任及幹事，須品格健全具有左列資格之一者：
　　　　　　（一）具有前條各款資格之一者；
　　　　　　（二）師範學院鄉村師範或簡易師範畢業者；
　　　　　　（三）中等學校畢業曾任社會教育職務一年以上者；
　　　　　　（四）具有精練技能者（專適用於藝術教育）。
第 十六 條　民眾教育館得酌用助理幹事。
第 十七 條　省市立民眾教育館各館會計員一人，委任依國民政府主計處設置各機關會計，統計人員條例之規定掌理各該館歲計，會計事務，受各該館館長之指揮，並分別受各該館上級機關主辦會計人員之監督指揮。
第 十八 條　地方自治機關或私人設立之民眾教育館，其內部組織及職員資格，應比照市立民眾教育館之規程。
第 十九 條　民眾教育館應舉行左列會議：
　　　　　　（一）館務會議　由館長及各主任組織之，以館長為主席，討論全館一切興革事項，每月開會一次；
　　　　　　（二）輔導會議　由館長各主任及該區內縣市教育行政機關代表組織之，以館長為主席，討論本區內社會教育一切興革事項，每半年開會一次。
第 二十 條　民眾教育館應設置左列各會：
　　　　　　（一）社會教育研究會　由館長各主任及全體幹事組織之，以館長為主席，負研究社教工作改進之責，每月開會一次。
　　　　　　（二）經費稽核委員會　由各主任及全體幹事互推三人至五人為委員組織之，委員輪充當主席，負審核收支賬目及單據之責，每月開會一次。
第二十一條　民眾教育館為謀事業之發展起見，得聯絡地方軍政機關，社會團體及熱心社會教育人士組織各種委員會。
第二十二條　民眾教育館應輔導或協助各該區內社會教育機關及公私立中小學兼辦社會教育，並謀事業之職業，其輔導方法另定之。
第二十三條　民眾教育館於每年度開始前一個月造具下年度事業進行計畫，及經費預算，呈報主管教育行政機關考核備案。

第二十四條　　民眾教育館於每年終了後一個月內造具上年度工作報告及經費計算書，呈主管教育行政機關考核備案。前項事業進行計畫及工作報告，縣市立者應轉報教育廳備查，省市立者應轉報教育部備查。

第二十五條　　民眾教育館經常費分配之標準，薪工不得高於百分之五十，事業費及設備費不得低於百分之四十，辦公費占百分之十。

第二十六條　　民眾教育館之章程及辦事細則，由館長定之，縣市立者應呈報縣市教育行政機關核准並轉報教育廳備案，省市立者應呈報省市教育行政機關核准，並轉報教育部備查。

第二十七條　　民眾教育館應備齊各種財產目錄及施教記錄薄冊以備呈核。

第二十八條　　民眾教育館休假，得採用例假之次日補行辦法，或按事業之性質，分職員為兩組，於例假日及次日更番休假，事業照常進行。

第二十九條　　民眾教育館每日工作時間，以八小時為原則，必須酌量地方情形於晚間開放。

第 三十 條　　本規程得由教育部於必要時修改之。

第三十一條　　本規程自公布之日實施。

附錄三
江蘇省各縣民眾教育館普及
民眾教育標準工作實施方案

（1935年6月頒布）

本方案之目的，在使本省各縣民眾教育館於實施民眾教育時有所依據，並增加各機關之工作效率，促進民眾教育之普及，便利民眾教育成績之考核。本方案共分為民眾教育之目標，普及民眾教育辦法，標準工作，標準工作實施注意要項，標準工作之督促與考核等五章，分列如左：

第一章　民眾教育之目標

從民眾生活之迫切需要出發，培養民眾組織、改善民眾生計、增進民眾知能、發展民眾體育、並發揚整個民族自信力，以達到民族獨立、民權普遍、民生發展之教育宗旨。

第二章　普及民眾教育辦法

一　各縣民眾教育館，應斟酌自然環境，及經濟能力，就各機關所在地劃定附近相當區域為基本施教區，其範圍值大小，應根據保甲編制，城鎮以一保至三保、鄉村以二保至六保為度，並將本民眾教育區其餘區域，酌劃為若干推廣區。

二　各館基本施教區及推廣區所舉辦之事業，須完全遵照本方案第三章規定之標準工作辦理。

三　各館基本施教區之民眾教育，須於二年內依照標準工作辦理普及。經考察確實後，即將該區改為普及區，另擇一推廣區劃為基本施教區，以後依此推行，次第普及。普及區內已成立之社會及所舉辦之事業，仍隨時派員指導。

四　各館須依據本辦法治規定，就本民眾教育區，劃定分期設置基本施教區及推廣區直地點，並繪擬詳圖，呈由教育局或縣政府轉報教育廳備案。

五　各館須於每年度開始前，依據標準工作，詳擬普及民眾教育實施
　　計畫，進行程式及經費預算，呈由教育局或縣政府轉呈教育廳核
　　准實行，並送所屬輔導機關備查。

第三章　標準工作

甲　基本施教區
　一　公民教育
　　　　　公民教育以培養民眾組織為中心工作，基本施教區內十六
　　　歲以上、五十歲以下之民眾，須有過半數能參加團體生活，並
　　　能運用團體力量，解除生活上迫切需要問題。其重要工作列舉
　　　如左：
　　　(1)　協助推進保甲：須自第一年起協助推進保甲，務使保甲不
　　　　　僅為執行的組織，並為會議的組織，討論進行本區內自
　　　　　衛、地方建設、公共衛生、改良風俗等事項，在事實上確
　　　　　保確能成為人們自治團體。
　　　(2)　實施集團訓練：指導民眾鄉鎮改進會，青年勵志團，婦女
　　　　　會等團體，以培養民眾自治自衛之能力、興趣與習慣，並
　　　　　利用紀念節日或民眾餘暇，討論有關地方實際生活需要之
　　　　　問題，講演政治常識、科學常識、衛生常識、公民道德及
　　　　　重要新聞等。
　　　(3)　提倡新生活運動：須自第一年提倡新生活運動，養成民眾
　　　　　整齊、清潔、簡單、樸素、迅速、確實及崇尚禮義廉恥之
　　　　　習慣，並組織勞動服務團，養成民眾習勞耐苦之美德。
　　　(4)　實施健康指導：設置簡易體育場，提倡國術及業餘運動
　　　　　會，並指導公共衛生、疾病預防，配置簡易藥品。
　二　生計教育
　　　　　生計教育以推行合作為中心工作，第一年內對於信用、購
　　　買（附消費）、生活、運銷等合作社，須就地方需要，至少成
　　　立一種；第二年內基本施教區內之住戶，至少有三分之一以上
　　　加入合作組織，並運用合作推進下列工作：
　　　(1)　農業指導：第一年對於介紹優良品種、推行新農具、指導選
　　　　　種耕種，驅除病蟲害方法，及改進水利，提倡造林等，須就
　　　　　地方需要分別舉行，並須舉辦模範農田、特約農田，以資示

範及提倡；第二年內須使基本施教區內過半數農戶接受本機
關所指導之方法，每年並須舉行農事展覽會一次。

(2) 提倡副業：第一年對於城市民眾及鄉村農民之副業，須盡力
提倡與指導；第二年須使基本施教區之住戶，凡原有職業之
收入，不足以供給支出者，每家至少有一種以上之副業。

(3) 職業訓練及補習：每年須舉辦職業訓練班或職業補習班。

(4) 倡設農業倉庫：自第一年起，對於農業倉庫之設立與營
業，須指導民眾或協助農民銀行積極進行，以便舉辦農產
品抵押貸款。

(5) 提倡儲蓄：舉辦貸款，須設法提倡與指導，並於第一年內
成立貧民貸款所。

三　語文教育

語文教育以舉辦民眾學校為中心工作，基本施教區內十六
歲以上三十五歲以下不識字之民眾，二年內須有百分之六十以
上修畢初級民眾學校課程。又補習班及高級民眾學校，亦相繼
舉辦，其不能入學者，得利用左列方法指導其識字與進修：

(1) 舉辦流動教學：凡應入民眾學校之民眾，確有特別情形不
能入校者，應舉辦流動教學。

(2) 指導民眾閱讀書報：自第一年起，須就地方需要，設立書
報室，壁報，舉辦巡迴文庫，並指導區內已識字之民眾，
組織讀書會，定期指導閱讀各種書籍，並講述讀書心得。

(3) 改良私塾：舉辦識字班，區內如原有私塾者，須於第一年
起設法指導改良並舉辦識字班。

此外生計及識字調查，應於第一年內遵照廳頒表格調
查一次，第二年度複查一次，並編制報告分送教育廳及所
屬輔導機關備查。

乙　推廣區

一　公民教育之推廣：

(1) 舉行紀念節活動：利用各種紀念節舉行各項活動，各推廣
區得聯合或分別舉行。

(2) 舉行常識講演：定期或不定期在各推廣區內舉行各項常識
講演。

(3) 舉行衛生運動：每年至少舉行一次，各推廣區得聯合舉行。

二　生計教育之推廣：

(1) 舉行農業展覽會：以基本施教區內農業指導之各項成績，輸送各推廣區展覽。

(2) 提倡合作副業及儲蓄等：定期或不定期至各推廣區，宣傳合作副業及儲蓄利益，並相繼予以指導。

三　語文教育之推廣：

(1) 提倡設立民眾學校：於各推廣區儘量提倡設立民眾學校，公共機關及私立設立民眾學校時，得量力予以協助。

(2) 指導改良私塾：推廣區內如原有私塾，須設法指導改良。

第四章　標準工作實施注意要項

一　各館實施標準工作，應以大部分力量辦理基本施教區內民眾教育之普及；以剩餘之時間、經濟、人力辦理推廣區各項事項。

二　各館實施標準工作，應以社會調查為入手之方法，對於識字調查、生計調查等工作，應以第一年開始時從速辦理完竣。

三　各館實施標準工作時，一方面應認清各項工作之中心工作，切實實施；另一方面更應謀各項中心工作之切實聯絡，以期收得整個教育效果。

四　各館對於標準工作內所規定各項工作，須完全遵照實施，惟基本施教區完全盡在城鎮者，對於農事指導得免予舉辦；其基本施教區完全劃在鄉村者，對於職業指導及補習亦得酌予變更。

五　各館實施標準工作時，須放大眼光，勿僅謀基本施教區民眾之利益，遂不顧及基本施教區以外民眾之利害，免得區內之民眾與區外之民眾，相互歧視或發生利害之爭執。

六　各館實施標準工作時，應與經濟及黨政機關儘量取的有效的聯絡，共同努力，以收分工合作之效。

七　各館實施標準工作時，須儘量利用電影、留聲機、無線電、收音機、書報、圖畫、標本、實物、歌詞、戲劇等為施教工具，並設法自製各種教具。

八　各館制訂標準工作實施計畫時，須遵照廳頒標準工作指導書辦理，標準工作指導書另行編訂。

第五章　標準工作之督促與考核

一　各館實施標準工作，須根據已核准制計畫制訂工作月曆，分送教育
　　局或縣政府，教育廳及所屬輔導機關，作為督促及考核制依據。

二　各館於工作進行時，須有簡明之記載及統計，以備主管機關及輔
　　導機關隨時調閱或查詢。

三　各館實施標準工作時，須每月終了，依據每月工作曆，制定每月
　　工作報告表呈由教育局或縣政府轉報教育廳審核。工作報告表並
　　分送所屬輔導機關備查。

四　各縣教育局或縣政府除令縣督學教育委員會按時視察各館標準工
　　作外，並應指定職員專任各館標準工作指導及視察事項。

五　各輔導機關除於輔導各縣民眾教育時，特別注意各館標準工作之
　　考查與指導外，並應於每年度開始前一個月內舉行民眾教育分區
　　研究會，對於標準工作之設施，詳細加以研究與討論。

六　教育廳設民眾教育指導員一人，督同各輔導機關及各縣局辦理標
　　準工作視察指導事項。

七　省督學、省民眾教育指導員、各輔導機關指導員、各縣縣督學、
　　教育委員及掌理民眾教育之人員，視導各民眾教育館時，須依照
　　各館所報工作月曆、每月工作報告表及工作記錄等，對於標準工
　　作實施之情形，詳加審核。

八　各縣局對於民眾教育館除舉行普通視察外，並於每年六月依照標準
　　工作記分表，詳細考核，分別記分，記分表及記分標準另定之。

九　各館實施標準工作之分數，在八十分以上者列為甲等，七十分以上
　　者列為乙等，六十分以上者列為丙等，不滿六十分者列為丁等。

十　各縣縣長或教育局長依據各館成績之等第分別呈請教育廳獎懲
　　之，其標準如左：
　　　　列甲等者記功或傳知嘉獎。
　　　　列丙等者予以警告。
　　　　列丁等者免職或撤職。
　　　　各縣如有特殊情形不能遵照本條辦理者，得由縣長或教育局
　　長呈請教育廳核定之。

十一　各縣局如不遵規定施行考查或考查不確實時，考查者及縣長或
　　　教育局長連帶受相當處分。

十二　關於標準值督促與考核，除依照上列各條之規定辦理外，教育
　　　廳得隨時派員赴各縣抽查或秘查，嚴核各館及各縣局所送至報
　　　告是否確實，分別予以獎懲。

陝甘寧邊區民眾教育館組織規程
（選錄）

（1939年4月）

第 一 條　各縣市設立民眾教育館依照本規程辦理。
　　　……

第 三 條　民教館為進行社教之機關，其任務為消滅文盲，宣傳政治常識、科學常識，發展經濟建設，提倡衛生，破除迷信，組織與提高群眾文化娛樂工作。方法如下：

(1) 開放閱覽室，出借圖書。

(2) 出版通俗小報、畫報或壁報。

(3) 開辦夜校、半日校，領導識字組。

(4) 組織與領導民眾娛樂，如歌詠隊、群眾俱樂部、群眾晚會、劇團等。

(5) 配合當地政府進行經濟建設的宣傳和動員工作。

(6) 辦理公共體育衛生事宜，如升闢開管理懷育運動場，組織各種球隊、國術團及其他體育團體，動員群眾舉行清潔衛生運動等。

(7) 進行各種節令集會的標語宣傳、街頭演講、時事報告等。

(8) 設立「代筆問字處」，代民眾寫信寫春聯等，並供民眾來質疑問字。

(9) 其他社會教育活動。

　　……

（原刊《抗日根據地政策條例彙集陝甘寧之部》（下））

山西省立民眾教育館閱覽書報規約

一、入室閱覽書籍，請先在閱書簿上，填明姓名、性別、年齡、職業、住所，並所欲閱之書名，向管理員領取，閱畢仍交管理員收訖。

二、每次閱覽，只限一種或一冊。

三、不得在書上有圈點、加批、汙損或折角為記等情事，如有違犯，須照價賠償。

四、同時有數人閱覽同樣書籍時、須依登記在先者先閱。

五、閱覽人入室攜有個人私有書籍時‧須預向管理員聲明。

六、室內不得吸煙、吐痰，或談笑。

七、報紙可隨意取閱‧閱畢請放原處。

八、閱覽書報，各宜靜然，不得高聲朗誦。

（原載《山西省立民眾教育館月刊》‧1934，1（1））

附錄六
成都市立民眾教育館職員服務規程

（1937年頒布）

第　一　條　　本館為該各職員勤填服務盡忠職守起見，特訂定本
　　　　　　　　規程。

第　二　條　　本館各主任、幹事、助理幹事等均受館長之指揮服從
　　　　　　　　館長之命令，在館長監督領導下辦理一切應辦工作，期能
　　　　　　　　領導民眾復興民族。

第　三　條　　各組主任幹事秉承館長命令辦理各該組應辦事件，並
　　　　　　　　有時協助其他各組以收分工合作之效。

第　四　條　　本館辦公時間午前八時起至十二時，正午後一時起至
　　　　　　　　五時整，但若遇特殊情形時，得斟酌延長之。

第　五　條　　本館職員均須照前條之規定不得遲到或早退。

第　六　條　　各職員應辦之事件必須每日辦理清楚不得停滯或積
　　　　　　　　壓，若遇緊急事件尤須刻日辦理完竣，以重公務。

第　七　條　　館長交辦之事件各職員不得推諉擱置。

第　八　條　　各館員在外工作時，對民眾態度誠懇和藹，不得傲慢
　　　　　　　　粗暴。

第　九　條　　各職員工作勤能者由館長呈請上級嘉獎或晉級加薪。

第　十　條　　各職員若有怠惰公務或破壞館譽情事發生時，由館長
　　　　　　　　斟酌情形之輕重分別處理其處理辦法如下：
　　　　　　　　　　　　申斥
　　　　　　　　　　　　記過
　　　　　　　　　　　　罰薪
　　　　　　　　　　　　撤職
　　　　　　　　　　　　撤職
　　　　　　　　　　　　送究

第　十一　條　　各職員因病或因事請假時，除主任且呈館長外，館各
　　　　　　　　職員須先簽呈各該組主任考核加注意見後轉呈館長批示，
　　　　　　　　並覓得妥實之代理人後，始得離館。其請假規定如下：
　　　　　　　　　　（1）病假至多不得超過一日
　　　　　　　　　　（2）事假不得超過一周

（3）　婚假不得超過十四日

（4）　喪假不得超過三十日。

　　凡請假逾限者以曠職論。

第 十二 條　　本規程有未盡事宜得隨時修改之。

第 十三 條　　本規程呈報成都市政府核准後施行。

師範學院、教育學院、師範學校及民眾教育館輔導中等以下學校兼辦社會教育辦法

（1939年5月17日）

一、國立師範學院、大學師範學院、教育學院及省市立師範學校與省市立民眾教育館，須依本辦法之規定，分別輔導中等以下學校兼辦社會教育。

二、國立師範學院，及大學師範學院、教育學院，應於該師範華：院區所設之中等教育輔導會議，負責研究並推進區內學校兼辦社會教育輔導事宜。

三、國立師範學院，及大學師範學院，教育學院，對於各該師範學院區內之輔導事項如左：

甲、省市立師範學校及省市立民眾教育館輔導方法之研究與指導及其困難問題之解答。

乙、中等學校兼辦社會教育人員之訓練與其進修之指導。

丙、中等學校兼辦社會教育教材之介紹與補充。

丁、依照中等學校應行兼辦之社會教育事業舉辦數，供區內中等學校之。

戊、其他關於主管教育行政機關之委託及區內各學校請求協助之事項。

四、大學師範學院或教育學院，應聯絡本大學各學院，儘量利用原有設備，輔導中等以下學校兼辦社會教育。

五、各省教育應就全省立師範學校及省立民眾教育館之分布情形，並斟酌原劃定之師範學校區，指定各省立師範學校及省立民眾教育館之輔導區域，以確定各校館輔導之範圍（市「行政院直轄市」立師範學校及市立民眾教育館以該市區為其轄導區域）。

六、省市立師範學校及省市立民眾教育館應會同該輔導區內各省市社會教育機關，及辦有社會教育實驗事業之省市立學校，組織該區輔導學校兼辦社會教育委員會，研究並推進區內之輔導及協助事宜。

七、省市立師範學校校長或省市立民眾教育館館長為各該輔導區輔導
　　學校兼辦社會教育委員會為當然主席，省市立師範學校與省市立
　　民眾教育館，同在一輔導區者，以省市立民眾教育館館長為當然
　　主席，省市立師範學校校長為副主席。

八、省市立師範學校及省市立民眾教育館對於各該輔導區內之輔導事
　　項如左：
　　甲、小學校兼辦社會教育，教學方法之研究與指導，及其困難問
　　　　題之解答。
　　乙、民眾學校教材之研究與介紹。
　　丙、民眾學校補充鄉土教材之編制。
　　丁、小學兼辦社會教育人員之訓練及進修之指導。
　　戊、辦理較完備之民眾學校，供地方小學之觀摩。
　　己、其他關於主管教育行政機關之委託及各學校請求協助之事項。

九、本辦法由教育部訂定施行。

民眾教育館工作大綱

（1939年5月13日）

第一章　總綱

第 一 條　　本大綱依據民眾教育館規程第五、第六兩條之規定定
　　　　　　訂之。

第 二 條　　本大綱之目的，在使各級民眾教育館於施教時有所依
　　　　　　據，並增加工作效能促進事業普及，與便利成績考核。

第二章　施教準則

第 三 條　　民眾教育館之施教目標，在養成健全公民，提高文化
　　　　　　水準，以改善人民生活，促進社會發展。

第 四 條　　民眾教育館之施教範圍，應以全體民眾為對象，各種
　　　　　　設施應儘量巡迴區內各地，以期事業之普及。

第 五 條　　民眾教育館之施教任務，除自身實施各種社會教育
　　　　　　外，應負輔導或協助本區內各社會教育機關及公私立中小
　　　　　　學兼辦社會教育之責。

第 六 條　　民眾教育館之施教方法，應根據民眾實際需要及當地
　　　　　　固有習俗，運用各種教材教具，聯絡黨政機關社會團體及
　　　　　　當地民眾所信仰之人士，以增進工作效能。

第三章　工作要領

第 七 條　　省市（行政院直轄市）立民眾教育館之工作規定如左：
　　　　　　1、總務部
　　　　　　　（一）撰擬文件及典守印信；
　　　　　　　（二）編制預算決算；
　　　　　　　（三）掌管經費出納及票據帳冊；
　　　　　　　（四）登記並保管公產公物；

（五）經管購置修繕及各項設備；

（六）辦理不屬於其他各部事項。

2、　教導部

（一）訂定分年進行計畫，普及所在區域之視學民眾補習教育；

（二）辦理規模完備之民眾學校；

（三）辦理各種補習學校函授學校及學術講座；

（四）辦理書報雜誌閱覽，編印民眾讀物，並征存地方文獻；

（五）協助推進保甲制度及地方自治；

（六）協助壯丁訓練或自衛訓練；

（七）辦理健康教育，指導民眾業餘運動；

（八）辦理家庭教育，指導家事改良；

（九）辦理通俗講演；

（十）辦理其他關於教導事項。

3、　生計部

（一）辦理各種職業指導及介紹；

（二）試驗農作物土質，推廣優良品種，防除病蟲害，提倡造林，改良家畜品種；

（三）傳習各種工藝；

（四）辦理商業補習教育；

（五）提倡並扶助合作社之組織及改良；

（六）辦理小本貸款；

（七）辦理其他關於生計教育事項。

4、　藝術部

（一）辦理電影教育施教區一切工作；

（二）辦理播音教育指導區一切工作；

（三）辦理戲劇表演介紹劇本並組織民眾戲劇隊；

（四）辦理歌詠演奏編印歌曲並組織民眾歌詠隊；

（五）繪製並展覽歷史地理政治經濟及教育文化各種統計圖表；

（六）繪製並展覽理化儀器、生物礦物標本、生理衛生模型、防空防毒器材及職業用具、生產物品等；

（七）辦理禮俗改良，提倡正當娛樂；

（八）辦理其他關於藝術教育事項。

5、　研究輔導部

（一）舉辦本區各縣市社會概況及統計；

（二）視導本區公私立民眾教育館及其他社交機關；

（三）協助本區公私立中小學兼辦社會教育；

（四）會同本館各部或其他機關，舉辦本區公私立民眾教育館各種技術人員之訓練；

（五）出版民眾教育人員進修刊物，及發表實驗報告，介紹教材教法；

（六）會同本館各部或其他機關，舉辦有關社會教育各種實驗或示範事項；

（七）辦理其他關於研究輔導事項。

第　八　條　縣市（普通市）立民眾教育之工作規定如左：

1、　總務組

（一）撰擬文件及典守印信；

（二）編制預算決算；

（三）掌管經費出納及票據帳冊；

（四）登記並保管公產公物；

（五）經管購置修繕及各項設備；

（六）辦理不屬於其他各項事項。

2、　教導組

（一）訂定分年進行計畫，普及城鄉失學民眾補習教育；

（二）辦理民眾學校補習學校；

（三）辦理圖書雜誌閱覽事宜，並征存地方文獻；

（四）協助推進保甲制度及地方自治；

（五）協助壯丁訓練及自衛訓練；

（六）辦理健康教育，指導民眾業餘運動；

（七）辦理家庭教育，指導家事改良；

（八）辦理通俗講演；

（九）輔導或協助本縣公私立社會教育機關及中小學兼辦社會教育；

（十）辦理其他關於教導事項；

3、 生計組

(一) 辦理各種職業指導及介紹；

(二) 推廣優良品種，防除病蟲害，提倡造林，改良家畜品種；

(三) 傳習各種工藝；

(四) 辦理商業補習教育；

(五) 提倡並扶助合作社之組織及改良；

(六) 辦理小本貸款；

(七) 辦理其他關於生計教育事項。

4、 藝術組

(一) 舉辦教育電影之固定講映及巡迴講映；

(二) 裝設收音機並指導民眾管理收音機收聽教育播音；

(三) 辦理戲劇表演並組織民眾戲劇隊；

(四) 辦理歌詠隊演奏並組織民眾歌詠隊；

(五) 繪製並展覽歷史地理政治經濟及教育文化各種統計圖表；

(六) 繪製並展覽理化儀器、生物礦物標本、生理衛生模型、防空防毒器材及職業用具、生產物品等；

(七) 辦理禮俗改良，提倡正當娛樂；

(八) 辦理其他關於藝術教育事項。

第 九 條　　地方自治機關或私人設立之民眾教育館，其工作應比照縣市立民眾教育館之規定。

第 十 條　　各省市教育行政機關，應根據本大綱並參酌地方情形訂定本省市各級民眾教育館中心工作及其細目。

第 十一 條　　各級民眾教育館須依照教育行政機關訂定之中心工作及其細目，訂定全年度事業進行計畫暨工作月曆，呈報主管教育行政機關審核備案，並為考核成績各館之成績。

第 十二 條　　各省市教育行政機關，應根據中心工作及其細目，訂定視察考核標準，考核各館之成績。

第 十三 條　　各級民眾教育館及館內各部組之工作，均應取得密切聯繫。

第 十四 條　　各級民眾教育館須認為清施教對象，把握工作中心，必求其效果能持久不渝。

第 十五 條　　各級民眾教育館應備齊施教記錄及統計，保存各種實
　　　　　　　證，以備考核。
第 十六 條　　各省市教育行政機關應視各館成績之優劣，分別予以
　　　　　　　獎懲。

第五章　附則

第 十七 條　　本大綱於必要時，得由教育部修改之。
第 十八 條　　本大綱自公布之日施行。

附錄九
民眾教育館輔導各地社會教育辦法大綱

（教育部第2050號部令公布1939年5月13日）

第 一 條　　本大綱依據民眾教育館規程第二十一條之規定訂定之。

第 二 條　　民眾教育館應以輔導各地社會教育為主要任務之一。

第 三 條　　民眾教育館應行輔導之範圍，除社會教育機關協助各
　　　　　　級學校兼辦社會教育辦法已有規定者外，規定如左：

　　　　　　（一）省立民眾教育館，應負輔導各該民眾教育施教區
　　　　　　　　　民眾教育館及其他社會教育機關之責。

　　　　　　（二）縣立民眾教育館，應負輔導各該民眾教育施教區
　　　　　　　　　內民眾學校及其他社會教育機關之責。

　　　　　　（三）市（行政院直轄市及普通市）立民眾教育館，應
　　　　　　　　　負輔導各該市區內民眾學校及其他社會教育機關
　　　　　　　　　之責。

第 四 條　　各省如尚未單獨設有省立圖書館、體育場、博物館
　　　　　　者，省立民眾教育館應負輔導縣市立圖書館、體育場、博
　　　　　　物館之責。

第 五 條　　各省如單獨設有省立圖書館、體育場、博物館者，其
　　　　　　輔導工作，應以各機關之性質分任之。

第 六 條　　省市立民眾教育館應行輔導之工作，除關於協助各級
　　　　　　學校兼辦社會教育另有規定外，規定如左：

　　　　　　（一）調查並統計本區社會概況；

　　　　　　（二）視導本區公私立民眾教育館及其他社教機關（每
　　　　　　　　　年至少普遍視導一次）；

　　　　　　（三）通訊討論關於本區社會教育實際問題，並介紹工
　　　　　　　　　作人員進修資料；

　　　　　　（四）編印各種輔導刊物分發本區各社會教育機關參考；

　　　　　　（五）舉辦實驗事業為本區辦理社會教育機關之模範；

　　　　　　（六）舉辦各種巡迴事業；

　　　　　　（七）接受教育行政機關之委託，辦理關於本區社會教
　　　　　　　　　育機關服務人員實習訓練事項；

（八）答復本區各教育行政機關關於改進社會教育諮詢事項；

（九）遵照規定召開輔導會議；

（十）辦理其他關於本區社會教育輔導及改進事項。

第 七 條 縣市立民眾教育館應行輔導之工作，除關於協助各級學校兼辦社會教育另有規定外，規定如左：

（一）檢查並統計本區社會概況；

（二）視導本區公私立民眾學校及其他社教機關（每半年至少普遍視導一次）；

（四）遵照規定召開輔導會議；

（五）辦理其他關於本區社會教育輔導及改進事項。

第 八 條 民眾教育館輔導各地社會教育時，須以教育行政機關所頒布之各種社會教育實施方案及法令標準。

第 九 條 民眾教育館對於各該區內社會教育，如有改進意見，得分別函呈教育行政機關采擇施行。

第 十 條 各地社會教育機關，均應接受本區內民眾教育館之輔導，並須於每月工作報告表內詳列輔導事項。

第 十一 條 各地社會教育機關，如不接受區內民眾教育館之輔導事項或進行不力時，經查明屬實後，由主管教育行政機關予以相當之懲處。

第 十二 條 民眾教育館擬具事業進行計畫時，須將輔導計畫列入，呈報主管教育行政機關核准備案。

第 十三 條 民眾教育館編造工作報告時，須將輔導報告列入，呈報主管教育行政機關備查。

第 十四 條 民眾教育館輔導各地社會教育之成績，由主管教育行政機關分別考核之。

第 十五 條 民眾教育館於輔導事項所需要之經費，在各該館事業費內動支。

第 十六 條 各省市教育行政機關應依照本大綱詳定實施辦法呈報教育部核准備案。

第 十七 條 本大綱得由教育部於必要時修改之。

第 十八 條 本大綱自公布之日施行。

後記

本書是在我的博士後出站報告基礎上增補、修改而成的。

選擇民眾教育館作為博士後科研工作方向，有著種種機緣巧合。2006年6月中旬，當我即將從北京師範大學教育學院博士畢業之際，在導師王炳照先生和歷史學院院長楊共樂教授的帶領下，我第一次到師大小紅樓拜見合作導師何茲全先生，奉上了《南京國民政府時期的民眾教育研究》博士學位論文，其中「民眾教育館」的字眼勾起何先生青年時代的回憶，他建議我不妨利用教育史的學科背景，借用社會史研究方法將其進一步深入下去。隨後，我以《民國時期民眾教育館研究》為題成功申報了第40批博士後科研基金。課題和出站報告結合起來，而且有博士論文相關基礎，以為搜集資料環節勢必會大大縮減，選擇了民眾教育館作為專題研究，當時的心態很是輕鬆。

但真正以民眾教育館作為專題研究時，我方才意識到，博士論文期間收集資料的艱辛又一次「捲土重來」。儘管做博士論文時已收集到一部分民眾教育館的資料，但對於專題研究來講，卻是遠遠不夠。為了更為清晰瞭解民眾教育館這個「歷史存在」，我加大了對各地檔案館和地方史志、文史資料的收集。除去再一次細細篩選、過濾學校圖書館館藏期刊、頻頻在北圖縮微品閱覽室昏天暗地「拉片」外，先後到

長沙、西安、重慶、上海、南京、青島及北京等地檔案館，查閱檔案資料，收集地方史志文獻，由於經費、時間關係，加上各地檔案館對民國資料五花八門保護規定，搜集資料過程可謂是「狀況迭出」、「百感交集」。深深記得，在湖南省檔案館，一邊為館藏民眾教育館資料的豐富性欣喜若狂，一邊卻為每卷15元的調檔費及每天5小時（週末不對外）的查檔時間唏噓不已。

當然，隨著資料的豐富，探索日深，體悟漸多，也愈被民眾教育館各色圖景所吸引，它不僅是政府強制推進的組織機關，也是教育界人士精心打造的民眾教育綜合機關；它既保持了傳統，又引介了大量西方現代理念；它不僅改進和發展文化教育，還對基層政治、經濟以及衛生、民風民俗等方面都有積極探索，並有不俗表現。我為這些歷史存在的「發現」興奮不已，恍如小孩子第一次發現天空居然有絢麗多彩顏色一般。可以說，在整個探索、寫作過程中，我時而為新發現、新體悟而興奮，時而為一些問題所困擾、迷惑。我深知，近代民眾教育館研究是一個博大的研究課題，本書僅僅是我對自己思考的階段性總結，提供了一個深入研究的新起點而已。

在本書修改過程中我下了不少功夫，與其說是自己似乎執著的學術追求作動力支撐，倒不如說是師輩們的殷切希望使我如芒在背，不敢有絲毫懈怠。作為一篇博士後出站的研究成果，這份答卷中不僅是自己心血的凝結，更蘊涵著老師們的智慧和期盼。不敢忘記，博士後出站報告會那天，已98歲的合作導師何茲全先生早早穿戴整齊，儘管先生年事已高，每次見面總要對我的身份確認一番，但他青年時代在

民眾教育館工作的經歷卻記憶深藏，每每向我談起，給了我一個近距離觸摸歷史的機會；不敢忘記，王炳照老師因過渡勞累住院，專門從醫院請假回來作我的答辯主席；不能忘記，教育學院的俞啟定、於述勝、徐勇、孫邦華、施克燦老師，在報告開題會上，他們所提出的建設性意見，使我受益匪淺；不能忘記，在論文外審和報告會上，浙江大學田正平教授、華東師範大學金林祥教授、北京師範大學陳琳國教授、甯欣教授，給予了很高評價和鼓勵，同時也提出了進一步修改意見。北京師範大學歷史學院楊共樂教授古道熱腸，多次幫我規劃書稿出版事宜，督促我儘快修改，早日出版。這些老師給予的關愛，絕不是「謝謝」二字所能表達的。

我知道，任何文字都無法表達我對王炳照先生的感恩之情。他指導了我的博士學業，在博士後期間，先生實際上依然承擔著指導我的責任。本書在成稿、修改過程中，我的每一點思考和進展，他總是我的第一個聽眾，先生總是笑吟吟，為我撥雲去霧。毫不誇張地講，不管是在學術還是生活上，我的點滴進步都滲透了先生無數的心血。先生的寬容放縱了我的任性，在先生的眾多弟子中，我是少數幾個敢和他「沒大沒小」，也最為愚鈍，先生多次半開玩笑講，指導我是「費心費力」，並將我留在身邊，以便繼續教導點化。2009年五一長假，看到先生在辦公室正給米靖師兄博士論文寫序，就嚷著趁熱也給我寫一篇，說博士後報告已經在出版社編輯手中，序早晚要寫的，先生笑著罵我是「催債鬼」，幾天後給了我滿滿的兩大頁張，有不少肯定之言。我當時還很自豪地講給師母聽，說先生從不曾當面誇過我半

後記

4
4
5

句，這次算是破了天荒。卻不想7月下旬先生被查出頑症，儘管病勢兇險，但我一直深信先生能親眼看到我的專著出版，能看到自己培育的小苗一點點成長，不想數月後竟天人永隔，生死兩茫茫。先生對寶島臺灣情有獨鍾，生前的最後一次學術交流是5月份在台大進行。記得先生曾笑著講歷史書籍還是繁體豎排版看起來更有感覺，本書繁體版出版在即，卻再難尋覓那高大熟悉的身影，無法分享這份收穫的喜悅，怎能讓人不傷悲？

我必須向克燦師兄道聲感謝，他跟從老師多年，始終以長兄之責關愛、扶持著我，老師走後，師兄更是給予我更多呵護，幫我度過了一個個難關；我也必須向北京師範大學教育學部的周作宇教授、俞啟定教授、孫邦華教授，歷史學院的楊共樂教授、李帆教授道聲感謝，他們的善良和熱心，給了我繼續前行的空間和勇氣。

感謝我平凡樸實的父母，他們的濃濃親情時刻激勵著我，父親爽朗的笑聲、豪邁的帶有幾分烏托邦色彩的人生規劃，感染著我，予我樂觀；感謝先生李會先博士，他一直很支持我的學術探索，每每幫我打理生活中的無序。我知道，他們是我繼續前行的堅實後盾。

本書曾入選北京師範大學「北京師範大學史學探索叢書」，2011年由北京師範大學出版社推出簡體字版，學界的一些先進給予了充分肯定。本書能得以繁體字版面世，得益於張玉洪博士的大力舉薦，得益於秀威出版公司推廣大陸青年學者學術成果的拳拳之心，得益於責任編輯伊庭先生的勤苦，在此一併表示感謝！由於水平所限，書中定有不少僻陋之處，敬請方家指正。

謹以此書獻給我的恩師，北京師範大學資深教授王炳照先生！

周慧梅

2012年7月於英東樓452

Viewpoint 9　社會科學類　PF0104

民眾教育館與中國社會變遷

作　　者／周慧梅
主　　編／蔡登山
責任編輯／鄭伊庭
圖文排版／楊家齊
封面設計／王嵩賀

發 行 人／宋政坤
法律顧問／毛國樑　律師
出版發行／秀威資訊科技股份有限公司
　　　　　114台北市內湖區瑞光路76巷65號1樓
　　　　　電話：+886-2-2796-3638　傳真：+886-2-2796-1377
　　　　　http://www.showwe.com.tw
劃撥帳號／19563868　戶名：秀威資訊科技股份有限公司
　　　　　讀者服務信箱：service@showwe.com.tw
展售門市／國家書店（松江門市）
　　　　　104台北市中山區松江路209號1樓
　　　　　電話：+886-2-2518-0207　傳真：+886-2-2518-0778
網路訂購／秀威網路書店：http://www.bodbooks.com.tw
　　　　　國家網路書店：http://www.govbooks.com.tw

2013年1月BOD一版
定價：540元
版權所有　翻印必究
本書如有缺頁、破損或裝訂錯誤，請寄回更換

國家圖書館出版品預行編目

民眾教育館與中國社會變遷 / 周慧梅著. -- 一版. -- 臺
北市 : 秀威資訊科技, 2013.1
　　面 ;　　公分. -- (社會科學類 ; PF0104)
　BOD版
　ISBN 978-986-326-005-9(平裝)

1. 社會教育館　2. 社會變遷　3. 中國

528.4161　　　　　　　　　　　　101019683

讀者回函卡

感謝您購買本書，為提升服務品質，請填妥以下資料，將讀者回函卡直接寄回或傳真本公司，收到您的寶貴意見後，我們會收藏記錄及檢討，謝謝！
如您需要了解本公司最新出版書目、購書優惠或企劃活動，歡迎您上網查詢或下載相關資料：http:// www.showwe.com.tw

您購買的書名：＿＿＿＿＿＿＿＿＿＿＿＿＿＿＿＿＿＿＿＿＿＿

出生日期：＿＿＿＿＿年＿＿＿＿＿月＿＿＿＿＿日

學歷：□高中 (含) 以下　　□大專　　□研究所 (含) 以上

職業：□製造業　□金融業　□資訊業　□軍警　□傳播業　□自由業
　　　□服務業　□公務員　□教職　　□學生　□家管　　□其它＿＿＿

購書地點：□網路書店　□實體書店　□書展　□郵購　□贈閱　□其他

您從何得知本書的消息？

　□網路書店　□實體書店　□網路搜尋　□電子報　□書訊　□雜誌

　□傳播媒體　□親友推薦　□網站推薦　□部落格　□其他＿＿＿＿＿

您對本書的評價：(請填代號　1.非常滿意　2.滿意　3.尚可　4.再改進)

　封面設計＿＿＿　版面編排＿＿＿　內容＿＿＿　文／譯筆＿＿＿　價格＿＿＿

讀完書後您覺得：

　□很有收穫　□有收穫　□收穫不多　□沒收穫

對我們的建議：＿＿＿＿＿＿＿＿＿＿＿＿＿＿＿＿＿＿＿＿＿＿

＿＿＿＿＿＿＿＿＿＿＿＿＿＿＿＿＿＿＿＿＿＿＿＿＿＿＿＿＿＿

＿＿＿＿＿＿＿＿＿＿＿＿＿＿＿＿＿＿＿＿＿＿＿＿＿＿＿＿＿＿

＿＿＿＿＿＿＿＿＿＿＿＿＿＿＿＿＿＿＿＿＿＿＿＿＿＿＿＿＿＿

11466
台北市內湖區瑞光路 76 巷 65 號 1 樓
秀威資訊科技股份有限公司　　　收
BOD 數位出版事業部

....

（請沿線對折寄回，謝謝！）

姓　　名：＿＿＿＿＿＿＿＿＿　年齡：＿＿＿＿　性別：□女　□男

郵遞區號：□□□□□

地　　址：＿＿＿＿＿＿＿＿＿＿＿＿＿＿＿＿＿＿＿＿＿＿

聯絡電話：(日)＿＿＿＿＿＿＿＿＿＿　(夜)＿＿＿＿＿＿＿＿＿＿

E - m a i l：＿＿＿＿＿＿＿＿＿＿＿＿＿＿＿＿＿＿＿＿＿＿